승사록, 조선 선비의 중국 강남 표류기

승사록,
조선 선비의 중국 강남 표류기

乘槎錄

조선 지식인 최두찬이 겪은 예기치 않은 운명의 기록

최두찬 지음

박동욱 옮김 | 조남권 감수

Humanist

■ 이 번역은 2008년 HYU 연구 특성화 사업으로 지원받아 연구되었습니다.
 (HYU-2008-동아시아문화네트워크 연구사업단)

　표류(漂流)는 예기치 않은 사건을 통해 다른 세계를 체험하는 것을 말한다. 공식적인 연행(燕行)이나 통신사(通信使)의 해외 체험과는 다르다. 공식적이고 의례적인 만남이 아닌, 돌발적이고 우연적인 만남을 다룬다. 생사를 넘나드는 위기와 낯선 세계, 새로운 사람과의 우연한 만남, 처음 보는 풍속과 풍경을 바라보는 이방인의 시선 등 흥미로운 내용으로 가득 차 있다.

　최두찬(崔斗燦)의 《승사록(乘槎錄)》은 1818년의 작품이다. 1817년 5월, 장인인 제주 대정현감 김인택(金仁澤)의 요청으로 최두찬은 제주도로 떠나게 된다. 1년 뒤 그는 귀향길에 큰 풍랑을 만나 16일 동안 바다 위를 떠돌다 중국 강남 영파(寧波)에 표착하였다. 《승사록》은 최두찬이 일행 50명과 함께한 16일간의 표류 체험과 중국 표착 후 귀환에 이르는 1818년 4월 8일부터 10월 2일까지의 기록이다.

　최두찬의 시선에 포착된 당시 강남의 풍속과 풍경, 사람들의 이야기는 대단히 흥미롭고 다채로워 한중 양국 연구자들에게 매우 유익한 자료를 제공한다. 그는 풍부한 인문학적 지식을 바탕으로 중국인들과 깊은 교유 관계를 맺었다. 청조(淸朝)를 바라보는 당시 조선 선비들의 일반적인 시선도 잘 드러나 있다. 특히 청대 중기 조선인이 운하 전 구간에 관해 남긴 기록은 이 책이 유일하여 사료적 가치가 크다. 그 밖에 청나라 황제의 행렬 장면을 자세히 묘사한 기록 등 여러 흥미로운 내용이 포함되어 있다.

최두찬이란 인물의 행적에 대해서는 알려진 것이 거의 없다. 유사(遺事)나 묘갈명(墓碣銘)이 남아 있지만 자세한 이력이 확인되지 않는다. 다만 이 책을 통해 볼 때 저자인 최두찬은 문학, 역사, 지리에 대해 폭넓은 지식을 가졌던 인물임에 틀림없다.

바다 위를 표류하는 배처럼 어쩌면 삶이란 알 수 없는 곳을 향해 떠도는 일이기도 하다. 공교롭게도 최두찬이 표류했던 당시의 나이가 내 나이와 같았다. 생사를 넘나드는 순간에 그가 느꼈을 절망과 공포가 새삼스럽게 다가왔다. 최두찬은 귀환에 성공한 뒤에 강남정(江南亭)이란 정자를 짓고 강남땅을 그리다가 젊은 나이에 세상을 떠났다. '표류기'라고 하면 으레 최부의 《표해록(漂海錄)》을 떠올린다. 하지만 《승사록》을 번역하여 소개하는 것을 계기로 표류문학의 지평이 더 넓어질 것을 기대한다. 또한 한중 문화 교류사의 자료로도 요긴하게 활용될 수 있을 것이다.

번역 과정은 쉽지 않았다. 중국 시인들과 나눈 시는 어려운 구절이 한둘이 아니어서 힘에 부쳤다. 일평(一平) 조남권(趙南權) 선생님께서 흔쾌히 감수를 허락해주었다. 전체 원고를 꼼꼼하게 살펴 수정해주는 한편, 내가 찾지 못한 주석까지 손수 찾아주었다. 실로 공동 번역에 가까운 노고를 아끼지 않았으니 송구하고 감사하다.

이 책은 한양대학교 동아시아문화네트워크 연구사업단의 프로젝트 중 하나로 기획되었다. 나에게 이 작업을 맡겨준 사업단 단장이신 정민 선생님과 동아시아 문화연구소 박찬승 소장님께 감사드린다. 작업 과정에서 성실만으로는 해결되지 않는 번역의 고충을 다시 한 번 절실히 깨달았다. 노력했지만 오류가 적지 않을 것이다. 대방의 질정을 바란다.

2011년 새 봄에
박동욱 씀

차례

8월 1일 — 날씨가 맑다
8월 2일 — 시를 지어 중국 사람에게 주다
8월 3일 — 역관의 요청으로 다시 글을 올리다
8월 4일 — 큰 비가 오다
8월 5일 — 날씨가 맑다
8월 6일 — 날씨가 맑다
8월 7일 — 김광현에게 편지 두 통을 맡기다
8월 8일 — 김광현 일행이 출발하다
8월 9일 — 예부의 어떤 사람이 윗옷을 지급하라는 교명을 전하다
8월 10일 — 궂은비가 내리다
8월 11일 — 날씨가 맑다
8월 12일 — 날씨가 맑다
8월 13일 — 대인이 옷을 하사하다
8월 14일 — 고향 생각에 시를 짓다
8월 15일 — 날씨가 맑다
8월 16일 — 통주부에 도착하다
8월 17일 — 밤새 길을 떠나다
8월 18일 — 삼하현에 도착하다
8월 19일 — 황금대를 찾아보다
8월 20일 — 풍윤현에 도착하다
8월 21일 — 사하일에 도착하다
8월 22일 — 이제묘를 찾아가다
8월 23일 — 장장춘의 집에서 중국 사람들과 필담을 나누다
8월 24일 — 홍와포에 도착하다
8월 25일 — 산해관에 도착하다
8월 26일 — 만정점에 도착하다
8월 27일 — 섭홍기에 도착하다
8월 28일 — 밤에 수레가 진흙탕에 빠지다
8월 29일 — 도로를 맡은 관리에게 핀잔을 듣다

조선 선비 최두찬이 겪은 예기치 않은 운명의 기록

통상 표류 체험을 담은 작품은 표류의 경위와 과정, 표착(漂着) 장소에서의 체험, 귀환의 과정 등으로 구성된다. 표류의 경위와 과정에서는 삶과 죽음의 순간이 급박하게 펼쳐져 있어 어떠한 기록보다도 박진감과 사실성이 뛰어나다. 표착 장소에서의 체험에서는 이방인의 눈으로 본 타국의 진기한 풍속과 풍물에 대한 다양한 기록이 펼쳐져 있다. 그리고 귀환의 과정에서는 지리적 정보와 귀환의 과정에서 느끼는 다양한 심적 변화를 엿볼 수 있다.

표류는 예기치 않은 운명의 기록이다. 그러한 점에서 정식 사행인 연행사나 통신사와는 다른 점이 분명히 존재한다. 표류는 연행사와 통신사와는 다른 비공식적 집단이며, 무계획적인 일련의 사건을 겪게 마련이다. 오히려 두 공식적인 기록보다도 역동적으로 사건이 전개되며, 다양한 시점이 존재할 수 있다는 데 큰 의미를 가진다. 이러한 기록은 두 나라의 문화가 접촉되는 충격과 경이를 담고 있어 양국 상호간에 매우 중요한 의미를 지닌다 할 수 있다. 그래서 자국에서는 대수롭지 않게 지나친 장면들이 이방인의 기록에 남아 있는 경우도 적지 않다.

우리나라에서 현존하는 가장 오래된 표해록은 1488년에 최부(崔溥)가 지은 《표해록(漂海錄)》이다. 표류 관련 연구는 대부분 최부의 《표해록》에 집중되었다 해도 과언이 아니다. 《표해록》은 한중(韓中) 양국 학자들에 의해 많은 연구가 이루어졌다. 다른 표해록들은 대부분 조선 후기에 지어진 것이다.[1]

이번에 번역한 최두찬의 《승사록(乘槎錄)》은 표류기 중에서는 가장 최근에 지어진 1818년 작품이다. 《승사록》은 최두찬이 일행 50명과 함께한 16일간의 표류 체험과 중국 영파(寧波)에 표착한 후 귀환에 이르는 4월 8일부터 10월 2일까지의 기록으로 구성되어 있다.

최두찬의 《승사록》에 대한 연구는 아직 충분히 이루어지지 않았다. 윤치부가 그의 학위 논문에서 《승사록》에 대해 개괄적 소개를 한 바 있다. 그 후 이은주, 김성진이 연구를 이어 학계에 관심을 촉발시켰으며, 최근에는 국내에서 외국인으로는 처음으로 난징대학교(南京大學校)의 판진민(范金民)이 논문을 발표하였다. 또

1_1757년에 지어진 일본 쪽 표해기인 이지항(李志恒)의 《표주록(漂舟錄)》, 1771년에 지어진 장한철(張漢喆)의 유구 쪽 표해기인 《표해록(漂海錄)》, 1797년에 지어진 중국 쪽 표해 가사인 이방익(李邦翼)의 《표해가(漂海歌)》, 1805년에 지어진 필리핀 쪽 표해기인 문순득(文淳得)의 《표해록(漂海錄)》 등이다.

나도 '표류와 동아시아의 문화 교류'를 주제로 한양대학교에서 개최한 국제학술회의에서 최두찬의 《승사록》에 대한 논문을 발표하였다.

이와 같은 논문을 통하여 《승사록》에 대한 대략적인 연구가 이루어졌다고 할 수 있다. 《승사록》에는 흥미로운 정보가 많이 담겨 있어 주목할 필요가 있다. 조선 지식인의 눈에 비친 강남(江南)의 모습은 어떠했으며, 강남의 지식인을 통하여 무엇을 느꼈을까? 중국의 지식인들은 최두찬이 강남에 체류하였을 때 거의 매일 그를 방문하였다. 조선의 일개 거인(擧人)에게 그들은 왜 그렇게 열광적으로 반응하였으며, 그들은 그의 어떠한 점에 흥미를 느꼈을까? 이러한 궁금증의 해명을 통하여 《승사록》의 가치를 재조명하려 한다.

1. 최두찬은 누구인가?

최두찬(崔斗燦, 1779~1821)은 본관이 영천(永川)이며 자는 응칠(應七), 호는 강해산인(江海散人)이다. 그는 1779년 6월 23일에 자인현(慈仁縣) 상대리(上臺里)에서 태어났다. 어려서 영특하였으며 부모님을 공경하는 마음과 효성이 지극하였다. 1791년에 어머니의 숨이 끊어지자 단지(斷指)하여 소생시키려 하였으나, 끝내 돌아가시자 단괄(袒括)하고 상을 치러 마을 사람들 모두 그를 효동(孝童)이라 일컬었다. 1811년에 아버지가 세상을 떠난 뒤에도 3년 동안 시묘살이를 하였다.

1817년, 제주 대정현 현감이 된 장인 김인택(金仁澤)이 그에게 함께 제주에 가기를 청하였으나 사양하였다. 하지만 장인의 간곡한 청으로 더 이상 거절하지 못하고 5월에 제주도로 떠난다. 최두찬은 1년 동안 제주도를 두루 살펴보다 1818년 4월에 귀향하는 배에 몸을 실었다. 가는 도중에 큰 풍랑을 만나 16일 동안 표류하다가 절강성(浙江省) 영파부(寧波府) 정해현(定海縣) 보타산(普陁山) 관음사(觀音寺)에 배를 대었다. 그 후 체류와 귀환 과정에서 중국의 많은 명소를 직접 보았고, 그에게 흥미를 느낀 중국 사람들과 많은 시를 주고받기도 하였다.

같은 해 10월 3일에 드디어 압록강을 건넜다. 10월 그믐에 집으로 돌아와서 강남땅에 여러 칸의 집을 짓고 강남정(江南亭)이라 이름을 붙였으니 절강 남쪽을 두루 돌아다니며 구경하였던 뜻을 생각해서였다. 수십 일 동안 바다에서 겪은 장기(瘴氣) 덕에 수년 동안 앓다가 1821년 9월 16일에 원당리(元堂里) 집에서 세상을 떠났다. 그는 슬하에 2남 1녀를 두었는데, 아들은 최보(崔堡)와 최서(崔墅)이고 딸은 곽계환(郭啓煥)에게 시집을 갔다.

그는 제주도에 있을 때 지은 시편, 바다에 표류하는 어려운 상황, 육지에 내린 뒤에 길을 다니면서 보았던 여러 나라의 풍속과 산천 명승, 중국의 선비와 시장(詩章)을 서로 화답한 것, 필담으로 문답한 것, 가옥·의복·농사·무덤·배와 수레의 설을 날마다 기록하여 한 권의 책자를 만들고 《승사록》이란 이름을 붙였다.

최두찬은 43년이란 짧은 생애를 마쳤다. 유사(遺事)나 묘갈명

(墓碣銘)이 남아 있지만 더 자세한 이력은 확인되지 않는다. 특별한 관직을 맡았던 적이나 주목할 만한 사람들과 교유를 나눈 일은 없으나 그가 남긴 표류에 대한 기록은 온전히 남아 있다. 최부의 표해록을 제외하고 이렇다 할 기록이 많지 않은 형편에 최두찬의 표해록이 표류문학의 지평을 한층 넓혀줄 것으로 기대한다.

2. 최두찬의 눈에 비친 강남

1) 강남의 풍경과 풍속

강남(江南)은 조선 사람들에게 동경과 미지의 땅이었다. 주원장(朱元璋)이 금릉(金陵)을 남경(南京)이라 고친 뒤 도읍으로 삼고, 이후 영락제(永樂帝)가 북경으로 천도한 것이 1421년이었으니 명(明)나라의 건국으로부터 북경 천도까지의 50여 년간이 봉명사행(奉命使行)으로서의 강남기행(江南紀行)이 가능했던 시기라고 할 수 있다. 이 시기에 이루어진 대표적인 봉명사행의 기록물은 정몽주(鄭夢周)의《강남기행시고(江南紀行詩藁)》, 권근(權近)의《봉사록(奉使錄)》, 이첨(李詹)의《관광록(觀光錄)》등이다.[2] 이때 이후로는 공식적인 사행(使行)이 북경 인근을 벗어나 강남땅을 밟는 경우는 없었다.

이러한 이유로 강남은 조선 문인들에게는 상상 속에서나 그릴

---

2 김성진, 〈麗末鮮初 韓人의 江南紀行〉, 동양한문학연구 제19집, 동양한문학회, 2004, 30~31쪽 참조.

수 있는 공간이었다. 그래서 강남에 대한 동경은 강남열(江南熱)과 서호도(西湖圖)로 표출되기도 하였다.[3] 현실적으로 강남땅은 표류를 통하지 않고서는 갈 수 없는 곳이었다. 그러한 의미에서 최두찬의 《승사록》은 최부의 《표해록》에 필적할 만큼 강남에 대한 중요한 정보를 담고 있다.

> 내가 그를 따라서 성에 들어서니 곧 상화의 집이었다. 높은 문은 우뚝 솟아 있고, 하얗게 칠한 담이 둘러 있었다. 당에 오르니 침상과 탁자가 많았는데, 붉은색 융단이 덮여 있었다. 마당의 섬돌은 모두 벽돌을 깔아 한 점의 흙도 없었으니 월중(越中)의 갑부인 것을 알게 되었다. 자리에 앉으니 상화가 나에게 집 안팎을 구경하자고 하였다. 담장이 둘러져 있고 이중벽이어서 사람의 마음과 눈을 놀라게 만든다. 정침(正寢)에 이르니 곧 동서에 있는 곁방에 은으로 만든 병을 벌여놓았는데, 몇 백 개나 되는지 알 수 없었으며, 금수(錦繡), 능라(綾羅)와 같은 종류가 모두 이와 같았다.

이 글은 5월 5일에 처음으로 김사규(金士奎)라는 중국인의 집을 방문하고 적은 기록이다. 화려하고 웅장한 저택에 압도된 모습이 뚜렷하다. 그는 강남에서 한 달이 넘는 기간 동안 체류한다. 대표적으로 강남의 풍물에 대한 기록을 남긴 곳은 정해현(定海縣), 자

3_정민, 〈16, 17세기 조선 문인지식인층의 江南熱과 西湖圖〉, 고전문학연구 22집, 한국 고전문학회, 2002.

계현(慈谿縣), 상우현(上虞縣), 회계현(會稽縣), 소산현(蕭山縣), 수수현(秀水縣), 무석현(無錫縣) 등으로 모두 절강성에 해당한다. 그는 이곳을 경유하면서 강남땅의 풍부한 물산과 화려한 의복, 건축물에 대해 상당히 많은 기록을 남기고 있다. 그 중에 상우현에 대한 기록을 살펴보자.

5월 19일, 날이 개었다. 상우현에 도착하였으니, 한나라 때 우후(虞詡)가 맡았던 고을이다. 아침밥을 먹고 출발하여 이십 리를 갔다. 각자 대나무로 만든 수레를 타고 십여 리를 가서 조아강(曹娥江, 일명 양쯔강)에 이르렀다. 이때 남쪽 땅은 조금 가물어 토박이들이 가짜 용을 만들었다. 황금으로 머리에 있는 뿔을 장식하고 어린아이에게 비단옷을 입혀 용의 뱃속에 들어가 꿈틀대는 몸짓을 하며 배 위에서 북을 치고 춤을 추게 하였는데 매우 장관이었다.

다시 배를 타고 내려오니 강의 양 기슭은 모두 부유한 상인과 큰 장사꾼들의 집이었다. 기와집과 분칠한 담이 십여 리쯤 가로질러 펼쳐져 있었다. 높은 누대와 큰 누각이 강나루를 압도하듯 서 있었고, 불전과 사찰이 여염집에 섞여 있었다. 강 양쪽은 모두 돌을 깎아 제방을 만들었으며, 긴 대나무와 갈대꽃이 강을 끼고 자랐으니 참으로 회해(淮海)의 경치가 뛰어난 곳이었다. 십여 리를 가자 큰 점포(店鋪) 하나가 또 있었는데, 저택의 크고 화려함이 조아강과 같았으나 호수(戶數)는 (조아강보다) 갑절이나 많았다. 들판과 벌판은 아득하여 끝이 없었고 모두 수차로 물을 대었다. 또 벌판의 한가운데에는 이름난 집안의 대저택이 한 줄로 늘어서 거의 오십 리나 멀리 펼쳐져 있었다. 그리고 문밖으로 물을 끌어 청작(靑雀)과 황룡(黃龍)으로 고물을 장식한 배들을 매놓고 있었다. 대개 오나라 사람들은 수리(水利)로 생활을 꾸려나간다. 그러므로 사대부 가문이라 하여도 배를 두고 물건을 흥정하는 일을 면하지는 못한다. 또한 땅은 기름져 토란과 동아[冬瓜], 호포(壺匏)와 같은 과일 종류가 밭둑에 접해 있다. 벼는 5월이면 이삭이 패고, [물결을 따라 내려오면] 지나는 산천들이 연이어 펼쳐져 있다. 토지가 비옥하고 산물이 좋아 촌락의 번화함을 글로는 능히 기록할 수 없고, 그림으로도 능히 베껴낼 수 없다.

전반적인 강남의 모습이 사실적으로 그려져 있다. 용춤을 추는 장면, 집들과 주점에 대한 묘사 등이 인상적이다. 특히 수로(水路)에 대한 언급에 주목할 필요가 있다. 청대 중기 조선 사람이 운하전 구간에 관해 남긴 기록은 최두찬의 《승사록》이 유일하다. 이 수로에 있는 수차나 선박에 대한 언급도 눈에 띄는데, 그의 〈주거설(舟車說)〉에는 좀더 자세한 내용이 잘 정리되어 있어 참고가 된다. 조선에서는 볼 수 없는 이국적인 풍경이 무척 매력적으로 다가왔는지 이러한 부분들을 여러 번 언급하고 있다. 그 다음으로 비옥한 토지에서 생산되는 농산물에 대한 기록으로 마무리지으면서 글이나 그림으로 나타낼 수 없다는 언급으로 강렬한 인상을 표현하였다.

이처럼 그의 글에는 통상 연행록에서 보이는 실용적인 사물에 대한 관심보다는 강남의 화려한 풍경과 풍성한 풍물에 대한 감탄의 시선이 많다. 최두찬이 《승사록》을 기록한 19세기에는 이미 중국에 대한 지리적 정보나 문물에 대한 정보가 많았던 탓에 18세기 연행록에서 보이는 문화적 충격은 상대적으로 감소되고, 오히려 조선인들이 체험하기 힘든 강남의 풍경이 그를 더 사로잡았던 것으로 보인다.

> 술을 한 잔 돌리고 나면 안주가 곧바로 나오고 한 번 수저를 놓으면 그 안주를 물렸다. 다 마시고 나니 안주가 서른 그릇이나 되었다. 대개 중국 풍습에 술을 마실 때 손님과 주인이 같은 상에 앉는데, 큰 접시로 물고기와 고기를 담아 한 그릇에 함께 먹는다.
> 오로지 밥그릇만 각자 주는데 대개 중간 크기의 주발이었으니 다 먹고 나면 곧 또 중간 크기의 주발 하나를 내오는데, 잘 먹는 사람은 중간 크기의 주발로 서너 사발이나 먹기도 한다. 각자 술잔을 베푸는데 잔이 큰 것이라 하여도 사기 종지의 3분의 1에도 미치지 못하는데도 한 잔을 쭉 들이켜지 않고 몇 번씩 입을 적셔 서너 차례가 되어서야 다 마시게 되니, 술 마시는 것을 좋아하지 않는 사람도 한 잔은 마실 만하다.

중국의 음주 풍속에 대한 기록이다. 예나 지금이나 중국인들은 거창하게 술을 먹었던 모양이다. 안주가 나오고 안주를 물리는 방식이 이채롭다. 그리 크지 않은 주발에다 여러 번 밥을 먹거나 한 잔의 술을 여러 번에 나누어 마시는 장면을 적고 있다. 우리와는 다른 음주 방식이 흥미롭다.

지금까지 강남의 풍경과 풍속에 대해 살펴보았다. 강남은 천하에서 가장 아름다운 곳이라 일컬어졌던 땅이다. 우선 그 아름다운 경치가 그를 사로잡았을 것이고, 그곳의 화려하고 웅장한 건물이 그를 매혹시켰을 것이다. 그뿐 아니라 강남의 음식문화, 민간요법,[4] 사주(四柱)를 보는 장면, 술집 아가씨들의 모습 등 재미난 기록들도 많이 남기고 있다.

그의 문집 말미에는 〈실로설(室盧說)〉, 〈의복설(衣服說)〉, 〈가색설(稼穡說)〉, 〈분묘설(墳墓說)〉, 〈주차설(舟車說)〉 등이 실려 있는데, 여기에서 그들의 풍습을 조선과의 비교를 통해 기록하였다. 강남 자체의 문화를 이해하기에 좋은 자료일 뿐 아니라 한중 비교 연구에도 참고할 만하다. 《승사록》은 강남을 중심으로 기술되었다. 그곳에 머문 기간은 30일 전후 되는 짧은 기간이었지만, 남긴 기록은 3분의 2가 넘을 정도이니 강남이 그를 얼마나 강렬하게 매료시켰는지 짐작할 수 있다.

2) 중국인에 대한 관심과 교유 심화

최두찬이 강남에 체류할 때 거의 매일 여러 명의 중국인이 방문

4_ 6월 6일 기록 참조.

한다. 그는 낯선 땅에서 중국인들을 만나 필담(筆談)과 창수(唱酬)를 나눈다. 결국 그들은 한자(漢字)라는 공통적인 문자를 통하여 동아시아 지식 정보를 서로 공유한다. 그는 그들에게 무엇을 보았으며, 무엇을 느꼈을까? 그들이 보여준 우도(友道)의 방식을 필담 중심으로 살펴보자.

> 공이 곧장 차를 내오라고 하였다. 차가 나오자 꼭 손을 들어서 읍을 하였다. 내가 말하였다.
> "귀하신 분이 미천한 자에게 낮추는 것은 비록 당신의 훌륭한 일이리 하여도 멀리서 온 보잘것없는 사람은 감히 감당할 수 없으니 청컨대 지나치게 공손한 예를 거두어주시지요."
> 얼마 되지 않아 밥을 올렸는데, 고기도 매우 풍성하였다. 오신포가 종종 밥 먹기를 권하는 것은 오직 내가 배부르지 않을까 염려되어서이니 그 뜻이 매우 감동스러웠다.

정해현에 도착한 뒤 거의 매일같이 중국인들이 방문하였다. 때로는 혼자서, 때로는 여러 명이 무리지어 방문하여 그들과 시문(詩文)을 나누거나 필담을 나눈다. 처음부터 그들과의 교류는 매우 순조로웠다. 그들은 《승사록》에 대한 소문을 듣고서 그에 대한 관심을 갖게 되었다. 이후 그것이 강남의 선비들에게 소문이 나고 연이어 찾아와 그를 만나고 싶어한다. 앞의 글은 오신포(吳申浦)와 만났던 내용을 담고 있는데, 오신포는 공손한 태도를 끝까지 잃지 않고 융숭한 대접을 아끼지 않는다. 이러한 태도는 최두찬이 처음 방문한 중국인의 집에서도 그대로 유지된다.

수재(秀才) 진복희(陳福熙)라는 사람으로 호가 여선(艅仙)이었다. 그가 나에게 말하였다.

"저의 집에는 만 권의 책이 있습니다. 한번 가서 구경하시기 바랍니다."

"우리나라는 후미진 바다 모퉁이에 있어서 문헌이 부족한 것을 마음속으로 늘 유감스럽게 여기고 있습니다. 간절하게 책을 빌리지 않고도 이렇게 깨우쳐주시는 가르침이 있으니 은혜에 고마움을 깊이 느낍니다. 그러나 다만 먼 데서 온 사람이 떠나는 자리에서는 반드시 여러 사람의 언론을 놀라게 하는 것이니 감히 가르침을 받을 수 없습니다."

"관인(官人)이 가져올 것이니 안 될 것도 없습니다."

…… 또 서책을 꺼내서 보여주기도 하였다. 모두 근래에 모은 것이었는데 우리나라에는 없는 것이었다. 마음의 가난뱅이가 금세 부자가 된 것 같아서 한 권을 빌려 보기를 청하자 곧바로 상화가 허락하였다.

절강땅에는 이름난 장서가(藏書家)가 많았다. 진복희의 동생도 만 권의 책을 수장(收藏)한 장서가였다. 그를 통해서 우리나라에 없던 서적을 보게 되고 매우 반가워하며 그 책을 빌린다. 이러한 지적인 공감대는 그들의 더욱 심도 깊은 교류를 가능하게 했고, 저명한 인물들과 지식과 정보를 공유하게 했다. 서로에 대한 호감이 음식이나 물품을 대접하거나 전달하는 방식으로 표현되기도 하였다.

　현주(縣主)를 중심으로 하여 개인적으로 선물하는 경우도 적지 않았다. 필기구, 먹을거리, 서책, 그림에 이르기까지 매우 다양하다. 체면치레나 인사치레라 하기에는 매우 빈번하게 전달되었음을 알 수 있다. 특히 5월 14일 기록이 눈에 띤다. 현주가 그의 시를 읽고 칭찬하며 하사품을 내렸는데, 상세한 내용은 다음과 같다. "현주께서 공의 시를 보고 문장이 신속하며 품격이 매우 높은 것을 칭찬하시고, 이에 드리라는 말씀이 있었습니다. 백미 5석, 돈 2만 5천문을 여러 사람에게 나누어주었고, 종이 한 축, 먹 하나, 붓 한 자루, 부채 한 자루, 담배 60봉을 선생님께 보내주셨습니다." 이러한 기록을 보면 그들이 그의 시나 문장 수준에 감복하여 물품으로 마음을 표현한 것을 알 수 있다.

　　이때 절강에 있은 지가 이미 오래되었다. 함께 종유하던 사람들 모두 남방 선비들 중에 공명(功名)이 있는 사람들이었다. 간혹 필담을 주고받거나 이따금 시문을 창화하니 관아의 하인이나 저자 사람들은 거기에 끼지 못하였다. 차례대로 글을 전하여 승루로부터 여러 방장(方丈)에 이르기까지 붓을 들고 글씨를 쓰는 사람들을 이루 다 셀 수 없었다. 담장과 뜰 사이에 때때로 종이 쪼가리가 남은 것을 보게 되면 전부 다 내가 중국 사람들과 나눈 대화였다.

이당이 말하였다.

"백세 뒤에 절강땅에 사는 사람들이 선생께서 이곳을 지났다는 것을 알 겁니다."

그 말이 장난스럽기는 하지만 실제로 있을 법한 말이었다.

최두찬은 풍부한 인문학적 소양으로 강남 선비들과 학적 네트워크를 구성하였다. 특히 그의 문학과 지리에 대한 해박한 지식이 그들을 감동시켰고, 그들도 그에 대한 호기심을 통하여 조선에 대한 호기심으로 영역을 넓혀나갔다. 앞의 글은 그와 그들이 얼마나 많은 필담을 나누었는지를 확인할 수 있는 기록이다. 마지막 이당(李堂)의 말에서 그에 대한 강남 지식인들의 관심을 다시 확인할 수 있다.

대개 정해현에 있을 때 이손점, 김사규, 진복희와 같은 여러 현인이 나를 위해주었고, 절강성에 있을 때에는 심기잠, 여악, 손희원과 같은 여러 분이 각 아문에 말을 잘 해주었으며, 순무(巡撫)의 막빈인 조돈예(趙敦禮)가 중간에서 일을 처리해주었기 때문이다. 오호! 여러분의 은혜를 더욱 잊을 수 없도다.

부록에 실려 있는 글이다. 자신이 귀환할 수 있도록 힘이 되어준 강남 사인(士人)들에 대한 고마움을 절절히 써 내려갔다. 그는 오래도록 그들의 호의와 환대를 잊지 못했던 것으로 보인다. 그는 끔찍한 표류 체험을 하였다. 아마도 그 자신에게는 다시는 떠올리기 싫을 기억이 될 수도 있다. 그러나 역설적으로 그는 표류를 통해 미지의 땅에 발을 디뎌 누구도 쉽게 하지 못할 경험을 하게 된다. 그는 돌아와서 강남정이란 이름의 정자를 지었다. 다시 만나기 힘 들 강남땅의 선비가 그리워서였을까? 아니면 너무나 아름다운 강 남땅이 떠올라서였을까?

3) 청조를 보는 시각과 전망

명나라의 멸망은 동아시아 질서의 새편을 의미하였다. 한족(漢族)이 아닌 만족(滿族)이 세계의 중심으로 떠오른 사실을 목도하며 조선의 지식인이 느꼈을 심리적인 충격은 상상 이상이었을 것이 다. 그러나 그것이 바꿀 수 없는 사실로 명백해졌을 때 그들의 대 응 방식은 무조건적으로 거부하며 인정하지 않는 경우, 현실적으 로 인정하면서도 심리적으로 거부하는 경우, 현실적으로 인정하며 적극적으로 수용하려는 경우 등으로 나뉘어 나타난다. 그는 그들 에게서 무엇을 보려 하였으며, 그들을 어떠한 시선으로 바라보았 나? 이러한 질문에 대한 해명을 통하여 19세기 조선 지식인의 대 청인식(對淸認識)을 살펴보고자 한다.

양공이 답장하였다. "대작(大作)이 유창하고 고상하여 감패(感佩) 가 심하였습니다. 다만 칭찬이 너무 지나쳐서 부끄럽습니다. 위관이 전해준 글에는 반드시 일컫기를 '난이(難夷)'라 하였습니다."

내가 답장하였다. "춘추의 의리에 오랑캐이면서 중국에 나간다면 중국의 작은 나라가 되니 또한 소중화(小中華)입니다. 아마도 합하께서는 성인께서 경서를 저술한 뜻을 깊이 살피지 않은 듯합니다. 어찌 대놓고 이처럼 배척하십니까? 제 마음이 조금 언짢습니다."

양공이 답신에서 말하였다.

"외이(外夷)라 한 것은 중국에 대해 상대적으로 말한 것이지 낮추어 본 것이 아닙니다."

여기서 양공은 위송관(委送官)인 양월(梁鉞)을 가리킨다. 양월이 쓴 '난이(難夷)'라는 표현에 최두찬이 매우 민감하게 반응한다. 오랑캐라도 춘추(春秋)의 의리를 간직하면 소중화가 될 수 있다며 강한 어조로 말하자, 양월이 중국에 대해 상대적인 뜻에서 외이(外夷)라 썼다고 해명하고 있다. 사실 중국의 역사는 화(華)와 이(夷)의 지속적인 순환의 역사라고 해도 과언이 아니다. 오랑캐에게 망한 망국(亡國)의 신민(臣民)이 최두찬 자신에게 오랑캐라 지칭한 것에 모욕감을 느낀 듯하다. 최두찬 본인은 오히려 명나라가 멸망함으로써 소중화인 조선이 동아시아 문화 질서의 중심에 있다는 확신을 가졌던 것으로 보인다. 그래서 청(淸)나라에 대하여 노골적으로 거부감을 표출하기보다는 그러한 청나라에게 패배한 한족에 대하여 더 큰 실망감을 나타내고 있다.

계주(薊州)의 복순점(復順店)에 도착하여 아침밥을 먹었다. 양수재(楊秀才)라는 사람이 수레 앞에 와서 인사말을 나누었다.

내가 그에게 물었다.

"연산과 계주 사이에는 예로부터 절개 있는 협객이 많다고 일컬어졌으니, 현재에도 그 저잣거리에는 옛날에 개백정들이라 일컫던 사람들이 있습니까?"

양수재가 말하였다.

"높은 노래를 부르고 술을 마음껏 마시고 높은 수레를 타고 빠른 말을 몰아서 연산과 계주 사이에서 달리는 자들이 이따금 있습니다. 그러나 기세등등하게 혈기를 부리다가 남을 위해서 급하고 어려울 때 돕기를 옛날에 형가(荊軻)나 고점리(高漸離)와 같이 하는 사람들은 아마 많이 보지는 못할 것입니다."

내가 또 물었다.

"황금대(黃金臺)가 아직도 있습니까?"

양수재가 답하였다.

"저는 금시초문입니다."

이에 내가 〈감고(感古)〉라는 제목의 절구 한 수를 지었다.

큰길의 풍진들이 눈 가득히 비치는데
곳곳마다 황금으로 높은 누대 세웠도다.
옛날에 매우 즐겁게 종유했던 곳에
다만 그저 오랑캐들 오가는 것만 보겠네.

九陌風塵満目來 黃金到處起高臺

當時樂劇從游地 但見紅兜往復回

　이 이야기는 협객과 황금대의 두 가지에 대한 물음으로 진행된
다. 양수재의 답변을 통해서 불의에 저항했던 형가나 고점리와 같
은 협객의 부재를 확인하고, 천하의 현사(賢士)들을 모았던 황금대
의 존재조차 모르는 사실에 적잖은 충격을 받는다. 곧 오랑캐 땅이
되어버린 곳에서 그러한 현실을 바꿀 수 있는 협객을 찾아볼 수 없
는 현실이나 현사들이 모였던 황금대의 기억이 사라지는 것에 대
한 안타까움이 깔려 있는 셈이다. 시에서 언급한 홍두(紅兜)는 여
기에서 오랑캐를 상징한다. 그렇다면 왜 이러한 현실이 되었을까?
거기에 대한 답을 다음의 인용문에서 찾을 수 있다.

　　오시(午時)에 산해관(山海關)에 도착하니 진실로 이른바 "한 사
　　람이 막아서면 만 명도 열지 못한다."라는 곳이었다. 남쪽으로는
　　푸른 바다가 있는데 굽이굽이마다 연대를 설치하였고, 북쪽으로
　　는 문산(蚊山)이 있는데 봉우리마다 연대(烟臺)를 설치하였다.
　　안에는 삼중의 성을 설치하였는데 안쪽 성문에는 "천하(天下) 제
　　일관(第一關)"이라 쓰여 있고, 바깥쪽 성문에는 "산해관"이라 쓰
　　여 있었으니 진실로 경북(京北)의 큰 도읍이었다. 이에 산해관을
　　나와 취화점(聚和店)에 도착해서 묵었다. 북쪽에는 흑산구(黑山
　　口)가 있었는데, 산에는 장성(長城)이 있었으므로 이에 절구 한

수를 지었다.

곧장 뻗은 유관(楡關)이 온갖 오랑캐 막았으니
남쪽으로 창해에 임했고, 북쪽으로는 교산 있네.
알 수 없노라. 청조가 어디에서 들어왔던가
앞 거울이 영락과 만력 간에 환히 밝네.
一路楡關控百蠻 南臨滄海北蛟山
不知淸祖從何入 前鑑昭昭永歷間

　　산해관에서의 감회를 적고 있다. 처음에 이백(李白)의 〈촉도난
(蜀道難)〉에서 "一夫當關, 萬夫莫開"라는 구절을 따와 이야기를
시작하였다. 산해관은 오랑캐를 막는 천하의 요새였지만, 결국 그
곳을 통해 오랑캐들이 무혈입성(無血入城)한 아이러니한 장소이
다. 시에 이러한 사실을 함축적으로 표현하였다. 1, 2구에서는 산
해관[楡關]이 오랑캐를 막는 장소임을 설명하였다. 3, 4구에서는
오삼계(吳三桂)가 이자성(李自成)을 막기 위해 청군(淸軍)을 끌어
들인 것으로 말미암아 결국 남명(南明)의 마지막 황제인 영력제(永
歷帝) 주유랑(朱由榔, 1623~1662)이 미얀마에서 압송되어 죽임을
당한 사실을 말하고 있다. 결국 오랑캐를 막는 천하의 요새를 통해
서 오랑캐들이 아무 저항 없이 들어와 명나라가 패망하는 빌미가
되었음을 애석하게 여긴 시이다.

이날 천자의 선도(先導)가 먼저 지나갔다. 사시(巳時)에 이르러 관인이 어가(御駕)가 이미 이도경자를 향해 출발하였다고 알려주었다. 높은 곳에 올라 바라보니 효기교(驍騎校)가 활과 화살을 메고 길을 따라서 말을 타고 가고 있었다. 백 리에 걸쳐 늘어섰는데 모두 붉은 투구에 푸른 도포를 입고 세 개 조를 별도로 만들어 떠났다. 중앙에는 황제가 다니는 길이고, 양옆은 모두 호위하는 사람들이 가는 길이었다. 또 큰 수레가 있는데, 줄줄이 이어져 이틀이 지나도록 끊이지 않았다.

순전히 백마(白馬)만을 쓰니 이것이 바로《시경》에 이르는 "힘이 같은 (네 필의 같은 말이여)" 것과《예기》에 "가을에 정령을 시행한다"는 뜻이니, 이러한 것으로 중국이 큰 것과 사해가 부유한 것을 볼 수 있다. 그러나 수레와 복식의 제도는 상하의 구별이 없었으니 임금인지 목사(牧使)인지 알 수 없었다. 송나라, 명나라의 옛 제도는 모두 사라져버린 셈이다.

여기서 황제의 행렬을 자세히 묘사하였다. 수레나 복식의 제도가 변한 것을 보고 송나라와 명나라의 제도가 사라졌음을 안타까워하였다. 또 다른 기록에서는 청태조(淸太祖)의 무덤을 보고서 매우 건조하게 기술하였다. 이러한 부분에서도 청나라에 대한 거부감을 찾아볼 수 있다.

지금까지 최두찬의 청조(淸朝)에 대한 시각을 살펴보았다. 중화의 전통을 지키지 못한 명나라에 대한 아쉬움과 실질적으로 중국을 지배하는 청나라에 대한 반감이 교차됨을 볼 수 있다. 그는 문집에서 한 번도 청나라 사람이라 언급하지 않고 오(吳)나라 사람이라고 반복적으로 표현하며, 문천상(文天祥)이나 이제묘(夷齊廟) 등 충의와 관련된 고장 등에 애착을 보인다. 그러나 그는 실제로 비분강개(悲憤慷慨)의 어조를 띠기보다는 중화의 적통(嫡統)을 이어받은 자존감을 표명하는 태도를 보이고 있다.

3. 그들의 눈에 비친 조선

1) 《승사록》 열독과 관심의 집중

최두찬이 정해현에 도착하여 표류 기간의 이야기를 담은 《승사록》을 쓴 직후부터 《승사록》은 급속도로 강남의 문인들에게 퍼졌다. 이러한 《승사록》에 대한 관심을 통하여 그를 찾는 방문객이 급증한다. 그들은 왜 이렇게 《승사록》에 열광적인 반응을 보였을까? 《승사록》의 어떠한 부분이 그들을 그토록 매료시켰을까? 이러한 관심은 자연스레 최두찬에게 옮겨진다. 따라서 《승사록》에 대한 열독(熱讀)의 실체와 그들이 최두찬에게 관심을 가지게 되는 과정에 대해 살펴보고자 한다.

> 관에서 하루를 머물 때 마음 내키는 대로 할 수 없어서 바다에 표류하였던 상황을 두루 적었다. 《승사록》이라 이름을 붙였는데, 장건(張騫)이 황하의 근원을 찾는다는 뜻에서 취한 것이다. 월중(越

中, 중국 절강성 항주)의 사대부들이 날마다 찾아와 초록해가는 사람
이 있었다. 나는 장독 뚜껑 덮개로나 쓸 것으로 여겨서 손을 휘저
으며 사양하여도 안 되어서 돌려가며 보았으니 몹시 부끄러웠다.

5월 2일 정해현에 도착하자마자 최두찬은 《승사록》이란 동명(同
名)의 제목으로 표류 기간의 일을 묶어 책으로 구성하였다. 일행
50명과 16일 동안 겪은 표류 체험을 적은 것이다. 기간으로는 4월
8일부터 5월 1일까지의 기록을 담고 있다. 여기에는 표류 경위, 양
식과 물이 끊겨서 했던 고생, 해신(海神)에게 제문(祭文)을 지어
올리는 일, 일행의 죽음, 구조 과정, 관음사 방문 등의 과정이 상세
히 적혀 있다. 앞에서 언급한 것처럼 이때부터 강남의 문인들이 날
마다 방문하여 《승사록》을 베껴가서 돌려보았다. 그러면 그의 표
류 과정은 어떠하였을까? 표류 과정을 압축적으로 보여주는 시 한
편을 살펴보자.

표류하던 삼한(三韓)의 나그네가
5월에 서남쪽으로 먼 길 갔도다.
의관은 사람들 모두 괴이하다는데
얼굴은 귀신 다시 살아난 것 같았네.
도리어 바닷속 일 떠올려보니
오히려 꿈속 혼도 깜짝 놀랄 만했네.
바다에 갑작스레 비바람이 부니

배의 갑판 밤낮으로 소리가 났네.

바다가 넓으니 붕새가 처음 날아갔고

돛대가 높으니 까마귀가 더러 기웃거리네.

사공들도 오히려 창백해졌고

노인과 아이들 모두 실성통곡(失聲痛哭)하니,

비유컨대 불난 숲 속의 새가

둥지가 위태롭자 함께 옮과 같았네.

하늘땅은 아득해 끝이 없으니

바람, 물에 가는 길이 헤매기 쉽네.

오산(吳山)이 친구를 만난 것과 같은 것은

한쪽 모습 구름가가 맑게 갠 때였네.

정처 없이 보타사(普陀寺)에서 유랑하였고

표류하다 절강성에 정박하기도 하였네.

한 달간 일 곰곰이 떠올려보니

황홀하여 천겁을 겪은 듯하네.

생명은 다만 그저 빈 껍질이고

마음과 정신은 이미 정기를 잃었네.

봉두난발에 발에는 버선 없었으니

늙지 않아도 이미 쇠한 모습이었네.

적삼에서는 땀 냄새가 풍겨 나왔고

두 눈은 파리 떼가 윙윙거렸네.

때로는 모습이 그림자에 위로하기를

"그대는 옛날 모습 아니다" 하였네.

오나라 땅 사는 이가 아직 시구를 찾으니

승사(乘槎)한 것이 부질없이 이름만 얻었네.

飄颻三韓客　五月西南征

巾服人皆怪　形容鬼還生

却憶洋中事　猶得夢魂驚

滄溟忽風雨　船板日夜鳴

海闊鵬初徙　檣高鳥或傾

篙師猶無色　老弱盡失聲

譬如焚林鳥　巢危共嚶嚶

天地茫無涯　風水易迷程

吳山似故人　一面雲際晴

支離普陀寺　漂泊浙江城

拊念三旬事　怳惚千劫經

性命只空殼　心神已喪精

頭蓬足不襪　未老衰已形

單衫足汗臭　兩眼蠅營營

有時形弔影　君非舊典刑

吳人猶索句　乘槎浪得名

〈술회(述懷)〉라는 제목으로 쓴 시이다. 죽음과 삶을 넘나들던
체험들이 고스란히 담겨 있다. 비바람에 밤새 울리는 갑판 소리

에 느꼈을 공포와 일행의 동요가 눈에 선하다. 자신들을 불타는 둥지의 새[焚林鳥]에 비유하여 위태로운 처지를 표현하였다. 그리고 온갖 고생 끝에 강남땅을 발견하였던 반가움도 함께 그려져 있다. 끝부분에서는 표류를 중심으로 한 30일간의 고초가 진솔하게 표출되었다. 이러한 급박한 상황 전개를 담은 《승사록》은 읽는 재미뿐 아니라 그들이 경험해보지 못한 일에 대한 호기심을 자극하여 이국의 문사들의 마음을 뒤흔들기에 충분하였던 것으로 보인다.

어떤 한 관원[문림랑(文林郞) 주원관(周元瓘)]이 와서 《승사록》을 보고 말하였다.

"환난을 겪을 적에 유명한 사람들과 시를 주고받게 되었으니 또한 삼생(三生)의 다행함이 있는 것입니다. 서둘러 판각(板刻: 棗梨)에 맡기어 한때의 아름다운 이야기를 기록하도록 하여야 할 것입니다."

관원이 또 말하였다.

"행색(行色)이 너무 바빠 초록하여 책상에 두는 기회조차 얻지 못하니 자못 안타깝습니다."

관원이 다시 말하였다.

"아직 며칠 말미가 있으니 머물면서 시 한 수를 지어 준마의 뒤에 붙고 싶습니다."

앞의 글은 5월 22일의 기록이다. 이 글에 따르면 《승사록》은 계속 새롭게 내용이 추가되었던 것으로 보인다. 적어도 맨 처음 중국 사람들이 보았던 《승사록》 판(版)에는 사람들과 주고받은 시가 없었기 때문이다. 관원 주원관은 자신의 시도 《승사록》에 추가로 실리기를 바라고 있다. 이 이후로도 《승사록》은 그들에게 화젯거리였다.

5월 23일에는 주원관이 《승사록》에 소서(小序)를 보내왔고, 5월 27일에는 여악(余鍔)이 《승사록》을 읽고 감탄하여 서호(西湖)에 관한 시를 지어 달라 요청하는 일 등이 벌어진다. 6월 1일에는 진운교(陳雲橋)가 《승사록》을 읽고 시를 보내주었고, 6월 2일에는 심기잠(沈起潛)이 《승사록》의 서문을 써주었다. 특히 6월 5일의 기록을 보면 《승사록》에 대한 관심이 일반 선비들뿐 아니라 여자들에게까지 광범위하게 퍼졌음을 확인할 수 있다. 또 6월 6일에는 《승사록》을 읽고 유승서(劉承緖), 이당(李堂), 손석마(孫錫磨), 이세해(李世楷) 등이 시를 보내왔다. 이러한 《승사록》에 대한 관심에서 촉발되어 그의 시에 관심을 갖게 되고, 강남의 문사들은 그와 수창(酬唱)하기를 집중적으로 요구한다. 그와 수창한 사람들의 이름을 하나하나 열거하기도 힘들 지경이다. 서법가(書法家) 주패란(朱佩蘭), 강남(江南)의 삼가(三家) 중 한 명인 도탁(屠倬), 장서가(藏書家) 손호원(孫顥元)과 손앙증(孫仰曾)은 그를 내방한 사람들 중에 저명한 사람들이다.

지금까지 《승사록》 열독과 그로 인해 최두찬에 대한 강남 문사들의 관심이 집중되는 현상에 대해 살펴보았다. 《승사록》을 돌려 읽고, 잇달아 내방객들의 숫자가 급증하며, 시문 수창도 폭발적으로 늘어났다. 차운시(次韻詩)를 짓느라 힘들다는 토로가 문집에 적지 않게 나온다. 그의 시는 '성당(盛唐)의 풍미(風味)'가 있었고, 그의 문장은 《좌전(左傳)》과《사기(史記)》의 서사(敍事)하는 문체가 있었다.'는 평가로 대략적인 그의 시풍(詩風)과 문체를 짐작할 수 있다. 허훈(許薰, 1836~1907)은 〈승사록서(乘槎錄序)〉에서 "나는 이 기록이 동방삭(東方朔)의 십주기(十洲記)와 서하객(徐霞客)의 기행서(紀行書)와 함께 세간에서 기이한 관람거리가 되는 것을 알 수 있다. 종병(宗炳)의 와유도(臥遊圖)도 바람이 아래에 있다." 라고 하였으니 그의 작품이 높게 평가되었음을 확인할 수 있다.

2) 조선과 조선인에 대한 호기심 표출

일개 거인인 그에게 그들은 왜 이렇게 많은 관심을 쏟았을까? 최두찬은 중국 문학과 중국 지리, 역사에 정통한 인물이었다. 그의 폭넓은 인문학적 지식을 접하고 그들은 그에게 호감을 갖는다. 이러한 개인에 대한 호기심을 통해서 그들은 조선과 조선인에 대한 관심으로 확대되는 결과를 가져오게 되었다.

[문학 전고]

4월 19일: 蘇軾의 〈赤壁詞〉를 읊는 장면.

4월 25일: 司馬遷의《史記》인용.

4월 26일: 賈誼의 글 인용.

5월　6일: 左思의 〈吳都賦〉 인용.

5월 12일: 趙佃의 《西浙輶軒錄》,〈峯谷詩歌〉에서 시 인용.

5월 15일: 《戰國策》과 《世說新語》 인용.

5월 17일: 陸機의 〈吳趨行〉과 楊巨源의 〈相和歌辭·大堤曲〉을 인용하
　　　　　 여 二十四橋를 묘사.

5월 19일: 陸遊의 〈夜分不寐起坐園中至旦〉 인용.

5월 21일: 蘇軾의 〈表忠觀碑〉와 左思의 〈吳都賦〉 인용.

5월 29일: 《詩經》,〈衛風〉, ʻ木瓜ʼ 인용.

6월　5일: 《孟子》,〈萬章上〉과 《詩經》, 〈蓼莪〉 인용.

6월　6일: 《世說新語》,〈言語〉 인용.

6월 13일: 張繼의 〈楓橋夜泊〉 인용.

6월 19일: 《南史》,〈孫範傳〉 인용, 杜牧의 시 인용.

7월 16일: 韓愈의 〈送溫處士赴河陽軍序〉 인용.

8월 25일: 李白의 〈蜀道難〉 인용.

9월　1일: 蘇軾의 시를 읊는 장면.

9월 16일: 《詩經》,〈小雅〉, ʻ六月ʼ과 《禮記》 인용.

[역사·지리 전고]

4월 26일: 宋帝昺이 원나라 군사들에게 쫓겨 張世傑과 함께 피난한 定
　　　　　 海縣.

5월 18일: 嚴子陵의 고향인 餘姚縣에 이르다.

5월 19일: 한나라 虞詡가 典郘하던 곳인 上虞縣에 이르다.

5월 20일: 兵栖山을 넘으니 句踐이 쓸개를 맛보았던 옛 땅이다. 謝安
　　　　　의 東山과 右軍의 蘭亭과 西子의 浣紗溪가 모두 이 산의 아
　　　　　래쪽과 관계되어 있다. 嚴子陵의 사당이 있는 七里灘.

5월 21일: 孫策이 한 고을의 땅으로 천하를 노렸던 蕭山縣. 역대 제왕
　　　　　의 도읍이었던 浙江 일대.

5월 25일: 朱子의 고향인 紫陽山, 嚴子陵이 밭 갈고 낚시하던 富春山.

6월 9일: 朱子의 고향인 新安縣.

6월 14일: 枚乘이 '長洲海陵'이라 하였던 長洲縣.

6월 17일: 吳頭楚尾라고 이르렀던 丹陽縣.

6월 19일: 韓世忠이 兀朮을 격파한 金山寺. 江都縣은 한나라 때 易王
　　　　　이 봉해진 곳이다.

6월 22일: 馬融의 故鄕인 山陽縣에 이르다.

7월 9일: 한나라 때 祝阿縣인 濟河縣에서 묵다.

7월 11일: 조나라 平原君의 采邑인 去里站에 이르다.

7월 15일: 한나라 獻王의 采邑인 河間府에 이르러 묵다.

7월 19일: 張飛가 살던 고향인 涿州에 이르다.

《승사록》은 각종 경전(經傳)과 사서(史書), 문학가들의 문집(文
集) 등의 구절을 인용하여 감회를 표출하거나 질문을 던지고 있다.
그뿐 아니라 특정 지점에 도착하면 역사·지리 전고(典故)를 적절
히 들어 그 지역에 대해 설명하였다. 이러한 풍부한 인문학적 지식
이 중국인에게는 친밀함을 불러일으켰을 것이고, 그로 인해서 그

들은 낯선 조선에 대해 호기심 어린 시선을 갖게 된다.

> 내가 오나라 사람에게 물었다.
>
> "〈오도부(吳都賦)〉에서 '나라에서는 일 년에 두 번 익는 벼에 대해서 세를 받았고, 고을에서는 여덟 번 친 누에의 실을 바쳤네.'라고 하였으니 그 말이 맞습니까?"
>
> "이 땅에도 한 해 걸러 그러한 일이 있고, 구동(甌東, 절강성 영가현)에서는 매년 그런 일이 있답니다."
>
> 내가 또 물었다.
>
> "여기서 구동까지 거리가 몇 리나 됩니까?"
>
> "사백 리입니다."
>
> "여기에서 회계산까지 거리는 몇 리나 됩니까?"
>
> "육백 리입니다."
>
> "우혈(禹穴)은 아직도 남아 있습니까?"
>
> "있습니다."
>
> 내가 표류하다 이 땅에 닿은 지도 이미 대엿새가 흘렀다.

그는 여기서 〈오도부〉를 인용하여 농사(農事)에 대한 질문을 하고 절강성의 회계산(會稽山)에 있는 하우(夏禹)의 유적지(遺蹟地)가 실재하는지에 대해 질문하였다. 이러한 수준 높은 질문을 받으면서 최두찬을 인정하고, 그에게 매우 공경하는 태도를 보인다. 특히 4월 24일과 6월 19일의 기록은 그의 지리에 대한 해박한 소양을 잘 보여주고 있으며, 9월 1일 황하의 모습을 자세히 기록한 것도 매우 흥미롭다.

요승재가 길을 인도하여 작은 서재로 나아갔다. 때마침 공은 공적인 일로 외출하였다. 막객인 항주(杭州)의 오신포 주석(主席)에게 빈주의 예를 행하게 하였다. 이어서 붓으로 써서 "청컨대 귀국의 산천과 풍속을 묻습니다."

이에 내가 "산천은 남북으로 사천여 리이고, 동서로는 천오백 리입니다. 풍속은 곧 우리 작은 나라가 바다 모퉁이의 궁벽한 곳에 있어서 동이(東夷)라는 호칭이 있습니다마는 기자(箕子)가 동쪽으로 왔을 때의 8조항은 분명히 군자는 성(誠), 정(正) 하는 방법을 알게 하고, 소인은 충(忠), 경(敬) 하는 도리를 알게 하는 것이었을 겁니다. 날마다 삼강(三綱)을 쓰고 항상 오상(五常)을 행합니다."

이에 표류 이후의 일을 말하였다. 오신포가 또 물었다.

"산천과 예수(禮數)는 이미 다 당신의 가르침을 받았습니다. 그러면 과거 시험의 문장은 어떤 문체를 쓰는지요?"

내가 말하였다.

"시(詩), 부(賦), 의(疑), 의(義), 표(表), 책(策)의 제도로 합니다."

중국 사람들이 물었다.

"귀국의 왕은 성(姓)이 무엇이며, 이름은 어떻게 됩니까? 나라는 어느 해에 개국하였으며, 정벌하여 얻은 것입니까? 선수(禪受)하여 얻은 것입니까?"

내가 답하였다.

"국성(國姓)은 이(李)이고, 휘(諱)는 신하된 사람이 감히 말할 수 없는 바입니다. 왕조의 누린 햇수가 아직 성주(成周)에는 못 미칩니다. [사백 년 전 고려 말 정란(政亂)에 천명과 인심이 돌아가니 삼대(三代 : 夏 殷, 周) 이래로 나라의 바름을 얻은 것이 우리 성조(聖祖)와 같은 일이 없었으니] 또한 동방의 요순(堯舜)입니다."

그러자 그들이 삼가 감사의 뜻을 표하였다.

필담을 통하여 그들은 조선의 산천과 풍속, 역사에 대해서 질문을 한다. 그들이 던진 질문은 매우 초보적인 수준이라 조선에 대한 상식이 전혀 없음을 확인할 수 있다. 이러한 질문에 대해 대답하는 최두찬의 태도가 매우 인상적이다. 그는 조선이 오랑캐의 땅이 아니라 교화된 군자의 땅이란 확신에 차서 대답하고 있다.

그들의 조선에 대한 지식은 거의 전무하다시피 하다. 중국인들은 해박한 인문학적 지식을 갖춘 최두찬에 대한 개인적 관심을 통해 조선에 대한 관심으로 확대시켜나갔다. 조선에 대해 그들에게 설명하는 최두찬의 태도는 매우 당당하고 자부심에 차 있음을 확인할 수 있다.

3) 존명배청에 대한 그들의 반응

그가 중국땅에 도착한 1818년은 이미 명나라가 망하고도 세월이 오래 지난 후였지만, 최두찬을 위시한 조선인들은 여전히 존명배청(尊明排淸)의 속내를 감추지 않았다. 이 문제에 대하여 명나라를 존숭(尊崇)하는 이국의 지식인과 이미 청나라 사람이 되어버린 중국 지식인 사이의 묘한 기류가 흐른다. 그들은 그러한 우리를 어떻게 보았으며, 우리는 그러한 그들을 어떻게 보았을까?

> 5월 3일, 사인(士人) 주패란(朱佩蘭)이 찾아왔다. 내가 물었다.
> "그대는 주자(朱子)의 후손이 아닙니까?"
> 주패란이 말하였다.
> "아닙니다. 나는 명태조의 후손입니다."
> 김이진(金以振)이 말하였다.
> "그대는 망국(亡國)의 황량한 성터에서 기장이 자라는데 아무런 감회가 없습니까?"
> 주패란이 불쾌해하면서 김이진과 나눈 필담 종이를 갈기갈기 찢어버렸다. 김이진도 부끄러워하며 물러났다.
> 주패란이 사사로이 나에게 말하였다.
> "저 사람은 진실로 분별이 없는 사람이군요."

최두찬 일행은 5월 2일에 정해현에 도착한 뒤부터 본격적으로 중국 사람들과 만나게 된다. 5월 3일은 주패란이란 사람과의 만남을 적고 있다. 이방(異邦)에서 처음으로 자신을 방문한 중국인과의 이 이야기는 시사하는 바가 매우 크다. 자신을 찾아온 사람에게 대

뜸 주자의 후손인가를 묻고, 그는 명태조(明太祖) 주원장(朱元璋)
의 후손이라 답을 한다. 일행 중 한 사람인 김이진이 매우 공격적
으로 주원장의 후손이면서 망국에 대한 감회가 없느냐고 질문하
고, 그것에 대해 주패란은 불쾌감을 노골적으로 드러낸다. 그가 이
이야기를 처음에 배치한 것은 매우 의도적이라 할 수 있다. 오랑캐
에게 나라를 빼앗긴 중국 지식인에 대한 조소와 실망에 대한 표현
과 다름없다.

> [1] 이에 앞서서 일행들이 쓰고 있는 갓은 표류하는 배 안에서 모
> 두 부레가 풀려 쓸 수 없었다. 다만 삿갓 하나가 있어서 내가
> 빌려 썼다. 정해현을 떠나 절강땅에 이르렀다. 어느 날 밤 일행
> 중 어떤 사람이 (갓을) 도둑질하다가 망가뜨려서 쓸 수 없었다.
> 그래서 상인의 상자 안에서 탕건(宕巾)을 얻었다.
> 중국 사람들이 그것을 좋아하며 말하였다.
> "관(冠)도 명나라 제도이고, 건(巾)도 명나라 제도이며, 옷도
> 명나라 제도이니, 선생의 한 몸은 온통 명나라 제도입니다."
> [2] 어느 날 손호원(孫顥元)이 나에게 물었다.
> "선생께서 쓰고 있는 관이 무슨 관입니까?"
> 내가 말하였다.
> "조선에서 이르는바 탕건이라고 하는 것입니다."
> 손호원이 잠시 빌려 쓰려고 해서 허락하였다. 손호원이 탕건을
> 쓰고 자신을 이리저리 보는 것이 기쁜 기색이 있는 것 같았다.

얼마 후에 자리에 있던 사람들이 모두 번갈아 써보았다. 그런데 여악(余鍔)만은 홀로 기뻐하지 않았다.

[3] 내가 손으로 붉은 투구[紅兜]를 가리키면서 중국말로 물었다.

"무엇입니까?"

손호원이 글로 답하였다.

"홍모(紅帽)입니다."

내가 붓으로 모(帽)라는 글자를 쓰고 그 옆에 특별히 두(兜)라는 글자를 쓰고 말하였다.

"투구가 아닙니까?"

손호원이 말하였다.

"맞습니다."

내가 손으로 그의 머리를 쓰다듬으니 손호원이 말하였다.

"벌써 알아채셨군요."

[4] 내가 남이 보지 않는 곳에서 필담을 써서 보여주며 말하였다.

"오늘은 신정(新亭)의 감회가 없을 수 없습니다."

손씨가 그 글을 소매에 감추었다. 옆에 있던 사람들이 모두 말하였다.

"무엇입니까?"

손호원이 이에 손 가운데 두고 왼편에 있던 소륜에게 보여주고, 오른편에 있던 손전증에게 보여주면서 말하였다.

"이 일은 시휘(時諱)와 관계가 있으니 삼가여 입 밖에 꺼내지 맙시다."

탕건과 홍모에 관한 이야기는 단순한 일화로 보이지만 이 글의 함의는 그리 단순치 않다. [1]에서는 중국땅에서 탕건을 얻게 된 경위를 적고, 그 탕건과 의복 등을 보며 명나라 제도라고 기뻐하는 이야기를 적고 있다. 이미 오랑캐의 땅이 되었는데도 명나라의 제도를 여전히 따르고 있는 이방인에 대한 우호적인 시선을 전면에 배치하였다. 이것은 실제로 그 다음 이야기를 하기 위한 포석인 셈이다.

[2]에서는 먼저 자신의 탕건을 보고 손호원을 필두로 차례로 탕건을 써보며 기뻐하는 장면과 여악만이 마뜩치 않아하는 장면을 대비적으로 그렸다. 여악의 태도가 실제로 명나라 제도를 다시 만나서 느끼게 되는 망국의 복잡한 심사인지, 아니면 청나라에 저촉되는 것에 대한 거부감인지는 분명하지 않다.

[3]에서는 홍모를 중심으로 이야기를 전개한다. 홍모에 대해서는 이덕무의 《청장관전서(靑莊館全書)》, 〈앙엽기(盎葉記)〉에 자세히 나온다. 여기서 홍모는 다름 아닌 청나라의 모자이며, 청나라에 대한 대유(代喩)이다. 그러니 탕건과 홍모는 명나라와 청나라를 각각 상징한다. 명나라의 모자를 쓴 이방인과 오랑캐의 모자를 쓴 중국인의 모습이 매우 아이러니하게 그려져 있다.

[4]에서 최두찬은 복잡한 감회를 《세설신어(世說新語)》, 〈언어(言語)〉에 나오는 신정루 고사(新亭淚故事)를 사용하여 필담으로 전달하였다. 여기서 사용한 신정루 고사는 매우 의미심장하다. 강남땅 선비들이 좋은 날이 오면 신정(新亭)에 모여 주연을 벌였다.

주후(周侯)가 좌중에서 탄식하여 말하기를 "풍경은 다르지 않으나 정작 산하의 다름이 있도다!"라고 하자, 모두 서로 바라보며 눈물을 흘렸다. 이때 왕도가 "마땅히 함께 왕실을 위해 힘을 써서 중원을 회복하여야 할 것이지 어찌하여 초(楚)나라의 죄수처럼 하고서 서로 마주보고만 있단 말인가."라고 하였다. 이 고사(故事)의 함의는 모두 마음을 합쳐 중원을 회복하자는 강력한 메시지를 담고 있다. 여기에 대해 허둥대는 사람들의 모습과 시휘라며 입조심을 당부하는 것으로 글을 마무리하고 있다.

매우 재미있으면서도 긴장감 있게 글을 구성하였다. 존명배청의 사고(思考)로 뭉친 조선의 지식인을 보는 중국인들의 반가움, 당혹스러움, 자기반성 등이 복잡하게 드러나 있다. 이러한 일을 통해 더욱더 최두찬 개인에 대한 호기심을 증폭시키고, 더 나아가 조선에 대한 호기심으로 확대되고 있다.

지금까지 존명배청의 시각을 견지한 조선의 지식인과 거기에 대한 중국인의 반응을 살펴보았다. 최두찬이나 중국 사람 모두 명나라의 멸망에 대한 서글픔을 지니고 있음은 의심의 여지가 없다. 다만 이 문제를 전면적으로 거론하면서 그들 사이에 미묘한 긴장감이 흐르는 것을 감지할 수 있다. 최두찬은 중화의 적통(嫡統)을 이었다는 문화적 자긍심이 서려 있고, 중국인들은 예민한 정치적 사안에 당혹감을 감추지 않고 있다.

4. 《승사록》의 가치

　최두찬은 풍부한 인문학적 지식을 갖춘 인물이었다. 한문(漢文)에 정통한 것은 물론이었고 동아시아 문화권에 대한 깊은 이해가 있었다. 그는 강남의 풍경과 풍속을 그만의 시각으로 기록하고 있다. 여기에는 흥미롭고 다양한 정보가 많이 들어 있어 한중 양국의 연구자들에게 유익한 자료를 제공한다. 그는 이러한 풍부한 지식을 통해 중국인들과 깊은 교유를 가졌으며, 국적을 초월하여 서로를 깊이 이해하려는 시도를 곳곳에서 찾아볼 수 있다. 예민한 사안이기는 하지만 그가 청조를 보는 시각도 엿볼 수 있다. 명나라 왕조가 붕괴된 지 오래된 19세기 초반임에도 불구하고 청조에 대해서 여전히 부정적인 시각을 가졌던 그를 통해 청조를 보는 당시 조선 선비들의 시각도 아울러 짐작할 수 있다.

　중국인들은 최두찬의 《승사록》을 통해 깊은 인상을 받고, 그것이 계기가 되어 강남땅의 많은 선비는 최두찬에게까지 관심을 확대시킨다. 여기에 결정적인 계기가 된 것은 최두찬 개인의 깊은 문학, 역사, 지리에 대한 박식함, 한시와 필담을 나누는 데 능숙한 그의 문사적(文士的) 소양이 큰 역할을 한다. 이러한 개인에 대한 관심은 한 걸음 더 나아가 조선과 조선인에 대한 호기심으로 확산된다. 물론 질문의 수준은 매우 초보적인 데 그쳐서 우리가 그들에게 가졌던 높은 이해에 비해서는 턱없이 낮은 수준이었음을 알 수 있다. 더불어 오랑캐의 신민(臣民)이 된 그들이 아직도 명나라의 유풍(遺風)을 따르는 최두찬 일행에게 보여주는 미묘한 기류도 확인할 수 있다.

국적을 뛰어넘은 동아시아 문인들의 교류 양상은 물론, 동아시아 판도의 지각 변동에 따른 미묘한 시각 차이도 엿볼 수 있다. 표류는 지금의 우리에게 어떠한 의미가 있을까? 그저 흥미로운 체험담에 그치지는 않을 것이다. 예기치 않은 낯선 문화를 접했을 때, 어떠한 시각으로 그것을 인식해야 하는지, 그러한 이질적인 문화의 지식인들과 무엇을 소통하고 무엇을 배워야 하는지에 대한 하나의 단서를 제공해주지는 않는지 한번 생각해볼 문제이다.

날짜	물품/ 음식	공여자/주최자	물품의 성격	비고
5월 2일	여러 가지 고기[各種肉品]	縣主	하사품	
5월 5일	차(茶), 삶은 떡[煮餠], 화주와 황주, 안주와 과일[肴核]	金士奎	저녁 초대	
	옷 한 벌[衣一襲]	縣主	하사품	
5월 6일	돼지고기 두 덩어리[猪二顆], 수건 한 장[手巾一角], 기장 세 개[黍三箇]	縣主	하사품	
5월 12일	돼지머리 두 개[猪頭二顆]	縣主	하사품	
5월 14일	일행에게 주는 물품: 백미 5석[白米五石], 돈 2만 5천 문[錢二萬五千文] 최두찬 개인에게 주는 물품: 종이 한 축[紙一軸], 먹 한 개[墨一封], 붓 한 자루[筆一封], 부채 한 자루[扇一柄], 담배 60봉[烟草六十封]	縣主	하사품	
	분지(粉紙) 한 축[粉紙一軸], 부채 한 자루[扇一柄], 《爽花錄》한 권	金爽花	선물	《爽花錄》은 金爽花가 어릴 때 蘭珍女史와 서로 주고받은 시를 모아놓은 책이다.
	부채 한 자루[扇一柄]	周瘦峯	선물	
	작은 도장[小印]	陳艅仙	선물	
	부채 한 자루[扇一柄]	吳申浦	선물	
5월 15일	우산과 양식, 반찬[雨傘糧饌]	府大人	하사품	
5월 27일	참먹 네 개[眞墨四丁]	程榮	선물	

날짜	물품/ 음식	공여자/ 주최자	물품의 성격	비고
5월 27일	복숭아[桃實]	余鍔 등 여러 명	선물	
5월 29일	시전지 두 갑[詩箋二匣]	孫輔元	선물	
6월 2일	《是程堂初集》한 권	屠倬	선물	《是程堂初集》은 도탁 자신의 문집이다.
6월 8일	만응영단 열 개[萬應靈丹十錠], 자석 한 갑[瓷石一匣], 금먹 두 개[金墨二丁], 자금단 다섯 개[金墨二丁, 紫金丹五錠.]	孫碩庵	선물	孫碩庵은 이름이 樹果이고 다른 이름으로 守正이 있다. 이름난 의사이다.
	자석(瓷石), 공물로 바치는 부채 한 자루[貢箑一柄]	汪煥其	선물	錢塘縣 主簿인 汪煥其는 호가 石門이다.
	그림 부채 한 개[畫扇一面], 자백의 매화를 그린 그림 한 점 [慈柏畫梅圖一面]	余鍔	선물	余鍔은 호가 慈柏이고, 관직은 平湖教諭였으며, 仁和에 살았다.
	시집 3권 [1권은 그의 종질녀 벽오(碧梧)의 시이고, 2권은 그의 종질녀 수분(秀芬)의 시이다.]	孫顯元	선물	孫顯元은 藏書家로 유명하다.
	부채 한 자루[扇一柄]	袁勳	선물	손수 쓴 부채이다.
	《五硏齋集》과 《冬花庵燼餘集》	沈學善	선물	沈學善은 호가 遵生이고 仁杭에서 살았다.
	《竺山集》	李泉	선물	李泉의 호는 古山이다.
	여덟 글자의 대련[八字聯]	葉潮	선물	
	長夏讀書圖 그림	孫庠	선물	

[참고논문]

• 김성진, 《《강해승사록》의 서지사항과 창화기속에 대하여》〉, 동양한문학 연구 제
  26집, 동양한문학회, 2008.

• 김성진, 〈麗末鮮初 韓人의 江南紀行〉, 동양한문학연구 제19집, 동양한문학회.

• 김유경, 〈19세기 연행 문학에 나타난 중국 체험의 의미〉,《연행록연구총서2》,
  학고방, 2006.

• 박동욱, 〈최두찬의《승사록》에 나타난 한중 지식인의 상호 인식〉, 한국학논집
  제45집, 한국학연구소, 2009.

• 윤치부, 〈韓國 海洋文學 硏究 : 漂海類 作品을 중심으로〉, 건국대학교 대학
  원 박사학위 논문, 1992.

• 이은주, 〈19세기 표해록의 모습과 변모 양상—최두찬의 〈승사록〉을 중심으
  로—〉, 국문학연구 제9호, 국문학회, 2003.

• 정민, 〈16, 17세기 조선 문인지식인층의 江南熱과 西湖圖〉, 고전문학연구 22
  집, 한국고전문학회, 2002.

승사록
乘槎錄

江海乘槎錄序

옛날에 박망후(博望侯) 장건(張騫)이 성사(星槎)[1]로 황하수의 근원을 찾을 때 해객(海客)이 뗏목을 띄워 우저(牛渚)에 도달하였다 하나, 곧 말이 《제해(齊諧)》[2]와 같아서 황당한 일에 관련되니 군자가 취하지 않는다. 사마천(司馬遷)이 강회(江淮)를 유람한 것과 왕발(王勃)을 바람이 남창(南昌)에 보내주었던 것[3]은 천고의 기이한 이야기이다. 그러나 하나는 하늘에 연유한 것이고, 하나는 사람에 연유한 것이다. 사람이 두 사람과 같은 재능을 가지고 있다면 두 사람과 같은 때를 얻게 된다. 때는 만나기도 하고 만나지 못하기도 하며, 다행스럽기도 하고 다행스럽지 못함이 있기도 하니 모두가 천운이다.

우리 인릉(仁陵)[4] 시대에 조령(鳥嶺)의 남쪽인 인산현(仁山縣)에 살던 강해(江海) 최두찬(崔斗燦)공의 《승사록(乘槎錄)》이 있으니, 대개 왕발의 바람을 빌고 사마천의 여유(旅遊)를 배워서 박망후와

1_ 사신(使臣)이 타는 배를 말한다.
2_ 괴담(怪談)을 적은 서명(書名)인데, 인명(人名)이라고도 한다.
3_ 왕발이 동정호(洞庭湖) 근처에서 순풍을 타고 하룻밤 사이에 남창 칠백 리를 가서 등왕각에서 열리는 연회에 참석하고, 도독(都督) 염백서(閻伯嶼)를 위하여 《등왕각서(滕王閣序)》를 지었다.
4_ 조선 왕조의 순조(純祖)를 가리킨다.

해객의 뗏목에 의탁한 것이다. 최강해(崔江海)는 나라에 충성하고 부모에게 효도하는 가문에서 태어났으며, 시예(詩禮)의 교훈을 받아 젊어서부터 재명(才名)이 있었고, 문장에 대한 생각이 많았으며, 의지가 넓고 커서 자질구레한 일에는 구애받지 않았다.

나이 마흔에 효렴과를 보지 않고 일찍이 사군(使君)의 수레를 따라 남쪽으로 바다를 건너가 영주관(瀛洲館)에 1년 남짓 머물렀다. 한라산에 올라가서 천지를 굽어보고 남명(南溟)을 바라보면서 남극노인성을 비추어보았으며, 선령(仙靈)을 찾아보고 기이한 고적들을 탐방하여 가슴속에 담긴 것을 조금 쏟아내기는 하였으나 아주 기발한 기개는 아직 토해내지 못하였다. 돌아올 때 바다를 건너는데 풍랑을 만나 배가 기울어져 위태롭게 되었다. 태풍이 바다를 뒤흔들었으나 놀라지 않았고, 큰 바닷물이 하늘에 닿았으나 빠지지 않았다. 풍랑을 겪은 지 보름 만에 육지인 정해현(定海縣)에 내렸으니 어쩌면 그 천운인가. 또한 사람의 일인가.

지난날 탐라의 나루에서 내릴 적에 사(詞)를 짓기를 "이번 길은 왕자진(王子晉)이 다녔던 길을 찾을 것이네." 하였다. 이것은 시참(詩讖)에 가까워서 기미가 먼저 보였던 것이니, 곧 그것은 천운이었다. 이래도 저래도 매일반이겠으니[5] 그것이 사람에게 있다는 것

---

5 사달여사(舍達如斯): 정이(程頤)가 부릉(涪陵)으로 유배를 갈 때 염여퇴(灩澦堆)를 지나는데 풍랑이 심하여 배가 뒤집힐 지경이 되자 배 안의 사람들이 모두 놀라서 어찌할 바를 몰랐으나 정이만 홀로 태연하게 동요하지 않았다. 언덕에 있던 나무꾼이 큰 소리로 묻기를 "목숨을 버릴 각오를 해서 그런 것인가. 도리를 통달하여 그런 것인가. [舍去如斯, 達去如斯]"라고 하였다 한다. 《심경부주(心經附註)》 〈정심장(正心章)〉 참조.

을 알 수 있는 것이다. 이에 정해현의 섬들을 유람하고 절강성(浙江省)의 조수를 거슬러 올라가서 회계산(會稽山)에 이르러 우혈(禹穴)을 탐방하고 조대(釣臺)를 찾았다. 자릉(子陵)의 사당에 예를 올리고 팽택(彭澤)과 난정(蘭亭)을 두루 다니며 옛일을 생각하면서 시를 썼다. 서호를 가리키면서 시를 지으니 화답하는 사람이 가장 많았다. 자양산(紫陽山)을 바라보면서 주자(朱子)의 고향을 우모(寓慕)하였고, 고소성(姑蘇城)에 올랐다가 양주(楊州)를 찾아 초(楚)나라의 끝과 오(吳)나라의 시작을 알았다. 북쪽으로 청하(淸河)를 건너 귀몽산(龜蒙山)을 거쳐 태산(泰山)에 오르고, 기수(沂水)와 문수(汶水)를 거쳐 궐리(闕里)를 바라보았다. 그러나 거기서 강업(講業)을 할 겨를은 내지 못하였다. 기주(冀州)의 경계로 들어가 요(堯)임금과 순(舜)임금의 유속(遺俗)을 구하고 문천상(文天祥)의 사당을 찾아뵙고 감격하여 읊은 것이 있으며, 북경(北京)에 오랫동안 머물면서 대국의 기풍을 모두 보았고, 연(燕)나라와 조(趙)나라의 선비에 읍(揖)을 하고 시장(市場)을 볼 것을 청하였으며, 난하(灤河)에 이르러서 이제묘(夷齊廟)에 참배하였고, 산해관(山海關)을 나와서는 요동(遼東)과 심양(瀋陽)을 두루 관람하였으며, 봉황성(鳳凰城)을 경유하여 압록강(鴨綠江)을 건너 고국으로 돌아왔으니, 장하도다 유람함이여.

육지로 다닌 것이 만여 리나 된다고 한다. 이르는 곳마다 중국의 문인과 달사들이 모여들어 서로 수창(酬唱)을 하여서 증유(贈遺)하였는데, 오히려 그 일이 남보다 뒤질까 두려워했다는 것을 이제 그 사람의 기록에서 상세히 알 수 있다. 내가 보건대 강해가 지은 여러 편의 시(詩)는 시운과 격식이 맑고 청초하여 시가(詩家) 중에서 윗길을 얻었다 하겠으니, 소동파(蘇東坡)가 이른바 "섬농(纖濃)한 것을 간고(簡古)한 필치(筆致)로써 발현하였다."라고 한 것에 거의 가까웠다.

중국의 선비들이 "성당(盛唐)의 풍미(風味)"라는 말로 칭찬하였으니, 또한 해내의 지음(知音)⁶이라 이를 만하다. 대개 우리 동방은 황해의 모퉁이에 있기 때문에 우리 문장은 고대(古代)의 것을 배워서 울림이 있는 것이 중국과 비교할 만하다. 그러나 오직 국경에 국한되고 제도에 얽매여 서로 왕래하면서 멋대로 놀지 못하였다. 비록 하늘에 드리울 만한 날개가 있었으나 회오리바람을 차고서 남쪽으로 갈 수 없었으니, 곧 뱁새가 쑥 덤불 사이에서 날고 있는 것과 같을 따름이었다.

강해의 이번 여행은 하늘이 빌려준 바람으로 이루어졌다. 남쪽 바다를 도모하려는 의지로 가슴속의 기개를 발현하였으니 기이하다고 이를 만하다. 그러나 오히려 바다에 표류한 나그네의 종적으로서 가고 그치고 하는 것이 얽매였기 때문에 마음껏 두루 다니면서 감상함으로써 천하의 장관을 다할 수 없었으니, 그 또한 다행스러우나 다행스럽지 못하고, 만났으나 만나지 못한 사이에서 처한

---

6 해내의 지음(知音): 이 세상에서 자신을 알아주는 사람이라는 말로, 여기서는 중국 사람들이 조선의 표류인(漂流人) 강해 최두찬의 시를 칭찬하였던 일을 가리킨다.

자라고 할 수 있을 것이다. 그러나 적이 만남과 다행스러움을 궁구해보면 어찌 그만한 까닭이 없겠는가. 대전(大傳)[7]에 이르기를 "하늘이 돕는 것은 순한 것이고, 사람이 돕는 것은 신의(信義)이다."라고 하였다.

대저 《주역(周易)》에는 보통의 사람에게 바라는 쓰임이 있고 군자에게 바라는 쓰임이 있지만, 그 도는 한 가지이다. 그대는 군자이니, 진실로 믿음 있게 행동하며 이치를 따를 생각을 하지 않았다면, 어떻게 이처럼 하늘과 사람의 도움을 받을 수 있었겠는가? 아! 지금 천하의 백성들이 흩어진 지 오래되었으니, 동서로 떠돌아다니면서 물에 빠져 죽지나 않을까 걱정스럽다. 나는 그대의 믿음과 이치를 따르는 것을 드러내서 가장 중요한 요체로 삼고자 한다. 이 기록을 본 사람들도 그 이유를 알 것이다. 무릇 강해가 탄 뗏목이 하늘의 도움을 받을 것이다. 정사년(丁巳年) 정월 보름날 수창(壽昌) 서정옥(徐廷玉)이 서문을 쓴다.

7_《주역(周易)》〈계사전(繫辭傳)〉을 가리킨다. 계사(繫辭) 상(上) 제12장에 이르기를 "天地所助者, 順也, 人之所助者, 信也. 履信思乎順, 又以尙賢也. 是以, 自天祐之, 吉無不利也"라 하였다.

서문 2 　　　　　　　　　　　　江海散人乘槎錄序

　국내의 문장에 능한 선비들로서는 아름다운 것을 이루다 거둘
수 없으니, 반드시 사람을 놀라게 하고 귀신을 울게 하여 사적(事
蹟)을 전할 만해야 바야흐로 길이 남길 수 있다. 우리 유생들이 만
권의 책을 읽었으면 만 리의 길을 여행한 뒤에야 보고 듣는 것이
미치는 바에 가슴속이 원대해져서, 단장적구(斷章摘句)나 하는 자
들이 방문 밖에 나가지 못하여 한갓 우물 밑에 있는 개구리와 같은
것이 아니게 된다. 조선의 거인 최두찬 선생이 동학들과 함께 바다
에 떴다가 태풍을 맞아 갈지자의 강(절강 물이 세 번 꺾여 그것을 갈
지자의 강이라 불렀다.)에 정박을 하게 되어 사명산(四明山)을 거쳐
전당(錢塘)에 도달하였으니 관리들이 편안하게 챙겨주어서 선림
사(仙林寺)에 집을 잡아주었다.

　절은 우리 집에서 몇 리쯤 떨어져 있어서 직접 가서 보게 되었
다. 붓대를 쥐고 시를 읊는 자가 있는 것을 보고, 붓으로써 입을 대
신하여 물어서 이름을 알았으며, 곧바로《승사록》을 꺼내 보였다.
바람을 만나 험한 것에 놀란 형상을 적어 모아 하나의 시집을 이루
었으니, 그 중에는 "창해의 파도가 봄 뒤에 잦아진다."라고 한 것
과 "봉래의 운무는 새벽이 되면 맑아진다."라고 한 시구는 격과 율
이 침감(沈酣：深醉)한 것이 성당(盛唐)의 풍미에 못지 않았다.

또 〈서호를 생각한다[懷西湖]〉는 두 편의 절구가 있었다. 나에게 화답하는 시장(詩章)을 부탁하기에 내가 운자에 맞추어 회답한 시에 이르기를 "산 넘고 바다 건너 항주에 이르니, 경치가 기쁘게 해 눈에 환히 빛났으리. 마주하는 서호가 등 뒤에 있었으니, 먼 곳이 앞에 있어 정을 못 이기겠네." "읽고 나자 보옥 같아 문구가 신묘하니 과연 정말 빼어나고 또다시 청신하였네. 만남에 어찌 꼭 전에 알던 사람일 필요 있으랴. 문장이 인연되어 보자마자 친해지네." 라고 하였다. 화답이 끝나자 또 나에게 《승사록》에 서문을 써줄 것을 청하였다.

무릇 바다 어귀에서 표류하여 노한 파도가 험난하고 막혔던 일은 시집 중에 상세히 실려 있으니 나의 말을 기다릴 것이 없다. 다만 생각건대 인생이 하늘이 빌려주는 인연을 만나서 길이 먼 바다에 막혀 바람 때문에 대면하게 된 것이다. 옛날에 뗏목을 탄 한나라 사신이 잘못해서 하늘의 궁전에 들어갔는데, 이제 바다를 항해하던 유생이 상국에 관광을 하였다 하니, 나는 오늘날 박릉의 최씨는 그것이 곧 옛날의 박망후인 장씨라고 이르는 것이 옳을 것 같다. 이를 서문으로 쓴다. 가경 23년 무인년(戊寅年) 6월 초하루에 고수문림랑(誥授文林郎) 직예주주동(直隸州州同) 항주부(杭州府) 인화현(仁和縣) 지당(芝塘) 심기잠(沈起潛)이 배수(拜手)하고 나서 짓다.

1장
1818년 4월
—— 표류, 예기치 않은 운명의 기록

내가 듣건대 '탐라(耽羅)에 한라산이 있다. 다른 이름으로는 영주(瀛洲)라 불리는데, 곧 삼신산(三神山)의 하나이다.'라고 하였으니, 마음속으로 항상 생각하였다.

정축년(1817) 4월에 장인 김공께서 산관(散官)[1]으로 천거되어 대정현(大靜縣)에 가게 되었다. 대정현은 한라산 남쪽에 있었는데, 신선이 살 만한 고을[仙郡]이다. 나를 불러서 함께 갔으니 그해 5월이었다. 바다를 건너 삼을나(三乙那)[2]의 유적을 두루 구경하고, 가을에는 남극노인성도 보았다. 이듬해(1818) 2월에 포구로 내려갔다가, 다음다음 달이 되어서야 비로소 출범하였다.

무인년(1818) 4월 10일 오후 4시경에 큰 비바람을 만났다. 표류한 지 16일 만에 절강성(浙江省) 영파부(寧波府)의 정해현(定海縣)에 도착하였으니, 대개 만 리 남짓 떨어진 곳이었다. 옛날에 장건(張騫)[3]이 외국에 사신으로 갈 때 뗏목을 타고 황하(黃河)의 근원을 찾다 우두성(牛斗星)을 범하여 《박물지(博物誌)》를 지은 것이 세상에 전해진다. 나도 장건과 같은 부류라 할 수 있다. [그러나 장건은 19년을 떠돌았지만, 나는 열엿새만을 떠돌았으니 더 빠른 것이

1_ 품계(品階)만 있고 실직(實職)이 없는 벼슬, 또는 그러한 벼슬아치를 말한다.
2_ 탐라에 처음에는 양을나(良乙那), 고을나(高乙那), 부을나(夫乙那)의 세 신인(神人)이 있었다. 이들은 땅속에서 솟아 나와 마침내 그곳에 살게 되었다 한다.
3_ 남조(南朝) 양종름(梁宗懍)의 《형초세시기(荊楚歲時記)》에 다음과 같은 전설이 실려 있다. "한(漢)나라 장건이 황하의 근원을 찾으려는 왕명을 받들고 서역 등으로 갔는데, 뗏목을 타고 한 달쯤 가다가 한 마을에 이르러 한 여인이 방 안에서 베를 짜는 것을 보았고, 한 남자가 소를 이끌고 물을 먹이는 것을 보았다."라고 하였다.

아니겠는가!] 이 일을 겪고 바다에서 경험한 고생하였던 상황들을
적어두었다. 여러 곳에서 군자들과 주고받은 시와 제주도에 있었
을 때 기록해두었던 몇 편을 모아 전말을 갖추고 《승사록》이라 이
름을 붙인다.

제주도 관덕정에서 판상의 시운에 차운하다 濟州觀德亭, 次板上韻

정자는 관덕(觀德)이고 관병(觀兵)이라 안 했는데

나그네 올라보니 만고의 정이로세.

푸른 바다 파도는 봄 뒤에 잔잔하고

봉래산 구름 안개는 새벽에 해맑도다.

주민의 의복은 섬 오랑캐 풍속이고

유녀의 방아 노래 옛 나라 소리일세.

방어사의 영중에는 날마다 일이 없어

밤마다 낭연(狼煙)으로 태평함 알리누나.

---

4 제주안무사(濟州安撫使) 신숙청(辛淑晴)이 지은 정자(亭子) 이름이다. 관덕(觀德)이란 문
   무의 올바른 정신을 본받기 위해 '사자소이관성덕야(射者所以觀盛德也)'에서 따온 말
   로, 활을 쏘아 잘 맞추고 못 맞추는 것은 쏘는 자의 덕이 있는지 없는지를 관찰한다는
   것이다. 평소에 마음을 바르게 하고 훌륭한 덕을 쌓는다는 뜻을 가지고 있다.
5 만고의 정[萬古情] : 옛날부터 현재까지 똑같은 정서(情緒)라는 말로, 옛 사람이나 현
   존하는 사람의 느껴지는 심정이 같다는 뜻이다.
6 옛날 봉화대(烽火臺)에서 변방의 정세(情勢)를 알리기 위해 태우는 연기로, 이리의 똥
   을 장작과 함께 태우면 연기가 흩어지지 않고 곧바로 올라간다고 한다. 낮에는 연기
   를 쓰고 밤에는 불빛을 썼다.

亭名觀德不觀兵 客子登臨萬古情

滄海波濤春後晏 蓬萊雲霧曉來淸

居人皮服島夷俗 游女春歌古國聲

防禦營中日無事 狼煙夜夜報昇平

별도포에서 고(高)라는 글자를 얻다 別刀浦得高字

바다 자라 삼신산을 떠받치고 있는데[7]

신선 인연 지리하여 별도포(別刀浦)[8]에 막혀 있네.

말 사료는 성 위 풀이 이미 다 푸르고

향수(鄕愁)는 귀밑 털이 하얗게 세려 하네.

만 리의 푸른 바다 마음껏 널따랗고

천 봉우리 한라산은 만족스레 높다랗네.

헛되이 시명(詩名) 잡고 남국을 뒤흔드나

[7] 이 시구는 두 가지의 고사(故事)를 인용한 것이다. 첫째, 삼신(三神)은 삼신산(三神山)의 준말로 중국에는 옛날부터 발해(渤海 : 黃海)의 동쪽에 봉래(蓬萊), 방장(方丈), 영주(瀛洲)라는 세 군데에 신선이 사는 산이 있다는 말이 전해왔는데, 우리나라에서는 봉래는 금강산, 방장은 지리산, 영주는 제주라 일컬어왔으므로 여기에 인용한 것이다. 둘째, 해중오(海中鰲)는 '바다에 있는 자라'라는 말로 육오(六鰲)라는 말을 응용한 것이다. 중국의 옛날 신화에 천제(天帝)가 대여(岱輿), 원교(圓嶠), 방호(方壺), 영주(瀛洲), 봉래(蓬萊) 등 다섯 개의 선산(仙山)이 서극(西極)으로 흘러가면 신선들이 살 곳을 잃게 될까 걱정하여 여섯 마리의 큰 자라를 시켜 그 산들이 흘러가지 못하도록 머리로 떠받치고 있게 하였다는 말을 인용하여 제주도 등 바다에 있는 섬을 가리킨 말이다. 첫 번째 것은 《사기(史記)》〈진시황본기(秦始皇本紀)〉를, 두 번째 것은 《열자(列子)》〈탕문(湯問)〉을 참조한 것이다.

[8] 조선 시대 제주의 대표적인 포구 이름이다.

문장이 대소(大蘇)⁹의 호방함에는 못내 부끄럽네.

三山浮在海中鰲 仙分支離滯別刀

馬料已靑城上草 鄕愁欲白鬢邊毛

滄溟萬里從心闊 漢岫千峯得意高

枉把詩名南國動 文章多愧大蘇豪

부사군 만시挽夫使君

이름은 종인(宗仁)¹⁰으로 제주도 사람이다. 문장이 고아하고 재능과 도량이 있
었다. 일찍이 자인¹¹ 현감(慈仁縣監)으로 있던 때에는 치적이 있었다. 또 나와는 교
분이 깊었다. 내가 제주에 들어갔을 때 사군이 이미 돌아가셨기에 고인의 만시를
짓고 곡을 하였다.

名宗仁. 濟州人. 有文雅器局. 而曾爲慈仁縣監, 有政績. 又與余有契厚矣. 余入, 濟
時, 使君已沒 故挽而哭之.

하늘까지 높다란¹² 한라산이라

9_ 송(宋)나라 문장가인 소식(蘇軾)을 가리킨다. 그의 아우인 소철(蘇轍)을 소소(小蘇)라
한다.
10_ 부종인(夫宗仁, 1767~1822). 본관은 제주(濟州), 자는 자겸(子謙), 아버지는 부도훈(夫道
勛)이다. 1799년 1월부터 1801년 8월까지 대정현감을 역임하였다. 청렴결백하고, 학
문을 일으켜 선비를 양성하였으므로 현민(縣民)들의 칭송을 받아 흥학비(興學碑)가
세워졌으며, 글을 짓는 솜씨가 매우 뛰어났다. 최두찬은 1821년, 부종인은 1822년에
세상을 떠났다. 최두찬이 부종인보다 1년 앞서 사망하여 부종인의 만시를 쓸 수 없
었는데, 두 사람 중 한 명의 죽은 해가 잘못된 것으로 보인다.
11_ 경상북도 경산시 중북부에 있는 면을 가리킨다.

이따금 이인(異人)들이 태어났으니,

세 사람의 을나[13]가 탄생해서는

남해의 물가에다 나라 여셨네.

성명이 신라까지 통하게 되니

배를 몰아 탐라로 들어왔으며,

고려조가 문덕을 숭상하니까

고씨가 국빈(國賓)으로 관광했다가,

천 리 길에 드디어 벼슬을 하여

삼세가 경륜을 온축(蘊蓄)하였네.

공께서는 그 옛날에 향안리(香案吏)[14] 되어

용을 타고 삼신산에 내려왔었네.

아름다운[15] 그 옛날 씨족이기에

12_《시경(詩經)》〈대아(大雅)〉 '숭고(崧高)'에 "높고 높은 저 산이여, 하늘까지 닿았도다. 이 산에서 신령을 내리시어, 보후와 신백을 내셨도다. 보후와 신백 두 사람은 주나라의 기둥이네. 사국의 번병이 되어, 사국에 덕을 베풀도다.[崧高維嶽, 駿極于天. 維嶽降神, 生甫及申, 維申及甫, 維周之翰. 四國于蕃, 四國于宣]"라고 하였다.

13_세 사람의 을나[三乙那] : 제주의 건치연혁(建置沿革)에 이르기를 '처음에 양을나(良乙那), 고을나(高乙那), 부을나(夫乙那)'라는 세 사람이 있어 그 지역을 분할하여 살았는데, 그들이 사는 곳을 이름하여 '도'라 하였다. [初有稱良乙那·高乙那·夫乙那三人分處其地, 名其所居曰都]라는 문구를 인용한 것이다.《신증동국여지승람(新增東國輿地勝覽)》참조.

14_궁정에서 제왕(帝王)을 시종(侍從)하는 관원을 말한다. 원진(元稹)의 시에 "나는 옥황의 향안리이니, (인간 세상에) 귀양을 왔어도 오히려 소봉래(小蓬萊)에 와 사네.[我是玉皇香案吏, 謫居猶得住蓬萊]"라는 구절이 있다.

15_선원(嬋媛) : 아름답다는 뜻이다. 〈이소(離騷)〉에 "여수의 선원(嬋媛)함이여! 차분히 나를 나무란다.[女嬃之嬋媛兮, 申申其詈予]"라고 하였다.

재덕이 세상에서 둘도 없었네.

상소 글은 당현(唐賢)[16]처럼 간절하였고

치적(治積)은 한리(漢吏)[17]같이 이치 따랐네.

어찌하여 남극(南極)의 별[18] 머물게 하여

내대(內臺)[19] 신하 비추지 않게 하였나.

해질녘에 서울의 문밖에는

당시 현인(賢人) 장송에 모두 나왔네.

강해는 붉은 명정(銘旌)을 이끌어줬고

어룡들은 상여를 보호하였네.

호젓하던 삼성의 나라에서는

방아 노래[20]에 이웃들 눈물 흘렸네.

崧高維漢挐 往往降異人

誕生三乙那 開國南海濱

姓名通羅代 舟楫入耽津

---

16 당대(唐代)의 현신(賢臣)들을 가리킨다.

17 한나라 때 관리라는 말로, 임금의 명령보다는 법률을 더 엄정(嚴正)하게 지켰던 순리를 이른다. 순리(循吏)는 법을 받들고 이치를 따른다[奉法循理]라는 말이니, 장석지(張釋之)가 그 대표적인 관리였다.《사기(史記)》〈순리전(循吏傳)〉참조.

18 남극 하늘에 있는 별 이름으로, 사람의 수명을 관장하는 수성(壽星)이라 여겨져왔다.

19 관청의 명칭으로 상서성(尙書省) 또는 어사대(御史臺)의 다른 이름이다. 여기서는 부사군이 중요한 내직에 있었던 일을 이른 것이다.

20 여기서는 부종인의 죽음을 슬퍼했다는 의미로 쓰였다. 진(秦)나라의 백리해(百里奚)가 세상을 떠나자 "남녀가 모두 눈물을 흘리고, 어린아이는 노래를 부르지 않았으며, 방아 찧는 사람들은 절구질을 할 때 메김소리를 하지 않았다.[男女流涕, 童子不歌謠, 舂者不相杵]"라고 하였는데, 여기서는 '방아 찧는 노래를 한다'는 뜻으로 썼으니, 원문(原文)을 번안(翻案)하여 쓴 것이다.《사기(史記)》〈상군열전(商君列傳)〉참조.

麗朝崇文德 高氏觀國賓

千里邃仕宦 三世蘊經綸

公昔香案吏 騎龍下三神

嬋媛古氏族 才德世無倫

章奏唐賢懇 政績漢吏循

如何南極宿 不照內臺臣

落日都門外 送葬盡時賢

江海引丹旐 魚龍護靈輀

蕭條三姓國 春歌淚四鄰

이별할 때 김우성과 이광렴의 시에 화답하다

臨別和金宇成李光濂[21]

해마다 잦은 이별 자못 한하였는데

글벗을 만나서는 뜻이 점점 친해졌네.

지금의 백면서생 단출하게 짐을 꾸려

장정(長亭)[22]에서 시 지으니 그 중 가장 젊었네.

높은 노래는 평소에 양춘곡(陽春曲)이 결핍되고

묘한 춤은 누가 대모(玳瑁) 깔개에 머물게 할까.

---

21 장서각 《승사록》에는 제목이 〈臨別和接生金宇成李光濂韻〉이라고 되어 있다.
22 정(亭)은 역정(驛亭), 곧 역사(驛舍)이다. 옛날에는 도로에 십 리마다 장정을 설치하고, 오 리마다 단정(短亭)을 설치하였다 한다. 장정은 십 리 길이란 뜻이다.

이번 길은 왕자진(王子晉)을 찾는 길이 될 것이니
내일 아침이면 배를 탐진(耽津)²³에서 내리리라.

年年頗恨別離頻 著處文朋意轉親

匹馬行裝今白面 長亭詩賦最靑春

高歌素乏陽春曲 妙舞誰留玳瑁茵

此去還尋王子路 明朝舟楫下耽津

   섬에 있을 때 지은 시고(詩稿)는 시주머니에 담아 가지고 왔다. 그런데 바람이 부는 날에 드디어 물에 떠내려가게 되었다. 바로 한라산(漢拏山)의 산신령께서 선경(仙境)이 인간 세상에 전해져 드러나는 것을 싫어하여 글자를 아는 어룡(魚龍)에게 준 것이 아니겠는가. 이제 남아 있는 것은 다만 기억력으로 떠올릴 수 있는 것으로 백에 한 둘도 안 되니 자못 한탄스럽고 애석하다.

4월 8일 표류의 시작

무인년 4월 8일, 내가 포구에 내릴 때였다. 방어사 조의진(趙義
鎭)[24]공께서 문무 백장(白場)을 베풀자 섬 안에 있는 세 고을의 수
령이 모두 모임에 참석하였다. 조공은 내가 영하(營下)에 머물고
있다는 소식을 듣고 아전을 보내 기별을 넣어 두세 차례 초대하였
다. 내가 자리에 가서 술을 마시자 금세 음악이 연주되어 매우 즐
거웠다. 공께서 예비(禮裨)[25]인 상사(上舍) 조성진(趙星鎭)[26]에게 명
을 내려 내 저녁밥을 준비하게 하였다. 그날 밤 잔치는 관덕정에서
열렸다.

다음 날 별도포에 도착하였다. 모레 사시(오전 9시경)가 되자 비
로소 배의 밧줄을 풀었다. 이날 나주(羅州)의 선비 양지회(梁知會)
와 운암(靈巖)의 선비 김이진(金以振)이 배에 함께 탔다. 당시 전라
우영(全羅右營)의 토포사(討捕使)로 있던 장익(張翼)이 나의 종자

---

24 조의진(趙義鎭, 1751~1824). 조선 후기의 문신으로, 자는 의경(宜卿)이다. 1774년에 무
　　과에 급제하고 여러 관직을 역임하다 1817년 제주목사(濟州牧使)에 부임하였다.
　　1822년에 충청병사(忠淸兵使), 1854년에 부총관(副摠管)이 되었다.
25 예방(禮房)의 비장(裨將)이란 뜻이다. 비장이란 조선 시대 지방관의 막료를 말한다.
26 조성진(趙星鎭, 1771~?). 본관은 함안(咸安), 자는 사규(士奎)이다. 1803년에 증광시(增
　　廣試)를 통해 생원(生員)이 되었다. 아버지는 조중대(趙重岱)이다. 《사마방목(司馬榜
　　目)》참조.

형이다. 서찰로 초대받아서 약속한 날 함께 나주 감영으로 향하였다.

오후 4시경에 큰 비바람이 불고 장기(瘴氣)가 낀 안개로 사방이 꽉 찼다. 사나운 파도가 배를 쳐서 배가 자주 기우뚱거렸다. 해는 순식간에 어둡고 캄캄해졌다. 뱃사람들이 두려워서 해결 방도를 찾지 못하였다. 선주와 뱃사공들이 모두 머리를 맞대고 목 놓아 우니, 남녀를 통틀어 50명의 사람들도 일제히 소리를 지르며 통곡하였다.

이때 과거에 합격한 하응귀(河應龜)란 사람이 곁에 있었으니, 힘깨나 쓰는 사람이었다. 나는 연거푸 하응귀를 불러 도끼로 돛대를 찍어서 까마귀를 제거하고 고물을 잘라서 솔개를 제거하게 하였다.[27] 뱃사람들이 모조리 나와 물을 퍼내느라 밤새 시끄러운 소리가 났다. 다음 날 새벽까지 잇달아 비가 내리고 바람이 부는 대로 표류하다 멈추다 하였다. 미친 듯한 파도와 성난 물결에 사방을 돌아보아도 끝이 없었다. 나는 "운명 아닌 것이 없다.[莫非命]"[28]라는 석 자로 김 군을 위로하고 힘쓰도록 하였다. [서로 함께 부여잡고 상황이 바뀌기를 기다렸다.] 이때 배 안에는 공사마(公私馬) 50에서 60마리가 함께 실려 있었다. 배가 출렁대 왼편으로 기울면 곧바로 왼편이 무겁게 되고, 오른편으로 기울면 곧바로 오른편이 무

27_ 여기서 까마귀는 풍향계를, 솔개는 치미(鴟尾)를 가리키는 것으로 보았다.

28_《맹자(孟子)》〈진심상(盡心上)〉에 "운명 아닌 것이 없으나, 그 중에서도 정명만을 순하게 받아들여야 할 것이다.[莫非命也, 順受其正]"라고 하였다.

거위졌다. 그러자 뱃사람들이 비로소 묶어놓은 말을 풀어서 바다로 던지자는 의논이 있게 되었다. 그러나 사상(私商)은 그의 말을 아끼고, 선주는 그의 뱃삯을 아껴서 자못 서로 버팅기려는 뜻이 있었다. 그러나 나는 사는 것을 좋아하고 죽는 것을 싫어하는 마음은 동물이나 사람이나 같다고 생각하여 우선은 짐짓 가부를 결정하지 못하였다. 바람이 더욱 세차게 불어 배가 거의 뒤집혀서 가라앉을 지경이 되었다. 나는 "사람이 다쳤는가만 묻고 말에 대해서는 묻지 않았다."[29]는 뜻으로 (말을) 바다에 던지니, 배가 조금 안정되었다.

29_《논어(論語)》〈향당(鄕黨)〉에 "마구간이 불에 탔을 때 공자가 퇴청해서 물었다. '사람이 다쳤느냐?'라고 했을 뿐, 말에 대해서는 묻지 않았다.[廐焚, 子退朝曰: '傷人乎?' 不問馬]"라 하였다.

4월 12일 외딴섬을 발견하다

　4월 12일, 비바람이 불었다. 중류에 가니 섬 하나가 있었다. 뱃사람에게 물으니 곧 어떤 이는 '홍의도(紅衣島)'[30]라 하기도 하고, 또 다른 이는 '가가도(可佳島)'[31]라고도 한다 하였다. 비록 배를 돌려 대려고 하여도 배에 아무런 도구들이 남아 있지 않아 손을 쓸 수 없었다. 이에 물결 따라 아래로 내려갔다.

30_홍도(紅島)의 본래 이름이다. 전라남도 신안군의 1,004개 섬 중 가장 아름답다고 일컬어진다. 해질녘 노을에 물든 섬이 다홍치마처럼 붉게 보인다고 하여 붙여진 이름이다.

31_우리나라 갯바위 5대 지역의 하나이자 국토의 최서 남단에 위치한 가거도는 육지에서 거리가 멀어 거센 파도를 넘어야만 갈 수 있다. 다른 명칭인 '소흑산도(小黑山島)'란 이름은 일제 강점기 때의 명칭이며, 옛날에는 '아름다운 섬'이라는 뜻의 '가가도(嘉佳島, 可佳島)'로 불리다가 '가히 살 만한 섬'이란 뜻의 '가거도(可居島)'로 불리게 된 것은 1896년부터이다.

가가도 전경

4월 13일 동풍에 다시 떠내려가다

4월 13일, 비바람이 약간 잦아들었다. 외딴섬 하나가 배의 왼편에 있었는데 바람이 갑자기 (배를) 끌어갔다. 뱃사람에게 묻자 곧바로 말하였다.

"일찍이 서해에 외딴섬 하나가 있는데 조선과 중국의 국경에 있다고 들었으니 반드시 이 섬일 겁니다."

오후에 동풍이 크게 불어 물결을 따라 내려갔다.

4월 14일 동풍이 계속 불다

4월 14일, 동풍이 계속 불었다. 그 물길을 헤아려보아도 곧 몇천리나 되는지 알지 못하겠다.

4월 17일 양식을 조달할 방법이 끊기다

4월 17일, 서풍이 일어나니 배가 본국을 향해서 흘러갔다. [이때는 배를 탄 지 이미 칠팔일이 지났다.] 이때 양식을 조달할 방법이 이미 뚝 끊겼다. 사람들이 모두 거슬러 가서 비탈진 땅에 배를 대는 것을 다행으로 여겼으나, 하늘에서 갑작스레 반대로 바람이 부니 얼굴빛이 변하지 않은 뱃사람들이 없었다.

4월 18일 글을 지어 바다를 진정시키다

4월 18일, 북풍이 또 불어대니 (배가) 물결을 따라 흘러갔다 흘러왔다 하여 어디로 가는지 알 수 없었다. 이에 앞서 물 항아리가 이미 깨져서 죽을 끓이지 못하게 되었다. 사람들 모두 쌀을 씹어서 넘기니 배고픔과 목마름이 따라왔다. 이에 비로소 바닷물을 끓여 물을 얻자는 의논이 있었다. 이것은 소주를 만드는 방법과 같았다. 먹기에는 약간 심심한 느낌이 들었다. 흰쌀을 꺼내와 조금만 넣고 사발에다 팔팔 끓였다. 먹어도 비록 요깃거리가 되지는 않아도 배가 고파 죽는 것만은 면할 수 있었다. 이때 배를 탄 지 이미 팔구일이 지났다. 사람들은 모두 병들어 누워 있는데, 나는 병든 몸을 부축받아 일어나서 글을 지어 하늘에 고하였다.

그 글에 이르기를 "하늘이 백성을 냈으니 백성은 하늘의 물건입니다. 백성들 중에 간사한 자가 많은 것은[32] 하늘이 불쌍하게 여기는 바이거니와, 슬프도다! 우리 배에 있는 사람들은 남다르게 악하거나 착한 것이 없습니다. 상란(喪難)으로 표류하게 되니 하나의 결과로 돌아가게 되었습니다. 50명이나 되는 사람들이 어찌 하늘

32_《시경》〈대아〉'판(板)'에 "백성에 간사한 자가 많으니 그대 스스로가 간사함을 세우지 마라.[民之多辟, 無自立辟]"라고 하였다.

을 허물하겠습니까마는 굶주린 자는 병이 들고, 병든 자는 다 죽어 가고 있습니다. 공자의 인(仁)이란 것은 하늘이 높아도 들을 것이니 낮은데 있어도 감히 삼가 고하나이다."라고 하였다.

또 글을 지어서 해왕(海王)과 선왕(船王)의 신(神)에 고하였다. 그 글에 이르기를 "하늘이 쓰기를 용(龍)으로써 하였으니 그 이로움이 만물을 윤택하게 하는 데 있었고, 헌원씨(軒轅氏)가 그 배를 만들었으니 백성들이 물을 건너는 것을 병으로 여기지 않게 되었습니다. 지금 우리 뱃사람들은 그 숫자가 50명입니다. 바다 한가운데를 표류하게 되어 뒤집혀서 가라앉을 지경입니다. 배는 어찌 도움이 없으며, 바다는 어째서 불쌍히 여기지 않습니까. 지극하게 신령한 자는 신이시니 각기 직책이 있을 것입니다. 빨리 남모르는 도움을 주셔서 우리를 큰 육지로 인도해주소서."라고 하였다.

나는 이런 말이 이치에 맞지 않아 망령됨을 알고는 있지만, 하소연할 곳이 없어서 이렇게 괴롭고 아픈 호소를 짓는 것이다.

4월 19일 고깃배가 식량을 던져주고 가다

4월 19일, 바람이 조금 누그러지자 바다 빛이 맑고 깨끗하였다. 아침 해가 바다 속에서 나오는 것을 보았다. 해가 떠오르려고만 하고 아직 떠오르지 않았을 즈음에는 붉은 파도와 흰 물결이 만 리를 밝게 비추어 빛났으니 근심 속의 즐거움이었다. 이에 〈적벽사(赤壁詞)〉 한 편을 읊고, 이어서 시 한 수를 지었다.

> 뜬 인생 장수나 요절이나 슬퍼할 게 못 되니
> 인생의 정한 운명은 전생 기약이 있네.
> 오늘 아침에 바람과 파도가 조금 잦으니
> 병든 객 한가롭게 적벽사 읊는도다.
> 浮世彭殤不足悲 人生定命有前期
> 今朝小得風濤歇 病客閒吟赤壁詞

얼마 되지 않아 고기잡이 배가 지나갔다. 배에 있는 사람들이 모두 고개를 들고는 구해달라고 요청하였다. 어부들은 사람들이 많기 때문에 배를 돌려 멀찍이 가버렸다. 배에 있는 사람들이 일제히 통곡하니 어부들이 머뭇대며 오래 머물러 있는 것이 마치 불쌍하고 가엾게 여기는 기색이 있는 것 같았다. 두 자루의 마른 쌀을 던져놓고 떠났으니, 이른바 사람은 모두 측은한 마음을 가지고 있는 것이다. 며칠치 연명할 거리로 삼았다.

4월 20일 중국 국경에 가까워지다

4월 20일, 비바람이 불었다. 배가 서북쪽을 향해 가다 뱃사람에게 묻자 곧바로 말하였다.

"이곳은 상국의 국경과 가깝습죠."

내가 말하였다.

"상국도 곧 우리나라이니, 배를 대면 살 수 있을게다."

일어나서 보니 배가 일몰하는 곳을 향해 가고 있었다. 이 밤에 또 달이 뜬 것을 보니 장관이었다.

4월 21일 제비가 날아오다

4월 21일, 나는 제비가 뱃머리에 머물렀다. 뱃사람들이 서로 축하하며 말하였다.

"제비나 참새가 날아오는 것을 보니 사람들이 사는 곳이 멀지 않은 것 같습니다."

내가 말하였다.

"제비와 참새는 새들 중에 멀리 나는 것들이다. 바다 빛이 맑고 깨끗하며 사방을 둘러보아도 해안이 없으니 이 사이에 어찌 사람들 사는 곳이 있겠는가?"

4월 22일 한 수저의 물로 버티다

4월 22일, 바람이 없었다. 이리저리 떠다니기만 하고 배가 앞으로 가지 못하였다. 내가 "이날에는 중류에서 자유롭게 다니네."라는 구절을 조그마한 소리로 읊조리자, 뱃사람들은 그 뜻을 알지 못하면서도 웃지 않는 사람이 없었다. 입술이 타고 목이 말라 화정(火丁)에게 마실 것을 구하자, 화정은 한 수저의 물을 따라서 주었으니 우습기도 하고 안쓰럽기도 하였다.

4월 23일 풍랑에도 코를 골며 자다

4월 23일, 큰 비바람이 불어서 종일 개지 않았다. 이날 밤에 사나운 풍랑이 크게 일어 선판(船板)이 모두 울렸다. 나는 피곤하여 드러누워 잠을 잤는데, 코를 고는 소리가 천둥소리와 같았다 한다. 김이진 군이 그 때문에 내 몸을 흔들기도 하고 발로 차서 깨우며 말하였다.

"바람이 이와 같은데 무슨 겨를로 꿀꿀 주무십니까?"

내가 말하였다.

"바람이 이와 같아도 어찌하여 잠을 자지 않는단 말인가."

4월 24일 두 아이가 요절하다

4월 24일, 새벽에 뱃사람이 와서 고하였다.

"여기가 황수해(黃水海)입니다. 표류인 부강채(夫江采)가 '황수해를 통해 상국에 닿았다.' 말하였으니 반드시 이 바다일 겁니다. 여기와 상국과의 거리가 반드시 멀지 않을 것 같습니다."

내가 일어나 살펴보니 과연 흙탕물이었다. [내가 이로 인해 생각하건대, 이것은 물과 같은 것이다. 황하가 아래로 흐를 수 있도록 우공(禹貢)이 하수를 이끌었다. 지주(砥柱), 석성(析城), 용문(龍門)은 모두 양주(梁州)의 경계로 촉(蜀) 지방과 가깝지 않은가. 옹주(雍州)에는 황양(黃壤)이란 곳이 있는데 바로 진(秦)나라와 가까운 지역이 아닌가. (내가) 이를 깊이 오래도록 생각하였다.]

대나무 뿌리와 나무 사다리가 물결에 떠내려오는 것을 보고 육지와 점점 가까워진다는 사실에 기뻐하였다. 그날 밤에 큰 바람이 불어서 배가 화살같이 갔으며, 이튿날 아침에 보니 바다 빛이 또 푸르렀다. 오래도록 배회하다 갑자기 푸른 배의 고물과 흰 배를 보게 되었는데, 앞뒤가 서로 닿을 듯이 서쪽 가로부터 오고 있었으니 서쪽 가에 육지가 있는 줄 알게 되었다. 그러나 남풍이 세게 불어 배를 돌릴 수 없었다. 그 배가 가는 곳을 들어보니 잠시 동으로 갔다가 잠시 서로 간다고 하였다. 이때 배 안에는 하루치의 식량도

남아 있지 않았다. 윤제국(尹濟國)의 아들과 임소사(林召史)의 딸
이 같은 날에 요절하였으니 "신이시여! 도깨비여! 아이들은 아무
것도 모르는데 어찌 하늘에 허물을 지었겠습니까."라 하자, 배 안
의 사람들이 굶주려 누렇게 뜬 얼굴로 따라 죽으려 하였다. 그러
나 사람의 이치가 사라져서 상하의 분별과 노소의 의리는 완전히
분수가 없어졌으니, 죽기 전에 위태롭게 두려운 마음이 늘 간절하
였다.

4월 25일이다. 물이 다 떨어지자 뱃사람들이 돌아가며 바닷물을 끓였다. 보따리 속에는 반홉의 쌀만이 남아 있었다. 날이 저물어도 마실 것을 얻을 수 없었다. 남은 쌀과 표고버섯 섞은 것 약간을 하응귀에게 주었다. 바로 끓여서 마시려 할 즈음에 갑자기 두 척의 어선이 서쪽에서 오는 것이 보였다. 서로간의 거리가 멀지 않아서 배 안의 사람들이 동시에 소리를 지르면서 백방으로 서글프게 구하였다.

어부들이 이것이 표류선인지 알아채고는 저절로 측은한 마음이 들어서 배를 끌고 가려는 모습이 있었다. 이때 바다의 파도가 처음으로 넘쳤고, 바람도 매우 세차 뱃머리와 고물이 서로 가까워지자 두 배가 서로 물러났다.

비록 곡진하게 보호하려 하였으나 형편이 그리 될 수 없었다. 이에 배를 당겨 멀리 피하게 하려고 따로 작은 배를 보내 배 안의 사정을 염탐하여 알려고 하였다. 나는 조선인의 표류 상황을 글로 써서 보고하였다. 작은 배 안의 사람들이 모두 머리를 끄덕이며 서로 향하려는 뜻을 가지고 있었다. 이런 의사를 선주에게 알리니, 배를 저어서 떠나는 모양을 보였다. 김이진 군이 "살려달라"고 다급하게 구하면서 작은 배에 몸을 싣고 갔다. 어부들도 막을 뜻이 없어 보였다. 금세 작은 배가 다시 왔다. 김 군이 배 앞에 있기에 그 얼굴을 살펴보니 크게 풀이 죽은 기색이었다. 내가 불러서 물어보았다.

"오늘 일은 어떠할 것인가."

"죽을 수밖에 다른 방책이 없습니다."

그 까닭을 물으니 곧바로 "사람들이 많기 때문입니다." 하면서, 소매에서 마른밥을 꺼내어 사람들에게 보였다. 이에 사람들이 반드시 죽게 될 것을 알고 일제히 통곡하였다.

조금 뒤에 어부들이 다시 작은 배 한 척을 보내 편지를 전달해 왔다.

"당신들은 어느 나라 사람들인가? 어느 곳으로 운반하는가? 무엇을 해서 생활하는가?" 등 많은 것을 물어왔다.

이에 나는 표류의 이유를 써서 답하였다. 어부들이 다시 편지를 보내왔다.

"이곳에는 강도들이 있어서 사람들을 찢어 죽이니, 목숨을 부지하기는 매우 어려울 터이다."

계속해서 다른 편지가 왔다.

"너희의 목숨은 구할 수 있을 것이나, 너희의 배는 구하지 못할 것이다. 만일 배 안에 화물(貨物)이 있다면 두 척의 어선에 가져와서 한 곳에 모아두어라."

각자 작은 배를 보내어 영접하니 굶주린 자는 좋아서 펄쩍 뛰고 병든 자는 다시 살아났다. 앞서기를 다투다가 아래로 떨어져

[배 안에 있는 사람들을 손가락으로 잡을 만하였다.] 노익보(盧益甫)가 매우 급박한 가운데 죽었으니 참혹하고 참혹하다. 이에 앞서서 밀봉하여 올리는 것들을 한 배에 싣고 있었는데, 배가 표류하면서 거의 싹 다 잃어버려 열에 하나만이 남아 있을 뿐이었다. 전부 옮겨 실었으나 모두 썩고 상하여 색깔이 변한 것들이었다. 그러나 그 중요한 문첩과 약간의 물품들을 담당 종들에게 분부하여 근거로 삼으려고 하였다. 그런데 옮겨 실을 때 모두 잃어버렸으니 사태가 더욱 탄식할 만하였다. 어선에 이르러서는 곧 급하게 향기로운 차 한 그릇을 불러주었고, 차를 다 마시자 이어서 죽이 나왔다.

죽을 다 마시자 이어서 밥이 나왔다. 밥을 먹을 때 사람마다 삶은 방어 한 그릇씩을 내놓았다. 후하게 대접하는 모양과 구제를 받아들이는[收恤] 뜻이 노가장인(盧歌丈人)[33]과 함께 천고에 아름다움을 짝할 만하였다. 그러나 다만 처음 배에서 내릴 때 많은 사람이 배 안에 가두고서 강도의 말투로 종종 위협하였고, 육지에 내렸을 때에는 약간의 집기(什器)들을 창고에 보관해두었던 것을 추심(推尋)하는 사람은 칼과 검으로 찌르려고까지 하였다. 공물이나 개인의 물건과 상관없이 단번에 모조리 뺏었으니 진실로 도둑들 중에 호탕한 사람이라 이를 만하였다.

내가 비로소 배에서 내려 강도가 누구냐고 묻자, "건주(建州)의

33_ 춘추 시대 오자서(伍子婿)를 구해주었던 어부이다.

백수(白水) 사람"이라 대답하였다.

어떤 사람이 밖으로 나와서 동쪽과 서쪽을 가리키면서 강도의 배라고 하였다. 간혹 깜짝 놀라는 낯빛을 보이기도 하고, 이따금은 두려워서 겁내는 모습도 보였다.

오로지 말하기를 "보타산(普陀山)[34]의 스님만이 당신들을 살릴 수 있소."

나는 사람이 많기 때문에 이와 같이 하여 사람을 막는 이야깃거리를 만들어서 입막음을 한다는 생각이 들어 권모가 있다고 짐작하였다. 마침내 일을 처리하는 것을 살펴보면 그 뜻을 알 수 있었다. 아! 예전에 표류하는 배에서 죽게 하였다면 비록 만금이 있었더라도 모두 수부(水府)의 물건이 되었을 것이다.

나에게 보은하는 계책을 만들게 한다면 마정방종(摩頂放踵)[35]한다 하여도 아주 적은 보답이 되기에도 부족할 터이다. 얼마 안 되는 집기(什器)들에 대해 무에 생각할 것이 있겠는가. 의로움으로 시작해서 이로움으로 마친 것이 한스러우니, 어찌 의로운 장부에게 흠이 되지 않겠는가? 그러나 옛사람의 말에 "공자가 다른 사람에게 은덕을 베풀었다면 공자는 그 일을 잊을 것이요, 다른 사람이

---

34 중국 절강성 주산 열도(舟山列島)에 있는 불교(佛教)의 영지(靈地)이다. 10세기에 개창(開創)한 관음보살의 영지로 풍경(風景)이 좋은 피서지이다. 산 모양이 팔각이라 한다.

35 자기 몸을 정수리부터 발끝까지 갈아 없앤다는 말로, 남을 위하여 지나치게 자신을 희생한다는 뜻이다. 《맹자》 〈진심상〉 참조.

공자에게 덕을 베푼 것이 있다면 공자는 그 일을 잊지 않을 것이
다."[36]라고 하였으니, 어부들의 은덕은 잊을 수 없는 것이었다.

36 《사기》〈위공자열전(魏公子列傳)〉에 나오는 구절이다. 《사기》에 나오는 원문과는 글
    자의 출입이 조금 있다. 《사기》 원문은 다음과 같다. 客有說公子曰: "物有不可忘, 或
    有不可不忘. 夫人有德於公子, 公子不可忘也; 公子有德於人, 願公子忘之也. 且矯魏
    王令, 奪晉鄙兵以救趙, 於趙則有功矣, 於魏則未爲忠臣也. 公子乃自驕而功之, 竊爲
    公子不取也."

4월 26일 관음사에 가다

4월 26일, 두 척의 작은 배로 우리를 보타산의 관음사(觀音寺)로 보냈으니, 곧 절동(浙東)의 영파부 정해현이었다.

내가 어부에게 물었다.

"오늘 밤에 몇 리나 떠나왔는가?"

"바다의 수면(水面)으로 삼십 리 왔습니다."

내가 바다 위에 있는 산을 보고 물었다.

"이것은 무슨 산인가?"

"보타산입니다."

산 위에 있는 절을 보고 또 물었다.

"이것은 무슨 절인가?"

"관음사입니다."

"절은 어느 현에 속해 있는가?"

"정해현에 속해 있습니다."

송제병(宋帝昺)[37]이 원나라 군사들에게 쫓겨 장세걸(張世傑)과 함께 피난한 곳이었다. 우공 때는 양주(楊州)이고, 삼국 시대 때에는 옹주(瀚州)였으며, 조송(趙宋)[38] 때에는 복주(福州)에 예속되어

37_송제병(宋帝昺, 1271~1279). 남송(南宋)의 마지막 황제(皇帝)이다. 병(昺)은 그의 이름
  이다.

보타산 관음사 전경

있었다. 푸른 산은 그림과 같고, 흙과 바다는 금과 같았다.

　섬들이 점점으로 보이고, 고깃배들이 조각조각 보였으니, 진실로 동남쪽의 명승지라 할 만하였다. 병이 들어 다리를 끌고 조금씩 앞으로 나아가 관음사에 이르렀다. 불상이 서려서 이름난 산을 의지하고 있다는 것이 모두 허튼 말이 아니었다. 절 경내 오 리 남짓

38_송(宋)나라 태조(太祖)가 조광윤(趙光胤)이었기 때문에 왕조의 성(姓)을 나라 이름 위에 붙여서 진(晉)나라 말기에 유유(劉裕)가 세운 송(宋)나라, 곧 유송(劉宋)과 구별한다.

에 모두 열석(熱石)[39]이 땅에 깔려 있으며, 땅에는 자죽림(紫竹林)이 많았다. 방사(房舍)가 많아서 364개의 사찰이나 되었는데, 방 하나가 사찰 하나인 셈이다. 강희(康熙) 황제가 은 백만 냥으로 중수하였으니, 중국 사람들이 천하에서 제일가는 사찰이라 불렀다.

　건물의 제도는 금과 옥으로 기와를 삼았고 비단으로 장식하였다. 긴 복도[回廊]는 굽은 지붕이었고, 담장은 이중벽이었다. 어떤 것은 구리 기둥이었고, 어떤 것은 석문(石門)이었다. 들어오는 사람들은 그 문을 찾지 못하고, 나가는 사람들은 그 길을 알지 못한다. 중들의 옷과 이석(履舃)[40]은 모두 비단 수로 장식되어 있었다. 가의(賈誼)[41]가 "창우의 제복이고 장옥의 문수이다."라 하였으니, 어찌 중국의 남은 풍습이 아니겠는가. 절에서 4일 동안 머물렀다.

---

39 단단하고 윤이 나는 돌이다.

40 바닥을 두 겹으로 꿰매어 만든 좋은 신이다.

41 가의(賈誼, BC 201~BC 169). 전한(前漢) 문제(文帝) 때의 문신(文臣)으로 낙양(洛陽) 사람이다. 문제(文帝) 때 태중대부(太中大夫)가 되었으나, 모함을 받아 장사왕(長沙王)의 태부(太傅)로 좌천되었다. 저서에 《신서(新書)》, 《가장사집(賈長沙集)》이 있고, 특히 〈치안책(治安策)〉, 〈과진론(過秦論)〉 등의 글이 유명하다. 당시 사람들은 그를 가태부(賈太傅) 또 연소(年少)한 수재(秀才)라 하여 가생(賈生)이라 불렀다. 33세에 요절하였다.

2장

1818년 5월

— 강남의 선비와 만 리의 정을 나누다

5월 1일 정해현에서 위관이 나오다

5월 1일, 정해현에서 네 척의 배를 파견하여 사람들을 데리고 갔는데, 위관(委官)¹은 이화(李華)였다.

5월 2일 정해현에 도착하다

5월 2일, 날이 밝을 무렵 배를 띄워 오시(午時)가 다 되어서야 정해현에 도착하였다. 정해현은 바다 섬 속에 있었는데 땅은 삼백 리쯤 된다. 현주(縣主) 심태(沈泰)²가 떡 버티고 앉아³ 위엄을 보였다. 세 사람을 데려가서 실정(實情)을 물었다. 나는 묻는 대로 거침없이 대답하여 실정을 진술하였다. 이날 음식을 먹이고 상을 주어 위로하였다.⁴

1_ 죄인을 신문할 때 의정 대신 중에 임시로 뽑아 임명한 재판장이다.
2_ 심태(沈泰). 자는 음당(蔭堂)이니 가정(嘉定) 사람이다. 청렴한 정사(政事)를 하는 것으로 알려졌다. 정해현령(定海縣令)을 지냈다.
3_ 개좌(開坐): 법정이나 관청에서 공사(公事)를 처리하기 위해 관원들이 자리를 정하고 앉는 것을 말한다.

온갖 종류의 고기들이 매우 풍성하였다. 굶주린 종들처럼 배부르게 먹자 그제야 생기를 띠게 되었으니 기뻐함을 알 만하였다. 연무청(演武廳)에서 묵었다. 연무청에 있는 오래된 빗돌은 순치(順治) 연간에 세워진 것이었다. 왜인들이 정해현을 함락하고 영파부에 이르러 성시(城市)와 관사(官舍)들을 쓸어 없애서 남은 것이 없었다. 빗돌에는 대개 중수하였던 내용을 적은 것이었다. 관에서 하루를 머물 때 마음 내키는 대로 할 수 없어서 바다에 표류하였던 상황을 두루 적었다. 《승사록》이라 이름을 붙였는데, 장건이 황하의 근원을 찾는다는 뜻에서 취한 것이다. 월중(越中, 중국 절강성 항주)의 사대부들이 날마다 찾아와 초록해가는 사람이 있었다. 나는 장독 뚜껑 덮개로나 쓸 것으로 여겨서 손을 휘저으며 사양하여도 안 되어서 돌려가며 보았으니 몹시 부끄러웠다.

---

4 호상(犒賞): 군사들에게 음식을 차려 먹이고 상을 주어 위로하는 것을 말한다.

5월 3일, 사인(士人) 주패란(朱佩蘭)[5]이 찾아왔다. 내가 물었다.

"그대는 주자(朱子)의 후손이 아닙니까?"

주패란이 말하였다.

"아닙니다. 나는 명태조의 후손입니다."

김이진이 말하였다.

"그대는 망국(亡國)의 황량한 성터에서, 기장이 자라는데 아무런 감회가 없습니까?"

주패란이 불쾌해하면서 김이진과 나눈 필담 종이를 갈기갈기 찢어버렸다. 김이진도 부끄러워하며 물러났다.

주패란이 사사로이 나에게 말하였다.

"저 사람은 진실로 분별이 없는 사람이군요."

하며 시를 써주었다.

　　그대가 8월 되어 뗏목을 타자
　　갑작스레 바람 불어 강변에 이르렀네.
　　강과 바다 편안해져 지금은 잠잠하니

---

5 서법가(書法家)로 알려져 있다.

천조가 영원하길 다함께 축하하세.

君自乘槎八月天 忽然風吹到江邊

河淸海晏今爲定 共慶天朝萬萬年

나도 시로 답하였다.

푸른 바다 아득하게 하늘에 물 닿으니

중류에서 스스로 "사방으로 끝이 없다" 이르렀네.

남쪽 와서 주씨 가문 어른을 한번 알았으니

태평성대에서 늙어간 지 60년이 되셨도다.

碧海茫茫水接天 中流自謂四無邊

南來一識朱家長 生老昇平六十年

요승재(姚繩齋)란 사람은 독서하는 사람이었다. 현문(縣門)의 급사(給事)로 어느 곳에 있어도 힘써 잘 챙겨주었으니 그 뜻이 감동할 만한 것이었다.

5월 4일 오신포가 사주풀이를 해주다

5월 4일, 현주인 심공이 요승재에게 소개하도록 하여 서로 만나 필담을 나누게 되었다. 내가 부름을 받고[6] 현(縣)에 도착하여 요승재에게 말하였다.

"지금 지주(地主)를 뵙고 장차 절하려 하는데 어떻게 해야 합니까? 어제는 공적으로 표류하는 사람에게 잔치를 베풀어주었으니 지주를 알현하는 예였고, 오늘은 사사로이 선비가 대부를 뵙는 예이니 반드시 예법이 다를 것입니다. 감히 묻습니다."

요승재가 들어갔다가 잠시 후에 작은 쪽지를 가져다 보이며 말하였다.

"대부가 선비를 보지 못하여, 선비가 대부에게 가서 서로 만날 때는 길게 읍할 따름입니다."

나는 말하였다.

"이렇게 하는 것이 반드시 합당한 예일 것입니다."

요승재가 길을 인도하여 작은 서재로 나아갔다. 때마침 공은 공적인 일로 외출하였다. 막객인 항주(杭州)의 오신포(吳申浦)가 주석(主席)이 되어 빈주의 예를 행하게 하였다. 이어서 붓으로 써서

6_부소(赴召): 임금의 부름을 받고 나아가거나 나아옴을 이른다.

"청컨대 귀국(貴國)의 산천과 풍속을 묻습니다."

이에 내가 "산천은 남북으로 사천여 리이고, 동서로는 천오백 리입니다. 풍속은 작은 나라가 바다 모퉁이의 궁벽한 곳에 있어서 동이(東夷)라는 호칭이 있고 기자(箕子)[7]가 동쪽으로 와서 팔조금법(八條禁法)을 만들었으니, 이것은 군자에게는 성정(誠正)하는 방법을 분명히 알게 한 것이며, 소인에게는 충경(忠敬)하는 도리를 분명히 알게 한 것입니다. 날마다 삼강(三綱)을 쓰고 항상 오상(五常)을 행합니다."

그러고 나서 표류 이후의 일을 말하였다. 오신포가 또 물었다.

"귀국의 산천과 예법에 대해서는 그대에게 들어 알았습니다. 그러면 과거 시험의 문장은 어떤 문체를 쓰는지요?"

내가 말하였다.

"시(詩), 부(賦), 의(義), 의(疑), 표(表), 책(策)의 제도로 합니다."[8]

공이 곧장 차를 내오라고 하였다. 차를 줄 때는 꼭 손을 들어서 읍을 하였다. 내가 말하였다.

"귀하신 분이 미천한 자에게 낮추는 것은[9] 비록 당신의 훌륭한

---

7 기자(箕子). 은(殷)나라 태사(太師). 주왕(紂王)의 숙부로서 주왕에게 자주 간하다가 잡혀 종이 되었다. 은나라가 망한 후 조선에 나와 기자조선(箕子朝鮮)을 창업(創業)하였다 한다.

8 과문육체(科文六體)를 가리킨다. 즉 문과(文科) 과거에서 시험을 보이던 시(詩), 부(賦), 의(義), 의(疑), 표(表), 책(策)의 여섯 가지 문체(文體)를 말한다.

9 《주역》 둔괘 소상(屯卦小象)에 "以貴下賤, 大得民也."라고 하였다.

일이라 하여도 멀리서 온 보잘것없는 사람은 감히 감당할 수 없으니 청컨대 지나치게 공손한 예를 거두어주시지요."

이에 오신포가 더욱 공손히 대하였다. 얼마 되지 않아 밥을 올렸는데, 고기도 매우 풍성하였다. 오신포가 종종 밥 먹기를 권하는 것은 오직 내가 배부르지 않을까 염려되어서이니 그 뜻이 매우 감동스러웠다.

공이 다시 필담하였다.

"바다 안과 밖으로 사는 곳이 비록 다르다 하여도, 오행이 성하고 사그라드는 이치는 똑같습니다. 지금 족하께서는 문장이 뛰어나고 인품이 독실하니, 귀국의 기이한 선비일 것입니다. 제가 재주는 없으나 천리(天理)의 음양(陰陽)과 간지(干支)의 생극(生克)에는 익숙합니다. 그러므로 족하께서 생년, 월, 일, 시를 정확하게 적어주시면, 이로써 사주를 보겠습니다. 다만 족하에게 평생토록 복록이 있어, 중국에서의 필묵이 귀국에 전해지길 바랍니다."

내가 사주(四柱)를 써서 주니, 오신포가 한참 동안 뚫어지게 쳐다보고 말하였다.

"이 사주를 상세히 관찰해보면 기해년(己亥年) 6월 23일 미시(未時)에 태어났는데 국면 안에 재물운이 묘합니다. 간지가[10] 묘(卯)자에 있으니 일생에 신의를 주로 하여 마음을 쏟으시면[11] 행사가

10_ 일지(日支): 태어난 날의 사주 뿌리 부분의 오행을 가리킨다.
11_ 택심(宅心): 마음을 쏟는다는 뜻이다.

통달하리이다. 다만 염려되는 것은 40세 전에 한 줄기 화토(火土)가 있어 이것이 재기(財氣)를 더욱 왕성하게 하면, 정인(正印)[12]을 해쳐서 드디어 큰 포부의 뜻을 갖게 하기에 이르기는 하지만, 능히 그 재주를 발휘할 수 없을 겁니다. 45세가 되기를 기다려 운행이 묘목(卯木)으로 바뀌어 일간(日干)이 복록을 얻게 되면 경위와 문장이 20년간이나 번창하여 펼 수 있게 될 것입니다. 오직 66세나 67세에 축자의 차례가 바로 황금의 창고입니다. 을목(乙木)의 화과(花菓)로 이로움을 허락하지 않을 것이니 이때만 넘기면 모두 길할 것입니다."

내가 말하였다.

"이른 나이에 과거에 급제하여 운명이 원수와 도모하게 되었습니다.[13] 나이가 강장(强壯)[14]에 이르자 드디어 표류하게 되었으니, 비록 길성(吉星)이 있더라도 무슨 공명을 지을 수 있겠습니까? 집에 아이가 둘이 있으니 감히 자손들의 운수가 어떤지에 대해 묻습니다."

---

12 _ 성명가(星命家)의 용어이다. 인수(印綬)의 양간(陽干)과 음간(陰干)이 서로 배합(配合)하는 것을 이른다. 편인(偏印)의 상대어이다.

13 _ 명여구모(命與仇謀): 운명(運命)과 원수[仇]가 모의하다. 곧 운명이 기구(崎嶇)하다는 뜻이다. 당(唐)나라 한유(韓愈)의 〈진학해(進學解)〉에 그 제자들의 입을 빌려 스승인 한유의 기구하였던 과거(過去)를 열거하는 말 중에 "3년 동안 박사로 있었지만 한 일 없이 아무런 치적도 보이지 못하셨습니다. 운명이 원수와 모의하였으니 실패를 취한 것이 얼마 동안이셨습니까.[三年博士, 冗不見治. 命與仇謀, 取敗幾時]"라고 하였다.

14 _ 몸이 튼튼하고 건장(健壯)할 때라는 뜻이다. 왕성한 나이를 가리킨다. 40대의 나이를 '강(强)'이라 하고, 30대의 나이를 '장(壯)'이라 한다.

오신포가 말하였다.

"묘운(卯運)이 한번 행하게 되면 다만 자손들이 가문을 분발하여 일으킬 뿐 아니라, 곧 자신도 다시 영달을 보게 될 것입니다. 이전에 풀리지 않아서 부진하였던 것은 모두 토(土)가 거듭 와서 수인(水印)을 파괴하였기 때문입니다."

오신포가 재차 말하였다.

"인성(印星)을 용신으로 삼게 되니 공명이 더 나아지게 될 것입니다."

이날 악병이(樂秉彝)라는 사람이 찾아와 시를 주었다.

만 리 길 연파(煙波) 속에 고향과 이별하고

관산 넘기 어려움을 그 누가 슬퍼하리.

알겠노라. 그대는 평범한 객이 아니라

반드시 고인으로 주장함이 있는 줄을.

萬里煙波別故鄉 關山難越孰悲傷

知君不是凡閑客 定有高人作主張

내가 답하였다.

회해(淮海)와 유양(惟楊)은 으뜸가는 고장인데

객의 마음 무슨 일로 홀로 슬퍼하는가?

이번 걸음 동쪽으로 구루석벽[15] 찾으리니,

지금 세상 호고(好古) 蹈을 아는 이 없으리라.

淮海惟楊第一鄕 客心何事獨悲傷

此行東訪岣嶁石 今世無知好古張

구루석벽. 우임금이 치수한 공을 구루석벽에 새겼는데, 여기에서는 우공이 치수한
공이 적힌 석벽을 찾아본다는 의미이다.

5월 5일 중국 선비의 집을 처음으로 방문하다

5월 5일 맑음. 고향에 있을 때 차사(茶祀)를 올렸던 예[16]와 종유 (從遊)하였던 즐거움을 생각하여 〈술회〉라는 제목으로 15운을 지 었다.

한 몸이 삼천 겁(三千劫)을 지내왔는데

천애에서 다시금 단옷날 보게 됐네.

고향에서 이날에 했던 일을 떠올리니

다과를 다투어서 조녜사(祖禰祠)[17]에 올렸었네.

남포의 햇참외는 달기가 꿀과 같아

은도(銀刀)로 싱싱하게 푸른 껍질 벗겨냈네.

북쪽 동산 앵두는 아름답게 붉었는데

이슬이 긴 가지에 흠뻑 젖어 있었네.

남쪽에는 형이 있고, 북쪽에는 동생이 있어

담 너머로 불러서는 재례(齋禮) 참석 재촉했네.

저물어야 재연(齋筵)[18]에는 진설이 끝났는데

16_ 차례(茶禮): 음력 매달 초하룻날과 보름날, 명절날, 조상 생일 등에 간단히 지내는 제 사를 말한다. 영남 호남 지방에서는 차사(茶祀)라고 한다.
17_ 조묘(祖廟)와 부묘(父廟)를 아울러 이르는 말이다.

묘문(廟門)을 열어놓아 향기로운 연기 부네.

한 골목에 서른 명이 함께 살고 있었는데

둥근 갓과 모난 단령이 꼬리 이어 따랐도다.

당에 올라 강신하며 내려와 참신하고

향기로운 제수(祭需) 음식을 공시(公尸)[19]에 권했도다.

또한 대궁으로 소목(昭穆)[20]에 잔치를 열었으니

대모(敦牟)[21]가 부족해서 치이(鴟夷)[22]를 불렀노라.

금 소반에 받들어서 장로(長老) 댁에 보내주고

무지개 떡 쪄내서는 이웃 애들 불러왔네.

드디어 술에 취해 명절을 맞았으니

푸른 잔디, 실버들 있는 시내 남쪽 물가였네.

가인(佳人)이 마주해서 금루곡(金縷曲)[23]에 춤추었고

묵객은 스스로 추천사(鞦韆詞)를 지었도다.

18_ 여기서는 부조(父祖)의 사당에 차례를 올리기 위하여 재계(齋戒)한 자리라는 뜻으로 쓰였다.

19_ 천자의 제사 때 위패를 대신하여 제상에 앉혔던 시동(尸童)을 이른다. 공경(公卿)이 그 역을 맡았기에 이르는 말이다. 《시경》〈대아(大雅)〉'기취(旣醉)'에 "令終有俶, 公尸嘉告."라 하였다. 여기서는 아주 먼 옛날에 있었던 일을 인용한 말일 뿐, 당시에는 혼령(魂靈)의 상징으로 신주(神主)를 쓰고 시동을 쓰는 시대가 아니었음을 밝힌다.

20_ 종묘나 사당에 조상의 신주를 모시는 차례이다. 왼쪽 줄을 소(昭)라 하고, 오른쪽 줄을 목(穆)이라 하여 시조(始祖)의 신주(神主)는 가운데 모시고, 제주(祭主)의 조(祖)와 고조(高祖)는 소위(昭位)에 모시며, 부(父)와 증조(曾祖)는 목위(穆位)에 모신다.

21_ 서직(黍稷)을 담는 옛날 그릇이다.

22_ 술을 담는 그릇이다.

23_ 곡조(曲調)의 이름이다.

술을 다 마신 후에 남평선(南平扇) 분지르고

여름날도 짧아서는 밤으로 기약했네.

어떻게 멀찍하게 강회의 객 되어서는

관정(官庭)에서 절하고서 술잔을 받게 됐나.

一身經過三千劫 天涯復見端午時

記得吾鄉今日事 茶果爭登祖禰祠

南浦新瓜甘如蜜 銀刀削去青青皮

北園櫻桃爛熳紅 瓊露厭浥長長枝

南隣有兄北隣弟 隔牆叫喚催參齋

齋筵日晚陳設畢 廟門既開香烟吹

一巷同居三十人 圓冠方領尾而隨

升堂降神下參神 時羞芬苾侑公尸

還將餕餘燕昭穆 敦車不足呼鴟夷

金盤擎送長老宅 綵餠招來隣里兒

遂從醉裏作佳節 碧莎絲柳川南湄

佳人對舞金縷曲 墨客自製鞦韆詞

酒後擊折南平扇 夏日猶短宵爲期

豈知遠作江淮客 拜受公庭犒賞厄

이날 본 현의 효렴(孝廉) 이손점(李巽占)[24]이 방문해서 맞이하여
함께 갔다. 수재(秀才) 축세장(竺世藏)의 집에 가서 조용하게 이야
기를 나누었다. 내가 그의 저택이 으리으리하고 화려한 것을 보고

물었다.

"이 집이 존형(尊兄)의 집입니까?"

"아닙니다. 우리 가문이 소유한 집입니다."

"주인장은 어디에 있습니까?"

"외출했다 아직 돌아오지 않았습니다."

조금 뒤에 차가 나왔고, 차가 몇 잔 돌자 술이 나왔으며, 술이 몇 순배 돌자 밥이 나왔는데, 바다와 육지의 진미들이 극진히 차려졌다. 한창 먹고 있는데, 축세장이 밖에서 들어왔다. 효렴이 그를 가리키며 말하였다.

"이분이 주인이십니다."

내가 붓을 가져오라 하여 대화를 적었다.

"귀한 가문의 선생께서 초청하여 여기까지 오게 되었습니다."

축세장이 극진히 환대하며 말하였다.

"선생께서 방문해주시니 저희 집이 광채가 나는 듯합니다."

내가 그의 나이를 따져보니 스무 살 남짓 되어 보였다.

수재의 호칭을 묻자 이렇게 답하였다.

"중국에서는 입학한 사람을 수재라 이릅니다."

내가 묵묵히 그의 동정을 알아보니 사제 간의 가까운 정의가 은

---

24 이손점(李巽占). 자는 신삼(申三), 호는 결재(潔齋)이며, 용동(甬東) 사람이다. 고을의 효렴으로 발탁되었다. 집안이 가난하였으나 효행이 있었다. 일찍이 아무개의 집에서 학생들에게 글을 가르쳤는데, 저녁밥을 먹지 않고 곧바로 돌아왔으니 어머니가 저사(薴絲)를 드시기 때문에 차마 혼자서 쌀밥과 고기를 먹을 수 없었기 때문이다. 또 성품이 강직하였던 것으로 알려져 있다.

연중에 말에 넘치게 드러나서 진실로 "이러한 스승이 있으니 이러한 제자가 있다."라고 이를 만하였다. (내가) 글로 써서 효렴에게 보여주니 효렴이 사양하였다. 내가 효렴에게 말하였다.

"있던 곳을 떠난 지[25] 오래되어 물의가 생길까 두려우니 일어나 떠나기를 청합니다."

효렴이 "우리는 어른의 일에 방해되지 않게 하여 받들어 모시고 싶습니다." 하고는 한 명의 학자(學者)에게 앞에서 인도하게 하였다. 수재 진복희(陳福熙)[26]라는 사람으로 호가 여선(艅仙)이었다. 그가 나에게 말하였다.

"제[弟][27] 집에는 만 권의 책이 있습니다. 한번 가서 구경하시기 바랍니다."

"우리나라는 후미진 바다 모퉁이에 있어서 서적이 부족한 것을 마음속으로 늘 유감스럽게 여기고 있었습니다. 간절하게 책을 빌리지 않고서도, 이렇게 깨우쳐주시는 가르침이 있으니 은혜에 고마움을 깊이 느낍니다. 그러나 다만 먼 데서 온 사람이 떠나는 자리에서는 반드시 여러 사람을 놀라게 하는 것이니, 감히 가르침을

25_ 이차(離次): 머물러 있던 자리를 버린다는 뜻이다. 《서경(書經)》〈윤정(胤征)〉에 "畔官離次"라 하였다.

26_ 진복희(陳福熙). 청(淸)나라 사람으로 자는 이이(爾詒)이다. 중서성(中書省) 진경괴(陳慶槐)의 아들이니 도광(道光) 원년(元年)에 은과(恩科)로 부공(副貢)이 되어 팔기관학(八旗官學)의 교습(敎習)에 충원이 되었다. 문집으로 《차수산방시초부각(借樹山房詩鈔附刻)》이 있다.

27_ 여기서는 자기(自己)의 겸칭(謙稱)으로 쓰였다.

받을 수 없습니다."

"관인(官人)이 가져올 것이니 안 될 것도 없습니다."

얼마 되지 않아 호가 상화(爽花)인 학관(學官) 김사규(金士奎)[28]란 사람이 와서 맞이하여 함께 갔다. 내가 말하였다.

"대동하고 가자는 가르침이 사람을 사랑하는 뜻이기는 하나, 만약에 물의라도 일으키게 되면 사람을 사랑하는 도리가 안 되는 것입니다."

상화가 답하였다.

"제가 올 때 이미 현주에게 보고하였습니다."

내가 그를 따라서 성에 들어서니 곧 상화의 집이었다. 높은 문은 우뚝 솟아 있고, 하얗게 칠한 담이 둘러 있었다. 당에 오르니 침상과 탁자가 많았는데, 붉은색 융단이 덮여 있었다. 마당의 섬돌은 모두 벽돌을 깔아 한 점의 흙도 없었으니 월중(越中)의 갑부인 것을 알게 되었다. 자리에 앉으니 상화가 나에게 집 안팎을 구경하자고 하였다. 담장이 둘러져 있고 이중벽이어서 사람의 마음과 눈을 놀라게 만든다. 정침(正寢)에 이르니 곧 동서에 있는 곁방에 은으로 만든 병을 벌여놓았는데, 몇 백 개나 되는지 알 수 없었으며, 금수(錦繡)와 능라(綾羅) 같은 종류가 모두 이와 같았다. 다 둘러보고 바깥채로 나와 보니 모두 오나라의 준수한 선비들이 있었다.

28_ 김사규(金士奎). 청나라 사람으로 도광(道光) 연간에 늠공(廩貢)으로 정해현에서 곧바로 교유(教諭)가 되었으며, 영파부 교수(教授)로 임명되었다.

중국 강남의 가옥 정원

내가 필담에 쓰기를 "삼오(三吳 : 지금의 강소성(江蘇省), 절강성(浙江省) 일대)의 벼슬아치들이 한자리에 모였으니, 좌사(左思)가 '영웅의 가게이다'[29]라고 이른 것 같도다."라고 쓰고는 이어서 절구 한 수를 지었다.

　　금곡(金谷)의 번화함이 꿈속과 같았으니
　　강남에서는 얻기 힘든 부자 노인이시구려.
　　그대의 저택 보고 마음과 눈이 놀랐으니
　　일곱 척의 산호가 정히 몇 떨기이던가.
　　金谷繁華一夢中 江南難得富家翁

　　看君第宅驚心目 七尺珊瑚定幾叢

이에 상화가 응수하였다.

　　나는 본래 택국(澤國)[30] 중의 부가(浮家)[31]였는데
　　강과 산 만 리 밖의 시옹(詩翁)을 만났도다.
　　가문에 많은 물건이 없는 것이 부끄러웠으니

---

29 진(晉)나라 좌사의 〈오도부(吳都賦)〉에 "習其弊邑而不睹上邦者, 未知英雄之所躍也."
　　라 하였다.
30 상택(湘澤), 즉 못이나 늪지대가 많은 지역을 말한다. 여기서는 상화 자신이 살고 있
　　는 지역을 가리킨다.
31 물 위에 떠 있는 배 안에서 생활하는 집이었다는 뜻이다. 중국에는 배 안에서 한 가족
　　이 생활하는 집이 있었으니, 상화도 원래는 그런 생활을 했던 가문이었다는 말이다.

창 앞에 새로 심은 대나무 몇 그루뿐이었네.

我本浮家澤國中 江山萬里遇詩翁

自慙門第無多物 新種窓前竹數叢

　이어서 차가 나오고 차를 다 마시자 삶은 떡이 나왔는데 매우
맛있었다. 또 화주(火酒)와 황주(黃酒)를 내놓고 안주와 과일을 대
접하였으니, 물과 육지의 지극히 맛있는 음식이었다. 머물면서 저
녁밥을 먹었다. 또 서책을 꺼내서 보여주기도 하였다. 모두 근래
에 모은 것이었는데 우리나라에는 없는 것이었다. 마음의 가난뱅
이가 금세 부자가 된 것 같아서 한 권을 빌려 보기를 청하자 곧바
로 상화가 허락하였다. 이날 현주가 표류인에게 옷 한 벌을 하사
하였다.

5월 6일 현주에게 문정을 받다

5월 6일 맑음. 현주(縣主:縣長)가 또 표류인에게 돼지고기 두 덩어리, 수건(手巾) 한 장, 기장의 종자 3개(箇)[32]를 하사하고는 요승재 군을 시켜 전해주었다. 내가 말하였다.

"현주 합하께서는 표류한 사람들을 불쌍히 여기셔서 옷가지에 음식물까지 주심으로써 단오 고사(端午故事)[33]를 아름답게 꾸미셨습니다. 내가 이미 사람들마다 알려주어 덕의(德意)를 설명하니 표류한 사람들이 감격하여 모두 울었습니다. 군(君)[34]을 번거롭게 하여 이런 뜻을 상달(上達)합니다."

요승재가 현주의 문정(問情)[35]하는 문자(文字)를 갖고 와서 말하였다.

"어느 날에 배를 출발하였나? 어느 곳에 배를 닿게 하였나? 어선

32_ 개(箇): 여기서 개는 정확히 수량이 얼마인지 알 수 없다.
33_ 단오(端午)인 5월 5일은 전국 시대 초나라 굴원(屈原)이 멱라강(汨羅江)에 빠져 죽은 날이기 때문에 중국의 세시풍속에는 단옷날에 굴원을 건져낸다는 뜻으로 배로 경주놀이를 하며, 물고기에게 굴원의 시체를 뜯어먹지 말라는 의미로 종자(粽子)라는 떡을 강물에 던져주는 풍습이 있다. 그런데 여기서는 이런 뜻을 당시의 중국인들이 우리나라의 표류인을 도와주는 마음에 비유하여 말한 것이다.
34_ 자기의 영토를 가지고 백성을 다스리는 대부(大夫) 이상의 통치자로, 여기서는 상화를 가리킨다.
35_ 남의 나라 배가 처음으로 항구에 들어왔을 때 관리를 보내어 그 사정(事情)을 묻는 일을 말한다.

을 만난 곳은 어디인가? 원래 타고 온 배를 버린 곳은 어디인가?"

내가 요승재에게 대신 쓰게 하자 요승재가 붓을 잡고 조목조목 쓰기를 "비록 구체적인 바다의 이름은 모릅니다만, 다만 배 안을 보니 그물이 많이 있어서 고기잡이배와 같아 보였습니다."라고 하였다.

내가 계속 말하였다.

"고깃배를 만난 곳이 곧 원래 타고 온 배를 버린 곳입니다."

요승재가 붓을 내던지며 사양하면서 말하였다.

"비루한 사람이 미칠 수 있는 바가 아닙니다."

요승재가 또 말하였다.

"선생께서는 제가 어떤 벼슬을 가진 사람으로 보이십니까?"

"그대는 연사(掾史)[36]와 같소. 그렇지만 또한 연사 중에서는 재능 있는 사람으로 보이오."

"그렇습니다. 본래는 독서하는 사람이었답니다. 나잇살을 먹고서야 시골의 나그네가 되었습니다. 또 중국은 이목(吏目)[37]으로 사람을 쓰니 그런 연유로 사대부의 자제들도 그것을 하기에 꺼리지 않습니다."

내가 오나라 사람에게 물었다.

"〈오도부(吳都賦)〉에서 '나라에서는 일 년에 두 번 익는 벼에 대

36_ 한나라 이래로 관아에서 장관의 업무를 보좌하던 벼슬 이름으로 당송(唐宋) 이후로는 서리(胥吏)를 지칭하였다.
37_ 서무(庶務)를 담당하는 하급의 관원을 이른다.

해서 세를 받았고, 고을에서는 여덟 번 친 누에의 실을 바쳤네.'라고 하였으니 그 말이 맞습니까?"

"이 땅에도 한 해 걸러 그런 일이 있고, 구동(甌東, 절강성 영가현(永嘉縣))에서는 매년 그런 일이 있답니다."

내가 또 물었다.

"여기서 구동까지 거리가 몇 리나 됩니까?"

"사백 리입니다."

"여기에서 회계산까지 거리는 몇 리나 됩니까?"

"육백 리입니다."

"우혈(禹穴)[38]은 아직도 남아 있습니까?"

"있습니다."

내가 표류하다 이 땅에 닿은 지도 이미 대엿새가 흘렀다. 남쪽 땅의 사대부들이 날마다 지나다가 맞이해서 함께 가니, 풍속의 순박하고 후함과 정리(情理)와 예의(禮儀)의 지극한 갖춤이 더욱 감동스러웠다. 그러나 다만 표류하는 사람의 처지라 멋대로 자리를 뜰 수 없어서 손님을 맞이하고 싶은 소원[39]을 이룰 수 없으니 매우 한탄스럽다.

38_ 절강성의 회계산에 있는 하우(夏禹)의 유적지이다. 우(禹)임금이 황제(黃帝)의 책을 얻어 동굴 속에 보관해두었다는 전설이 있다.
39_ 소문(掃門): 문 앞을 청소하는 것으로 여기서는 손님을 맞이한다는 뜻이다.

5월 7일 이사량, 진정록, 동육일 등이 찾아오다

5월 7일 맑음. 사인(士人) 이사량(李嗣良)이 찾아와 말하였다.

"선생께 좋은 작품이 있다는 소식을 들었습니다. 가르침을 청합니다."

내가 사양하려고 하였지만 일이 이미 쫙 퍼져버렸다. 책을 꺼내 보여주자 이사량이 말하였다.

"저는⁴⁰ 이손점의 조카입니다."

내가 말하였다.

"그대의 숙부(叔父) 되시는 효렴 어른께서는 근래에 편안하십니까? 이제야 청범(淸範)⁴¹을 봤자와 빈 골짜기에 달아났던 뒤에 마땅히 날 찾아준 기쁨을 얻게 되었으니, 감사하고 위로됨이 한량이 없습니다."

이사량이 말하였다.

"어느 날에 선생께서 방문하셔서⁴² 저희 집을 찾아주심을 맞을 수 있겠습니까?"

---

40 소제(少弟) : 소제(小弟). 동배(同輩) 사이에 나이가 몇 살 더 많은 사람에 대하여 '자신'을 겸손히 이르는 말이다.

41 고결(高潔)한 모습을 뜻하는 것으로 상대방의 모습을 정중하게 일컫는 말이다.

42 굴가(屈駕) : 대가(大駕)를 욕보이게 한다는 뜻으로 상대방의 방문을 높여 이르는 말이다.

내가 말하였다.

"저더러 오라는 말씀은 진실로 매우 감사합니다. 그러나 표류하는 사람의 신분이라 자유로울 수 없으니 이것이 한탄스러울 뿐입니다. 지난날 여러 군자들이 서로 많이 맞이했을 뿐이었으나 거만하고 태만한 죄를 지어서 깊이 서글프고 송구합니다. 그러나 그대의 뜻은 마다할 수 없으니 마땅히 한가할 때를 기다려 달려가서 인사를 드리겠습니다."

어떤 귀한 사람이 놀러 와서 물었다.

"존형께서는 그쪽 나라에서 어떤 관직에 있었습니까?"

"저는 조그마한 나라에서 거인(舉人)이었습니다."

그 사람이 또 물었다.

"(존형의) 성함은 무엇입니까?"

내가 갖추어 써서 답변하였다. 또 귀한 손님 한 명이 와서 말하였다.

"저는 우영유격(右營游擊) 진공(陳公)의 아들입니다. 이름은 정록(廷簏)이고, 자는 순계(舜階)입니다. 절강성 구주부(衢州府) 서안현(西安縣)에 살고 있습니다. 관인인 대인께서 여기에 있다 하여 특별히 와서 방문한 것입니다."

내가 감위(感慰)라는 글자를 써서 감사를 전하였다. 이날 김상화와 진여선이 동학 예닐곱 사람과 함께 사마천의 《사기(史記)》와 《양절유헌록(兩浙輶軒錄)》[43]을 가지고 와서 빌려주었다.

내가 필담으로 물었다.

"여러분이 다시 오셨으니 제가 머물고 있는 집이 빛이 납니다. 누가 먼 땅에서 이런 정신적인 사귐이 있으리라고 생각이나 했겠습니까?"

내가 또 물었다.

"함께 공부하고 있는 사람들은 몇 명이나 되며, 어느 문하에서 수업을 받고 있습니까?"

"함께 공부하고 있는 사람들은 모두 육칠십 명쯤 됩니다. 이손점 선생에게 수업하고 있습니다."

효렴은 이 땅의 큰 유학자이고, 그의 문인들도 모두 단정한 선비들이었다. 그러므로 내가 묻지 않아도 선생의 제자임을 알 만하다[不問可知爲先生弟子]⁴⁴라는 글자를 써서 찬미하였다.

이날 동육일(童六一)이란 사람이 찾아와서 말하였다.

"숙부(叔父)는 사마(司馬)였고, 할아버지는 한림학사였습니다."

재주가 뛰어난 사람이었다. 시 한 수를 지어주었다.

천연(天緣)으로 먼 데서 시옹을 만났으니

창 앞에 대나무 몇 그루 거듭 심었나.

비로소 느끼겠네. 재인들이 나태한 뜻 없어서

갑자기 마음 문득 부끄러워 얼굴 붉어짐을.

43_ 청나라 완원(阮元)이 편집한 책이다.
44_ 이 문구는 송나라 호원(胡瑗＝安定先生)에 관한 기사(記事)를 인용한 것이다. 《소학(小學)》 참조.

天緣千里遇詩翁 新種牎前竹幾重

始覺才人無惰意 頓令心地却慚紅

분지[45] 한 축을 함께 보내왔으므로 내가 응하기를

구양수[46]는 마흔 살에 늙은이라 말했는데
먼 땅에서 망년지교 맺었으니 생각을 거듭했네.
필담으로 꼼꼼하게 속마음 의논하니
산 밖의 저녁 빛이 붉는 줄 몰랐도다.

滁亭四十始稱翁 絶域忘年意幾重

筆話細論心內事 不知山外夕暉紅

다시 종이에 이렇게 써서 주었다.

"동수재는 얼굴이 맑고 온순하며 사조(詞調)가 민첩하고 빠르니 훗날에 성취할 바를 헤아릴 수 없을 것이오. 이미 얻은 것을 많다 여기지 말고, 다시 장대의 꼭대기에서 앞으로 걸어나가 먼 데 있는 사람이 부러워하고 우러르는 사심(私心)에 부응하게 해주오."

45_ 분주지(粉周紙)를 가리킨다. 무리풀(물에 불린 쌀을 물과 함께 맷돌에 간 후 체에 받쳐 가라 앉힌 앙금으로 쑨 풀)을 먹이고 다듬어서 만든 빛이 희고 단단한 두루마리로, 우리나라 에서는 전라도에서 난다.

46_ 제정(滁亭): 제정은 송나라 구양수(歐陽脩)가 마흔 살에 제주태수(滁州太守)로 있을 때 지선(智仙)이라는 승려가 그 고을에 지은 정자에 이름 지은 취옹정(醉翁亭)을 이른다. 《고문진보(古文眞寶)》 〈취옹기(醉翁記)〉 참조. 여기서 제정은 구양수를 가리킨다.

5월 8일 현의 수재 다섯 명이 찾아오다

5월 8일, 비가 왔다. 현중에서 호(胡)·고(高)·조(曺)·유(劉)·진(陳) 씨 등 다섯 사람이 와서 말하였다.

"본래 응당 문을 닫고 글을 읽으려 하였는데, 귀한 손님이 여기에 게시다 하여 특별히 와서 절을 올리고 문안을 여쭙니다."

내가 말하였다.

"성대한 뜻에 감격스럽습니다."

그 중 한 사람은 진여선의 아우였다. 함께 바짝 다가앉기를 청하며 말하였다.

"나와 그대의 형님과는 배짱이 맞아 가장 정이 두터웠으니 옛사람들이 이른바 '경개여고(傾蓋如故)'[47]라 한 것이오. 이제 맑은 풍범을 보게 되니 바로 친구의 어린 아우였군요."

조 씨가 진 씨를 가리키며 말하였다.

"그의 모습이 어떠합니까?"

진 씨가 대답하였다.

"온공하고 단정함은 진실로 유자의 좋은 기상이기는 하지만, 술가(術家)의 화복에 대한 설과 같은 것은 감히 알 바가 아닙니다."

47_ 경개여구(傾蓋如舊)와 같다. 경개는 수레를 멈추어 덮개를 기울인다는 뜻으로, 한 번 보고 친해짐을 이르는 말이다. 잠시 만났어도 구면(舊面)처럼 친함을 의미한다.

여러 수재가 또 말하였다.

"다음 날 특별히 조촐한 술자리를 마련할 터이니 선생께서 보잘 것없는 집을 빛내주시기를 간청합니다."

내가 말하였다.

"양관(陽關)[48]에서 술 한잔을 마시자는 정성스러운 뜻이 고맙기는 합니다. 그러나 먼 데서 온 사람이라 머물던 곳을 떠나는 것이 합당치 않으니, 이미 마신 셈치고 초청하지는 마시기 바랍니다."

또 조 씨가 말하였다.

"혹시 멀리 떨어져 있어 꺼림칙하시다면, 저희 관사에서 한번쯤 만나시지 않겠습니까?"

내가 말하였다.

"성념(盛念)이 여기에 미쳤으니, 어찌 감히 평소에 경계했던 것을 고수하겠습니까? 다음 날 마땅히 나아가서 뵙겠습니다."

---

48 _양관곡(陽關曲)을 가리킨다. 원이(元二)가 안서 지방의 사신이 되어 떠날 때 왕유(王維)가 지어서 부른 시이다. "渭城朝雨浥輕塵, 客舍青青柳色新. 勸君更盡一杯酒, 西出陽關無故人." 전하여 송별의 시를 가리킨다.

5월 9일 중국 선비들이 《승사록》을 칭찬하다

5월 9일 맑음. 수재 조진현(曹振絢)이 여러 명의 학생을 시켜 술자리에 초대하는 첩(帖)을 보내서 나와 김 군을 초대하였다. 나와 김 군이 이르자 곧 모든 현인이 다 모이게 되었다. 나는 이에 절구 한 수를 지었다.

> 허리에 추련 같은[49] 삼척검을 차고
> 상국에서 풍속 보니 옛날의 연릉(延陵)일세.
> 제군들이 새로 안 즐거움 자못 다해
> 상에 오른 수륙진미 술 살 돈이 많구려.[50]
> 腰佩秋蓮三尺劍 觀風上國古延陵
> 諸君頗盡新知樂 水陸登盤酒百朋

서로 함께 기쁨을 다하고 마쳤다. 오후에 보슬비가 내렸다. 현에 사는 임량기(林良驥), 임위장(林渭壯), 정광륜(程光輪)이 찾아왔다. 《승사록》을 빌려달라 청하기에 내가 꺼내서 보여주었다. 임(林)이

49_ 추련(秋蓮): 보검의 이름으로, 이백(李白)의 〈호무인(胡無人)〉에 나온다.
50_ 백붕(百朋): 많은 돈 또는 많은 녹(祿)을 이르는 말로 붕(朋)은 쌍조개라는 뜻인데, 예전에 이것이 돈으로 쓰였던 데서 유래한다.

다 읽고 필담으로 청하였다.

"선생의 《승사록》은 필치(筆致)가 창고(蒼古)하여 깊이 《좌전(左傳)》과 《사기》의 서사하는 문체를 얻었고, 시의 곡조 또한 다시 걸출하니 저희같이 낮은 학식의 하찮은 사람으로는 능히 이해할 수 없습니다. 다음 날 다시 와서 가르침을 받고 싶습니다."

이에 내가 괴사(愧謝)[51]라는 글자를 써서 그들에게 대답하였다.

---

51 남이 베풀어준 보살핌에 대하여 부끄럽게 여기고 고마움을 표시하는 것을 뜻한다.

5월 10일 직녀에 대한 시를 짓다

5월 10일, 맑다가 오후에 비가 내렸다. 수재 시봉의(時鳳儀)가 찾아왔다. '畫屏無睡待牽牛'[52]로 제목을 삼아 8편의 절구를 짓고 화답을 구하였다. [내가 "원래 제목이 당시(唐詩)인 것 같은데 기억할 수 없다."고 묻자, 시봉의가 답하기를 "당시(唐詩)가 아닙니다. 이 제목은 혼인집 딸의 방중궁(房中宮)[53]을 가리켜서 말한 것이니, 대개 칠석도(七夕圖)를 읊은 것입니다."라고 하였다.]

시는 다음과 같다.

[1]

홍두를 던져두던[抛殘] 소년 때 떠올리니

그림 병풍에 두루 기댐을 뉘 대신해 가엾게 여기랴.

은하수에 길 있는 것은 까치 다리 메워서니

인간 되어 하늘에 원망하던 것을 보충하기 원하노라.

紅豆抛殘憶少年 畫屏徧倚倩誰憐

52_ 온정균(溫庭筠), 〈지당칠석(池塘七夕)〉에 "月出西南露氣秋, 綺羅河漢在斜溝. 楊家繡作鴛鴦幔, 張氏金爲翡翠鉤. 香燭有花妨宿燕, 畫屏無睡待牽牛. 萬家砧杵三篙水, 一夕橫塘似舊遊."라 하였다.
53_ 방중합궁(房中合宮)의 준말로 남녀 간의 성적 결합을 이른다.

星河有路橋塡鵲 願作人間補恨天

[2]

빈 뜰에 홀로 앉아 완앙 금침 놀랐으니

하고 많은 홍루몽을 이루지 못하였네.

견우에게 말하노니 일찌감치 거가 타고

해마다 한 차례씩 삼생을 이야기하세.

空庭獨坐斂鴛被 多少紅樓夢未成

寄語牽牛須鳳駕 一年一度話三生

[3]

아주 맑은 가을 하늘, 옥의 티끌 씻은 듯

비낀 배가 안 건너니 정신을 전함[傳神]⁵⁴ 같네.

직녀에게 서글프지 말라고 말 주노니

낭군이 어찌 인간처럼 약속 어길 사람인가.

淡淡秋空洗玉塵 橫船不渡似傳神

贈言織女休怊悵 郎豈人間負約人

[4]

좋은 밤 적적하니 더욱 시름 생기는데

54_ 정신을 전함[傳神]: 여기서는 '배를 타고 건너가려는 마음을 전달한다'는 뜻으로 쓰였다.

은하수를 마침내 건너는지 모르겠네.

하늘이 정 있다면 일찌감치 만나게 하여

견우의 발자취를 늦추지 않게 하리.

良宵寂寂轉生愁 未識銀河竟渡不

天若有情須早合 不應蹤跡遲牽牛

[5]

서창에서 이별 말한 지 또 한 해 지났으니

어디선들 사모함이 가엾지 아니하랴.

화병(畵屛)에 기대어 말 한 마디 없는데

오작교에는 별 건너는 사경의 하늘이었네.

西牕話別又經年 何處相思不可憐

斜倚畵屛無一語 鵲橋星渡四更天

[6]

빈 침상에서 합환 이불 덮게 될까 두려워

한밤중 배회하며 꿈을 꾸지 못하노라.

고개 드니 구름가에 은하수 곧바른데

이역에다 가난한 서생임을 알겠노라.

空牀怕盖合歡被 夜半徘徊夢不成

擧首雲邊銀漢直 定知異地亦寒生

[7]

오늘 밤에 가을 은하 티끌 없이 깨끗한데

하늘가 멀리 보니 갑절이나 서글프네.

밝은 달 절로 차고 바람 절로 거센데

나는 자주 잠 못 자는 사람이 되었도다.

秋河今夕淨無塵 望斷天涯倍悵神

明月自圓風自緊 累儂多作不眠人

[8]

서풍은 솔솔 불어 이별 수심 솟는데

북쪽 땅에서 그리워함 첩과 같으신가요.

어찌하면 천손(天孫)[55]이 오늘 밤 좋게 할까

베틀가에 실을 잡고 견우를 기다리네.

西風瑟瑟動離愁 北地相思似妾不

怎及天孫今夜好 機邊拈線候牽牛

내가 화답하기를

[1]

이별 후에 세월은 이미 일 년 흘렀는데

55_ 직녀성의 다른 이름이다.

선아가 상부련(想夫憐)을 부르길 마치었네.

다릿가에 까치 우니 행인이 이르려나

주렴 위 은 갈고리 하늘에 뜬 달이네.

別後光陰已一年 仙娥唱罷想夫憐

橋邊鵲噪行人到 簾上銀鉤月上天

[2]

창가에서 다시 지기석(支機石)[56]을 손질하는데

운금[57]은 연기 같아 짜더라도 되지 않네.

도리어 두려운 건 이 밤에 서풍 불어

꼴 먹이는 은하수에 물결일까 함이네.

紗窓更理支機石 雲錦如烟織不成

却恐西風今夜發 秣牛河上碧波生

[3]

옥대 거울 깨끗하여 먼지 하나 없는데

억지로 머리를 만지니 되레 서글퍼지네.

이별 뒤 그리다가 얼굴이 달라지면

금년에는 작년 사람 대하기 부끄러우리.

玉臺金鏡淨無塵 强理雲鬢却悵神

56_ 전설에 나오는 직녀가 베를 짤 때 베틀을 괴는 돌을 말한다.
57_ 구름무늬를 넣어 짠 비단으로, 여기서는 직녀가 짠 아름다운 비단이란 뜻이다.

別後相思顔面改 今年羞對去年人

[4]

북녘 물가 바람 많아 상제의 딸[58] 수심했는데

낭군께서 건너실 제 평안하실까.

금계가 울고 나자 영거(靈車)가 떠났으니

은하수 멀고멀어 견우성 구분이 되지 않네.

北渚風多帝子愁 郎今欲渡平安不

金鷄叫罷靈車發 河水迢迢不辨牛

58_ 제자(帝子): 상제(上帝)의 딸, 곧 상부인을 가리킨다. 구설에서는 제(帝)를 요임금으로
보아, 제자는 요임금의 딸 아황(娥皇)과 여영(女英)으로서 순임금의 두 아내라 하였다.

5월 12일 현주가 하사품을 내리다

5월 12일, 비가 내렸다. 현주가 돼지 머리 두 개를 주었으니 하사품을 내리는 예였다. 이날에 내가 《서절유헌록(西浙輶軒錄)》을 훑어보았다. 여기에 평호 사람 조전(趙佃)의 시에 〈요곡가(嶤谷歌)〉가 있었는데,

동쪽에서는 벼를 모내기 하고
서쪽에서는 벼를 수확하누나.
그렇다면 그대의 마음 같아서
한 해에 한 번씩만 여물게 하지 마라.
東邊揷稻秧 西邊收稻穀
遮莫似郎心 一年一回熟

하였으니, 이 또한 두 번 익는 증거이다.

5월 13일 구수재의 문도들과 시를 짓다

5월 13일 맑음. 구수재(丘秀才)는 내가 내일 출발한다는 소식을 듣고 그의 문도 다섯 사람과 함께 찾아와서 말하였다.

"이손점 선생께서 어르신의 가마가 내일 떠난다는 소식을 듣고 서운함을 못 이기셨습니다. 그래서 저더러 특별히 와서 전송하도록 하셨습니다."

내가 말하였다.

"효렴 어른께서 사랑하고 소중히 여기심이 여기에 이르렀으니 지극히 감사합니다. 존형께서 방문하신 것은 비록 스승의 지시 때문이었지만, 그 호의를 더욱 잊을 수 없습니다. 다만 한 번 찾아뵙고서 사모하고 우러르는 제 마음을 말하고 싶으나 가야 할 날짜가 매우 촉박하여 안부를 살피려고 형을 번거롭게 할 수 없었습니다."

구수재를 돌아보며 말하였다.

"삼가 분부대로 하겠습니다."

하몽두 또한 효렴의 문도였다.

증시에 이르기를

신선들 자취 맡겨 봉래산(蓬萊山)과 영주산(瀛州山)에 견주는데

오늘의 돛폭은 깃털처럼 가볍구나.

바다 끝 이별함은 아득한 꿈과 같은데

절강 닿자 풍속은 가장 마음 쓰이누나.

별자리가 홀연 바뀌는 타국의 밤에

닭과 개는 고국의 소리인가 의심되리.

인사와 언어를 다 알지는 못하겠으나

그대 온 곳곳마다 시명이 알려졌네.

諸仙託跡比蓬瀛　今日布帆一羽輕

窮海別離如杳夢　到江風俗最關情

星辰忽改他邦夜　鷄犬偏疑故國聲

人事語言雖未悉　君來處處有詩名

　이날 밤에 여선 진복희, 수봉(瘦峯) 주훈(周勳)이 내가 길을 떠남에 기약이 있다는 말을 듣고 함께 찾아와 시를 주었다.

　최고로 다정한 것은 푸르른 하늘[59]이니

　시인을 불어 보내 월동(越東)에 닿게 했네.

　해객(海客)이 뗏목 타니 노는 것도 장엄하고

　강랑(江郎)은 붓이 있어 말이 잘 통하였네.

59_ 벽옹옹(碧翁翁): 하늘의 다른 이름이다.

갑자기 시사에서 현재의 벗 더했으니

변방의 상고풍(尙古風)을 얻기 어렵네.[60]

객지에서 상봉함이 겨우 며칠이었는데

어찌하여 행색을 또다시 서두르나.

最多情是碧翁翁 吹送詩人到越東

海客乘槎游亦壯 江郎有筆話能通

居然吟社添今雨 難得藩疆尙古風

萍水相逢纔幾日 如何行色又恩恩

이 시는 여선 진복희의 작품이다.

[1]

노한 파도 일지 않고 바다는 해맑은데

거듭된 통역 통해 매해 사신 보게 되네.

홀연 객이 동국에서 이르렀다 알리기에

교관(郊館)에 내가 가서 시인을 방문했네.

怒濤不作海氣淸 重譯年年見使臣

忽報客從東國至 我來郊館訪詩人

---

60 원주는 "'옛날 친구는 오지 않고 지금 친구는 왔다.'라 하였으니, 우리 시사(詩社)는
이우사(二雨社)라 부른다.[舊雨不來今雨來 弊社號二雨]'라고 되어 있다.

[2]

자리 깔고 만나보니 고풍이 있어서는

높은 관과 넓은 띠[61]의 법도가 의젓했네.

고구려는 쉽게 변해도 사람은 그대로라

당년의 기자 봉한 풍습 아니 고쳤네.

席地相逢有古風 峨冠博帶度雍容

句麗易變人依舊 不改當年箕子封

[3]

바람이 범선 불어 절강에 보냈으니

나그네 본래 양화도(楊花渡)[62]의 입구 사람이었네.[63]

해외에서 재주 있자 마침내 못 숨기어

한꺼번에 쌍벽(雙璧)[64]이 잠겼다 나왔네.

片帆吹送浙江濱 客本楊花渡口人

海外有才終莫秘 一時雙璧出沈淪

61_ 아관박대(峨冠博帶) : 높은 관과 넓은 띠라는 뜻으로, 사대부의 의관 차림을 이르는
말이다.

62_ 서강 하류의 양화도는 강 건너 양천, 강화로 통하는 나루터로, 도성 밖 서쪽의 교통,
국방의 요지가 되기도 하였지만, 나루터 바로 남쪽에 있는 잠두봉의 승경을 곁들여
강변의 명소로 유명하였다.

63_ 원주에는 "楊花渡[朝鮮京城, 西江津名]"라고 되어 있다.

64_ 두 개의 벽옥(碧玉)으로, 여기서는 우열을 가리기 힘든 재사(才士)를 가리킨다.

[4]

주(周)와 진(秦) 이후의 글은 읽지 않았고

옛날 교훈 잘 따라서 삼여[65]로 공부했네.

가슴속 홍범구주[66]로 펼쳐져 가슴 확 트이니

담자(郯子)는 어이해 수고롭게 좌씨(左氏)를 칭찬했나.

不讀周秦以後書 恪遵古訓業三餘

胸羅疇範襟期闊 郯子何勞左氏譽

[5]

의관을 상상하니 한나라 관리의 위의라[67]

문장짓는[68] 높은 재주 다행히 알게 됐네.

만 리나 떨어진 5월의 강성에서

붓으로 종이 위에 새 시를 베꼈네.[69]

65_ 독서삼여(讀書三餘): 독서를 하기에 적당한 세 여가(餘暇), 즉 겨울, 밤, 비올 때를 가리킨다.

66_ 흉라(胸羅): 가슴속에 나열되어 있다는 뜻으로, 넓은 지식이나 재능 또는 원대한 이상이나 포부가 있음을 이른다.

67_ 한관위의(漢官威儀): 한나라 관리의 복식과 전장(典章), 또는 중국의 전장 제도를 두루 이르는 말이다.

68_ 의마(倚馬): 문장을 신속히 짓는다는 뜻으로, 의마칠지(倚馬七紙)라는 말이 있다. 진나라 원호(袁虎)가 말 곁에서 잠깐 사이에 격문(檄文)을 7장이나 지어낸 일에서 생긴 말이다. 전(轉)하여 문재(文才)가 뛰어남을 이르는 말이다. 《세설신어(世說新語)》 참조.

69_ 원주는 "단옷날 일찍이 고향을 생각하는 시를 보여주었다.[端午 曾以憶鄕詩見示]"라고 되어 있다.

衣冠想像漢官儀 倚馬才高我幸知

五月江城家萬里 狼毫硾紙寫新詩

[6]

시 모임에 함께 올라 너무나 즐거워서[70]

잔 잡고 글 논하니 높은 흥취 호탕하네.

말술을 마셔도 만 권 책을 맘껏 봤고

술 취해도 마다 않고 취한 채로 붓 놀렸네.

同登吟社樂陶陶 把盞論文逸興豪

斗酒縱觀書萬卷 不辭酩酊醉揮毫

[7]

타향에서 지금에야 조선을 알려 하니

장맛비 강에 내려 그지없이 차갑네.

뗏목 타고 가던 길을 모두 다 적었으니

구불대는 황하수가 눈에 가득 펼쳐졌네.[71]

異地于今擬識韓 滿江霖雨不勝寒

乘槎有路都成錄 九折黃河眼界寬

70_ 원주는 "그달 4일에 김상화가 같은 동아리 친구를 맞이하여 이우사의 시를 읊는 자
리에서 술을 마셨다.[同登吟社[月之四日金爽花, 邀同社友, 飲于二雨社吟]]"라고 되어
있다.

71_ 원주는 "선생이 내하를 경유해서 길을 내었다.[先生 由內河作路]"라고 되어 있다.

[8]

돛배가 들른 곳을 날마다 적으려고

소매에 새 원고 넣고 강성으로 나갔노라.

이번의 떠나감을 슬퍼 말라 말 주노니

황여(皇輿)⁷²의 만 리 길이 숫돌처럼 평평하네.

記日風帆取次行 袖籠新稿出江城

贈言此去休怊悵 萬里皇輿似砥平

수봉 주훈의 작품이다.

[1]

돛단배에 바람 불어 해동에서 보내져서

택국 와서 유람하니 땅이 두루 봄이구나.

객은 본래 무심하나 하늘에는 뜻이 있어

일부러 풍랑으로 시인을 보냈으리.

一帆風送海東濱 澤國來游遍地春

客本無心天有意 故敎風浪送詩人

[2]

만 리 길에 만났다가 천애로 헤어지니

72_ 황제가 타는 높고 큰 수레로, 여기서는 당시 청나라의 조정(朝廷)을 가리킨다.

잠시 동안 머문 그 후로 곧 집이 되었네.

가는 배에 일찍 가지 말라고 말하는 건

소중화를 그대와 두루 논하고 싶어서네.

相逢萬里各天涯 小住由來便作家

寄語歸帆莫早返 與君論遍小中華

영해용(甯海溶)의 작품이다.

5월 14일 정해현의 선비들과 단란하게 모이다

5월 14일 맑음. 출발하려는데 날이 이미 저물었다. 내가 강가에 있을 때 현주인 심공이 관리를 통해 맞아들였다. 내가 이르자 오신포가 자리에 있다가 손으로 분지 한 축을 바치니 〈빈풍도(豳風圖)〉[73]였다. 이에 동토의 제영을 차례로 소개하였으니 대의가 모두 송(頌)이라 공이 농사를 근면하게 함을 권한 것이다. 나에게 창수함을 요구하였으나 이때 날이 저물어 이미 깜깜해졌고, 배는 곧 출항을 기다리고 있었다. 매우 서둘러서 붓을 가져오라 하여 시상(詩想)을 곧바로 써 내려갔다.

나는 본래 삼한의 늙수레한 선비로

등불 켜고 일찍부터 순리편(循吏篇)을 읽었도다.

하남의 오공께선 진실로 최고여서

주읍(朱邑)[74]과 공수(龔遂)[75]에게 어깨를 견주었네.

올해에 표류하다 정해현에 이르노니

---

73 남송(南宋) 시대에 마화(馬和)의 작품이라 옛날부터 전해진다. 비단 천에 채색을 하였다. 《시경》 빈풍(豳風)의 시의(詩意)에 근거하여 그림을 그린 것이다. 그림은 모두 7단으로 나뉜다. 칠월(七月), 치효(鴟鴞), 동산(東山), 파부(破斧), 벌가(伐柯), 구역(九罭), 낭발(狼跋)을 차례로 그려서 매 단의 그림 앞에 빈풍의 원문을 썼다.

〈시경〉의 〈빈풍도〉

볏모가 물에서 삐쭉 나와 무성했네.

남자 목소리 즐겁고 여인네 얼굴 기뻤는데

단비가 때로 공전과 사전에 내렸네.

공당에는 농사짓고 길쌈하는 그림 있으니

후직(后稷)[76]과 공류(公劉)의 순풍(淳風)이 천고에 전해오네.

밝은 공의 치정이 스스로 근본 있으니

속된 관리들이 돈을 좋아함과 비교하지 마라.

한사(漢史)에는 정성[77]이 드러나 있고

주공(周公)의 시에는 장포(場圃)[78]가 이어져 있네.

여파가 또 표류하는 객에게 미쳤으니

날마다 공관에서 월급을 희사했네.

我本三韓老措大 篝燈早讀循吏篇

74_ 한나라 때 주읍이 동향(桐鄕)의 색부(嗇夫)가 되었는데, 청렴하고 공평하게 정사를 하
였으므로 고을 사람들이 모두 사랑하면서 존경하였다. 아들에게 동향에 묻어달라는
그의 유언에 따라 그곳에 장사를 지내자, 백성들이 그를 위해 사당을 세우고 세시(歲
時)로 제사를 지냈다. 《한서(漢書)》 〈주읍전(朱邑傳)〉에 자세한 내용이 나온다.

75_ 공수(龔遂). 한나라 때 산양(山陽) 사람으로 순리(循吏)였으며, 자는 소경(少卿)이다.
선제(宣帝) 때 발해태수(渤海太守)가 되어 기민(饑民)을 구제하였으며, 농상(農桑)에 힘
쓰고 닭과 돼지를 기르게 하여 백성이 점차 잘살게 하였으므로 도적이 사라졌다.

76_ 후직의 일은 《시경》 〈대아〉 '생민(生民)'에 공류의 일은 《시경》 〈대아〉 '공류
(公劉)'에 각각 보인다.

77_ 《후한서(後漢書)》 〈장제기(章帝紀)〉에 "편안하고 고요한 관리는 진실하고 꾸밈이 없
어, 날짜로 따져보면 부족해도 달로 따지면 남음이 있다.[安靜之吏, 悃悃無華, 日計
不足, 月計有餘]"라고 하였다.

78_ 집에서 가까운 곳에 있는 채소밭을 말한다. 《시경》 〈빈풍(豳風)〉 '칠월(七月)'에 "九
月築場圃, 十月納禾稼"라 하였다.

河南吳公眞第一　朱邑龔遂同比肩

今年漂到定海縣　秧針出水綠芊芊

男聲欣欣女顏悅　甘雨時降公私田

公堂有圖畫耕織　稷劉淳風千古傳

明公治政自有本　不比俗吏徒嗜錢

漢史書中惆悵著　周公詩上場圃連

餘波又及漂流客　日日公館月俸捐

　오신포가 시를 현주 앞에 놓자 현주가 말하였다.

　"선생께선 문장이 매우 고상하고 오묘하여 사람에게 공경스러
움을 불러일으키게 합니다. 다만 잘 고쳐 베껴서 기록해두는 것이
마땅할 듯싶습니다."

　내가 말하였다.

　"공의 두터운 은혜를 받고서 능히 말이 없을 수 없어서 보잘것
없음을 잊고 우러러 올리니, 다 보시면 바라건대 물에 버리거나 불
에 태워[79] 사람들의 눈과 귀를 번거롭게 하지는 마십시오."

　이별할 때 현주는 걸상에서 내려오고 오신포는 당에서 내려왔
다. 요연(姚捵)은 문밖으로 나와 전송하며 소매에서 작은 종이를
꺼내어 보여주며 나에게 말하였다.

　"현주께서 공의 시를 보고는 문장이 신속하고 품격이 매우 높은

79_《당사연의(唐史演義)》에 "乞付有司, 投諸水火, 斷天下之疑, 絶前代之惑, 使天下之人,
　　知大聖人之所作爲, 固出於尋常萬萬也."라 하였다.

것을 칭찬하시면서 선물을 드리라는 말씀이 있었습니다. 백미 5석, 돈 2만 5천 문을 사람들에게 나누어주고, 종이 한 축, 먹 하나, 붓 한 자루, 부채 한 자루와 담배 60봉을 선생께 보내주셨습니다."

오신포가 문밖에 이르자, 아전이 다시 현주의 말을 나에게 보여주며 말하였다.

"사규 김상화가 선생께서 이곳에 계시다는 말을 듣고 사람을 보내 맞이하였습니다. 이곳은 지나가는 길이니 한번 전별하는 것이 좋을 성싶습니다."

이날 상화가 몸소 객관에 이르러 맞이하여 모여서 술을 마셨다. 그런데 나는 출발할 때가 되었다는 말을 하고 작별을 고하였다. 이때에 이르러 다시 현감의 교명이 있었다. 그러므로 드디어 시중드는 사람[80]과 상화가 있는 곳으로 가니, 상화의 명령을 전하는 사람이 또 문밖에서 기다리고 있었다. 이때 정해현의 많은 선비가 상화의 집에 단란하게 모였다. 내 신발소리를 듣자 버선발로 나와 반기는 사람들이 이미 십여 명이었다. 자리가 채 정돈되지 않았는데, 이별을 해야겠다고 하니 상화는 들은 척도 않고 가인(家人)에게 명하여 등불을 환히 밝히고는 술판을 벌여서 먹기를 권하였다.

이때 이미 한밤중이 되어 술자리를 정리하자고 청하고 말하였다.

"문을 닫을까봐 걱정됩니다."

상화가 말하였다.

80_ 차인(差人): 장사하는 일에 시중을 드는 사람을 말한다.

"저는 분금(分金)하는 방술(方術)이 있으니 형님은 마음 푹 놓고 술을 살살 따라 드세요."

내가 웃으면서 말하였다.

"포의(布衣)가 임시로 이르러서 지주로 하여금 문에 머물러 있게 하였으니 이것은 그 집이 가난하지 않다는 것입니다."

좌중이 모두 껄껄 웃었다. 술을 한 잔 돌리고 나면 안주가 곧바로 나오고 한 번 수저를 놓으면 그 안주를 물렸다. 다 마시고 나니 안주가 서른 그릇이나 되었다. 대개 중국 풍습에 술을 마실 때 손님과 주인이 같은 상에 앉는데, 큰 접시로 물고기와 고기를 담아 한 그릇에 함께 먹는다.

오로지 밥그릇만 각자 주는데 대개 중간 크기의 주발이었으니 다 먹고 나면 곧 또 중간 크기의 주발 하나를 내오는데, 잘 먹는 사람은 중간 크기의 주발로 서너 사발이나 먹기도 한다. 술잔을 각자 주는데 잔이 큰 것이라 하여도 사기 종지의 3분의 1에도 미치지 못하는데도 한 잔을 쭉 들이켜지 않고 몇 번씩 입을 적셔 서너 차례가 되어서야 다 마시게 되니, 술 마시는 것을 좋아하지 않는 사람도 한 잔은 마실 만하다.

매번 안주가 나왔다. 상화가 물었다.

"무슨 고기입니까?"

"오리고기이거나 닭고기입니다."

"무슨 물고기입니까?"

"방어이거나 잉어입니다."

그 알 수 없는 곳에 대해서 말하였다.

"제가 듣기를 북쪽 바다[北溟]에는 곤(鯤)이라는 물고기가 있고, 남쪽 바다[南溟]에는 붕(鵬)이라는 새가 있다는 말은 들었어도 동쪽과 서쪽 두 바다에는 무엇이 있다는 말을 들어보지 못하였으니, 천하의 산물이 같지 않은 법입니다. 또 호랑이나 표범의 가죽도 털을 제거하면 개나 염소의 가죽과 같아[81] 삶고 볶은 뒤에는 가죽의 무늬가 없어져 그것을 알아볼 수 없습니다. 만일 장무선(張茂先)[82] 같이 사물에 대해 박식한 사람이 아니라면 어찌 두루 알 수 있겠습니까?"

이에 내가 미소를 지으니 그 자리에 있던 모든 사람이 한바탕 껄껄 웃었다. 이별하는 데 시를 구하여 내가 작은 종이에 답하는 시를 썼다.

이번 이별이 너무나 서글픈 것은

하늘이 조선과 중국으로 한정했기에

81_ 《논어》〈안연(顔淵)〉에 "극자성이란 사람이 말하기를 '군자는 질박할 따름이니 어찌 문채를 다스린 것이 있는가.'라고 하니, 자공이 말하기를 '아깝다. 선생의 말이 군자이기는 하나 빨리 달리는 사마(駟馬)의 말처럼 빠르지 못한 것이다. 문채는 질박함과 같고 질박함은 문채와 같은 것이니, 표범의 털 뽑은 가죽은 개나 양의 털 뽑은 가죽과 같다.'[棘子成曰, '君子質而已矣, 何以文爲?' 子貢曰, '惜乎! 夫子之說, 君子也. 駟不及舌. 文猶質也, 質猶文也, 虎豹之鞹猶犬羊之鞹']"라고 하였다.

82_ 장무선(張茂先). 무선은 서진(西晉) 때 사람인 장화(張華)의 자이다. 널리 배워 참위(讖緯), 방기(方技)에 관한 책까지 읽었다. 진나라의 의례(儀禮), 헌장(憲章), 조고(詔誥) 등은 대체로 그가 초고(草稿)를 작성하였다. 벼슬은 무제(武帝) 때 탁지상서(度支尙書)와 혜제(惠帝) 때 태자소부(太子少傅), 우광록대부(右光祿大夫)를 지냈으며, 광무후(廣武侯)에 봉해졌다. 저서에 《박물지(博物志)》가 있다.

땅이 애각(涯角)⁸³으로 나뉘어

한 번 이별한 뒤에는

형체와 그림자가 의지할 곳이 없으리라.

此別甚悵 天限華東

地分涯角 一別後

形影無憑

　이는 강문통(江文通)⁸⁴이 이른바 암연소혼(黯然銷魂)⁸⁵이라 한 것이었다.

　"오직 원하는 것은 여러 형께서 일찌감치 과거에 급제하여 지위가 높은 자리에 이르게 되면 우리나라에서 사명(使命)을 띠고 온 사신에게 본국에 강해산인(江海散人, 최두찬의 호)이라는 사람이 있느냐고 물어볼 수 있을 것이니, 이것으로 위로를 받고 권면이 되겠습니다."

　자리에 있던 사람들이 돌려가며 살펴보고는 모두 시무룩하였다. [이때 진여선은 중서(中書)의 아들이었고, 이사량은 효렴의 조카였

83_천애지각(天涯地角)의 준말로 하늘가와 땅끝을 말한다. 매우 먼 곳의 비유이다.

84_강문통(江文通). 문통은 남조(南朝) 양(梁)나라 강엄(江淹, 444~505)의 자이다. 문학을 즐기고 유(儒), 불(佛), 도(道)에 통달하였다. 대표작에는 한나라에서 송나라에 이르는 시인 30명의 작품을 모방한 잡체시(雜體詩) 30수가 있으며, 부(賦)에는 한부(恨賦), 별부(別賦) 2편이 있는데, 문사(文辭)가 화려하다.

85_깊은 슬픔으로 넋이 나간다는 뜻이다. 《문선(文選)》에 수록된 강엄(江淹)의 〈별부(別賦)〉에 "黯然銷魂, 惟別而已矣."라 하였다.

으며, 김상화는 학관으로 있었다. 그러므로 말한 것이었다.]

여선이 시로 답하였다.

남쪽에 온 떠돌이가 시옹이라 불리니

진나라 때 청류가 또 절강성 동쪽에 왔네.

사귀는 도는 오히려 얕은 언어가 장애되나

마음은 종이, 붓을 가지고 통하였네.

악기를 연주하며 난정(蘭亭)[86] 모임을 가졌고

의복은 능히 계자[87]의 풍모를 잊었도다.

나그네 갈림길에 이별이 애석함은

여태껏 나눈 담소 너무나 바빠서네.

南來浪迹號詩翁　晉代淸流又浙東

交道尙嫌言語淺　寸心邃把紙毫通

管絃共作蘭亭會　紵縞能忘季子風

遠客臨歧還惜別　向來談笑劇悤悤

---

86 _ 중국 절강성 회계현 산음(山陰) 지방에 있던 정자로, 동진(東晉) 때 많은 명사가 그곳
　　에서 모임을 가지고 놀았는데, 지금까지 왕희지(王羲之)가 지은 난정서(蘭亭序)가 유
　　명하다.

87 _ 계찰(季札). 춘추 시대 오왕수몽(吳王壽夢)의 소자(少子)이다. 어질다는 명성이 있어
　　수몽왕이 그를 후사(後嗣)로 세우려 하였으나, 사양하여 받지 않아 연릉(延陵)에 봉하
　　였으므로 연릉계자(延陵季子)라 불렀다. 상국(上國)의 여러 나라를 돌아다니면서 당
　　대(當代)의 현사대부(賢士大夫)들과 두루 교유하였다. 노나라를 찾아갔다가 주(周)의
　　음악을 듣고 여러 나라의 치란흥쇠(治亂興衰)를 알았다.

하몽사(何夢社)가 시로 답하였다.

공업은 늘그막에 학사의 영주(瀛州)에 올랐는데[88]

서쪽에 온 한 척의 배로 포의가 훌쩍 왔네.

강호에 약속 있어 가을 꿈이 많을 거고

집 소식 전할 길이 없어[89] 날로 정이 매이리라.

건복(巾服) 입은 손이 오니 창해 복색(服色)이었고

문장은 그대가 독점했으니 대가(大家)의 명성이었네.

오나라 사람이 일찍 성인의 아름다움을 알아서

곳곳마다 시를 지어 낭유(浪遊)하며 명성을 얻었네.

功業遲登學士瀛 西來一舸布衣輕

江湖有約秋多夢 家室無憑日係情

巾服客來滄海色 文章君擅大家聲

吳人早解成人美 處處奚囊浪得名

김상화는 분지 한 축과 부채 한 자루를 보내왔고, 주수봉은 부채 한 자루를 주었다. 진여선은 작은 도장을 선물로 주며 말하였다.

"이 전서(篆書)는 강해산인이 특별히 강해산인에게 봉정하는 것

88_ 여기서 영주(瀛州)는 신선이 사는 곳으로, 명예로운 지위를 비유한 말이다. 당 태종 (唐太宗)이 궁성(宮城) 서쪽에 문학관(文學館)을 짓고 어진 인재 18명의 학사를 초빙한 뒤 문학관의 학사(學士)로 삼았다.

89_ 빙고(憑考): 사실의 정확성 여부를 여러 가지 근거에 비추어 상고(詳考)함을 말한다.

입니다."

또 김상화는 《상화록(爽花錄)》 한 권을 주었으니, 그가 어릴 때 난진여사(蘭珍女史)와 서로 주고받은 시였다.

정해현은 중국에서 하나의 작은 지방이나 금, 은, 비단의 풍부함은 남쪽 나라에서 으뜸이었다. 이로써 높은 누대와 큰 누각이 곳곳마다 보이나, 묘죽(茆竹)으로 만든 집은 한 채도 있지 않았다. 이 지역 사람들은 비단이 아니면 입지 않았고, 물고기나 고기가 아니면 먹지 않았다. 관음사는 정해현에 속해 있는 하나의 작은 섬에 있다. 사문(沙門) 밖에는 저자가 설치되어 있는데, 우리나라의 각 군영(軍營)과 같았다. 이날에 오신포가 또 부채 한 자루를 주었다.

요승재가 말하였다.

"정해현이 동쪽으로는 조선과 접해 있고, 동남쪽으로는 일본과 접해 있으며, 남쪽으로 민월(閩粵)[90]과 통하였고, 서쪽으로는 절강과 통하였으며, 북경까지는 2개월의 노정(路程)이라 합니다."

이 밤에 강어귀로 돌아왔다.

| 90_ 중국 동남 지방의 오랑캐가 사는 곳의 지명으로, 복건성(福建省) 일대를 가리킨다.

5월 15일 육지길을 거절당하다

5월 15일, 비가 내렸다. 새벽에 배의 밧줄을 풀었다. 지나가는 바닷속 여러 산은 옷깃을 합한 모양과 같았으니, 당나라 사람들이 청산고주(靑山孤舟)라 이른 것이었다. 아득하게 보이는 곳에는 오직 염막(鹽幕)[91]만이 겹겹으로 있었다. 오시(午時)에 진해현(鎭海縣)을 지났으니 이 또한 섬에 있는 고을이었다. 날이 저물어서야 영파부에 도착하였다. 부(府)에는 은현(鄞縣)이 있었다. 내가 들으니 '영파를 경유하여 북경으로 가는 길에는 육지길과 물길이 있다' 하기에 글을 올려 육지길로 가기를 청하였다. 그 대략은 다음과 같다. "병든 기러기가 활에 상처를 입으면 빈 활시위에도 저절로 떨어지고[92] 늙은 소가 해를 두려워하게 되면 달을 보고서도 헐떡거리게 됩니다."[93]

부대인이 그 글을 여러 번 반복해서 읽고 부드러운 어조로 말하였다.

91_ 바닷물을 달여서 소금을 만들어내는 움막을 말한다.

92_ 허현(虛弦)을 말한다. 전국 시대 때 초나라 경리(更贏)가 상처 입은 새를 빈 활시위로 쏘아 떨어뜨렸다 한다. 《전국책(戰國策)》〈초책(楚策)〉에 나온다.

93_ 오우천월(吳牛喘月): 오나라의 소가 달만 보아도 숨을 헐떡인다는 말로, 어떤 일에 한 번 혼이 나면 비슷한 것만 보아도 미리 겁을 먹는다는 의미이다. 《세설신어(世說新語)》〈언어(言語)〉에 나온다.

"여기와 북경과는 다만 내하로 일직선의 시냇물에 불과하니 강하(江河)에 비할 바가 못 됩니다. 양광(兩廣)의 관장들이 모두 이 길을 경유해서 다니고, 양절(兩浙)의 벼슬아치들도 모두 이 길을 경유해서 다닙니다. 어렵고 험난할 염려가 없다는 것을 보장합니다."

이에 사람들이 오히려 울부짖으면서 육지로 가기를 청하였다.

은현의 현주가 나에게 말하였다.

"그대 목숨만 목숨이고, 내 목숨은 목숨이 아닌가?"

이는 '나도 호송하는 관원일 뿐이다'라는 뜻이다. 말이 매우 노골적이어서 내가 은근히 비웃었다. 부대인(상대방의 아버지)이 그 뜻을 알고 나에게 말하였다.

"이 관리의 말이 비록 솔직하고 직설적이기는 하나 이치가 또한 그렇습니다."

내가 말하였다.

"오직 공의 처분대로 해주십시오."

곧 절을 하고 물러나니 부대인도 절을 하였다. 하사품을 주라는 말씀이 있었으니 바로 우산과 양식, 반찬 등의 물건이었다. 내하(內河)에서 배를 출발시켰다.

5월 17일 자계현에 도착하다

5월 17일, 비가 내렸다. 자계현(慈谿縣)에 이르자 강가에 있는 촌락들은 모두 다 분칠한 담과 돌로 된 문이었는데, 매우 크고 화려하였다. 간혹 사대부(士大夫)가 유람하는 곳도 있었고, 이따금은 상인들이 물건을 파는 마당도 있었다. 나무와 대나무가 풍부하였고, 갈대밭이 굉장하였으니 진실로 물나라[水國]의 경치였다.

또 부풍교(培風橋)와 길경교(吉慶橋)가 있었으니 이른바 이십사교(二十四橋)이다. 모두 강을 끼고 교량(橋梁)을 세우고 돌을 쌓아 다리를 만들었다. 힐끗 보아서 비록 그 이름을 다 알지는 못하더라도 이와 같은 다리가 몇 군데나 되는지 알 수 없었다. 매 다리마다 옆에 높은 누대와 큰 누각이 있었으니 육기(陸機)가 이른바 "날듯한 전각(殿閣)이 파도치는 곳에 걸터앉았네."[94]라고 하는 것이었다.

또 예쁘게 꾸민 얼굴로 긴소매를 입고 술집에서 술을 팔았으니 당(唐)나라 사람들이 "열여섯 살 먹은 큰 제방의 아가씨는 술집을

94_진(晉)나라 육기(陸機)의 〈오추행(吳趨行)〉이란 시에 "閭門何峨峨, 飛閣跨通波"라 나온다.

이십사교

열었는데 강가에 있었도다."[95][96]라고 한 것이 이것이었다. 오후에
길을 떠났다.

95_ 양거원(楊巨源)의 〈상화가사(相和歌辭)·대제곡(大堤曲)〉에 "二八嬋娟大堤女, 開爐相
對依江渚"라 나온다.
96_ 탁문군(卓文君)의 고사를 말한다. 서한(西漢) 때 임공(臨邛) 사람이다. 용모가 아름답
고 재기(才氣)가 있었으며 금(琴)을 잘 탔고 집안이 부유하였다. 탁왕손(卓王孫)의 딸
이었는데, 과부(寡婦)가 되어 자신의 친정집에서 거처하였다. 사마상여(司馬相如)가
봉구황(鳳求凰) 곡을 타서 꼬드기니, 탁문군이 그 재사(才思)를 흠모하여 드디어 사랑
의 도피[私奔]를 하여 술집을 차렸다. 탁문군은 술청에 앉아서 술을 팔았고, 사마상
여는 쇠코 잠방이[犢鼻褌]를 입고 잡일을 하였다.

5월 18일 여요현에 도착하다

5월 18일, 비가 내렸다. 여요현(餘姚縣)에 도착하니 성 아래에
돌 하나가 있었다. 거기에 한나라 고사(高士) 엄자릉(嚴子陵)[97]의
고향이라 쓰여 있다. 이에 절구 한 수를 지었다.

우뚝한 오랜 돌이 옛 성 옆에 있는데

이끼가 한나라 때 선생을 가리지 않았네.

오나라 사람들이 다만 화살 매단 집[98] 가리키니

오늘 밤에는 객성을 볼 인연 없게 되었네.[99]

老石崢嶸傍古城 蒼苔不掩漢先生

吳人但指懸弧宅 今夜無緣見客星

97_ 엄자릉(嚴子陵). 후한(後漢) 초기 때 사람이다. 무제(武帝) 때 부춘산(富春山)에 은거하
며, 광무황제(光武皇帝)의 부름을 받고서도 나오지 않았다 한다.

98_ 현호(懸弧): 아들의 출생을 말한다. 옛날에 아들을 낳으면 호(弧), 곧 뽕나무로 만든
활로 쑥대로 만든 화살을 천지(天地)와 사방(四方)으로 쏘았으니 그 아이가 장성하면
쑥대로 만든 화살과 같이 사방으로 웅비(雄飛)하라는 뜻을 취한 것이었다. 《예기(禮
記)》〈내칙(內則)〉에 있다.

99_ 동한(東漢) 광무제(光武帝)의 간청에 따라 친구인 은사(隱士) 엄자릉이 대궐에 들어와
함께 누워 잘 때 엄자릉이 광무제의 배 위에 발을 올려놓았는데, 다음 날 아침에 태
사(太史)가 "객성(客星)이 어좌(御座)를 침범하였다."고 매우 급하게 보고하였다는 고
사가 있다. 《후한서(後漢書)》 참조.

5월 19일 상우현에 도착하다

　5월 19일, 날이 개었다. 상우현(上虞縣)에 도착하였으니, 한나라 때 우후(虞詡)[100]가 맡았던 고을이다. 아침밥을 먹고 출발하여 이십 리를 갔다. 각자 대나무로 만든 수레를 타고 십여 리를 가서 조아강(曹娥江, 일명 양쯔강)에 이르렀다. 이때 남쪽 땅은 조금 가물어 토박이들이 가짜 용을 만들었다. 황금으로 머리에 있는 뿔을 장식하고 어린아이에게 비단옷을 입혀 용의 뱃속에 들어가 꿈틀대는 몸짓을 하며 배 위에서 북을 치고 춤을 추게 하였는데 매우 장관이었다.

　다시 배를 타고 내려오니 강의 양 기슭은 모두 부유한 상인과 큰 장사꾼들의 집이었다. 기와집과 분칠한 담이 십여 리쯤 가로질러 펼쳐져 있었다. 높은 누대와 큰 누각이 강가 나루를 압도하듯 서 있었고, 불전과 사찰이 여염집에 섞여 있었다. 강 양쪽은 모두 돌을 깎아 제방을 만들었으며, 긴 대나무와 갈대꽃이 강을 끼고 자랐으니 참으로 회해(淮海)의 경치가 뛰어난 곳이었다. 십여 리를 가자 큰 점포(店鋪) 하나가 또 있었는데 저택의 크고 화려함이 조아강과 같았으나, 호수(戶數)는 (조아강보다) 갑절이나 많았다. 들판

100_우후(虞詡). 동한(東漢) 때의 장수로 자는 승경(升卿)이다. 진국(陳國)의 무평(武平) 사람이다. 《후한서》권 88, 〈우후열전(虞詡列傳)〉 참조.

과 벌판은 아득하여 끝이 없었고 모두 수차로 물을 대었다. 또 벌판의 한복판에는 이름난 집안의 대저택이 한 줄로 늘어서 거의 오십 리나 멀찍이 펼쳐져 있었다. 그리고 문밖으로 물을 끌어 청작(靑雀)과 황룡(黃龍)으로 고물을 장식한 배들을 매놓고 있었다.[101] 대개 오나라 사람들은 수리(水利)로 생활을 꾸려나간다. 그러므로 사대부 가문이라 하여도 배를 두고 물건을 흥정하는 일을 면하지는 못한다. 또한 땅은 기름져서 토란[102]과 동아[冬瓜],[103] 호포(壺匏)와 같은 과일 종류가 밭둑에 접해 있다. 벼는 5월이면 이삭이 패고, [물결을 따라 내려오면] 지나는 산천들이 연이어 펼쳐져 있다. 토지가 비옥하고 산물이 좋아 촌락의 번화함을 글로는 능히 기록할 수 없고, 그림으로도 능히 베껴낼 수 없다.

101_ 청작황룡지축(靑雀黃龍之軸): 당나라 왕발(王勃)의 〈등왕각서(滕王閣序)〉에 있는 말이다. 청작(靑雀)은 푸른색 공작(孔雀), 황룡(黃龍)은 노른색 용(龍), 축(軸)은 배[舟] 뒷면, 곧 '고물'을 가리키는 말이니, 공작이나 용 모양으로 고물을 장식한 배를 가리킨다.

102_ 준치(蹲鴟): 토란의 별명이다. 모양이 마치 올빼미가 웅크린 것과 같다 하여 붙여졌다.

103_ 동아[冬瓜]: 박과의 한해살이 덩굴성 식물로, 줄기는 굵고 단면이 사각(四角)이며 갈색 털이 있다. 잎은 어긋나고 5~7개로 얕게 갈라지며 심장 모양이다. 여름에 노란 종 모양의 꽃이 피고, 열매는 호박 비슷한 긴 타원형이며, 익으면 흰 가루가 앉는다. 과육, 종자는 약용한다.

5월 20일 회계현에 도착하다

5월 20일 맑음. 회계현(會稽縣)에 도착하였다. 회계현은 소흥부 (紹興府)에 예속되어 있다. 배를 이끌고 성으로 들어가니 성의 둘 레가 거의 이십여 리나 되었다. 성안에는 성황묘(城隍廟)[104]가 있었 다. 수많은 집이 있는데 집집마다 재화를 간직하였고, 집집마다 장 사를 하였다. 배들이 성시(城市)에서 꼬리를 물고 있다시피 하였으 며 사녀(士女)들은 거리에서 어깨를 부딪힐 정도였다. 산천이 뛰어 났으며, 성지(城池)가 웅대하고 화려하여 영파부의 다른 마을과는 상대가 되지 않았다. 동문(東門) 밖에는 회계산[105]이 있는데, 산 아 래에는 우혈이고, 서문(西門) 밖에는 엄자릉의 사당이 있었으니 생 각건대 그곳이 칠리탄(七里灘)[106]일 것이다. 부(府) 안에 있는 주서 (柱書)가 말하기를 "소나무, 국화꽃은 지금의 팽택(彭澤)이고, 산 천은 옛날의 회계(會稽)이네."[107]라고 하였으니, 그렇다면 팽택 또

104_《가태회계지(嘉泰會稽志)》권 6, 〈사묘(祠廟)〉에 "會稽縣城隍廟在縣東五步"라 나온다.

105_중국 절강성 소흥현 남동쪽에 있는 명산이다. 월왕(越王) 구천(勾踐)이 오왕(吳王) 부 차(夫差)에게 대패한 곳이다.

106_광무제의 옛 친구였던 엄자릉이 후한 광무황제(光武皇帝)의 간의대부(諫議大夫) 임 명을 마다하고 부춘산(富春山)으로 들어가 낚시질을 했던 여울 이름이다.

107_육유(陸遊), 〈야분불매기좌원중지단(夜分不寐起坐園中至旦)〉에 "涼氣蘇衰疾, 幽情入 杖藜. 月驚孤鵲起, 天帶衆星西. 松菊今彭澤, 山川古會稽, 淸吟殊未愜, 喔喔已晨雞."라 하였다.

한 회계의 땅인 것이다.

한 고을의 지역으로 천고의 지난 자취를 상상해보건대 우혈은 깊어서 바닥이 없었으니 곧 현규(玄圭)[108]로 공을 고하였던 남겨진 자취일 것이다. 병서산(兵栖山)을 넘으니 구천(句踐)이 쓸개를 맛보았던 옛 땅이었다. 사안(謝安)의 동산(東山)[109]과 우군(右軍)의 난정(蘭亭)과 서자(西子)의 완사계(浣紗溪)[110]가 모두 이 산의 아래쪽과 관련되어 있으니, 곧 과객의 회고하는 정이 어찌 끝이 있겠는가. 이날 밤에 산음(山陰)의 태평교(太平橋)[111]를 지났는데 다리의 길이는 십여 리쯤 되었다. 옆에는 비옥한 들판이 있었으니 사안(謝安)이 별장을 두고 내기를 한 고사에 감회가 있어 절구 한 수를 짓는다.

백만의 진나라 군사 헛되이 채찍을 던졌으니[112]

108_ 현은 검은빛이고, 규는 큰 홀(笏)인바 예전에 요임금이 우임금에게 이 현규를 하사하였는데, 이것은 하늘 아래의 모든 것을 물려준다는 뜻이었다.

109_ 진(晉)나라 사안(謝安)이 이른 나이에 관직을 사퇴하고 회계(會稽) 땅 동산(東山)의 별장에 은거하고 있을 때 조정에서 불러도 나가지 않았던 고사에서 유래한 것이다. 《진서(晉書)》〈사안전(謝安傳)〉 참조.

110_ 월나라의 유명한 미녀 서시(西施)가 빨래하던 곳이다.

111_ 절강성 소흥현 완사(阮社)에 있다.

112_ 투편(投鞭): 투편단류(投鞭斷流)를 말한다. 채찍을 던져 강의 흐름을 막거나 병력의 강대함을 뜻한다. 진(秦)의 부견(符堅)이 대진천왕(大秦天王)이라 칭한 후, 문무대신을 모아놓고 백만의 병력으로 진(晉)을 치고자 의견을 물었다. 권익은 진(晉)에는 현신이 많다는 이유로, 또 석월은 진(晉)은 양자강의 험난함에 의거하고 있어 불리하다며 반대하였다. 그러나 부견은 자신의 힘을 과신하여 "대군(大軍)의 채찍으로도 강의 흐름을 차단시킬 것이다.[投鞭斷流]"라고 말하고 공격하였으나 크게 패하여 낙양으로 도망치고 말았다. 《진서(晉書)》〈견재기(堅載記)〉 참조.

남조 태부(南朝太傅)[113] 사안의 현명함 몰라서네.

이 땅에 오직 전에 도박에 걸었던 별장[114]이 남아 있으니

사람들 도리어 아이의 현명함(사현(謝玄)을 가리킴)을 떠올리게 하네.

秦師百萬枉投鞭 不識南朝太傅賢

此地惟餘前賭墅 令人却憶小兒玄

<hr/>

113_ 동진(東晉)의 명사 사안(謝安)을 가리킨다. 죽은 뒤 태부(太傅)에 추증되었으므로 사태
부(謝太傅)라 불렸다. 그는 젊어서부터 식견이 출중하여 조정의 부름을 받았으나, 매
번 사양하고 회계(會稽)의 동산에서 왕희지, 지둔(支遁) 등과 시와 술로 풍류를 즐겼다.

114_ 진(晉)나라 때 전진(前秦)의 부견(苻堅)이 백만 대군을 거느리고 쳐들어와서 회비(淮
肥)에 주둔하고 있을 때 정토 대도독(征討大都督)인 사안이 산중의 별장으로 나가서
여러 친구가 모두 모인 가운데 자기 조카인 사현(謝玄)과 별장 내기 바둑을 두었던
고사에서 나온 말이다. 《진서》 참조.

5월 21일 소산현에 도착하다

5월 21일 맑음. 소산현(蕭山縣)에 도착해서 아침밥을 먹었다. 이십 리를 가다 뭍에 내려 죽두여(竹兜輿)를 타고 올랐다. 절강에 도착하니 강의 너비가 십여 리쯤 되었다. 이때 오나라 아래쪽은 조금 가물어서 물살이 덜 세찼다. 그러나 봄물이 곧 생길 때가 되어 진시황의 채찍[115] 백만 개로도 흐름을 끊을 수 없고, 위나라 기병(騎兵) 일천 무리로도[116] 소용이 없었다. 옛날에 손책(孫策)[117]이 한 고을의 땅을 가지고 천하를 호시탐탐 노렸으니 용기와 지혜가 남들보다 뛰어날 뿐 아니라 지리(地利)가 그렇게 만든 것이었다. 내가 성성(省城)에 도착해서 산천을 두루 보니 소동파가 이른바 "(산천이) 용처럼 날고 봉황처럼 춤을 추어 임안(臨安)에 모였네."[118]라고 한 것이 이것이다.

성지(城池)와 관부(官府)가 웅장하고 시정(市井)이 나열되어 있

---

115 진편(秦鞭): 진시황이 돌다리를 놓아 바다에 나가 해가 뜨는 것을 보려 하였다. 그때 신인(神人)이 나와서 돌을 몰아 바다를 메우는데, 돌이 빨리 구르지 않으면 신인이 채찍질하여 돌을 때리니 돌에서 피가 흘렀다 한다.

116 출처 미상.

117 손백부(孫伯符): 백부는 삼국시대 오(吳)나라 손책(孫策)의 자이다.

118 용비봉무(龍飛鳳舞): 기세가 웅장하고 자유분방하거나 자태가 생동적이고 활발함을 형용하는 말이다. 소식(蘇軾)의 〈표충관비(表忠觀碑)〉에 "天目之山, 苕水出焉, 龍飛鳳舞, 萃於臨安."이라 하였다.

으며, 남자와 여자의 놀이가 진실로 천하의 이름난 번진(藩鎭)이었다. 생각건대 절강 일대는 역대 제왕들의 도읍이었기 때문에 비록 변방[119]이라고는 하지만, 그 물색(物色)이 다른 지방과는 사뭇 다른 것이리라. 높은 문이 있는 커다란 저택들은 담장과 용마루가 줄지어 이어져 있고, 붉은 누대와 굽은 난간은 거리에 연해서 골목을 메우고 있다.

〈오도부〉[120]에 이른바 "고영(顧榮)이 아니고 육손(陸遜)도 아니라면 누가 능히 여기에다 집을 지었겠는가?"[121]라고 한 것이다. [서쪽으로 바라보면 푸르디푸른 것은 하구(夏口)일 것이고, 동쪽으로 바라보면 울창하고 울창한 것은 무창(武昌)일세.][122] 북쪽에서 내룡(來龍)이 일어나서 천 리의 거리를 말이 달리듯 한 것은 장산(蔣山)[123]인 것 같다.

119_ 병한(屛翰): 천자(天子)를 호위하는 울타리라는 뜻으로, 제후(諸侯)의 나라를 일컫는다.

120_ 서진(西晉)의 문학가(文學家)인 좌사(左思)의 작품이다.

121_ 고륙(顧陸): 진(晉)나라 고영(顧榮)과 삼국(三國) 오(吳)나라 육손(陸遜)의 병칭(並稱)이다.

122_ 장서각 《승사록》에만 실려 있는 문구이다.

123_ 장산은 지금의 남경시(南京市) 동북(東北) 쪽의 종산(鍾山)이다. 동한(東漢) 시대 말릉위(秣陵尉)란 사람의 장사를 이곳에서 지냈기 때문에 그런 이름을 얻은 것이다. 삼국(三國) 시대에 오나라 군주 손권(孫權)이 조부(祖父)의 이름인 종(鍾) 자를 기휘(忌諱)하기 위해서 이름을 장산(蔣山)이라 고쳤다. 당나라 때 그대로 이 이름을 따라서 썼다.

5월 22일 태평부에서 제주 표류인 여덟 명을 만나다

5월 22일 맑음. 제주에 살던 여덟 사람이 작년 8월에 표류하다 태평부(太平府)[124]에 도착하였는데, 이날 찾아와서 모였으니 비록 얼굴도 모르는 처지였지만, 어딘지 모르게 동인(同人)과 같은 마음이 있었으니 먼 곳에서 떠도는 탄식에서 일 것이다. 어떤 한 관원[문림랑(文林郞) 주원관(周元瓘)][125]이 와서 《승사록》을 보고 말하였다.

"환난을 겪을 적에 유명한 사람들과 시를 주고받게 되었으니 또한 삼생(三生)[126]의 다행함이 있는 것입니다. 서둘러 판각(板刻:棗梨)[127]에 맡기어 한때의 아름다운 이야기를 기록하도록 하여야 할 것입니다."

관원이 또 말하였다.

124_ 오대(五代) 남당(南唐) 보대(保大) 말기에 신화주(新和州)를 설치하였다가 이어서 웅원군(雄遠軍)이라 고쳤고, 송(宋)나라 때에는 평남군(平南軍)이라 고쳤다가 승격시켜서 태평주(太平州)라 하였다. 원(元)나라 때에는 태평로(太平路)라 하였고, 명(明)나라 때에는 태평부(太平府)라 하였으며, 청(淸)나라 때에는 그대로 쓰고 안휘성(安徽省)에 속하게 하였다.

125_ 주원관(周元瓘). 강소성(江蘇省) 통주(通州) 사람으로, 1807년(가경 12)에 동양지현(東陽知縣)에 임명되었다.

126_ 불교 용어로 전생(前生), 현생(現生), 후생(後生)을 이른다.

127_ 옛날 글씨를 나무판에 새겨서 인쇄할 때 그 판의 재료를 주로 대추나무나 배나무로 썼던 데서 판각 또는 인쇄라는 뜻으로 쓴다.

"행색(行色)[128]이 너무 바빠 초록해서 책상에 두는 기회조차 얻지 못하니 자못 안타깝습니다."

관원이 다시 말하였다.

"아직 며칠 말미가 있으니 머물면서 시 한 수를 지어 준마의 뒤에 붙고 싶습니다."[129]

관원이 〈칠석(七夕)〉 시를 보고서 탄식하며 말하였다.

"명작입니다."

그러고는 이에 절구 한 편을 지어 시에 화답하였다.

작은 동산 조용한데 옥 같은 이슬이 떠 있고

참외를 가지런히 들고 다락 위에 올랐도다.

밤마다 은하수가 맑고 얕게 비꼈으니

아녀자들, 이 밤 시름 유난히 더하리라.

小苑淸幽玉露浮 齊擎果瓜上樓頭

銀河夜夜橫淸淺 兒女偏增此夕愁

---

128 여기서는 길을 떠날 때의 상황이나 분위기란 뜻으로 쓰였다.
129 부기미(附驥尾): 준마의 꼬리에 붙는다는 뜻이다. 파리가 날면 얼마 가지 못하여도 천리마의 꼬리에 붙으면 멀리 간다는 뜻으로, 훌륭한 사람에게 의지하면 훨씬 잘 된다는 비유이다.

5월 23일 주원관에게 소서를 받다

5월 23일 맑음. 주원관이 또 큰 글자 한 연을 쓰고 아울러 소서 (小序)를 써주었다.

[두찬은 효렴으로 조선의 명망 있는 뛰어난 학자[宿學][130]이다. 바다로 나갔다가 바람을 만나 표류한 끝에 정해현에 정박함으로써 신명을 보전하게 된 살핌을 얻게 되었다. 나와 함께 선림(仙林)이 라는 옛 절에서 만나게 되었다. 그가 《승사록》을 꺼내 강해의 풍경 을 보도록 하였는데, 손바닥을 가리키는 것같이 환히 알 수 있었으 며, 수창(酬唱)한 여러 작품의 문채(文采)가 매우 훌륭하였다. 먼 바다에 막혀 있기 때문에[131] 때때로 풍아(風雅)를 친근히 할 수 없 는 것이 애석하였다. 이에 한 편의 연구(聯句)를 서로 지어줌으로 써 삼생의 다행함이 있다는 것을 기록하는 바이다. 그 연구에 이르 기를 "문장은 푸른 바다소리 속에 넓어지고, 글자는 신묘한 용이 변하는 곳을 따라 기이하였네."라고 하였다. 중국 문림랑(文林郎) 주원관이 서문(序文)과 아울러 쓰다.]

130_ 숙학(宿學): 오랫동안 학문에 힘써 학식이 뛰어나고 명망이 높은 학자를 가리킨다.
131_ 규격(睽隔): 여기서는 중국과 조선이 바다로 막혀서 서로 만날 수 없었다는 뜻으로 쓰였다.

5월 24일 서호에 관한 시를 짓다

5월 24일, 비가 내렸다. 내가 서문(西門) 밖에 서호(西湖)가 있다는 말을 듣고 그 지역 토박이에게 묻자 말하였다.

"석 달 가을의 계수나무와 십 리에 걸쳐 늘어서 있는 연꽃은 옛날처럼 별탈이 없습니다. 그러나 다만 헌부(憲府)께서 기꺼이 한번 관람하기를 허락할지는 알 수 없습니다."

내가 절구 두 편을 지어 명승지를 두루 다닌 감회를 부쳤다. 시에 이르기를

[1]

저물녘에 남여 타고 절강성에 도착해서

서쪽으로 긴 호수를 보니 눈이 번쩍 뜨이누나.

누가 연하(烟霞)¹³² 모두 관리(管理)할 수 있으랴¹³³

문득 연꽃과 계수나무로 정을 못 잊게 하네.

---

132 연기와 노을, 또는 구름과 노을을 가리킨다. 넓은 뜻으로는 산수(山水)의 아름다운 경치를 이른다.

133 관령(管領): 관찰하여 다스림, 또는 관심을 가지고 이해(理解)한다는 뜻이다. 이 시구의 뜻은 경치가 너무 아름다워 사람들이 제대로 관리할 수 없다는 뜻이니, 이때의 관리는 주로 시문(詩文)으로 묘사하는 것을 이른다.

서호 전경

籃輿晚到浙江城 西望長湖眼忽明

誰把烟霞都管領 却敎荷桂未忘情

[2]

월나라 땅의 산수는 모두가 정신이 나지만

서호 경치 새로운 것이 가장 사랑스럽네.

흡사 동쪽 집 현명한 처자와 같아

담 너머로 바라보듯 서로 친할 수 없네.

越中山水盡精神 最愛西湖景物新

恰似東家賢處子 隔牆相望不相親

주랑(周郎)이 평하여 말하였다.

"다정함을 면할 수 없으니 누가 이 사람을 보낼 수 있는가."

5월 25일 양균이 방문해서 시를 주다

5월 25일, 비가 내렸다. [해가 저물자 그제야 비가 그쳤다. 수재 양균(楊勻)이란 사람이 방문하여 시를 주었다.]

온 누리에 책력(冊曆)을 반포하노니

조선 또한 일가라 할 수 있도다.

긴 강으로는 압록(鴨綠)[134]이 떠 있고

오래된 나루로는 양화(楊花)를 묻게나.

서로 만나 떠돎을 함께 하여서

높은 데 올라 경치를 기록하누나.

빠른 돛배 도움이 있음을 알겠으니

여관에서 탄식을 하지 말게나.

薄海頒正朔　朝鮮亦一家

長江浮鴨綠　古渡問楊花

遇合同萍水　登臨紀物華

快帆知有助　旅次莫興嗟

134_ 여기서는 압록강의 이름을 풀어서 '푸른 오리'라는 뜻으로 쓰였다.

절성(浙城) 둘레는 사십 리인데 12개의 문이 있었다. 순무(巡撫)가 정이품(正二品)이고, 포정사(布政司)가 있었으니 종이품(從二品)이다. 항주부(杭州府)는 정삼품(正三品)이고, 인화현(仁和縣)과 전당현(錢塘縣)은 함께 한 성(城)에 있었으니 정칠품(正七品)이다. 분현승(分縣丞)은 종팔품(從八品)이다. 성의 남쪽에 자양산이 있으니 곧 주자의 고향이다. [다른 이름으로는 부춘산(富春山)이니 엄자릉이 밭을 갈고 낚시하던 곳이다.]

5월 26일 시를 자꾸 요청하여 결국 들어주다

5월 26일, 날이 개었다. 토박이들이 종이와 붓을 보내고서 시구를 구하였지만, 나는 죽을 뻔한 경험을 한 뒤여서 정신이 맑지 못하여 사양하여도 오히려 억지로 구하기를 멈추지 않았다. 그러므로 〈술회〉라는 시 16운을 지어서 주었다.

표류하던 삼한(三韓)의 나그네가

5월에 서남쪽으로 먼 길 갔도다.

의관은 사람들 모두 괴이타는데

얼굴은 귀신 다시 살아난 것 같았네.

도리어 바닷속 일 떠올려보니

오히려 꿈속 혼도 깜짝 놀랄 만했네.

바다에 갑작스레 비바람이 부니

배의 갑판 밤낮으로 소리가 났네.

바다가 넓으니 붕새 처음 날아갔고

돛대가 높으니 까마귀가 더러 기웃대네.[135]

사공들도 오히려 창백해졌고

135_ 장오(檣烏)를 말한다. 돛대 위에 까마귀 모양으로 만들어진 풍향계로, 정처 없는 생활을 뜻하는 말로 쓰인다.

노인과 아이들 모두 실성통곡(失聲痛哭)하니

비유컨대 불이 난 숲 속의 새가

둥지가 위태롭자 함께 옮과 같았네.

하늘땅은 아득해 끝이 없으니

바람, 물에 가는 길이 헤매기 쉽네.

오산(吳山)은 친구를 만난 것과 같은 것은

한쪽 모습 구름가가 맑게 갠 때였네.

정처 없이 보타사(普陀寺)에서 유랑하였고

표류하다 절강성에 정박했네.

한 달간 일 곰곰이 떠올려보니

황홀하여 천겁을 겪은 듯하네.

생명은 다만 그저 빈 껍질이고

마음과 정신은 이미 정기 잃었네.

봉두난발에 발에는 버선 없었으니

늙지 않아도 이미 쇠한 모습이었네.

적삼에선 땀 냄새가 풍겨 나왔고

두 눈은 파리 떼가 윙윙거렸네.[136]

때로는 모습이 그림자에 위로하기를[137]

---

136 《시경》〈소아〉 '청승(靑蠅)'에 "윙윙 날아다니는 청승이여, 울타리에 앉았도다.[營
營靑蠅, 止于樊]"라고 하였다.
137 여기서는 형영상조(形影相弔)를 말한다. 곧 자신의 몸과 그림자가 서로 불쌍히 여긴
다는 뜻으로, 의지할 곳이 없어 몹시 외로워함을 이르는 말이다.

‘그대는 옛날 모습 아니라’ 하였네.

오나라 땅 사람들 아직 시구를 찾으니

승사(乘槎)한 것이 부질없이 이름만 얻었네.

飄颻三韓客　五月西南征

巾服人皆怪　形容鬼還生

却憶洋中事　猶得夢魂驚

滄溟忽風雨　船板日夜鳴

海闊鵬初徙　檣高鳥或傾

篙師猶無色　老弱盡失聲

譬如焚林鳥　巢危共嚶嚶

天地茫無涯　風水易迷程

吳山似故人　一面雲際晴

支離普陀寺　漂泊浙江城

拊念三旬事　悅惚千劫經

性命只空殼　心神已喪精

頭蓬足不襪　未老衰已形

單衫足汗臭　兩眼蠅營營

有時形弔影　君非舊典刑

吳人猶索句　乘槎浪得名

5월 27일[138] 방문한 사람들과 시를 주고받다

5월 27일 맑음. 수재 고란(高瀾)은 호가 적포(荻浦)라는 사람이다. 그의 내형(內兄)인 풍지(馮智)는 자가 일지(一枝)이고, 매장(妹長)인 진응괴(陳應槐)는 호가 미산(米山)이다. 세 아우인 고사정(高師鼎)은 호가 수천(漱泉)이고, 고사이(高師頤)는 자가 양화(養和)이며, 고사운(高師震)은 자가 춘정(春霆)인데, 함께 찾아왔기에 서호(西湖)의 시운에 차운하여 주었다.

[1]
십 리 펼쳐진 서호는 다만 성 너머인데
늦봄의 때였으니 청명날이었도다.
도화꽃은 이미 늙고 꾀꼬리 사절하니
동풍이 세속의 정 아님을 괴이타 마라.
十里西湖只隔城 艶陽時節是淸明

桃花已老黃鸎謝 莫怪東風不世情

138_전체적으로 이 부분은 장서각 《승사록》과 국립중앙도서관본이 제법 큰 차이를 보인다. 적절히 보완하여 번역한다.

[2]

부럽구려! 그대는 붓만 대면 뜻이 신과 통해

서호를 읊게 되니 시구 배나 청신하네.

산수가 자연스레 그림같이 있었으니

어찌 몸소 올라야만 정이 친하다 하랴.

羨君落筆意通神 吟到西湖句倍新

山水天然圖畫在 何須身陟始情親

[서둘러서 쓴 기록으로 웃음이 터져 밥알이 뛰어나올 만한 것을 주노니 아울러 고쳐주기를 바랍니다.]라고 하였으며, 또 소서(小序)를 지어서 주며 말하였다.

"《석자록(惜字錄)》1권을 휴대해서 금의환향할 때 드리니 글 짓는 사람에게 널리 권고함을 비는 것이 첫째의 요지입니다."

장차 이별하게 되어 짤막한 시(詩)로 전별하였다.

한 번 보고 지기가 되었으니

그대는 진실로 툭 터진 분이었노라.

호해의 뜻 품은 것에 인연하여서

여기 와서 금강의 봄 알게 되었네.

一面成知己 君眞磊落人

緣懷湖海志 來認錦江春

내가 화답하기를

표류한 일이 점차 위안되는 건

오나라 땅에 시인들이 있어서이네.

달을 보고 멀리서 생각할 때는

중국과 조선은 같은 봄이리.

漂流稍自慰 吳下有詩人

見月遙相憶 華東同一春

  적포가 또 이 시를 얻고 서문을 쓴 뒤에 거듭 절구 한 수를 차운해서 좋은 만남을 기록하였다.

언어는 진실로 전달이 어려우나

애오라지 창화하는 사람 되었네.

필담이 뛰어난 격조 이루었으니

이미 충분한 봄을 받게 되었네.

言語誠難達 聊爲唱和人

筆談成絶調 已荷十分春

내가 응수하기를

그대에게 묻노니 시에서

나 보길 어떤 이라 여기고 있는가.

원하노니, 백아의 거문고 잡고

회해의 봄날에 함께 유람하리라.

問君詩上意 看我作何人

願把伯牙琴 共游淮海春

　적포가 또 서문을 쓰기를 "앞의 시는 보지 못했는데, 화답하는 시를 보내주었기에 다시 한 수의 절구로 차운하여 이별의 정표로 삼는다."라고 하였다.

고아(高雅)한 해학은 원래 뜻 없었으나

애오라지 적막한 이와 수작하였네.

뗏목 타고 돌아간 뒤라 하여도

무림(武林)의 봄날을 기억할 수 있으리.

雅謔原無意 聊酬寂寞人

乘槎歸去後 可憶武林春

　대개 내 시는 적포에게 매우 정성된 마음을 다한 것이기에 "나 보기를 어떤 이라 여기고 있는가."라 말했다. 또한 함련(頷聯)에서는 이별을 해야 하기에 "백아의 곡조를 잡기가 어렵네."라는 말을 한 것이다. 그러나 적포는 시의 의미를 제대로 알지 못하고서는 제대로 검토하지 못한 것으로 여겼다. 그러므로 내가 고쳐 썼다.

원하는 것은 백아의 거문고 잡고

함께 회해의 봄날에 노는 것이네.

願把伯牙琴 共游淮海春

　적포가 그걸 보고서 매우 기뻐하였다. 이에 내가 붓을 잡고 쓰기를 "신부(新婦)는 늙기 쉬워도 바다의 파도는 마르지 않습니다. 또 한가한 말을 지어서 글 빚을 갚습니다."라고 하였다.

　내가 절강에 도착한 지 삼일 째 되던 날에 한 명의 장로(長老)인 전당(錢塘) 사는 노인 정영(程榮)이 찾아왔는데, 수염과 눈썹이 희고 기질이 순박하여 옛날 사람다웠다. 한참 동안 대화를 나누니 위안이 되고 지극한 가르침을 받았다. 내가 그의 뜻에 감동하여서 드리기를

흰머리 깡마른 얼굴의 늙은 노인이

은근히 방문하니 고인의 풍모일세.

영서(靈犀)[139]가 중국과 조선을 막지 않아서

천목산(天目山) 앞에 석양이 붉도록 담소했네.

白首蒼顔一老翁 慇懃相訪古人風

靈犀不以華東阻 天目山前夕照紅

　이틀 뒤에 공이 또 찾아와서 참먹[眞墨] 네 개를 주고, 네 편의

---

139 마음이 서로 통함을 비유하는 말이다. 무소뿔에 실처럼 생긴 흰무늬가 밑에서 끝까지 이어져 있어 반응이 민감하다 하여 이르는 말이다.

율시까지 지어주었다.

[1]

온 세상 끝없어도 하늘땅¹⁴⁰을 함께하매

객지에서 사귐은 무슨 일로 동서로 나누나.

뗏목 타고 날듯 건너 풍운처럼 모여서는

붓 놀려 담소하니 의기가 통하였네.

옛 절에서 인연 따라 만남을 이루었고

귀로에 잘 갈 거니[利涉]¹⁴¹ 걱정 안 해도 되네.

이 정은 원래 모두 기준으로 했던 것을 버리고

밝은 덕은 도리어 노력의 숭상을 기약한다네.

海宇無垠覆載同 萍交底事判西東

乘槎飛渡風雲會 走筆傾談意氣通

古寺隨緣成邂逅 歸途利涉莫憂忡

此情推放原皆準 明德還期努力崇

[2]

도연명은 국화 따다 남산을 보았으니

<hr>

140_ 부재(覆載): 하늘이 만물을 덮고 땅이 만물을 받쳐 실었다는 뜻으로, 하늘과 땅을 이르는 말이다.

141_ 잘 갈 거니[利涉]: 이섭대천(利涉大川)의 준말로, 큰 냇물을 '잘 건넌다'는 말로 일이 잘된다는 뜻으로 쓰는 말이다. 《주역》 수괘(需卦)를 비롯하여 여러 곳에 쓰였다. 여기서는 잘 가게 된다는 뜻으로 번역한다.

참뜻은 얻었어도 언사(言辭)는 잊었도다.

그대는 이제 잠시 옛 절 빌려 머무는데

서호를 바라보니 정신이 달려가네.

바라볼 수는 있어도 가볼 수는 없으니

느긋하게 남은 생각 있음을 느끼겠네.

서호의 좋은 경치 헤아릴 수 없으니

곧장 유람에 빠져들면 어찌 빼놓는 일 없겠는가?

지자요수(知者樂水) 인자요산(仁者樂山)이 성체에 갖췄으니

가슴속 산천들이 늘 절로 따르누나.

비장방(費長房)[142]은 축지술을 어디다 쓸 것인가

이태백은 몽유(夢遊) 했으니 정 또한 기뻤으리.

나는 이제 그대의 유람을 함께할 수 없으니

애오라지 붓 적셔서 이 시 지어주노라.

陶公採菊見南山 領取眞意忘言辭

君今暫借古寺棲 望見西湖神爲馳

正惟可望不可卽 彌覺悠然有餘思

西湖勝境數不盡 卽耽游覽豈無遺

---

142 비장방(費長房, ?~?). 불가에 출가하였으나 574년 후주(後周)의 무제(武帝)가 불교, 도교를 폐쇄하자 환속하였다. 수나라 시대에 불교가 재흥하자 칙명에 따라 역경학사(譯經學士)가 되어 장안(長安)의 대흥선사(大興善寺)에서 경전의 한역(漢譯)에 참여하고 《역대삼보기(歷代三寶紀)》 등을 편찬하였다. 이 책은 호국적(護國的)인 의도로 과장된 부분도 없지 않으나, 당나라 때 왕성히 이루어진 각종 한역 경전 목록의 전범(典範)이 되었다.

智水仁山具性體 胸中丘壑常自隨

長房縮地術何用 太白夢遊情亦怡

我今不能伴游屐 聊爲泚筆贈此詩

가경(嘉慶) 무인(戊寅)년 여름 5월에 우연히 선림사(仙林寺)를 지나다가 조선의 최 선생 첨칠(僉七)을 만났는데, 요장(謠章)을 베풀어주어서 모두 이것에 화답을 하고 바다 같은 바로잡음을 청합니다. 전당(錢塘)의 병촉노인(秉燭老人) 정영(程 榮)[143]이 삼가 씁니다.

嘉慶戊寅夏五, 偶過仙林寺, 得遇朝鮮崔老先生. 僉七, 辱謠章, 率此奉和, 卽請海正. 錢塘秉燭老人程榮, 拜稿.

공의 조카 윤환(潤寰)이 찾아왔으니 또한 수재였다. 중국에서 사람을 쓰는 방법에 수재(秀才),[144] 늠생(癛生),[145] 선생(膳生), 공생 (貢生),[146] 연생(捐生),[147] 증광생(增廣生)[148]이 있다. 수재는 은정모

143_ 정영(程榮). 자는 병당(炳堂), 호는 춘태(春臺), 만호는 병촉노인(炳燭老人)이다. 항주 사람인데 건륭(乾隆) 을유(乙酉)에 부공(副貢)이 되었다. 관직은 석문훈도(石門訓導) 에 이르렀다. 시와 산수화와 벽과(擘窠), 글씨를 쓰거나 전각(篆刻)할 때 글자 크기 를 균일하게 하기 위하여 격자(格子)를 긋는 일에 뛰어났다.

144_ 명청(明淸) 시대에는 부학(府學), 주학(州學), 현학(縣學)에 입학한 생원(生員)을 일컬 었다.

145_ 늠선생(稟膳生)의 준말이다. 늠선생은 명청 시대에 관청에서 식량을 지급하는 생원 을 가리키는 말이다.

146_ 명청 시대 각 지방에서 생원으로 선발되어 국자감(國子監)에 보내어 공부하는 사람 을 이르는 말이다.

147_ 청대(淸代)에 돈을 내고 관직(官職)이나 관함(官銜)을 신청한 사람을 이른다.

(銀頂帽)를 쓰고 쪽빛 의삼(衣衫)을 입었는데, 품계는 있지 않았다. 늠생과 선생은 곧 학사(學師)였다. 공생은 팔품 교관(敎官)이 될 수 있고, 증광생은 칠품 지현(知縣)이 될 수 있으며, 진사(進士)에 합격하면 칠품 지현과 간혹 칠품 중서(中書)가 될 수 있고, 전시(殿試)에 합격하면 그 중에서 최우등[149]은 한림(翰林)이 될 수 있다. 또 감생(監生)[150]과 진사가 있으니 같은 품계였다.

여악(余鍔)[151]은 학사(學士)인 집(集)의 조카이니 평호(平湖)에서 교유(敎諭)[152]를 역임한 사람이었다. 여악이 《승사록》을 보고 말하였다.

"대작(大作)[153]을 읽으니 매우 공경스럽습니다. 서호시 절구 두 편을 써주셔서 받들어 감사하는 밑천으로 삼기를 바랍니다."

내가 잘못된 칭찬[謬獎]이라고 써서 사양하였다. [또 원운을 써서 바쳤다.]

148_ 증생(增生)과 같다. 명청 시대 정원 이외에 더 뽑은 생원을 말한다. 정원인 늠선생원(廩膳生員)보다 대우와 지위가 낮았다.

149_ 정갑(鼎甲): 일갑(一甲)이라고도 한다. 옛날 문과 과거를 통하여 인재를 뽑을 때 정원 33명을 선정하고 이를 3등분하여 갑과(甲科) 3명, 을과(乙科) 7명, 병과(丙科) 23명으로 구분하였다. 그 중에서 갑과 3명을 다시 1등을 장원(狀元), 2등을 방안(榜眼), 3등을 탐화(探花)라 불렀는데, 그것을 솥의 세 발에 비유하여 정갑(鼎甲)이라 하였다.

150_ 국자감(國子監)의 학생을 가리킨다. 일명 태학생(太學生)이다. 은감생(恩監生), 우감생(優監生), 예감생(例監生) 등 네 종류가 있다.

151_ 여악(余鍔): 자는 기잠(起潛), 호는 자백(慈柏)이니, 인화(仁和)에 늠공(廩貢)이 되었다. 후에 훈도(訓導)로 선발되었다. 매화를 잘 그렸다.

152_ 원·명·청(元明淸) 시대에는 현학(縣學)에 두어 문묘 제사(文廟祭祀)와 소속된 생원의 교육을 맡았다.

153_ 남의 작품을 높여 부르는 말이다. 여기서는 《승사록》을 가리킨다.

5월 28일 주거선이 편지를 보내오다

5월 28일 맑음. 수재 양균(楊勻)이 방문하여 시를 주어서 내가 운자에 맞추어 화답하였다.

서호가 좋은 경치 아니랴만
동국 땅에는 나의 집이 있도다.
더운 변방에는 땅에서 안개가 찌고
쌍림사(雙林寺)엔 하늘에서 꽃비 내렸네.[154]
뗏목을 탄 것은 한나라 사신과 같지만
사물을 두루 아는 건 장화와는 다르네.
다행히 새로 알게 된 즐거움이 있으니
스스로 늙은이의 탄식은 없게 되었네.
西湖非勝槪 東國是吾家
炎徼地蒸霧 雙林天雨花
乘槎同漢使 博物異張華
幸有新知樂 自無大耋嗟

---

154 꽃비가 내렸네[雨花]: 불교 전설에 '석가모니가 설교할 때 꽃비가 내렸다'는 말을 인용한 것이다.

사인(士人) 왕춘(王春), 섭조(葉潮), 서림(舒林), 주영(朱瑛) 등이 모두 찾아왔다. 이날에 주거선(周蕖仙) [문림랑 원관의 아들]이 관아의 하인 편에 글을 보냈다.

"엊그제 바쁘게 한 번 만나서 말하였는데 마침 일이 서호에 있어서 청담을 실컷 들을 수 없었으니 어떻게 서운한 마음을 이길 수 있겠습니까. 주서서 받게 된 좋은 시장(詩章)은 친구가 소중히 여겨서 가져가 버렸습니다. 따로 적어놓은 종이를 보내주시기를 감히 바랍니다. 저는 옛 상자에 간직하여 영원히 기이한 보배로 삼겠습니다. 며칠 전에 그대의 문집을 읽어보니 그 안에 〈칠석〉이란 제목의 여러 시가 있었습니다. 그것도 함께 베껴서 보내주시기 바랍니다. 한 번 읽고는 다행으로 여겨서, 본래는 찾아가 이야기를 하려 하였으나 천한 몸이 우연히 감기에 걸렸기 때문에 흥취를 타고서 한 번 대안도(戴安道)를 찾을 수 없게 되었습니다."[155]

---

155 진(晉)나라의 서가(書家) 왕휘지(王徽之)는 자가 자유(子猷)이며, 왕희지(王羲之)의 아들이다. 산음(山陰)에 살았는데 하루는 밤눈이 많이 내리자 갑자기 친구 대안도(戴安道)가 생각났다. 이때 대안도는 섬계(剡溪)에 살고 있었으므로 즉시 조그만 배를 타고 하룻밤을 가서야 비로소 도착하게 되었다. 그런데 그의 집 문 앞까지 가고도 대안도를 만나지 않고 그대로 돌아왔다. 사람들이 그 까닭을 물으니 "흥을 타고 왔다가 흥이 다하여 돌아가는데 어찌 꼭 만나봐야 하느냐[乘興而行, 興盡而返, 何必見戴]"라고 대답하였다 한다.

5월 29일 여악 등 명사들과 서호시를 짓다

5월 29일 맑음. 전당현(錢塘縣) 주부(主簿)인 왕환기(汪煥其)는 호가 석문(石門)이다. 나와 함께 필담으로 글을 논하였다. 이에 과거(科擧)에 응시하던 일을 언급하게 되었다. 공이 물었다.

"당신은 향시(鄕試)에서 몇 번째 만에 합격하였소?"

내가 말하였다.

"경오년(庚午年, 1810) 시험에 거인(擧人)[156]이 되었습니다."

공이 웃으면서 말하였다.

"형께서는 젊은 나이에 일찍 잘 풀렸다 할 수 있습니다. 나는 무진년(戊辰年, 1808)에 거인이 되어 벼슬길에 나갔습니다."

그리고는 이어서 〈서호시(西湖詩)〉에 화답(和答)하는 시를 지어 주었다.

이 땅의 산천에는 모두 신령이 있어

서호의 풍물이 더욱더 새롭다오.

스스로 부끄럽네! 소동파나 백거이만 못하여[157]

156_ 옛날 중국에서 향시에 합격한 사람에게 수여하였던 자격을 말한다.
157_ 항주에 가면 두 개의 제방이 있다. 소동파가 지은 소제(蘇堤)와 백거이가 지은 백제(白堤)이다.

뱃놀이 삼 년에도 친근함이 적으니.

此地山川盡有神 西湖風物更加新

自慚未得齊蘇白 三載游船少與親

이때 공의 나이는 이미 60여 세였다. 비록 나이는 어울리지 않았으나 오히려 문자를 논하는 데는 흥미진진하여 싫증이 나지 않았다.

이날 밤, 교관 여악이 여러 명사와 함께[158] 찾아왔다. 각자 〈서호시〉의 운자에 화답해주고, 복숭아도 가져와 선물로 주었다. 내가 필담으로 말하였다.

"《시경》에 이르기를 '내게 모과를 던져주면 경거로 보답하리라.'[159] 하였습니다. 지금 경거(瓊琚)와 목도(木桃)를 한꺼번에 받았습니다. 그런데 이 먼 데서 온 사람이 무엇으로 보답하여야 합니까? 다만 감사하고 송구함이 간절하기만 합니다."

그들의 시는 다음과 같다.

[1]

삼면은 산이 둘렀고 한 면은 성 있는데

연메(聯袂): 옷자락을 나란히 한다는 뜻으로, 나이가 비슷한 친구들이 함께 찾아옴을 이른다.

159 경거(瓊琚): 마음으로 선물을 주고받으며 우의를 다지는 노래이다. 《시경》〈위풍(衛風)〉 '목과(木瓜)'에 "나에게 모과를 주셨으니 아름다운 패옥으로 보답합니다.[投我以木瓜 報之以瓊琚]"라 하였다.

소동파가 축조한 소제

호수 안의 정자가 물결 비춰 환하누나.

배를 옮겨 서령교¹⁶⁰ 옆에 둔다면

버드나무 천 가지에 객정(客情)을 매게 되리.

三面環山一面城 湖心亭子映波明

移舟若傍西泠住 楊柳千條繫客情

　[2]

잠시 동안 타향에서 객이 된 걸 슬퍼 말고

160_서령(西泠) : 서령교(西泠橋)를 말한다.

도리어 시야를 한꺼번에 새롭게 하네.

내일 아침 바람 편에 뗏목을 타고 가면

승루에서 농담으로 친했던 일 생각나리.

暫客殊鄉莫悵神 却教眼界一時新

明朝風便乘槎去 應憶僧樓笑語親

여악의 것이니 호가 자백이고, 관직은 평호교유이며, 인화에 살고 있다.

右余鍔 號慈柏 官平湖敎諭 居仁和.

[1]

교화의 은택이 기자성(箕子城)에 멀리 뻗쳤으니

홍범구주 연역하여 문명을 나타냈네.

고현(高賢)¹⁶¹은 경의(經義)를 통달할 뿐 아니라

풍월(風月)을 지어 수작하니 정도 있네.

化澤覃敷箕子城 九疇演易著文明

高賢不獨通經義 弄月吹風亦有情

[2]

바다 밖의 문장이 붓에 신통함이 있어

뛰어난 시부가 더욱 맑고 새로웠네.

---

161 '고아(高雅)하고 현명(賢明)한 분'이란 뜻으로, 여기서는 최두찬을 가리킨다.

백거이가 축조한 백제

성명 멀리 퍼지는 걸 감히 바라랴만

멋진 모습 잘도 만나 갑절 친함 느끼겠네.

海外文章筆有神 凌雲詩賦更淸新

姓名敢望流傳遠 幸接丰容倍覺親

손전증(孫傳曾)의 것이니, 관직은 내각중서(內閣中書)이다.

右孫傳曾 官內閣中書.

[1]

바람에 막혀 부질없이 고향을 떠올리며

호수 빛 멀리 보니 거울처럼 밝았네.

여행용 상자에 도화(圖畵)를 갖고 가니

서령교 멋진 곳이 최고로 마음 가네.

阻風漫憶故鄕城 遙看湖光一鑑明

行篋攜將圖畵去 西泠佳處最關情

[2]

시편이나 글씨는 기묘하게 신통했으니

떠돌다 우연히 만나 사귐을 새롭게 했네.

내가 뗏목 타고 가서 일출을 보려 하니

갈매기는 어느 날에 다시금 친해지랴.

詩篇書法妙通神 偶合萍蹤結契新

我欲乘槎觀日出 海鷗何日重相親

가경 무인년 여름 5월에 강해산인이 바람에 막혀 절강성에 머물렀다. 품속에서 〈서호시〉 절구 두 편을 꺼내 보여주기로 운자에 맞추어주노니 곧 대아의 가르침을 청한다. 장보(章螺)는 호가 차백(次白)이고, 관직은 훈도(訓導)이며 항주에 살고 있다.

嘉慶戊寅夏五月, 江海散人, 阻風留浙. 出示懷西湖二絶句, 依韻奉贈, 卽請大雅之教, 右章黼, 號次白, 官訓導, 居杭.

[1]

남기 그림자와 호수 빛이 너머에 맑아서

도리어 나그네 눈을 더욱더 밝게 하네.

또한 여산(廬山)의 면목을 알 것 같아

승루에 다 기대니 정취(情趣)가 있네.

嵐影湖光淡隔城 翻教客裏眼愈明

也如識得廬山面 倚徧僧樓亦有情

[2]

호해에서 만나면 마음만 슬펐는데

그대의 좋은 시구 청신함이 매우 많네.

버들가지 늙지 않고 연꽃 처음 피었는데

갈매기들 잠시나마 친근히 할 수 있네.

湖海相逢謾愴神 多君佳句劇淸新

柳絲未老荷初放 幾箇閒鷗暫可親

〈서호시〉에 차운하여 아울러 강해산인의 큰 가르침을 구하노라. 이당(李堂)의 것이니 호는 서재(西齋)이고, 고항(古杭)에 살고 있다.

奉次西湖韻, 幷求江海散人大敎. 右李堂, 號西齋, 居古杭.

[1]

좋은 시구는 모두가 위성¹⁶²을 부른 것과 같은데

162_창위성(唱渭城): 위성(渭城)이란 시를 읊다. 위성(渭城)은 당나라 왕유의 〈송원이사안 서(送元二使安西)〉란 시로 잘 알려져 있다.

색종이에 베껴 쓰니 눈 더욱 밝아지네.

훗날 호산에 좋은 이야기 더하리니

뗏목 타서 객수에 고생한 것만은 아니리.

好句渾如唱渭城 彩牋傳寫眼逾明

湖山異日添佳話 不獨乘槎繫旅情

[2]

운해(雲海)의 봉래산에 정신이 상쾌할 것인데

서쪽으로 오는 압록강 물결이 새로웠으리.

고장의 팔도 풍속 그대에게 묻노니

부처 있는 감실 앞에서 담소가 친근하네.

雲海蓬萊定爽神 西來鴨水綠波新

土風八道憑君問 古佛龕前笑語親

강해산인의 원운을 받들어 화답하니 바로 잡아주길 구하노라. 손희원(孫熙元)의 것이니 호는 소암(邵庵)이고, 관직은 국자감박사(國子監博士)이다. 인화에 살고 있다.

奉和江海散人元韻, 卽正. 右孫熙元, 號邵庵, 官國子監博士, 居仁和.

[1]

재주 있단 명성이 옛날 요성(遼城)에서 대단하여

새 시를 쾌히 보니 눈이 번쩍 뜨이누나.

또 서호를 가지고서 서시(西施)에 빗댔으니

그대는 붓을 대면 너무나 다정하오.[163]

才名占斷古遼城 快讀新詩眼倍明

也把西湖比西子 知君落筆已多情

[2]

만 리라 바람 탈 땐 마음 놀라 했겠지만

남쪽 와서 시 읊으니 경치가 새로우리.

만나면 객고(客苦)를 푸념하지 말게나

머지않아 고향 가면 담소가 친근하리니.

萬里乘風定駭神 南來吟賞物華新

相逢莫訴羈棲苦 不日還鄉笑語親

　　강해산인이 서호에서 지은 두 편의 절구를 꺼내 보여서 곧바로 원운에 차운하
여 바치니 한번 웃어주기를 널리 취한다. 손호원(孫顯元)의 것이니 호는 화해(花
海)이고, 수재로서 인화에 살고 있다.

　　江海散人, 出示西湖二絶句, 卽次元韻奉呈, 以博一粲. 右孫顯元, 號花海, 茂才, 居
仁和.

[1]

호산에서 멀리 보니 겹성에 막혔는데

파도와 남기 빛이 궤안 비춰 밝았도다.

절간이 쓸쓸하다 말들을 하지만

육교의 연기 낀 버들이 마음 끄네.

湖山遠眺隔重城 波影嵐光照几明

漫說僧樓蕭索甚 六橋烟柳也牽情

[2]

긴 바람이 적선의 정신을 불어서는

푸른 바다 경험하니 시구가 배나 새롭네.

세상에서 만남이 원래 우연은 아닐 터이니

하늘이 만 리 길에 서로 친히 하였도다.

長風吹下謫仙神 身歷滄溟句倍新

浮世萍逢原不偶 天教萬里一相親

　무인년 5월 선불사(仙佛寺)에 들렀다. 강해산인을 만나 이야기하다 서호의 좋
은 작품을 읽고 차운하여 받들어 올린다. 나승렬(羅承烈)의 것이니 호는 경석(耕
石)인데, 진사이고 고월(古越)에 살고 있다.

　戊寅五月, 過仙佛寺. 奉唔江海散人, 讀西湖佳作, 次韻奉贈. 右羅承烈, 號耕石, 上
舍, 居古越.

[1]

여기저기 남기 빛이 고을 성을 둘렀는데

절간의 높은 곳은 전망(展望)이 분명하네.

선생은 봉래산 위에 걸터앉을 것 같아

온 호수 다 보아서 배나 뜻에 맞을 거네.

面面嵐光繞郡城 梵宮高處望分明

先生似踞蓬山上 領略全湖倍愜情

[2]

잘난 모습 예스러워 바라보니 신 같거늘

하물며 다시 시편이 글자마다 새로움이랴.

진실로 삼생의 인연이 얕지 않아

밤 불당의 등불 밑에 잠시 서로 친하였네.

丰姿高古望如神 況復詩篇字字新

信是三生緣不淺 夜堂佛火暫相親

삼가 원운으로 거듭 짓다. 아울러 강해산인에게 수정을 요청한다. 소륜(邵綸)의 것이니 호는 자향(子香)이고, 무재(茂才)로서 호림에서 살았다.

敬疊元韻. 幷淸[164]江海散人斤正. 右邵綸, 號子香, 茂才居虎林.

164_淸은 請의 오자로 보인다.

이날 지당(芝塘) 심기잠(沈起潛)[165]이 찾아왔다. [가경 5년에] 교비(敎匪)[166]가 한중에서 반란을 일으켰는데, 이때 공은 서기(書記)를 맡고 있었다. 대사마(大司馬)를 따라서 토벌에 공이 있었기 때문에 위계를 뛰어넘어 직예주(直隸州)에 서품이 되었으니 관직이 자사(刺史)와 같은 것이다. 서호의 시운에 화답해주는 것과 아울러 《지당집(芝塘集)》을 가지고 와서 주었다.[167]

165_ 심기잠(沈起潛).《현원잡설(莧園雜說)》(2권)을 찬술하였다. 그의 아내는 호씨(胡氏)이니 부부가 길이 재계(齋戒)를 하면서 염불을 하였다. 가경 연간에 호씨가 이질을 앓게 되어 목숨이 위태롭게 되었다. 꿈에 한 노파를 만났는데 물 한잔을 들고 말하기를 "나는 관음보살이다. 그대의 경건한 정성을 아름답게 허락하여 그대에게 감로(甘露)를 준다."라고 하였다. 한 번에 모두 마셨더니 깨어난 뒤에도 향기로운 맛이 입속에 있었으며, 병이 점차 나았다 한다.

166_ 백련교난비(白蓮敎亂匪)의 약칭이다.

167_ 견혜(見惠): 은혜를 입음, 덕을 봄, 선물을 받았을 때 감사를 표하는 인사말이다.

3장
1818년 6월
— 귀환길에서 고초를 겪다

6월 1일 맑음. 지당 심공이 아침 일찍 찾아와 앞선 원고를 달라 하여 고쳐서 바로잡았다. 제목을 〈대작(大作)을 존경하는 마음으로 읽고, 공손하게 원운(原韻)에 화답하다〉라고 하였으니, 그 시에

[1]

산 넘고 바다 건너 항주에 이르노니
경치가 기쁘게 해 눈에 환히 빛이 났네.
마주하는 서호는 등 뒤에 있었으니
먼 곳이 앞에 있어 정 이기지 못하겠네.
梯山航海到杭城 景物怡人照眼明
對面西湖成背面 天涯咫尺不勝情

[2]

읽고 나자 보옥 같아 문구가 신묘하니
과연 정말 빼어나고 또다시 청신했네.
만남에 어찌 꼭 전에 알던 사람일 필요 있으랴.
문자로 인연하면 보자마자 친해지네.
讀罷琳琅句有神 果然俊逸更淸新

相逢何必曾相識 文字因緣見便親

심기잠은 호가 지당이다. 관직은 직예주 주동(直隷州州同)이며, 인화에 살고 있다.

右沈起潛 號芝塘. 官直隷州州同 居仁和.

어떤 한 명의 선비[성은 진(陳)이요, 이름은 운교(雲橋)]가 찾아와 시를 주었다. 모습이 단아(端雅)하여 사랑스러운 사람이었다. 게다가 나와는 동갑내기였다.《승사록》을 읽고 나서 전별(餞別)하는 시를 지어주었다.

[1]
선생은 학식이 높으니 어찌 가난한 유자이랴.
하늘이 준 기이한 유람에 분수 밖에 살졌도다.
보배로운 산에 맨손으로 들어왔다 말하지 마오.[1]
《승사록》의 좋은 말이 구슬과 똑같으니.
先生學富豈貧儒 天縱奇游分外腴
莫道寶山空手入 乘槎集好語如珠

---

1 흔히 불교에서 수도하도록 각성을 촉구하며 쓰는 말 중에 "보배가 가득한 산에 들어왔으면서도 빈손으로 돌아가기만 한다.[入寶山, 空手歸]"는 표현이 있다. 여기에서 가져온 말이다.

[2]

이제야 상객 수레, 돌아가려 하노니

다시 만날 생각하자 마음이 먹먹하네.

내 명성 하찮을 때 그대 이미 돌아가니

하늘이 어느 해에 만나게 해줄지 알 수 없네.

如今上客駕將還 想到重逢亦黯然

我未成名君已返 不知天使會何年

이 시문을 기록하여 올리니 수정해주고, 아울러 화답을 구한다. 진운교는 인화에 살고 있다.

錄呈斧正. 竝求和章. 右陳雲橋 居仁和.

이때 남중(南中)의 사대부들이 날마다 들락거려 시장(詩章)과 필담으로 번갈아 주고받았다. 내가 응수에 힘에 부쳐 원운(原韻)을 받들어 화답하지 못하면, 곧 서호(西湖) 시운(詩韻)을 써주었다. 그리고 말하였다.

"진운교는 나의 동갑내기 친구입니다. 서호를 그리워하는 마음으로 사람을 그리워하였으니 그가 반드시 잊지 못할 것입니다."

진운교가 또 이어서 절구 한 편을 지었다.

유생생활[2] 이십 년에 마음 점차 사그라져

여러 달 서재 문을 열기에 태만했네.

다만 선림과 선실이 있어서

초가을 두 차례나 그대를 찾아왔네.

靑衿卄載漸心灰 連月書齋戶懶開

只有仙林禪室裏 早凉兩度覓君來

공명을 문답하여 시를 그에게 주고, 화답하는 시장을 힘써 구하였다. 내가 그 뜻에 감동하여 한 편의 절구로 화답하였다.

객의 마음 탄식하며 재 긋고 앉아서

긴긴 날에 절 창문을 반쯤 열어놓았다.

5월의 복더위에 입은 옷 썰렁했으니

청풍(淸風)이 재빠르게 고인과 함께 왔네.

羈懷咄咄坐書灰 長日禪牕半面開

五月庚炎襟袍冷 淸風還與故人來

주부(主簿) 왕환기(汪煥其)가 보내온 편지에 "요즘에 양광(광동, 광서) 총독의 아드님이 와서 오로지 당신과 함께 만나서 이야기하고 싶어합니다. 이 때문에 초청하오니 누대에서 내려오셔서 방장 안에 이르면 한번 이야기를 나누시는 것이 좋겠습니다. [이것을

2_ 청금(靑衿): 《시경》의 '청청자금(靑靑子衿)'에서 나온 말로 유생을 달리 이르는 말이다.

최두찬 선생에게 번개처럼 빨리 올린다.]"라고 하였다. 내가 아침밥을 먹자마자 땀으로 온몸을 흠뻑 적셨다. 잠시 기다렸다 찾아가서 이야기를 하려고 하는데 관아의 하인들이 이미 도련님이 왔다고 알렸다.

이날은 여교유(余教諭)³가 여러 명사와 함께 찾아왔다. 각자 시를 주어 간곡한⁴ 뜻을 보내왔다. 가경 무인년 여름 5월에 여자백(余慈伯) 교유가 조선의 최효렴이 승루에서 서호를 바라본 두 편의 절구를 가져다 보고 운자에 맞추어 받들어 수답하였다.

[1]

한 돛폭에 바람 불어 강성에 이르러

앉아서 승루를 향하니 저녁 빛 환해졌네.

호수와 산 빛은 푸르게 성곽 둘렀으니

바라보면 애오라지 나그네 정 위로되리.

一帆風送到江城 坐向僧樓夕照明

湖上山光靑繞郭 望中聊慰旅人情

[2]

출렁대는 것이 서자(西子)처럼 아름다운 신색(神色)은⁵

아침저녁으로 개고 흐려 변한 모습 새롭구나.

3_ 여악을 이른다. 교유는 그의 직함이다.
4_ 견권(繾綣): 감정이 뒤엉켜 잊히지 않거나 떨어질 수 없는 모양을 말한다.

조각배 못 띄운 일 그대는 슬퍼 마라

상사(相思)하는 정경(情景)이 서로 친근함보다 나으리니.[6]

盈盈西子美丰神 朝夕陰晴變態新

未泛扁舟君莫悵 相思情景勝相親

서추설(徐秋雪)은 고항에 살고 있다.

右徐秋雪 居古杭.

[1]

긴 바람에 표류하여 강성에 도착해서

승루에 머물며 맘껏 보길 밝게 했네.

마침내는 번화하게 가무를 하던 곳에

서자(西子)를 못 만나서 또한 정이 옮겨지리.

長風漂泊到江城 小住僧樓放眼明

畢竟繁華歌舞地 不逢西子也移情

---

5 이 시구는 송나라 소동파의 〈음호상초청후우(飮湖上初晴後雨)〉라는 시 중에서 "서호
를 서자에 비유한다면, 담장이나 농장 모두 어울림이네.[欲把西湖比西子, 淡妝　濃抹
總相宜]"라고 한 구절을 응용한 것이다. 영영(盈盈)은 여자의 자태가 유연하고 아름다
운 모습이며, 서자(西子)는 서시(西施)이다.

6 이 시의 3, 4구는 만나서 조각배를 타고 노는 것보다 서로 그리워하는 정이 낫다는 의
미이다.

[2]

부럽구나. 그대는 좋은 정신을 특별히 갖추어

풍파를 다 겪어도 시 생각이 새로웠네.

머지않아 뗏목 타고 고국에 가게 되면

반갑게 가족들과 친근히 하게 되리.

羨君別具好精神 歷盡風波詩思新

不日乘槎歸古國 懽然重與室家親

강해산인의 원운에 받들어 화답하고 곧바로 가르쳐서 바로잡아주기를 바란

다. 심학선(沈學善)의 것이니 호가 준생(遵生)이다. 인항에 살고 있다.

奉和江海散人原韻 卽請敎正 [右沈學善 號遵生 居仁杭].

[1]

행차 깃발 저물녘에 옛 항주에 이르러서

서호를 멀리 보니 달이 비춰 밝았도다.

경치 모두 시로 관리한다 말하지 마라

문득 관사에서 스스로 심경을 편안하게 하니.[7]

行旌晩到古杭城 遠眺西湖帶月明

莫道烟霞都管領 却敎館舍自安情

[7] 원주는 "공의 시에 '誰把煙霞都管領'이라는 구절이 있으므로 운운한 것이다.[公詩有 誰把煙霞都管領之句, 故云]"라고 되어 있다.

[2]

호림의 산수들은 묘하기가 신 같아서

봄이 오길 기다리니 분수 밖에 새롭구나.

원래부터 서호를 서시에 빗댔으니

좋은 자태를 보는 거나, 친해짐도 어려울 것이네.

虎林山水妙如神 待得春來分外新

原把西湖比西子 芳姿難望更難親

주영(朱瑛)의 것이니 인화에 살고 있다.

右朱瑛 居仁和.

6월 2일 심운손이 편지를 보내오다

6월 2일 맑음. 심지당이 찾아와 《승사록》 서문을 써주었다. 심운
손(尋雲孫) 보원(輔元)이 보내온 편지에 "지난번에 보내주신 글과
시는 잘 받아보았습니다. 적이 진(晉)나라와 당(唐)나라의 풍이 있
어 음미해보니 매우 감동스러웠습니다. 애석하게도 저는 시를 못
지어서 감히 받들어 화답할 수 없었습니다. 그러나 글씨와 그림은
유난히 좋아합니다. 법서(法書)를 뵙게 되니 저도 모르게 글씨를
쓰고 싶더군요.[8] 특별히 대련(對聯)을 써서 바로잡아주시기를 청합
니다. 아울러 시전(詩箋 : 시를 짓는 데 쓰는 종이) 두 갑을 보내 드리
오니 글씨 쓰는 연습에 쓰십시오. 한번 웃으시고 간직해주시기를
바랍니다." 하였다. [심운손 보원이 절하고 아룁니다. 연구(聯句)
에 이르기를 "기쁜 정은 왕마힐(王摩詰)을 기꺼이 썼고, 뛰어난 흥
은 참으로 진나라 영화(永和)를 뒤좇았네.[怡情愛寫王摩詰 逸興眞追
晉永和.][9]라 하였다.]" 큰 글씨로 한 연을 겸하여 써주었다.

---

8 기양(伎癢) : 기양(技癢). 지니고 있는 재주를 쓰고 싶어서 마음이 조급한 것을 말한다.
9 중국 절강성 회계현 산음(山陰)에 있던 난정(蘭亭)에서 동진(東晉) 때 많은 명사가 모임을
   가졌는데, 지금까지 왕희지가 지은 〈난정서(蘭亭序)〉가 유명하다. 이 모임을 진목제(晉
   穆帝) 영화(永和) 9년 3월 3일에 가진 것을 이 시에서 언급한 것이다.

6월 3일 손앙증이 방문하다

6월 3일 맑음. 고수중의대부(誥授中議大夫) 손앙증(孫仰曾)[10]이 찾아왔으니, 이때의 나이 일흔다섯이었다. 손수 큰 글자 한 연을 써주고, 아울러 그림을 그린 부채 하나를 보내주며 말하였다.

"이 그림은 어떠합니까?"

내가 답하였다.

"절묘합니다."

공이 말하였다.

"이것은 생질녀 항란(沆蘭) 여사의 솜씨입니다."

공이 또 말하였다.

"심운 손보원이 우리 집 아이입니다."

공이 이어 말하였다.

"〈칠석시〉를 보니 매우 아름답더군요."

내가 말하였다.

"일흔다섯 살에 또 자손들이 축하할 일이 있는데, 침식(寢食)에 많은 것은 어떠십니까?"

공이 말하였다.

---

10 손앙증(孫仰曾). 손종렴(孫宗濂)의 아들로 인화 사람이다. 장서(藏書)가 많아 수송당(壽松堂)이란 곳에 보관해두었다.

"아직 건강에 이상은 없습니다."

조금 뒤에 떠났는데 앞뒤로 부축하는 사람들이 매우 많았으니 모두 공의 아들이나 손자 같았다. 대련에 이르기를 "망령된 마음 일으켜 세사(世事)를 생각지 않고, 다만 한가한 뜻을 가지고 천화(天和)를 길렀노라."고 하였으니, 아! 공이 수(壽)를 누리는 까닭이리라.

6월 4일 명사들이 방문하여 시를 주다

6월 4일 맑음. 여러 명사가 줄지어 찾아와서 시를 각자 지어주었다.

맑은 밤 절 종소리가 고래, 자라와 같이 울 제면

만 리 길 가고픈 맘 대도(大刀)[11]에 맡겼고

풍향계에 자주 가서 날씨를 살필 제는

마구간의 천리마[12]가 뛰어나가 맘껏 달림과 같았으리.

평상에서 이틀 밤을 잤으니 얕은 인연 아니었고

젓대는 이별의 정을 토로하니 곡조는 더욱 높았네.

동국은 과연 시가 전아하고 성대하니

제군들은 응당 뛰어난 시인에 부끄럽지 않으리.

佛鍾淸夜吼鯨鰲　萬里歸心寄大刀

頻向竿烏候風色　絶如櫪驥動拳毛

榻留信宿緣非淺　笛寫離情調轉高

11_ 여기서는 '큰 배'라는 뜻으로 쓰였다. '도(刀)는 옛날 배[舟]의 모습이 칼[刀]과 같다'고 하여 도를 '작은 배[小舟]'라는 뜻으로 썼다. 《시경》〈위풍〉 '하광(河廣)'에 "誰謂河廣, 曾不容刀"라 하였다.

12_ 권모(拳毛): 권모과(拳手騧)를 이른다. 권모과는 당나라 태종이 타던 준마(駿馬)의 이름인데, 양마(良馬)의 범칭으로 쓰인다.

東國果然騷雅盛 諸君應不愧詩豪

승사록에 있는 별도포 시운을 써서 다시 강해산인에게 주고 곧바로 큰 가르침을 청하였다. 서재(西齋) 이당(李堂)의 것이다.

用乘槎錄中別刀浦韻, 再贈江海散人, 卽請大敎. 右西齋李堂.

바닷길로 일찍이 육오(六鰲)[13] 타고 와서는
몸에 항상 붓 있으니 잘 드는 칼과 같네.
우연히 승지(勝地)에서 잠시 자취 머물게 되어
다행히 선재(仙才)를 알았으니 봉모(鳳毛)[14] 같았네.
주리(州里)의 호수 빛은 손님 위해 당겨졌고[15]
한때의 종잇값은 그대 덕에 높아졌네.[16]
바람과 물결이 잔잔하여 향국(鄕國)에 돌아가면
여행한 곳 열거하며 의기 절로 호방해지리.

航海曾經跨六鰲 隨身有筆似幷刀

13_ 발해의 동쪽 바다에 산다는 중국 고대 전설상의 여섯 마리 큰 거북을 말한다. 바다에 떠 있는 대여(岱輿), 원교(員嶠), 봉래(蓬萊) 등의 다섯 선산(仙山)이 떠내려갈 것을 걱정한 천제(天帝)가 15마리 큰 거북을 시켜 다섯 마리씩 교대로 짊어지게 하여 안정시켰는데, 용백국(龍伯國)에 있는 대인(大人)이 그 중 여섯 마리를 잡아 불에 구워 점을 쳤다는 전설에서 유래되었다. 육오(六鼇)로도 쓴다.
14_ 아름다운 풍채와 걸출한 재주를 이른다.
15_ 조선 사람이 놀러 가서 이르는 말이다.
16_ 이 구절은 시에 다음과 같은 원주가 달려 있다. "공의 시를 찾는 사람들이 매우 많았다.[索公詩者, 甚多]"고 하였다.

偶從勝地留鴻爪 幸識仙才是鳳毛

州里湖光憑客攬 一時紙價爲君高

風恬浪靜歸鄕國 歷數游蹤氣自豪

별도포 운자를 써서 효렴 최 선생에게 수정해주기를 받들었다. 경석(耕石) 나승렬(羅承烈)의 것이다.

用別刀韻, 奉孝廉崔先生斧正. 右耕石, 羅承烈.

무지개 낚싯대 잡고 큰 자라를 낚시질하니[17]

바다와 하늘이 아득해도 배를 용납할 수 없었네.[18]

삽시간에 쑥대 걷히고 모래자갈 놀라는데

만 리 길에 기러기 날면서 깃털을 애석해하네.

압록강 동쪽으로 돌아갈 때 가을물이 멀 것이고

금우산을 서쪽으로 바라보면 저녁 구름 높으리라.

이후에 사명 받아 뗏목 타고 오게 되어

명승에서 다시 놀면 흥이 더욱 빼어나리.

欲把虹竿釣巨鰲 海天浩淼不容刀

霎時蓬卷驚沙礫 萬里鴻飛惜羽毛

---

17 이백(李白)이 어느 재상을 찾아뵙고 명함에 "海上釣鰲客李白"이라 하였다. 재상이 "선생께서는 자라를 낚을 때 낚싯줄로 무엇을 하십니까?"라고 물으니, 이백이 "무지개로 합니다."라고 답하였다 한다.

18 증불용도(曾不容刀):《시경》〈위풍〉'하광(河廣)'에 나온다. 여기서는 도량이 큰 것을 말한다.

綠鴨東歸秋水遠 金牛西望暮雲高

他年奉使乘査至 名勝重游興更豪

별도포의 운자에 화답하여 조선국 효렴 최 선생에게 받들어 올리고 바로잡아달라고 하였다. 전당에 사는 장보(章輔)가 지은 것이다.

和別刀浦韻, 奉贈朝鮮國孝廉崔先生政. 右錢塘, 章輔.

범왕의 궁전[梵王宮][19]이

깊은 숲 속에 높고 넓게 있는데

큰 누각이 하늘 높은 곳에 나왔으니

진실로 선생의 마음속 생각이었으리라.

멀리 보내느라 창에 기대어

시험 삼아 바라보면 절반 이상은 서호가 중성과 경계함 보게 되네.

하나의 푸른 길이 연광의 사이에 은은하여

시를 읊고 그림을 그리는데

경치가 모두 담백한 물방울에 빗댈 만하고

한가롭게 짙은 화장을 하니 서시와 같도다.

봄날 잠에서 잠깐 일어나

열두 개의 주렴을 몰래 엿보자

분명하지 않아도 참으로 하나의 번화한 곳이었으니

19_ 대범천왕(大梵天王)의 궁전으로 일반적으로 절을 가리킨다.

돌아가면 응당 거듭 생각하게 되리라.

梵王宮殿 高廠深林裏

傑閣出重霄 儘先生襟懷

遠寄憑窓 試望强半見西湖界重城

靑一道隱若煙光際 吟詩作畫

景色都堪擬淡沫 閒濃糙似西施

春眠乍起 珠簾十二儵覼

未分明眞箇是繁華地 歸去應重思

　곡조는 소막차(蘇幕遮)[20]를 써서 최효렴 선생에게 받들어주고 바로잡아줄 것을
요청한다. 소류의 것이다.

　調蘇幕遮題, 奉崔孝廉先生斧正, 右邵綸.

20_ 당나라 현종 때의 교방(敎坊)의 곡명으로, 서역에서 온 곡이었다 한다.

6월 5일 자백시 병서를 써주다

6월 5일 맑음. 여교유가 자백시를 써달라 부탁하였다. 내가 솜씨가 형편없다는 이유를 들어 사양하면서 말하였다.

"여기에 최지웅(崔志雄)이란 사람이 있으니 대강이나마 글씨를 쓸 줄 압니다. 그에게 대신 글씨를 쓰게 하는 것이 어떻겠습니까?"

자백이 말하였다.

"비록 서툴다 하더라도 선생의 글씨를 간곡하게 요구합니다. [서툴더라도 괜찮습니다.]"

내가 그의 뜻에 감동하여 자백시(慈柏詩) 병서(幷序)를 써주었다.

여교유 자백은 오나라 땅의 존경받는 노인이었다. 내가 절강땅에 간 지 3일 만에 선림사의 승루로 찾아왔기에 그의 호를 물으니 자백(慈柏)이었다. 나는 혼자 생각하였다. 선생이 스스로 호를 자백이라 한 것은 날씨가 추워진 뒤에야 늦게 시든다는 뜻에서 취한 것이 아니겠는가? 그렇다면 자(慈)란 한 글자도 많은 것이다. 그렇지 않다면 세상에서 호를 기록하는 사람들이 혹은 산 이름으로 하고 더러는 물 이름으로 하는 것인데, 잘 알지는 못하겠지만 자백이란 산인가? 물인가? 나는 장차 '자백의 뜻을 자백 선생에게 물어봐야겠다.'고 생각하였다. 하루는 자백 선생이 자백시를 가져와 보

여주고 나에게 봉제(奉題)하기를 요구하였다. 시에 이르기를

잣나무는 어머님이 심은 것인데
마른 나뭇가지만 남아 있도다.
그림 펴니 심정이 답답하여서
육아시(蓼莪詩)²¹를 읽는 것과 같기만 했네.
柏是慈母植 惟留枯樹枝
披圖情鬱結 如讀蓼莪詩

이에 내가 뭉클하게 감동을 받고 환하게 깨달아서 말하였다.
"선생께서 스스로 자백이라 자호하신 까닭은 그 돌아가신 부모님을 그리워하는 뜻입니까? 공자가 말씀하시길 '진정한 효자는 죽을 때까지 부모를 사모하는 법이다.'²²라고 하였으니, 공의 나이 이미 예순인데도 잣나무를 쓸면서 슬프게 울부짖는 것이 효도가 아니라면 능히 누가 이와 같이 하겠습니까? 저도 일찍이 부모님을 잃은 큰 슬픔을 겪었습니다."

---

21 _ 부역(賦役)으로 멀리 나가 있어 어버이를 봉양하지 못하고, 사후(死後)에 돌아와 그 슬픔을 읊은 시이다. 즉 자식이 부모의 은혜를 그리면서 읊은 시로 《시경》 〈소아〉의 편명이다. 진(晉)나라 때 왕부(王裒)가 육아장만 읽으면 눈물을 흘렸기 때문에 문인들이 육아장을 폐하고 배우지 않았다는 고사가 있다.

22 《맹자》 〈만장상(萬章上)〉에 "진정한 효자는 종신토록 부모를 사모하는 법이다. 나이가 오십이 되어서도 사모하였던 사람의 경우를 나는 위대한 순임금에게서 찾아볼 수 있다.[大孝終身慕父母, 五十而慕者, 予於大舜見之矣]"라고 나온다.

자백시에 대해 감회가 없을 수 없어 자백설(慈柏說)를 지어 자백시를 부연하여 그에게 돌려주었다. 자백의 문인과 소자들은 반드시 육아편(蓼莪篇)을 보려고 안 했던 일이 있었을 것이니 이것을 서문으로 삼는다.

　내 나이 열두세 살 되었을 때
　이미 부모님을 여원 슬픔 겪었네.
　손안의 광택[23] 보면 울음소리 삼켰고[24]
　몸에 걸친 옷을 보면 눈물이 지네.
　혈혈단신 의지할 곳 하나 없어서
　아버지께 의지하니 어머니 사랑 같았네.
　어머니의 정으로 소자 생각하는 것은
　이 아이는 어미 없는 아이이기 때문이네.
　그로부터 점차로 장성했으니
　세월이 갑작스레 빨리 갔도다.
　예쁜 여자 흠모할 줄 알게 되어서는
　또한 처자 때문에 (효심이) 쇠해져
　재롱을 떠는 것과 담소(談笑) 나누는 것이

23_ 수중택(手中澤): 책에 남아 있는 손의 광택, 다시 말해 돌아가신 아버지가 보던 책 가죽에 번질번질하게 남아 있는 부친의 손때를 말한다. 《예기(禮記)》〈옥조(玉藻)〉에 "父沒而不能讀父之書, 手澤存焉爾. 母沒而杯圈不能飮焉, 口澤之氣存焉爾."라 하였다.
24_ 아버지의 손때 묻은 책을 읽고 눈물을 참았다는 뜻이다.

스스로 으레 남과 같게 되었네.

반걸음쯤 가는 데도 혼연히 잊어

길러주시던 때를 생각하지 않게 되었네.

오늘 아침 비처럼 눈물 흐름은

자백의 시를 여러 번 읽어서였네.

자백이 그림 펼쳐 말하기를

"어머님이 손수 심으셨다"고.

당의 원추리 따라 잎새 자랐고

정원의 홰나무와 짝해 그림자 드리웠네.

한 번 어머니가 세상 떠나신 뒤로

세월은 삼십 년이 흘러갔도다.

자식의 나이도 이미 지긋해지니

하물며 어버이의 가지임에랴.[25]

사람과 물건은 진실로 한 이치이니

번성과 쇠퇴함이 서로 따르네.

슬프게도 그 몸을 돌아보면

모두가 강보를 떠나서 갔네.

그러므로 군자의 풍모는

능히 고집 센 사내를 옮길 수 있다네.[26]

25_《예기》〈애공문(哀公問)〉에 "身也者, 親之枝也."라 하였다.
26_불선(不善)에서 선(善)함으로 옮기게 한다는 뜻이다.

余年十二三　已抱風樹悲

聲呑手中澤　淚落身上絲

子子無所依　倚父如母慈

慈情念小子　爲是無母兒

伊來稍長成　歲月倏忽馳

頗知少艾慕　亦爲妻子衰

嬉戲及言笑　自同例人隨

渾忘跬步地　不念鞠養時

今朝涕如雨　三復慈柏詩

慈柏披圖語　阿母手植之

葉隨堂萱苬　影伴庭槐垂

一自終天後　風霜三十朞

兒年已白首　況是親之枝

人物固一理　榮枯互相追

悽然反之身　皆自襁褓離

所以君子風　能令頑夫移

　자백이 품평하기를 "묘한 것이 그렇다면 그렇고, 그렇지 않다면 그렇지 않은 것도 있다." 하였다. [서(序)]에 이른다. 선생이 스스로 호를 자백이라 한 것은 날씨가 추워진 뒤에야 늦게 시든다는 뜻에서 취한 것이 아니겠는가? 그렇다면 자란 한 글자도 많은 것이다. 그렇지 않다면 세상에서 호를 기록하는 사람들이 혹은 산 이름으로 하고 더러는 물 이름으로 하는 것인데, 잘 알지는 못하겠지만 자백이란 산인가? 물인가? 그러므로 하는 말이었다.]

자백이 말하였다.

"지으신 훌륭한 작품은 법도에 맞으면서도 전아하며, 전아하면서도 법도에 맞으니, 크게 공경합니다."

그러나 내가 무슨 덕으로 그것을 감당하겠는가.

서재(西齋) 이당(李堂)[27]이 말하였다.

"강남의 인물은 학사 여집(余集),[28] 마약(馬葯), 도탁(屠倬)[29]을 삼가(三家)라고 이릅니다."

또 말하였다.

"여학사(余學士)가 오문(吳門)에 거처를 옮겨서 세상에서는 오문학사(吳門學士)라 이릅니다. 문장과 덕업으로 온 나라에 이름이 알려져 있습니다. 자백은 그의 조카로 비록 공명이 그의 아버지에게는 미치지 못하지만 시서화(詩書畵)를 아울러 삼절(三絶)로 불리고 있으니, 우리 절강에서 제일가는 명류(名流)입니다."

하루는 여교유가 나에게 말하였다.

---

27 _이당(李堂). 청나라 오경지(吳慶坻)라는 사람의 《초랑좌록(蕉廊脞錄)》에 "우리 항주에는 요즘에 문장을 공부하는 자가 금오(琴塢)와 화해(華海) 이외에는 이서재 당의 학문이 가장 깊다.[吾杭近日工詞者, 琴塢華海而外, 李西齋堂之學爲最深]"라고 하였다.

28 여집(餘集, 1738~1823). 자는 용상(蓉裳)이고, 호는 추실(秋室)이다. 절강성 인화 사람이다. 시서화에 두루 능하여 삼절이라 불렸다. 저서에는 《추실집(秋室集)》이 있다.

29 도탁(屠倬, 1781~1828). 자는 맹소(孟昭)이고, 호는 금오(琴塢)이며, 만년의 호는 잠원노인(潛園老人)이라 하였다. 전당(錢塘) 사람으로 저서에 《시정당시문집(是程堂詩文集)》이 있다.

"찌는 듯한 삼복더위로 매우 더운데 선생은 삼베 옷가지가 있습니까?"

내가 말하였다.

"다만 몸에 걸친 옷뿐입니다."

자백이 말하였다.

"근심스럽습니다. 그대께서 옷이 없다니요. 집에 있는 사람들도 닷새 만에 옷을 갈아입으면 땀 냄새로 괴롭습니다."

내가 대답하였다.

"황제께서 너그럽고 어질어서 모든 옷과 식사[30]와 관련된 것은 모두 은혜를 베푼 사례가 있으니 먼 데서 온 사람이 옷이 없는 것은 과부가 할 걱정은 아닙니다."

자백이 오랫동안 붓을 휘두르다 손을 들어 그만하겠다고 사양하였다. 어떤 여사(女史) 대여섯 사람이 짤막한 종이를 보내와 "효렴 군자께서 《승사록》이라는 작품을 갖고 계시다는 소식을 들었습니다. 한 번 봐서 규방의 비루함을 깨게 해주실 것을 엎드려 빕니다."라고 하였다. 내가 여자들이 글을 아는 것을 가상히 여겨 그 전부를 보여주었다. 두 사람은 읽고 네 사람은 담배를 빨면서 둘러앉아 들었다. 입을 모아 글 읽는 소리가 들을 만하였다. 내가 이에 절구 한 수를 지었다.

---

30 의품(衣稟): 조정이나 관청에서 지급하는 옷과 양식, 또는 공급하는 생활비를 두루 이른다.

강해산인이 글을 읽지 않았는데

남쪽 와서 헛되이 높은 명성 많이 받았네.

오나라 여자가 《승사록》을 전해가며 외우니

객지에 묵는 어느 밤엔가 두허(斗墟)에 왔네.[31]

江海散人不讀書 南來贏得盛名虛

吳姬傳誦乘槎錄 客宿何宵犯斗墟

이에 이르기를

호산에서 좋은 경치 보게 되노니

절강성은 시재를 중히 여기네.[32]

해국(海國)에서는 의관이 예스러운데

뗏목 타고 한차례 잠시 왔도다.

이것도 천연(天緣)으로 만난 것인데

어느 때나 다시금 만나게 될까.

성조(聖朝)는 은혜로운 뜻이 크셔서

31_ 범두허(犯斗墟): 두수(斗宿)와 우수(牛宿)의 자리를 범하다의 준말로, 자신이 객지인
항주에 머물게 되었음을 이렇게 표현한 것이다. 옛날 천문학설(天文學說)에서 두수
와 우수의 별자리는 오월(吳越)의 분야(分野)에 해당한다 하였다. 이 시구는 진(晉)나
라 장화(張華)의 저서인 《박물지》에 나오는 팔월사(八月槎)의 고사(故事)를 빌려 자신
이 항주에서 여자를 만난 것에 비유하고, 이 일을 기술하는 데 당나라 왕발(王勃)의
〈등왕각서(滕王閣序)〉에 "용천검의 빛이 우성(牛星)과 두성(斗星)의 자리를 쏘았
다.[龍光射斗牛之墟]"라는 문구를 인용한 것이다.
32_ 경치가 좋으니 시 짓는 재사(才士)를 중시한다는 뜻이다.

그대 가는 만 리 길을 전송하시네.

湖山瞻麗景 江浙重詩才

海國衣冠古 乘槎一暫來

此亦天緣遇 何時得再陪

聖朝恩意大 萬里送君回

왕내빈(王乃斌)의 것이니, 호가 춘설(春雪)이고 인화에 산다.

右王乃斌 號春雪 居仁和.

바람이 세게 불고 물결이 거칠어서

바다 배가 떠밀려 이 도읍에 이르렀네.

요즈음 고향 꿈이 아득함 알았으니

호산을 봉호(蓬壺)³³로 여기지는 마오.

天風浩浩浪花麤 海舶飄零到此都

近日定知鄕夢遠 湖山休認作蓬壺

최 선생에게 받들어주노니, 가르쳐 바로잡아주기를 바란다. 이인성(李寅聖)의
것으로 전당(錢塘)에 살고 있다.

奉贈崔先生敎正 右李寅聖 居錢塘.

33_ 옛날 사람들이 발해(渤海)에 신선이 살고 있다고 여겼던 삼신산(三神山 : 蓬萊, 方丈, 瀛
　　州) 중 하나인 봉래산을 가리키는 말이다. 그 섬들의 모습이 마치 단지[壺] 모양과 같
　　다 하여 봉호, 방호, 영호라고도 한다.

6월 6일 《승사록》을 읽고 지어준 시를 받다

6월 6일 맑음.

하늘이 떠돌게 하여 지극히 가련한데

그대 같은 분 이미 다시 태어난 해였네.

떠돌다가 우연찮게 바람 덕에 만나니

말 통하기 어렵자 붓에 맡겨 전하였네.

책상맡 종소리에 나그네 꿈 놀라는데

창에 비친 산 그림자 시편으로 들어오네.

돌아가는 행장에는 《승사록》을 챙겼으니

온 집안이 보게 되면 반드시 근심하리.

天遣飄零劇可憐 如君已是再生年

萍蓬不偶因風合 言語難通藉筆傳

半榻鍾聲驚客夢 一牕山影入詩篇

歸裝攜得乘槎錄 擧室相看定憫然

여악의 것이다.

右余鍔.

[1]

먹구름 바람 불어 산성에 도착해서

서호를 멀리 보니 눈이 번쩍 밝았으리.

새로 지은 두 편 사(詞)는 백설곡과 같았고

연꽃과 계수나무 유독 정을 간직했겠네.

黑風吹送到山城 遙望西湖眼忽明

兩首新詞同白雪 荷花桂子獨含情

서호에는 가을날의 계수나무와 십 리의 연꽃이 있다.[34]

西湖有三秋桂子十里荷花.

[2]

잠시 고향 옮겼다고 마음 아프지 말 것이니

때마침 강남땅의 새 경치를 만났도다.

더욱이 천자 은혜 넓은 데에 목욕을 했음이랴

거서(車書)[35]가 통일되어 화친을 함께하네.

暫移鄕井莫傷神 正値江南景物新

況沐天朝恩浩蕩 車書一統共和親

34_ 유영(柳泳)이 항주의 풍경을 읊은 사(詞)인 〈망해조(望海潮)〉에 "三秋桂子, 十里荷花"라고 나온다.

35_ 수레의 궤철(軌轍)이 같고 글에 대한 문자가 같다는 것으로, 온 세상이 하나로 통일되어 중화의 문화권에 들어 있는 것을 이른다. 《중용(中庸)》에 "지금 천하에 수레는 궤철이 같고, 글은 문자가 같다.[今天下, 車同軌書同文]"라고 하였다.

곧바로 서호의 원운을 써서 강해산인에게 받들어주다. 앞의 시는 방학계(方學啓)의 것이니, 호가 소은산인(小隱山人)이다.

卽用西湖原韻 奉贈江海散人. 右方學啓 號小隱山人.

여교유가 보낸 편지에 "한림(翰林) 도금오(屠琴塢) [이름은 탁(倬)이다]가 북경에 있을 때 일찍이 경오년(庚午年)에 공사(貢使)[36]로 왔던 김노경(金魯敬)과 이영순(李永純) 두 분은 요즘 어떻게 지내는지 알 수 없습니다. 알려주어서 이별의 슬픔을 위로해주시고, 아울러 회포를 다하기를 엎드려 바랍니다." 하였다.

내가 답하기를 "김노경은 경상감사(慶尙監司)로 부임해 있을 때 저희 집과의 거리가 오십 리쯤 떨어져 있어서 기거가 평안한 줄로 압니다. 그러나 이영순은 현재 내서(內署)에 있어 서울과 시골로 멀리 떨어져 있으니 소식을 들을 길이 없습니다.[37] 엎드려 바라노니 제 소식을 전해주십시오."라고 하였다.

승사편을 읽고 조선의 최명경을 위해서 글을 지었으니 바로잡아주기를 청한다.

乘槎篇, 爲朝鮮崔明經, 作書以請政.

하늘은 맑디맑고 바다는 끝없는데
지부산(之罘山)[38]의 넓은 계곡, 진실로 거닐 만하였으리.

36_ 공물을 바치는 일을 맡아보던 사신(使臣)을 가리킨다.
37_ 승문(承聞): 존경하는 사람에 관한 소식을 듣는 것을 말한다.

하늘에는 끝 있으나 바다에는 끝없으니

이 때문에 더러운 때 감출 수 있을 거네.[39]

내가 듣건대 홍몽(鴻蒙)[40]이 창조될 때 초매(草昧)[41]해서

바다와 하늘이 이어진 지 십만 세가 되었다 하였네.

자라 잘라 기둥을 만들어 부주(不周)[42]에 드렸으니

삼산에는 응당 신인들이 이고 있으리라.

바다와 하늘의 선 하나 하늘과 땅을 나누었고

가볍고 맑은 것 떠 있을 때 무겁고 탁한 것 실었네.

구주의 모든 나라 이 하늘을 함께하고 있으니

천자는 예로부터 소외함이 원래 없었네.

조선이란 고국(古國)은 우리 동쪽 구석인데

정삭(正朔)이 이어져서 이백 년 되었도다.

창도하여 교화 이뤄지자 예택 두터워졌으니

근해(近海)가 같은 수레와 문자 쓰게 됐네.

경서에 밝은 최자(崔子) 우연히 바다에 뜨자

38_ 산 이름으로 산동성(山東省) 연대시(烟臺市) 북쪽에 있다. 진시황이 세운 비석을 가리키기도 한다. 《사기》〈진시황본기(秦始皇本紀)〉에 "[始皇]登之罘刻石." 이라고 하였다.

39_ 장구납오(藏垢納汚)를 이른다. 더러운 때를 감춘다는 뜻으로, 나쁜 사람이나 나쁜 일을 포용함을 비유한다.

40_ 하늘과 땅이 아직 갈리지 않은 모양을 말한다.

41_ 천지가 처음 개벽하던 거칠고 어두운 세상을 가리킨다.

42_ 1. 산 이름을 말한다. 《초사(楚辭)》〈이소(離騷)〉에 "路不周以左轉兮"라 하였다. 2. 바람 이름을 뜻한다. 《사기》〈율서(律書)〉에 "不周風居西北, 主殺生." 이라 하였다.

큰 바람 훅 불어서 느긋이 배가 갔네.

고래가 휘파람 길게 불어 수신(水神)⁴³을 희롱하고

교호는 성내어 부딪쳐서 원거(爰居)⁴⁴를 날게 하네.

이때에는 돛과 키를 다루는 데 방법 없어

뱃사공들 호소하며 서로 주저했네.⁴⁵

오십 명의 사람들은 어찌하면 좋을 텐가

영광이 비춘 곳에 물결 일지 않았네.⁴⁶

이미 주리고 빠진 것을 성스럽게 포여(胞與)⁴⁷ 하셨거든

하물며 다시 한 몸으로 보기를 신라같이 함이랴.

우리나라 관리들을 찾아가 호소하매

길마다 조도제(祖道祭)⁴⁸의 장막을 그대 위해 계획했네.

정해현이 구불구불 절강성에 이르니

절강성의 인물들은 문명이 나타났네.

손수 쓰고 외워서는 그대 시를 전하자

낙양 지가(紙價) 높아져 조창(曹倉)⁴⁹을 고쳐 짓게 되었네.

43_ 수모(水母): 물의 신, 즉 수신(水神)을 말한다.

44_ 바닷새의 하나로 크기는 망아지만 하고, 잡현(雜縣)이라고도 한다.

45_ 자저(趑趄): 나아가고자 하면서도 나아가지 못하고 머뭇거리는 것을 말한다. 의구심을 가지고 관망하며 마음을 결정하지 못하는 모양을 형용하는 말이다. 또는 두 마음을 품고 주저함을 형용한다.

46_ 해불양파(海不揚波)를 가리킨다. "해불양파란 바다에 파도가 일지 않는다."라는 뜻으로, 태평성대를 비유하는 고사성어다. 《한시외전(韓詩外傳)》에서 유래되었다.

47_ 민포물여(民胞物與)의 준말로 모든 사람과 만물을 널리 사랑함을 이른다. 송나라 장재(張載)의 《서명(西銘)》에 "民吾同胞, 物吾與也."라 하였다.

48_ 먼 길 떠날 때 행로신(行路神)에게 제사 지내는 일을 말한다.

곧바로 감견부(感甄賦)를 지은 조식(曹植)의 필치 갖고

변화해서 이백(李白)의 혀 위에서 꽃이 핌을 짓노라.[50]

나는 마침 지루한 여행길에 여기에 머물러 있는데

《승사록》한 편을 꺼내 서로에게 보였네.

문장의 물결은 바다같이 세차게 흘러와서

서사(敍事)를 엄숙히 해 썩은 사필 핍박했네.

큰 기운 호탕하여 형세가 오(奡)[51]를 물리쳤고

주옥같은 아홉 굽이 황하수처럼 세차게 흐르네.

승사록이라 이름 붙인 일이 진실로 헛되지 않으니

바다 보며 탄식하여 응당 관찰할 것이네.

아! 한무제(漢武帝)가 황하의 근원 궁구하여

박망후 장건은 뗏목 탈 제 연호 세 번 고쳤네.

월지국을 거쳐 신독국(身毒國)[52]에 닿았으니

가느다란 지파가 아침 해 당겼도다.

지원(至元)[53]과 대덕(大德)[54] 간에 다시 사신 보내서

49_ 서고(書庫)의 별칭으로 후한(後漢) 때의 조증(曹曾)이 돌로 서고를 만들어 책을 보관했던 일에서 유래한 말이다.

50_ 필생화(筆生花): 붓끝에 꽃이 핀다는 뜻으로, 당나라 이백이 어릴 적 붓끝에 꽃이 핀 꿈을 꾼 뒤부터 글재주가 크게 진보했다는 고사에서 문필(文筆)에 재주가 있음을 이르는 말이다.

51_ 전설상의 역사(力士) 이름이다. 《논어》〈헌문(憲問)〉에 "奡善射, 奡蕩舟."라 하였다.

52_ 옛 인도의 음역으로 천축국을 말한다.

53_ 원나라 순제(順帝) 때의 연호로, 고려 충숙왕 후(後) 4년(1335)~충혜왕 후(後) 원년(1340)에 해당하는 해이다.

일찍이 견우성과 북두성을 전하기를 달리는 돼지와 같이 하였네.

중국의 강역은 대천세계[55]처럼 넓으니

육로와 수로로다 곧바로 곤륜산 꼭대기 접하게 되네.

화돈과 뇌아 지역은[56] 도판에 속해 있으니

변방 끝에 먼 땅에서 모두가 의지해갔네.

명성과 교화가 흥성하여 더할 수 없게 되니

듣는 이들 화들짝 놀라고 또 실망했네.

나는 이제 그대 위해 긴 고시를 읊노니

그대는 별들이 가슴 앞에 나열되는 것이 부럽네.

天琅琅海蒼蒼　之罘豁谷眞徜徉

天有盡處海無盡　是以汚納而垢藏

我聞鴻蒙造草昧　海與天連十萬歲

截鰲作柱奠不周　三山應有神人戴

海天一綫分元黃　輕淸浮時重濁載

九州萬國共此天　王者由來本無外

朝鮮古國吾東隅　正朔相承二百餘

久道化成醴澤厚　薄海率俾同車書

54_ 원나라 성종(成宗) 때의 연호로, 충렬왕 23년(1297)~충렬왕 33년(1307)에 해당하는 해이다.

55_ 대천(大千): 대천세계의 준말이다. 대천세계는 삼천세계(三千世界)의 셋째로, 십억(十億) 국토(國土)를 이른다. 곧 중천세계(中千世界)의 천 갑절이 되는 세계를 말한다.

56_ 원주는 "화돈과 뇌아[중국말로 성수해라고 한다[火敦腦兒[華言星宿海也]]"라고 되어 있다.

明經崔子偶泛海　颶風忽起舟紆徐

鯨鯢長嘯弄水母　嶠壺怒激飛爰居

是時颿舵施無術　榜師呼籲相趑趄

半百其人奈若何　榮光所照不揚波

已飢已溺聖胞與　況復一體如新羅

叩問控訴我諸吏　道途祖帳爲君計

定海委蛇到浙城　浙城人物著文明

手書口誦傳君什　洛陽紙貴曹倉更

直將甄賦陳思筆　幻作青蓮舌上生

我適倦遊逗遛此　乘槎一篇出相示

文瀾似海滾滾來　敍事簡峭逼腐史

大氣浩蕩勢排挐　貫珠九曲黃河水

名以乘槎洵不虛　望洋而歎應觀止

吁嗟漢武窮河源　博望乘槎三改元

歷經月支身毒國　涓涓支派控朝暾

至元大德再遣使　曾傳牛斗若奔豚

我朝疆域普大千　梯航直接崑崙巔

火敦腦兒隷圖版　窮荒遐壤都依連

聲教洋溢茂以加　聽者眙愕且憫然

我今爲君咏長古　羨君星宿羅胸前

앞의 시는 유승서(劉承緒)의 것이니, 국자이업생(國子肄業生)이다. 무진(武進)에 살고 있다.

右劉承緒 國子肄業生 居武進.

[1]

감실의 등불이 고절(孤絶)한 곳에

만 리 밖의 나그네가 집 생각하네.

창밖의 대나무는 바람에 푸른빛 흔들리고

못 속의 연꽃은 새벽에 꽃이 피었네.

기이한 유람은 재주가 더욱 커지지만

유랑하는 자취는 귀밑머리 모두 새었네.

객지의 만남은 원래가 쉬운 일 아니니

술잔 놓고 부질없이 한탄치 마오.

龕燈孤絶處 萬里客思家

牕竹風搖翠 池荷曉著花

奇游才愈壯 浪跡鬢都華

萍合元非易 當杯莫謾嗟

앞의 시는 이당(李堂)의 것이다.

右李堂.

[1]

한 편의 놀던 자취 《승사록》에 기록하니

묘필(妙筆)은 노련한 작가라 여러분 높였네.

명산을 두루 읊고 일찌감치 돌아가니

이 몸이 중화에 이른 것을 저버리지 않았네.

一編游跡紀乘槎　妙筆群推老作家

吟遍名山早歸去　此身不負到中華

[2]

우리 항주 명승으로 서호를 손꼽으니

멋들어진 풍광들이 책과 그림에 들어오네.

애석하다! 먼 곳 사람 유람할 수 없음이여

푸른 버들 성긴 곳에 붉은 부용 드러남을.

吾杭名勝數西湖　樹影嵐光入畫圖

可惜遠人游未得　綠楊疎處露紅芙

앞의 시는 손석마(孫錫磨)의 것이다. 옛날 오나라 땅에 살고 있으며, 호는 운학(雲壑)이다.《승사록》에 받들어 써서 효렴 최 선생에게 주노니 웃으면서 보고서 수정해주시기를.

右孫錫磨 居古吳 號雲壑 奉題乘槎錄卽塵孝廉崔先生哂正.

[1]

당시에는 기자가 조선의 군주 되어

홍범구주 베풀었던 일들이 완연하네.

다행히도 남긴 풍속 지금도 볼 수 있으니

그대와 전생의 인연이 있는 것과 같네.

當時箕子主朝鮮 設範陳疇事宛然

何幸遺風今得見 與君恰似有前緣

[2]

뗏목 타고 두우성을 범한 것 아니었으니

짐짓 짧은 유배로 항주에 도착했네.

이 땅이 아름다운 산수임을 알아야 할지니

하늘이 제군(諸君)들로 멋진 놀이 하게 했네.

莫是乘槎犯斗牛 故敎小謫至杭州

須知此地佳山水 天遣諸君作勝遊

[3]

호숫가 더위 식혀 최고로 시원하니

타향에 우거(寓居)해도 고향보다 나을 거네.

하물며 최가(崔家)의 시구처럼 좋음에랴

하나는 황학루(黃鶴樓)에, 하나는 원앙시(鴛鴦詩)에 써야 하리.[57]

湖邊消夏最淸凉 雖寓他鄕勝故鄕

況是崔家詩句好 一題黃鶴一鴛鴦

57_ 원주는 "최호(崔顥)는 황학루를 썼고, 최각(崔珏)은 원앙시를 썼는데, 모두 세상에 이
　　름을 떨쳤다.[崔顥題黃鶴樓 崔珏詠鴛鴦詩 皆擅名于世]"라고 되어 있다.

[4]

한가한 몸 가는 곳이 곧바로 생애이니

빌려 얻은 좌선 의자[禪牀]는 곧바로 집이라네.

온종일 누대 기대 아무 일도 없었으니

소오(笑傲)[58]만을 가지고서 연하에 부치노라.[59]

閒身隨處卽生涯 借得禪牀便是家

鎭日倚樓無個事 只將笑傲付烟霞

칠언절구 네 수를 받들어주면서 곧바로 최 사장(崔詞長)에게 바로잡아주기
를 청하고 아울러 화답시를 줄 것을 바란다. 앞의 시는 이세해(李世楷)의 것이
니, 호는 백화(白華)이다.

奉贈七絶四首 卽請崔詞長敎正 並祈賜和 右李世楷 號白華.

이날 유승서와 이세해가 각자 시를 지어주었다. 이에 앞서 유승
서와 이세해는 서로 모르는 사이였다. 내가 이세해의 "一題黃鶴
一鵞鶿"이라는 구절을 한 번 써서 유승서에게 보여주고, 이세해를
가리키며 말하였다.

"이분이 이백화[이세해의 호]입니다."

58_웃으면서 교만하게 놀다라는 뜻으로, 여기서는 초연한 마음으로 속세를 내려 본다
는 뜻으로 쓰였다.

59_원주는 "공의 시에 '誰把烟霞都管領'이라는 구절이 있어서 말미에 그것을 언급하였
다.[公詩有誰把烟霞都管領之句, 故尾及之]"라고 되어 있다.

유승서는 기꺼이 곧장 나와서 읍을 하고 서로 매우 기뻐하게 되었다. 내가 말하였다.

"유승서와 이세해가 사귀게 되면 홰나무와 버드나무가 줄을 이룬 것 같을 것입니다. 비록 저는 무능하지만 저까지 보태서 세 친구[三友]가 되기를 원합니다."

유승서가 말하였다.

"청할 수는 없었지만 진실로 바라던 바입니다."

    압록강 해맑은데 빗줄기 병기 씻고
    긴 바람은 원유(遠遊)의 정 불어서 보내누나.
    도중에서 끌어가니 신산(神山)이 가깝고
    피안에 올라오니 불해(佛海)가 맑았도다.
    그대는 하늘가 향하자 시야가 넓어졌고
    사람들 물결 속에서 코 고는 소리 들었네.[60]
    가는 배에서 《승사록》을 계속해 쓸 것이니
    만 리 길에 돛을 펴면 온 물이 평온하리.
    鴨綠江澄雨洗兵 長風吹送遠游情
    中途引去神山近 彼岸登來佛海淸
    君向天邊寬眼界 人從浪裏聽鼾聲
    歸舟續著乘槎錄 萬里揚帆一水平

---

60 원주에 "비성(鼾聲)이란 글자는 당신의 기록에 있는 말을 쓴 것이다.[鼾聲字, 卽用尊記中語]"라고 되어 있다.

관덕정의 시운을 써서 강해산인 최효렴에게 받들어주고 교정을 바란다. 앞의 시는 이천(李泉)의 것이니 호는 고산(古山)이다.

用觀德亭韻 奉贈江海散人崔孝廉敎正. 右李泉 號古山.

수레와 문자 통일되어 구주에 달했으니

산 넘고 바다 건너 만 리 길에 멋대로 노네.

봇짐에 붓을 넣고[61] 강해에 뜬 일 겪었고,[62]

뗏목 타고 두우성을 접했던 일 기록했네.[63]

급제한 방[64] 열었을 때 일찍이 금포 뺏고[65][66]

떠돌던 자취 만난 곳에서 우연히 누대에 올랐네.

조선말을 이해 못 해 문자 통해 알게 되니

승평을 가영(歌詠)하는 월나라 노래 들었노라.

61_ 탁필(槖筆): 제왕(帝王)이나 대신(大臣) 곁에서 책이 든 자루를 들고 붓을 머리에 꽂고 자문이나 글씨 쓰는 일에 대비하는 일을 이른다. 후에는 문사(文士)의 공부를 이르는 말로 쓰였다. 여기서는 자루에 붓을 넣고 다닌다는 뜻으로 쓴 것으로 보인다.

62_ 원주에 "선생은 자호를 강해산인이라 하였다.[先生自號江海散人]"라고 되어 있다.

63_ 팔월사(八月槎): 전설에 음력 8월이 되면 어김없이 은하수를 왕래한다는 뗏목으로, 전의되어 제때에 왕래하는 배를 비유하는 말이다.

64_ 예방(蕊榜): 과거 급제한 사람의 이름을 게시한 방(榜)을 이른다. 도교(道敎)에서 신선이 되면 예주궁(蕊珠宮)에 이름이 오른다는 데에서 취한 말이다.

65_ 탈금포(奪錦袍): 탈금(奪錦)을 말한다. 재능이 뛰어남을 비유하는 말이다. 당나라 측천무후(則天武后)가 용문(龍門)에서 종신(從臣)들에게 시를 지으라고 하였는데, 동방규(東方虯)가 제일 먼저 지어 올리자 비단옷을 하사하였다가, 얼마 후 송지문(宋之問)이 지어 올린 시를 보고 크게 칭찬하고서 동방규에게 주었던 비단옷을 빼앗아 송지문에게 주었던 고사에서 생긴 말이다.

66_ 원주에 "선생은 경오년에 효렴에 올랐다.[先生庚午孝廉]"라고 되어 있다.

一統車書達九州 梯航萬里恣遨游

人經橐筆浮江海 事紀乘槎接斗牛

蕊榜開時曾奪錦 萍蹤合處偶登樓

方言不解凭文識 歌咏昇平聽越謳

앞의 시는 손규(孫奎)의 것이다. 이언(俚言)으로 강해산인 최효렴에게 받들어주고, 곧바로 군자들에게 이것을 바쳐서 아울러 바로잡게 한다.

右孫奎 俚言奉贈江海散人崔孝廉 卽呈諸君子並政.

[1]

좋은 바람 객에 불어 산성에 도착하니

바다 건너 동쪽에 와 사명산에 도달했네.

듣자 하니 서호는 천하를 적게 여기나

홍진이 가까워서 사람의 심정 괴롭히네.

好風吹客到山城 航海東來達四明

聞說西湖天下小 紅塵近隔惱人情

[2]

어째서 간보(干寶)[67]는 번거롭게 수신기(搜神記)를 지었나

뗏목 탄 지난 일을 새롭게 그려냈네.

타향 사람 이끌고서 승지에 들어가니

문득 서로 가까워도 친근하진 못하네.

何須干寶記搜神 往事乘槎翻出新

引得異鄉人入勝 却教相近不相親

앞의 시는 심복춘(沈福春)의 것이니 호는 개정(介庭)이고, 지당의 아들이다.

右沈福春 號介庭 芝塘之子.

[1]

둑을 연한 버들이 산성과 접하였고

깊은 못에 달은 박혀 거울처럼 밝았도다.

새벽에 일어나면 이슬의 향기가 십 리나 퍼지니

물결 임해 타향 정서 불어서 움직이리.

沿堤楊柳接山城 月印深潭一鏡明

曉起露珠香十里 臨波吹動異鄉情

[2]

나를 돕는 돛폭 바람 수신(水神)에게 감사함은

중관에서 경치가 새로움을 두루 보게 되어서네.

인간의 천상이란 서호가 이것이니

67_간보(干寶, ?~?). 역사찬집(歷史撰集)에 종사하였던 중국 동진(東晉)의 학자 겸 문인이
다. 저서 중에 《수신기(搜神記)》는 괴이전설(怪異傳說)을 집대성한 것으로 육조(六朝)
소설의 뛰어난 작품일 뿐 아니라, 단편적이기는 하나 당·송 시대 전기물(傳奇物)의
선구(先驅)가 되었다.

근처에서 생각하니 분수 밖에 친해졌네.

助我帆風謝水神 重關覽徧物華新

人間天上西湖是 近地相思分外親

앞의 시는 심교년(沈喬年)의 것이니 호는 치송(峙松)이고, 지당의 아들이다.

右沈喬年 號峙松 池塘之子.

개정 심복춘과 치송 심교년은 지당의 아들이다. 서호시에 각자
화운해주었다. 내가 말하였다.

"나와 그대의 아버지는 매우 마음이 잘 통하여 옛사람들이 이른
바 '경개여고(傾蓋如故)'라고 한 것이었소."

두 사람이 말하였다.

"대인(大人)께서 선생과 함께 교분을 맺었고, 선생께서 또 저희
들을 아껴주시니 이른바 세교라고 할 만합니다."

그러고는 각자 별장(別章)⁶⁸을 올리고 떠났다.

[1]

배를 탄 바다 손님 강성에 이르러서

승사(僧舍)에 올라보니 시야가 밝아졌네.

한 자락의 산 빛이 푸름을 문에 보내

---

68 이별의 정을 아쉬워하고 행로의 평안을 비는 것을 주로 하여 지은 시문(詩文)이다.

그대 이날에 짓는 시정(詩情)을 돕는구나.

乘槎海客到江城 僧舍登臨眼界明

一抹山光靑送闥 助君此日賦詩情

[2]

호수 빛과 산 빛 모두 정신인데

십이교 옆에는 푸른 나무 새로웠네.

도리어 우습구나 낮은 담이 막지 못해

누대 기대 바라보니 서로 친근한 것 같네.

湖光山色盡精神 十二橋邊綠樹新

却笑短垣攔不住 倚樓相望等相親

앞의 시는 양산초(楊山樵)의 것으로 전당에 살고 있다.

右楊山樵. 居錢塘.

[1]

십 리의 서호가 성에 막힘 서글픈데

남기 빛과 탑 그림자, 창문 대해 밝도다.

다락 기대 앉은 곳이 그림과 똑같으니

연기 밖에 버들에다 객의 정 매게 되리.

十里西湖悵隔城 嵐光塔影對牕明

倚樓坐處如圖畫 烟外垂楊係客情

[2]

시격(詩格)이 훨훨 날듯 신묘함에 들어서

뗏목 타고 읊고 보는 경치 모두 새롭구나.

옛 놀이는 일찍이 법운사에 왔었는데[69]

바다에서 온 풍류가 이제 또 친근하네.

詩格翩翩妙入神 乘槎吟眺景皆新

舊遊曾到法雲寺 海客風流今又親

앞의 시는 양균의 것이다.

右楊勻.

[1]

이번의 나그네 꿈이 산성에 이르러서

승루에 두루 기대니 저녁볕 환하도다.

서쪽으로 서호 봐도 호수 볼 수 없는데

한 가닥의 탑 그림자 한정(閒情)을 자아냈으리.

者番客夢到山城 倚遍僧樓夕照明

西望西湖湖不見 一枝塔影惹閒情

69_ 원주에 "법운사는 서호의 적산에 있다. 송나라 원풍(元豊) 연간에 고려 왕자가 여기
에서 도를 배웠다 한다.[法雲寺在西湖之赤山. 宋元豊間, 高麗王子, 學道於此]"라 하
였다.

[2]

시를 읊는 풍아에 온 정신 보이는데

특별히 원앙 있어 절창이 새롭도다.

내가 만일 꿈에서 황해 밖에 노닌다면

그대와 함께 필재 덕에 친해지리.

敲詩風雅現全神 別有鴛鴦絶唱新

我若夢游黃海外 與君重爲筆才親

앞의 시는 양죽향(楊竹香)의 것이다.

右楊竹香.

[1]

조각배 바람 타고 강성에 이르러서

고향을 돌아볼 제 달이 함께 밝았으리.

다행히도 호산 있어 바라봄에 바쳤으니

그대 집은 그런대로 객의 맘을 위로하게 되리.

片帆風送抵江城 回首鄕關月共明

幸有湖山供眺望 君家聊慰客中情

[2]

누대에서 시 다 읊자 붓끝이 신 같은데

창가의 멧부리는 오른 느낌 새로우리.

남기 빛과 겸하여 탑 그림자 관리해서

귀국하면 고향의 친구에게 말해주리.

樓頭吟罷筆如神 遠岫當牕陟覺新

領略嵐光兼塔影 歸鞍說與故鄕親

앞의 시는 정시(程詩)의 것이니, 호는 난곡(蘭谷)이다.

右程詩 號蘭谷.

이때 절강에 있은 지가 이미 오래되었다. 함께 종유하던 사람들 모두 남방 선비들 중에 공명(功名)이 있는 사람들이었다. 간혹 필담을 주고받거나 이따금 시문을 창화하니 관아의 하인이나 저자 사람들은 거기에 끼지 못하였다. 차례대로 글을 전하여 승루로부터 여러 방장(方丈)에 이르기까지 붓을 들고 글씨를 쓰는 사람들을 이루 다 셀 수 없었다. 담장과 뜰 사이에 때때로 종이 쪼가리가 남은 것을 보게 되면 전부 다 내가 중국 사람들과 나눈 대화였다.

이당이 말하였다.

"백세 뒤에 절강땅에 사는 사람들이 선생께서 이곳을 지났다는 것을 알 겁니다."

그 말이 장난스럽기는 하지만 실제로 있을 법한 말이었다. 이에 앞서서 일행들이 쓰고 있는 갓은 표류하는 배 안에서 모두 부레가 풀려 쓸 수 없었다. 다만 삿갓 하나가 있어서 내가 빌려 썼다. 정해현을 떠나 절강땅에 이르렀다. 어느 날 밤 일행 중 어떤 사람이 (갓을) 도둑질하다가 망가뜨려서 쓸 수 없었다. 그래서 상인의 상자 안에서 탕건(宕巾)을 얻었다.

중국 사람들이 그것을 좋아하며 말하였다.

"관(冠)도 명나라 제도이고, 건(巾)도 명나라 제도이며, 옷도 명나라 제도이니, 선생의 한 몸은 온통 명나라 제도입니다."

어느 날 손호원[70]이 나에게 물었다.

"선생께서 쓰고 있는 관이 무슨 관입니까?"

내가 말하였다.

"조선에서 탕건이라고 하는 것입니다."

손호원이 잠시 빌려 쓰려고 해서 허락하였다. 손호원이 탕건을 쓰고 자신을 이리저리 보는 것이 기쁜 기색이 있는 것 같았다. 얼마 후에 자리에 있던 사람들이 모두 번갈아 써보았다. 그런데 여악만은 홀로 기뻐하지 않았다. 내가 손으로 붉은 투구[紅兜]를 가리키면서 중국말로 물었다.

"무엇입니까?"

손호원이 글로 답하였다.

"홍모(紅帽)입니다."

내가 붓으로 모(帽)라는 글자를 쓰고 그 옆에 특별히 두(兜)라는 글자를 쓰고 말하였다.

"투구가 아닙니까?"

---

70 손호원(孫顥元). 이름난 장서가(藏書家)로 알려져 있다.

손호원이 말하였다.

"맞습니다."

내가 손으로 그의 머리를 쓰다듬으니 손호원이 말하였다.

"벌써 알아채셨군요."

내가 남이 보지 않는 곳에서 필담을 써서 보여주며 말하였다.

"오늘은 신정(新亭)[71]의 감회가 없을 수 없습니다."

손씨가 그 글을 소매에 감추었다. 옆에 있던 사람들이 모두 말하였다.

"무엇입니까?"

손호원이 이에 손 가운데 두고 왼편에 있던 소륜에게 보여주고, 오른편에 있던 손전증에게 보여주면서 말하였다.

"이 일은 시휘(時諱)와 관계가 있으니 삼가여 입 밖에 꺼내지 맙시다."

내가 여러 사람의 시의(詩意)를 보았지만 서호는 볼 수 없었다. 내가 물었다.

71_ 신정루(新亭淚) 고사를 말한다. 《세설신어(世說新語)》〈언어(言語)〉에 "강남으로 넘어온 여러 사람이 매번 좋은 날이 오면 곧 서로 맞이하여 신정으로 나가 화초를 자리 삼아 주연을 벌였다. 주후(周侯)가 좌중에서 탄식하여 말하기를 "풍경은 다르지 않으나 정히 산하(山河)의 다름이 있도다!"라고 하자, 모두 서로 바라보면서 눈물을 흘렸으나, 오직 승상(丞相)인 왕도(王導)만이 근심스럽게 얼굴빛을 바꾸면서 말하기를 "마땅히 함께 왕실을 위해 힘써서 중원을 회복해야 할 것이지 어찌하여 초(楚)나라의 죄수처럼 서로 마주 보고만 있단 말인가.[過江諸人, 每至美日, 輒相邀新亭, 藉卉飲宴. 周侯中坐而嘆曰: '風景不殊, 正自有山河之異!'皆相視流淚. 唯王丞相愀然變色曰: '當共戮力王室, 克復神州, 何至作楚囚相對!']"라고 하였다. 뒤에 나라를 걱정하고 시대를 마음 아파하는 비분에 찬 심정을 가리키는 말로 쓰였다.

"서호는 볼 수 없습니까?"

"볼 수 없습니다."

"어째서 그렇습니까?"

좌우에서 모두 말이 없었다. 내가 웃으면서 말하였다.

"말을 세워놓을 염려가 있어서인가."[72]

그러자 좌중에 있던 사람들이 모두 크게 웃었다. 중국 사람들이
물었다.

"귀국(貴國)의 왕은 성(姓)이 무엇이며, 이름은 어떻게 됩니까?
나라는 어느 해에 개국하였으며, 정벌하여 얻은 것입니까? 선수
(禪受)하여 얻은 것입니까?"

내가 답하였다.

"국성(國姓)은 이(李)이고, 휘(諱)는 신하된 사람이 감히 말할 수
없는 바입니다. 왕조의 누린 햇수가 아직 성주(成周)[73]에는 못 미칩
니다. [사백 년 전 고려 말 정란(政亂)에 천명과 인심이 돌아가니
삼대(三代 : 夏, 殷, 周) 이래로 나라의 바름을 얻은 것이 우리 성조
(聖祖)와 같은 일이 없었으니] 또한 동방의 요순(堯舜)입니다."

그러자 그들이 삼가 감사의 뜻을 표하였다.

72_ 말을 세우지 않으려고 서호도 못 보았다는 말이다.
73_ 주(周)나라의 수도가 낙읍(洛邑)에 있었을 때의 칭호로, 주나라의 국운이 융성하였던
시기를 말한다.

6월 8일 보내온 선물과 시를 받다

6월 8일 맑음. 여교유가 나에게 말하였다.

"도금오가 대집(大集)을 보고서 시문을 지어 선물하고자 합니다."

내가 말하였다.

"도금오 공 같은 중국의 거장께서 저같이 보잘것없는 사람의 시를 어째서 인정해주려고 하십니까? 이것은 반드시 어르신께서 과찬하신 것입니다."

이날 여교유가 편지를 보내왔다. "도한림은 요즘 병을 앓고 계셔서 시문을 짓지 못하고 있습니다. 《시정당초집(是程堂初集)》은 그가 사관(詞館, 한림원(翰林院)을 말함)에 들어가지 않았을 때 간행한 것입니다. 특별히 받들어 올리니 가시는 길에[74] 검토해주시기 바랍니다. 바쁘고 다급한 일이 있어서 미처 찾아가서 이야기를 나누지 못하니 자못 잊지 못하는 정이 심합니다. 효렴 최 선생께 올립니다. 항주의 여악이 손을 모아 절을 합니다."

이보다 앞서서 나는 여러 공에게 간절히 요청하여 고국으로 돌아갈 수 있게 해주기를 바랐다. 여러 공이 입을 모아 말하였다.

74_행정(行旌): 벼슬아치들이 행차할 때 쓰는 깃발, 또는 행차할 때 갖추는 의장을 두루 이르는 말이다.

"순무사[75]와 관련된 일입니다."

6일에 여자백이 일찍이 왕래하였던 사람들 십여 명과 함께 찾아와서 말하였다.

"내일 모레에 본국에 돌아가게 될 것이니 축하합니다."

내가 말하였다.

"깊은 염려를 받은 줄 알겠습니다."

자백이 말하였다.

"여행길에 몸조심하세요."

손석암(孫碩菴)이 말하였다.

"부디 음식을 많이 드세요."

이어 또 그가 말하였다.

"풍토병이 있으면 신발 바닥에 있는 진흙을 백비탕(百沸湯)에 섞어서 마시는 것이 가장 효과가 좋습니다."

서로 작별하고 나오니 절이 쓸쓸하였다. 내가 전당(錢塘)의 판차리(辦差吏)[76]에게 물었다.

"언뜻 들으니 본성(本省)의 대인(大人)께서 '내일모레에 우리를 보내주겠다' 하셨다 하니, 당신들도 맡은 일을 면하게 되었습니다."

관리가 말하였다.

"아직 듣지 못했습니다."

7일 이른 아침이 되어 또 문자 관리가 말하였다.

75_ 무태(撫台): 명(明)나라 순무(巡撫)의 별칭(別稱)이다.
76_ 특별한 임무를 부여받고 임시로 파견되는 관리를 말한다.

"그런 일이 없답니다."

이에 나는 매우 낙심(落心)하였다. 누대에 기댄 뒤 오래지 않아 판차리가 와서 말하였다.

"정말로 그렇습니다. 여러 어른들은 이미 알고 있었지만, 아전들은 미처 알지 못했습니다."

다음 날 드디어 길을 떠났다.

손석암이란 사람은 절강땅의 이름난 의사였다. 이름은 수과(樹果)이고, 또 다른 이름은 수정(守正)이었다. 만응영단(萬應靈丹)으로 세상에 이름을 드날리고 있었다. 하루는 내가 손으로 배를 문질렀는데, 뱃가죽이 두꺼운 것을 보고는 마음속으로 의심하며 말하였다.

"이것은 장습(瘴濕)입니다. 밤새 잠을 못 이루다 아침밥을 먹으면 그쳤다가 체증(滯證)이 또 납니다."

이날 여약공이 와서 나의 안색을 보고 물었다.

"선생은 무슨 병이 있소?"

내가 병에 대해 자세히 말하니, 자백이 손으로 진맥을 하고는 오랫동안 크게 놀라고 손호원을 보내 의원을 맞이해왔으니 바로 석암이란 사람이었다. 석암이 진맥을 한참 한 후 다음으로 혀를 보았으나 끝내 배는 보지 않았다. 중국말로 자백에게 말하고는 석암이 웃어젖히자 자백도 따라 웃었다. 그러고는 말하였다.

"잔 속의 벌레가 원인이니 염려할 것이 없습니다."

약 세 첩을 처방하는 데 재료는 대여섯 가지를 넘지 않았다. 종일토록 필담을 나누고 물러갔다.

이날 손석암이 편지하였다. "아름다운 시를 거친 종이 석 장에 써주시기 바랍니다. 변변찮은 선물 몇 가지는 웃으면서 간직하시기를 엎드려 바랍니다. 그 밖에 부친 다섯 꾸러미는 바라건대 나누어 가지시면 감사하겠습니다. 효렴 선생이 족하에게 글씨를 청한 것은 선림사의 방장(房丈)에 교부하여 내일 점심때에 와서 받으시기를 바랍니다. 석암 손수과는 돈수합니다."

손석암은 만응영단 열 알과 자석(鸕石) 한 갑, 금먹 두 자루, 자금단(紫金丹) 다섯 알을 주었다. 석문(石門) 왕환기(汪煥其)는 자석과 공물로 받은 부채[貢箑] 한 자루를 주었다. 여자백은 그림 부채 한 개를 주었으니, 바로 자백의 매화 그림이었고, 한 개는 심학선[77]이 글씨를 쓴 것이었다. 손호원은 시집 세 권을 주었는데, 1권은 그의 종질녀(從姪女) 벽오(碧梧)[78]의 시이고, 2권은 그의 종질녀 수분(秀芬)[79]의 시였다.

77_ 심학선(沈學善). 《청비류초(清碑類鈔)》에 "자는 준생(遵生)이니, 전당(錢塘) 사람이다. 일찍이 평호현(平湖縣) 관리의 집에 있다가 마침 연극이 있어서 주인이 굳이 나와 구경하라고 청하였으나 준생은 굳이 가지 않았다. 저물녘에 혼자서 담장 그늘에 서 있으니 사람들이 그에게 묻자 대답하기를 '조용히 귀뚜라미가 가을에 읊는 소리를 들으니, 생가(笙歌)가 귀에 가득한 것보다 약간 낫습니다.'라고 하였다." 한다.

78_ 벽오(碧梧). 청(清)나라 원매(袁枚)의 《수원시화(隨園詩話)》 보유(補遺)에 "경술년(庚戌年) 봄에 항주로 성묘를 갔는데, 여제자(女弟子) 손벽오가 여사(女士) 13명을 맞이해서 호숫가의 누대에서 크게 모이고 각자 시화로써 폐백을 삼았다.[庚戌春, 掃墓杭州, 女弟子孫碧梧邀女士十三人, 大會於湖樓, 各以詩畵爲贄.]'라고 하였으며, 또 "손벽오라는 여자의 시구에 '처마 앞에 푸른 것 떨어지니 꾀꼬리가 과일 훔치는 것이고, 발 앞에 붉은빛이 번득이니 제비가 꽃을 스쳐 지나는 것이네.[孫碧梧女子有句云: '簷前綠墮鶯偸果, 簾外紅翻燕掠花.'《수원시화》 권 2)]"라고 하였다.

사람을 놀라게 하는 시구에 "날 저물자 물살이 빨라지는데, 어지러운 산들은 서로 향해 시름겹네."라 한 것이 있다. 원훈(袁勳)이 부채 한 자루를 주니 [그가 손수 쓴 것이다.] 심학선은《오연재집(五研齋集)》[80]과《동화암신여집(冬花庵燼餘集)》[81]을 주고, 이천(李泉)은《축산집(竺山集)》을 주었으며, 사우들 중에는 종이와 붓을 보내온 사람들이 매우 많았다. 서강(西江) 섭조(葉潮)는 여덟 글자의 대련을 써주었는데 내용은 다음과 같았다. "문장은 나라를 빛

79_ 수분(秀芬).《청대부녀문학사(清代婦女文學史)》(《中華書局, 1927)에서 청대의 여류 시인(詩人)과 여류 사인(詞人) 100여 명을 언급하였는데, 비교적 저명한 사람으로 하쌍경(賀雙卿)과 호조(吳藻), 고춘(顧春)이 있었으며, 절강사파(浙江詞派) 진영(陣營) 중의 여자 사인으로는 조아패(趙我佩), 이완(李婉), 전비종(錢斐鍾), 손수분(孫秀芬), 오빈향(吳蘋香), 관영(關鍈) 등을 소개하였다.

80_《오영재시초(五研齋詩鈔)》(20권)와《오연재문초(五研齋文鈔)》(11권)는 청나라 심적연(沈赤然)이 찬술한 것이다. 가경 연간에 증수본(增修本)을 인쇄하였다. 심적연은 인화 사람이다. 건륭 10년(1745)에 태어났다. 자는 악산(鑪山)이고, 호는 매촌(梅村)이다. 건륭 33년(1768)에 과거에 합격하였다. 관직은 직예성(直隸省) 풍윤현 지현(豐潤縣知縣)이었다. 청렴하고 능력이 있었으며 관직을 그만둔 뒤에는 문을 닫고 저술하면서 외부에 관한 일은 묻지 않았다.

81_ 저자는 해강(奚岡, 1746~1803)으로 청나라 때 전각가(篆刻家) 겸 서화가(書畫家)이다. 자는 순장(純章), 호는 철생(鐵生), 별호는 학저생(鶴渚生), 몽천외사(蒙泉外史), 산목거사(散木居士), 동화암주(冬花庵主)이며, 전당 사람이다. 성격이 고벽(孤僻)하고 경직(耿直)하였으며, 어렸을 때 그림으로 명성이 자자하였다. 건륭황제(乾隆皇帝)가 남쪽으로 순행할 때 그가 마침 동자시(童子試)에 응시하였는데, 항주 지부(知府)에서 사람을 보내 그를 잡아다가 행궁(行宮)에 벽화(壁畫)를 그리게 하였다. 그가 말하기를 "어떻게 그림 그리는 것을 청하려고 잡아올 수 있습니까. 내 머리가 잘릴망정 그림은 단호히 그리지 않기로 결심했습니다."라고 하였으므로, 이에 잡아온 사람이 "너는 동생(童生)이 아니라, 그야말로 철생(鐵生)이로구나."라고 말하자, 이에 철생으로 호를 삼았다. 이때부터 일생 동안 과거에 응시하지 않았다. 전각(篆刻)은 정경(丁敬)에게서 배웠는데, 발전하여 풍격(風格)이 청준(清雋)하여 서령팔가(西泠八家) 중에 한 사람이 되었다. 저서로는《동화암신여고(冬花庵燼餘稿)》가 있다.

내고[文章華國], 시예는 가학을 전하네[詩禮傳家]”무림(武林) 손상
(孫庠)[82]은 장하독서도(長夏讀書圖)를 주었는데, 세 칸의 초가집이
호산 사이에 있고, 한 사람의 서생이 단정히 앉아 글 읽는 것을 보
니 깨끗해서 사랑스러웠다.

  [1]
  처음 온 객 도오(桃塢)에서 헤매려고 하는데
  오래 머문 그대는 석종에게 견줄 만하네.
  수곡의 좋은 바람에 앵무새가 뚜렷하고
  수풀에 가랑비 올 때 제비가 쌍쌍이 나네.
  한 군대의 소아는 술통 앞의 보루이고
  네 벽의 창으로 그림 같은 시내와 산이 들어오네.
  지초의 향기로운 이름을 내가 안 지 오래이니
  입좌(入座)로 인연하여 비로소 마음 굽힌 것 아니었네.
  初來客欲迷桃塢 久住君堪比石淙
  繡谷好風鸚歷歷 綠陰微雨燕雙雙
  一軍騷雅樽前壘 四壁溪山畫裏牕
  芝草芳名吾久識 不緣入座始心降

82_손상(孫庠). 일찍이 《태구조호진씨가보(太丘皀湖陳氏家譜)》를 만들었는데, 그가 긴 발
   문(跋文)을 썼다고 한다.

[2]

어제는 산당에서 편지를 보내왔기에

아무래도 가는 배를 한나절쯤 늦춰야 했네.

길을 내고 스스로 온 것은 원래 장후에 속한 것이고[83]

숲에 들어가면 이때부터 또 완함과 사귈 것이네.

외기러기처럼 왔으니 짝 따르길 탐하였고

큰 고래처럼 술 마셨으니 감독 세움 비웃었네.[84]

술잔을 피했다고 기억한 건 많이 잘못된 것이니

질펀한 술자국이 푸른 한삼에 가득 있었네.

山堂昨日枉華緘　且緩歸程半日帆

開徑自來元屬蔣　入林從此又交咸

來如獨鴈貪隨侶　飮似長鯨笑立監

記取逃觴多謬誤　淋漓酒汁在靑衫

앞의 시는 사초백(査初白)의 것이니, 호가 오교방(午橋坊)이다.

右査初白 號午橋坊

83_ 장후(蔣詡)의 삼경(三徑) 고사를 말한다.
84_ 여기서 감(監)은 임금의 주연(酒宴) 때 감독(監督)을 관장하는 사람을 가리킨다. 《시경》 〈소아〉 '빈지초연(賓之初筵)'에 "이미 감을 세우고, 혹은 사로써 보좌를 삼는다.[旣立之監, 或佐之史]"라고 하였다.

6월 9일 서호십경시를 받다

6월 9일 맑음. 출발하려 하자 선비 두 사람이 길을 막고 말하였다.

"오랫동안 귀한 성함을 우러렀습니다. 특별히 여러 편의 시를 바쳐 우러러 사모하는 마음을 드리려고 합니다."

하늘이 두루 보게 하여 중국에 닿았으니
험로 익혀 멀찍이 관월사(貫月査)[85]를 타게 됐네.
동쪽으로 여양(驪洋) 볼 때 돌아갈 꿈이 먼데
북쪽으로 봉궐에 조알하니 가는 길이 멀찍하네.[86]
십주(十洲) 물결 헤쳐감은 원래 놀랄 만하나
만 리 길에 이름 쓴 일 진실로 자랑할 만하리라.[87]
나그네는 표류한 감회를 더하지 말지니
성은(聖恩)은 갈 때에 지남차를 준다 하셨네.

85_ 빛을 낸다는 전설상의 뗏목으로, 요임금 때 서해에 있었다 한다. 보통 배를 이르는 말로 쓰인다.

86_ 원주에 "듣건대 고관이 그날로 장차 송별해서 연경에 이른다고 한다.[聞大吏卽日將送至京]"라고 하였다.

87_ 여기서는 안탑제명(雁塔題名)을 말한다. 안탑제명이란 진사 급제를 뜻한다. 당나라 위조(韋肇) 이래 진사에 급제한 사람은 낙양(洛陽)의 자은사(慈恩寺) 탑에 이름을 적은 것에서 유래한다.

天敎閲歷到中華 習險遙乘貫月槎

東望驪洋歸夢遠 北朝鳳闕去途睽

十洲破浪原堪駭 萬里題名洵足誇

萍客莫增漂泊感 聖恩行錫指南車

앞의 시는 오요화(吳瑤華)의 것이니, 인화에 살고 있다.

右吳瑤華 居仁和.

본래는 고구려의 나그네인데

떠돌다가 만 리 길 멀리 왔도다.

뗏목 타고 불계에 참여하였고

물결을 헤치고 천조(天朝)에 이르렀네.

선비의 습속은 삼덕(三德)⁸⁸을 준행하였고

가문의 명성은 팔조(八條)⁸⁹가 나타났네.

목책, 성채 지나가서 돌아갈 길 가까우면

성은을 맞이한 걸 가리키며 돌아보리.

本是句麗客 萍蹤萬里遙

88_ 유교에서 말하는 정직(正直), 강(剛), 유(柔) 또는 지(智), 인(仁), 용(勇)의 세 가지 덕을 말한다.

89_ 기자가 주나라 무왕(武王)에 의해 조선에 분봉(分封)된 후 제정하였던 여덟 조목의 금법(禁法)을 말한다. 이 중 살인자는 사형에 처하고, 남의 신체를 상해한 자는 곡식으로 갚고, 남의 물건을 도둑질한 자는 그 집의 노비로 삼는다는 등 세 조목만 전하고 있다.

乘槎參佛界 破浪到天朝

士習遵三德 家聲著八條

柵城歸路近 指顧聖恩邀

앞의 시는 수매거사(脩梅居士)의 것이니, 절강에 살고 있다.

右脩梅居士 居浙江.[90]

서호십경시西湖十景詩

조선에서 온 강해산인에게 받들어주다.

奉贈朝鮮江海散人

[1]

좋은 자취는 소동파 이야기가 전하여

밝은 호수가 백제(白堤)와 마주해 있네.[91]

봄을 아쉬워하며 사람 혼자 섰는데

새벽 되자 새가 막 울어대었네.

푹 잔 뒤에 꽃 사랑함 권태로웠고

잠잔 나머지에 버들 나직함 알게 되었네.

새벽종은 삼축(三竺)[92]의 뒤에서 울리고

90_ 국립도서관본에는 제목이 〈五言四律, 奉贈朝鮮江海散人〉이라 되어 있다.
91_ 서호에는 백제(白堤)와 소제(蘇堤)라는 두 개의 둑이 있다.
92_ 삼천축(三天竺). 절강성 항현(杭縣) 천축산의 상중하 세 곳을 합하여 삼천축이라 한다.

〈소제의 봄날 새벽[蘇堤春曉]〉

희미한 달은 육교(六橋)⁹³의 서쪽에 기울었네.

파도같이 맑은 거울에 단장을 겨우 열어

산 같은 눈썹 그리니 가지런하지 않네.

시험 삼아 서시(西施)의 얼굴을 엿본다면

오히려 숙취에 몽롱한 상태이리라.

勝蹟傳蘇子 明湖對白堤

惜春人獨立 破曉鳥初啼

睡足憐花倦 眠餘認柳低

<hr />

93_ 항주 서호 안의 다리를 이른다.

曙鍾三竺後 殘月六橋西

波鏡糚縗啓 山眉畫未齊

試窺西子面 猶似宿醒迷

앞의 시제(詩題)는 소제의 봄날 새벽이다.

右蘇堤春曉.

[2]

일찍이 호수를 달에 빗대었는데

지금 보니 달이 호수를 비추었네.

물이 잔잔하니 호수 수면 널따랗고

가을이 깨끗하니 달의 윤곽이 외롭네.

물결 중심에는 거울 만들어내고

포구에는 구슬 흘러 들어오누나.

마름꽃은 하늘 위에 곱디고왔고

금 좁쌀은 파도 속에 퍼져 있노라.

세상은 과연 은계를 엿봄과 같은데

사람들은 참으로 옥호에 있는 것 같네.

광한궁은 여기에서 멀지 않으니

정자 안은 신선 사는 도읍이로다.

曾比湖爲月 今看月照湖

水平湖面闊 秋淨月輪孤

〈평호의 가을달[平湖秋月]〉

鑄出波心鏡 流還浦口珠

菱花天上豔 金粟浪中鋪

世界窺銀界 人眞在玉壺

廣寒宮不遠 亭內是仙都

앞의 시제는 평호의 가을달이다.

右平湖秋月.

[3]

모두 호수 빛이 쏟는가 의아했다가

〈버들가지에서 들리는 꾀꼬리 소리[柳浪聞鶯]〉

또한 마름 뜬 물결이 잔잔함인가 하였네.

응시하니 곧 버들 보게 되었고

귀 기울이니 갑자기 꾀꼬리 소리 들리네.

노래를 보내는 가지 끝이 매끄럽고

생황(笙簧) 같은 소리 잎 아래서 맑구나.

만 개의 줄소리가 드날려서 열렸고[94]

천 개의 곡조소리 전해 나오네.

금북으로 짠 것이 아니라 하면[95]

94_ 버드나무에 바람이 부는 모양을 말한다.
95_ 꾀꼬리를 금북에 비유한 말이다.

어떻게 푸른 띠가 될 수 있으랴.[96]

가능하면 술 한 말을 가지고 가서

말 매고서 시 읊는 정에 맞게 하리라.

渾訝湖光瀉　還疑菱浪平

凝眸方見柳　側耳忽聞鶯

歌送枝頭滑　簧調葉底淸

颺開絲萬縷　傳出曲千聲

不是金梭織　安能翠帶成

可能攜斗酒　繫馬愜吟情

앞의 시제는 버들가지에서 들리는 꾀꼬리 소리이다.

右柳浪聞鶯.

[4]

작은 항구에 삼경이 둘러 있는데

활짝 핀 꽃 온 도랑에 가득하네.

못물 임해 완전히 나를 잊었고

난간 기대 물고기 잠시 보았네.

비단 가르는 은 칼처럼 물고기 빠르고

비단 마르재는 옥척(玉尺) 같은 잉어 천천히 가네.

96_꾀꼬리가 없었다면 수양버들이 피지 않았을 것이라는 뜻이다.

花港觀魚
相逢解語定名花緩步尋
香曲港斜遺興方憑魚樂
國漁歌又起水之涯

〈화항에서 보는 물고기[花港觀魚]〉

평성은 푸른빛을 뒤집은 뒤이고

복사꽃 뜬 물결은 향기 접한 나머지이네.

한 길에는 붉은 비가 열려 있고

쌍쌍이 뛰어나와 흰 편지 전하려는 듯

천기가 참으로 활발도 한데

이 즐거움 즐겁기가 어떻겠는가?[97]

小港匝三徑　繁花點滿渠

臨淵渾忘我　倚檻且觀魚

97_《장자》의 호량지변(濠梁之辯)을 말한다.

剪錦銀刀疾 裁羅玉尺徐

萍星翻翠後 桃浪唼香餘

一道開紅雨 雙跳出素書

天機眞活潑 此樂樂何如

앞의 시제는 화항에서 보는 물고기이다.

右花港觀魚.

[5]

어느 곳의 부들이 크게 우는가

느긋이 말 멈추고 소리 듣노라.

아득한 저물녘에 절을 헤매다

손으로 가리키며 남병산을 나왔네.

울림이 바위의 흰 구름을 건너서

소리가 고개의 푸른 나무에 얽혀 있네.

한 소리는 전하기를 시끄럽게 하고

온갖 보는 것은 사무치길 영롱히 하네.

나무 끝에 있는 새는 놀라서 흩어지고

궁전 모서리 풍경 소리 조화롭네.[98]

관현 소리, 모두 다 사라졌으니[99]

---

98 풍경과 종소리가 어울리는 모양을 이른다.
99 종소리가 끝나는 것을 말한다.

〈남병산의 저물녘 종소리[南屏晚鐘]〉

속세에 관한 꿈이 이때 깨게 되노라.

何處蒲牢吼 悠然駐馬聽

蒼茫迷晚寺 指點出南屏

響度巖雲白 音纏嶺樹靑

一聲傳鏜鎝 萬竅透玲瓏

驚散枝頭鳥 和將殿角鈴

管絃歸去盡 塵夢此時醒

앞의 시제는 남병산의 저물녘 종소리이다.

右南屏晚鐘.

[6]

한 곡의 연밥 따는 노래는

목란주(木蘭舟)¹⁰⁰에서 돛대 치고 지나가네.

그 당시에 곡원(曲院)¹⁰¹이었는데

이날은 바람 맞은 연꽃 많도다.

빛깔은 아황과 여영¹⁰²의 고움에서 빌렸고

향기는 소녀에게 많이 나누어주네.

신선 같은 치마를 머물러서 손에 있게 하니

종종걸음 치면 버선이 물결을 능가하네.¹⁰³

난간 밖에는 꽃이 벽처럼 둘렀고

처마 앞에는 물이 쌓은 비단 같네.

벽통주(碧筒酒)¹⁰⁴ 가지고서 아회(雅會)하니

취한 얼굴이 불그레해짐 애석치 마라.

一曲采蓮歌 蘭舟打槳過

當年曾曲院 此日膾風荷

100_ 목란(木蘭)이라는 목재(木材)로 만든 선박(船舶)을 말한다.

101_ 사전(辭典)에 따라 해석이 다르다. 첫째, 기원(妓院)을 가리킨다. 《한어대사전(漢語
大詞典)》 참조. 둘째, 원명(院名)이다. 절강성 항현의 서호에 있다. 원래는 국원(麴院)
이라 하여 송나라 때 술을 빚던 곳이었고, 청나라 성조(聖祖)가 고쳐서 곡원이라 하
였다 한다. 《중문대사전(中文大辭典)》 참조.

102_ 상아(湘娥): 상령(상수의 신), 곧 순임금의 두 비(妃)인 아황(娥皇)과 여영(女英)의 넋을
가리킨다.

103_ 연꽃이 물 위에 떠 있는 모양을 말한다.

104_ 위(魏)나라 정공(鄭公)이 여름에 연잎에다 술을 부어 줄기를 뚫고 마셨는데 벽통주
라 하였다.

〈곡원의 바람에 나부끼는 연꽃[曲院風荷]〉

色借湘娥艷　香分小女多

留仙裙在手　微步襪凌波

闌外花爲壁　簾前水疊羅

碧筒成雅會　莫惜醉顔酡

앞의 시제는 곡원의 바람에 나부끼는 연꽃이다.

右曲院風荷.

[7]

꼭지를 아우른 푸른 부용꽃은

층층 구름이 옛날 봉한 곳에 뻗쳐 있네.

누가 호수 위 벽을 가지고서

해의 주변 봉우리 꽂아서 만들었나.

푸른빛은 삼천 길이나 솟아 있고

하늘은 제일중(第一重)을 능가했도다.

안개 속에서 병풍이 마주해 있고

하늘 밖에는 쌍검이 찌르고 있네.

높이 솟았으니 너무 기이한데

천지 기운은 빼어남이 홀로 모였네.

쪽진 머리 드리워서 그림자 거꾸로 했으니[105]

거울 속에 부처의 머리가 짙네.

並蔕碧芙蓉 層雲亘古封

誰將湖上壁 揷作日邊峰

翠崿三千仞 霄凌第一重

烟中屛對峙 天外劒雙衝

嶘屼奇難勝 氤氳秀獨鍾

兩鬟垂倒影 鏡裏佛頭濃

앞의 시제는 쌍봉에 꽂힌 구름이다.

右雙峯揷雲.

---

105 산봉우리가 호수에 비치는 모양을 뜻한다.

〈쌍봉에 꽂힌 구름[雙峯揷雲]〉

[8]

하늘에 밝은 달이 떠오르노니

푸른 못에 달빛이 잠겨 있도다.

하늘에서는 원래 하나였는데

물에 비추니 홀연 세 개 되었네.

알록달록한 옥벽은 쌍쌍으로 합해 있고

은빛의 갈고리가 낱낱이 더듬었네.

경계는 금속(金粟)¹⁰⁶을 따라서 깨달았고

---

106 임금의 무덤이 있는 곳을 가리키는 말로, 옛날 당나라 현종(玄宗)을 장사 지낸 산 이
   름에서 유래한다.

〈삼담에 비친 달[三潭映月]〉

참선은 목서(木樨) 향해 참여하였네.

환상적인 그림자가 언제나 떨어지랴

전신을 도처에서 알 수 있도다.

방생하는 못물이 반묘쯤 되는데

태극의 이치가 이 안에 담겨 있네.

霄漢升明月　光輝浸碧潭

在天原是一　映水忽成三

彩璧雙雙合　銀鉤乙乙探

界從金粟悟　禪向木樨參

幻影何時墮　前身到處諳

放生池半畞 太極此中含

앞의 시제는 삼담(三潭)에 비친 달이다.

右三潭映月.

[9]

땅은 어찌하여 뇌성이 전하는가

산은 유난히도 저문 모습 대신하였네.

남병에서는 마류(瑪瑠)가 환히 빛나고

서쪽에 지는 해는 연꽃 비추네.

금벽정의 누대가 비추어주고

단청의 풀과 나무가 짙게 있도다.

노을이 붉으니[107] 빛깔이 만 길이고

구름이 빛나니 색이 천 겹이도다.

불이 빛나는 곳은 황비탑(黃妃塔)[108]이고

사람은 적벽의 봉우리에 노니네.

채찍 하나로 저무는 빛 속에

돌아가는 흥취를 게을리하지 마라.

107_하표(霞標): 여기서는 절강성 적성산에 세운 표지(標識)를 이른다. 손작(孫綽)의 〈유천태산부(遊天台山賦)〉에 "적성의 노을을 들어서 표지를 세운다.[赤城霞擧而建標]"고 한 데서 나온 말로, 보통 붉은 노을을 가리킨다.

108_오대(五代) 오월(吳越)의 왕인 전홍숙(錢弘俶)이 총비(寵妃)인 황비(黃妃)가 아들을 낳은 것을 축하하기 위하여 세웠다 한다.

雷峯西照
浮屠高矗與
雲齊閒景偏
宜日色西千
疊湖波漾金
碧六橋梅映
是蘇隄

〈뇌봉의 석조[雷峯夕照]〉

地豈傳雷姓　山偏倩晚容

南屏輝瑪瑠　西日映芙蓉

金碧亭臺耀　丹青草樹濃

霞標光萬丈　雲炫色千重

火是黃妃塔　人游赤壁峯

一鞭殘照裏　歸興未敎慵

앞의 시제는 뇌봉의 석조이다.

右雷峯夕照.

[10]

십 리 길에 은모래 박혀 있는데

남은 영기 아직도 사라지지 않았네.

예쁘게 보았노라. 양원(梁苑)¹⁰⁹의 눈이

단가교(段家橋)¹¹⁰에 옮겨들고 있음을.

나무에서 지는 것은 꽃이 천 조각이고

둑에서 펼쳐진 것은 옥(玉)¹¹¹이 두 줄기로다.

매화는 분 바른 얼굴인가 미혹케 하고¹¹²

풀은 치마 두른 허리를 감추어뒀네.

물가의 달이 맑은 꿈을 끌어서

호수와 산을 백묘(白描)¹¹³에 부치노라.

화정¹¹⁴의 무덤을 찾기 위해

당나귀의 등에 시 표주박¹¹⁵을 걸었네.

109_ 한나라 양효왕(梁孝王)이 하남성(河南省) 개봉시(開封市) 남동쪽에 건립한 동원(東苑)을 말한다. 사방 삼백여 리의 광대한 숲과 연이어진 화려한 궁실로 유명하다. 당시의 명사 사마상여(司馬相如), 매승(枚乘), 추양(鄒陽) 등이 이곳에서 상객(上客)으로 예우를 받았다. 토원(兎園)이라고도 한다.

110_ 서호 십경 중 하나이다.

111_ 여기에서는 소제와 백제를 말한다.

112_ 눈과 매화 모두 흰색이라 이르는 말이다.

113_ 동양화에서 진하고 흐린 곳 없이 먹으로 선만을 그리는 화법을 말한다.

114_ 화정(和靖). 송나라 때 시인 임포(林逋)를 말한다. 매화를 매우 사랑하여 지은 〈산원소매시(山園小梅詩)〉에 "疏影橫斜水淸淺, 暗香浮動月黃昏"이란 시구가 유명하다.

115_ 시표(詩瓢): 방외지사(方外之士)의 시고(詩稿)를 말한다. 당나라 당구(唐球)가 시를 지어 큰 표주박 속에 넣어 강물에 떠내려 보냈다는 고사에서 유래한다.

〈단교의 남은 눈[斷橋殘雪]〉

十里銀沙印 殘英尙未消

欣看梁苑雪 移入段家橋

樹落花千片 堤鋪玉兩條

梅應迷粉額 草不露裙腰

水月牽淸夢 湖山付白描

爲尋和靖墓 驢背掛詩瓢

앞의 시제는 단교의 남은 눈이다.

右斷橋殘雪.

이날은 헌부(憲府)[116]에서 전당(錢塘)의 이윤(貳尹)[117] 양술(梁鉥)을 파견하여 정해현의 표류인 47명을 전송하게 하였고, 인화의 이윤(貳尹) 진항옥(陳恒鈺)은 태평현(太平縣)의 표류인 여덟 명을 전송하게 하였다. 사람마다 은 두 냥을 지급하였다. 여기까지가 절강에서 겪은 일이다.

9일에 배를 띄워 청파문(淸波門) [절강 서문(西門)의 이름이다.]을 나왔다. 오후에 신안현(新安縣)을 지나갔으니 주부자(朱夫子, 주자)의 고향이다.

116_ 어사대(御史台)를 말한다.
117_ 이윤(貳尹): 당대(唐代) 주·부(州府)의 부직(副職)인 소윤(少尹)을 말한다. 후대에는 현령(縣令)의 부직인 현승(縣丞)의 별칭으로도 쓰였다.

6월 10일 윤득철이 호송관에게 곤장을 맞다

6월 10일 맑음. 석문현(石門縣)에 도착해서 배를 멈췄다. 윤득철
(尹得哲)에게 곤장을 쳤으니 호송관에게 죄를 지었기 때문이다.

6월 11일 사람들이 표류선을 구경하러 나오다

6월 11일 맑음. 수수현(秀水縣)에 도착하였다. 현은 가흥부(嘉興府)에 예속되어 있었다. 저녁밥을 먹고 배를 출발시켰다. 강가의 양 기슭 십 리에는 모두 몇 층의 누대와 나는 듯한 누각이 있었다. 성의 남자와 여자들이 표류한 배가 도착하였다는 소문을 듣고 앞다투어 보러 왔으니 매우 장관이었다. 이에 절구 한 수를 짓는다.

강가의 십 리 길은 모두 다 누대인데
주옥 발과 비단 창이 차례로 열려 있네.
여인들 두 사람씩 아양 떨고 말을 걸며
"나그네는 어느 나라에서 바람 만나 오셨나요."
沿河十里盡樓臺 珠箔紗牕次第開
兩兩佳人嬌笑語 客從何國遇風來

이날 밤 어스름해질 무렵 보슬비가 내렸다.

6월 12일 날씨가 맑다

6월 12일 맑음.

6월 13일 강소성에 도착하다

6월 13일 맑음. 강소성(江蘇省)에 도착하였으니, 곧 고소성(姑蘇城)이었다. 경치가 절강과 흡사하였다. 성 밖으로 십 리쯤 떨어진 곳에 한산사(寒山寺)가 있었다. 〈옛일에 감회가 있어서 [感古]〉라는 제목의 절구 한 수를 지었다.

고소성 밖으로 물이 동쪽으로 흐르는데
백저가[118]가 사라지자 패기(覇氣)가 거둬졌네.[119]
그 옛날 오왕이 놀았던 궁 안의 달은

118_ 백저(白苧): 〈백저가(白苧歌)〉를 말한다. 춤추는 모습을 묘사한 가사로 〈백저가〉 또는 〈백저무가(白苧舞歌)〉라고도 한다.
119_ 오나라가 부차(夫差) 때 망한 것을 말한다.

강소성 한산사

밤이 깊자 강 지나는 배를 비추네.

姑蘇城外水東流 白苧歌殘伯氣收

昔日吳王宮裏月 夜深來照過江舟

이에 성 밖에서 기숙(寄宿)하였으니, 진실로 이른바 "강가의 단
풍과 어선의 불빛 보며 시름에 잠 못 드네."[120]라고 하였던 것이다.

120_ 장계(張繼)의 〈풍교야박(楓橋夜泊)〉이라는 시에 "月落烏啼霜滿天, 江風漁火對愁眠.
姑蘇城外寒山寺, 夜半鍾聲到客船."이라 한 것을 가리킨다.

6월 14일 장주현에 도착하다

6월 14일 맑음. 오시(午時)에 장주현(長洲縣)에 도착하였다. 매승(枚乘)[121]이 "장주해릉(長洲海陵)"이라 이른 곳이다.

6월 15일 무석현에 도착하다

6월 15일 맑음. 무석현(無錫縣)에 도착하여 유숙하였다. 강남의 여러 고을은 크고 작은 규모의 차이는 있어도 그 번화함은 한결같았다.

121_ 매승(枚乘, ?~BC 140). 한나라 전기에 고명하였던 미문가(美文家)이다. 산문과 운문의 중간 형식인 〈칠발(七發)〉 등의 작품이 있는데, 이것은 훗날 사마상여(司馬相如) 등의 사부문학(辭賦文學)에 큰 영향을 끼쳤다.

6월 16일 무진현에 도착하다

6월 16일 맑음. 순풍을 만나 무진현(武進縣)에 도착하였다. 현은 상주부(常州府)에 예속되어 있었다. 저녁밥을 먹고 한밤중에 배를 띄웠다.

6월 17일 단양현에 도착하다

6월 17일, 오후에 보슬비가 내렸다가 날이 저물자 다시 개었다. 단양현(丹陽縣)에 도착하였으니 옛날에 오두초미(吳頭楚尾)[122]라 일렀던 곳이다.

122_ 머리는 오나라에 있고 꼬리는 초나라에 있다는 뜻으로, 두 지역이 매우 가까운 것을 비유하는 말이다. 왕상지(王象之)의 《여지기승(輿地紀勝)》에 나온다. 또 왕사정(王士禎)의 〈강상(江上)〉이라는 시에 "吳頭楚尾路如何, 煙雨秋深暗白波"라고 하였다.

6월 18일 단도현에 도착하다

6월 18일, 닭이 울자 배를 띄웠다. 날이 밝아올 때 보슬비가 내리다가 사시(巳時)에 개었다. 오시(午時)에 단도현(丹徒縣)에 도착하였다. 현은 진강부(鎭江府)에 예속되어 있었다. 장강(長江) 남쪽과 장강 북쪽 모두 물색의 번화함과 저택의 즐비함이 지나온 여러 마을에는 조금 미치지 못하였다.

6월 19일 금산사에 도착하다

6월 19일 맑음. 아침을 먹고 배를 띄었다. 경구(京口)에 있는 포구에 도착하였으니, 진(晉)나라 사람이 "술은 마실 만하고, 병사는 쓸 만하다."라고 일렀던 곳이다. 영파현(寧波縣)으로부터 서쪽의 내하 수천 리가 이곳에서 원천이 시작되었으니, 오호가 합쳐지는 곳이었다. 공범(孔範)이 이른바 "장강이란 천연의 요새가 남북(南北)을 가로막고 있네."[123]라고 하였던 곳이다. [곧 이 물이다.] 흐르는 물결의 너비가 사십 리쯤 되는데, 중류에 금산사(金山寺)가 있었으니 한세충(韓世忠)[124]이 올출(兀朮)을 격파한 곳이다.[125] 일명 소관(昭關)에서 오원(伍員)이 어장인(漁丈人)을 만난 곳이기도 하다.[126]

그 위에 강태공의 낚시터라고 이르는 곳이 있었는데, 어선과 상

123_ 공범(孔範)이 "장강이라는 천연의 요새가 옛날부터 남과 북을 가로막고 있으니, 오랑캐 군사가 어떻게 날아서 건너올 수 있으리오.[長江天塹, 古來限隔南北, 虜軍豈能飛渡]"라고 건의하였던 고사가 있다.《남사(南史)》권 77, 〈은행열전(恩倖列傳) 공범(孔範)〉 참조.

124_ 한세충(韓世忠, 1088~1151). 자는 양신(良臣)으로 연안(延安) 사람이다. 남송 때 활약하였으며, 금(金)나라에 대항한 명장 중 한 사람으로 꼽힌다. 악비(岳飛), 유기(劉錡) 등과 함께 금군(金軍)의 침입을 막아 송조(宋朝)의 명맥을 유지하고, 없어진 영토를 회복하려고 힘쓴 무장이었다.

125_ 한세충이 8,000명으로 10만 명의 금나라 군대가 도강하는 것을 저지하였으며, 올출(兀朮)과 황천탕(黃天蕩)에서 48일 동안 대치하였다.

금산사

선이 수백 리나 펼쳐져 있었다. 학과 오리가 있는 물가가 동남쪽으로 휘도니 참으로 천하의 뛰어난 명승지였다. 배를 끌어서 과주성(瓜州城)에 들어갔다. 비로소 성안에는 초가집이 있었고, 좋은 밭과 기름진 흙이 밭두둑에 이어졌으며, 논두렁에 접해 있었다. 땅이 축축하여 벼농사에 마땅하고, 지대가 높고 건조하여 수수 농사에 적합하니 생활이 넉넉한 지방이었다. 오시(午時)에 평산당(平山塘)에 도착하니 당 위에 칠층대(七層臺)가 있었다.

금벽(金碧)[127]은 환하게 비치고, 수놓은 비단은 화려하고 사치스러우니 진실로 누관의 으뜸으로 꼽을 만하다. 이날 밤에 강도현(江都縣)에 도착하였다. 강도현은 양주부(楊州府)에 예속되어 있었으니, 곧 한나라 때 역왕(易王)이 봉해진 곳이었다. 두목(杜牧)의 시에 "술에 취해 양주를 지나는데, 귤이 수레에 가득하네."라고 한 곳이었다. 장난치는 젊은 여자들은 날씬한 허리가 연약하며, 자태는 나긋나긋하여 당나라 때의 물색이 있었다.

---

126 오자서(伍子胥)가 부친 오사(伍奢)와 형 오상(伍尚)의 복수를 위하여 오(吳)나라로 망명의 길을 떠나서 소관에 이르렀다. 하지만 많은 현상금이 걸려 있던 오자서는 추격을 당하고 있었다. 큰 강에 이르러서 한 어부의 도움으로 무사히 강을 건너게 되어 사례로 보검을 주었으나 어부가 받지 않았다고 한다. 《사기》 참조.
127 궁궐이나 사찰 등을 단청(丹靑)할 때 황금색과 푸른빛의 고운 색채로 칠한 것을 말한다.

6월 20일 강도에 머물다

6월 20일 맑음. 강도(江都)에 머물렀다. 저녁밥을 먹고 이고(二鼓)[128]가 되자 배가 출발하였다.

6월 21일 고우주에 도착하다

6월 21일 맑음. 고우주(高郵州)에 도착하여 저녁밥을 먹고 나자 배가 출발하였다. 배 안에서 자다 일어나보니 이때 희미한 달이 막 떠올랐다. 뱃노래가 일제히 흘러나오고 갈대꽃과 갈댓잎이 눈에 보이는 곳에 모두 황량했으니, 나라를 만 리나 멀리 떠나온 터라 마음이 좋지 않아서 4운 1수를 지어 스스로 위로하였다.

저 강가에 배를 띄워서

---

128 밤의 시간을 다섯으로 나눈 두 번째 시간을 말한다. 이때 두 번째 북을 울려서 알렸다. 계절에 따라 밤의 길이가 다르므로 이 시각에도 변동이 있으나, 대략 오후 10시를 전후한 시간을 말한다. 오경(五更)의 이경(二更), 오야(五夜)의 을야(乙夜)와 같다.

밤낮으로 다니기를 쉬지 않누나.

뗏목 타 직녀성을 찾아갔었고

학을 타고 양주를 지나갔도다.[129]

희미한 달 서늘함이 물과 같았고

물가 꽃은 싸늘함이 가을이었네.

서성대는 만 리 밖의 나그네가

그 언제나 조선 땅에 도착할 건가.

汎彼河邊舟　晝宵行不休

乘槎訪織女　騎鶴過楊州

殘月涼如水　汀花颯欲秋

栖栖萬里客　幾日到靑丘

---

129 여기서는 양주학(楊州鶴)을 말한다. 옛날에 손님들이 서로 종유(從遊)하면서 각자
　　자신의 소원을 말하였는데, 어떤 이는 양주자사(楊州刺史)가 되기를 원하였고, 어떤
　　이는 재물이 많기를 원하였으며, 어떤 이는 학을 타고 하늘을 날기를 원하였다. 그
　　러자 그 중에 한 사람이 말하기를 "허리에 십만 관의 황금을 차고 학을 타고 양주
　　로 올라가고 싶다." 하였으니 이는 세 사람의 소원을 겸하고자 한 것이었다. 이후
　　에 양주학은 실현 불가능한 소망을 일컫는 말로 쓰인다.

6월 22일 마융의 고향에 오다

6월 22일 맑음. 보응현(寶應縣)에 도착하여 아침밥을 먹었다. 오시(午時)에 비가 오고 포시(晡時)에는 개었다. 사경(四更)이 되자 산양현(山陽縣)에 도착하였으니 마융(馬融)[130]의 고향이었다. 짧은 절구 한 수를 지어 스스로 위로하였다.

밤이 되자 바람이 더 서늘하고

가을이 가까우니 달 더욱 밝네.

맑은 시름 도리어 금할 수 없는 것은

만 리 밖에 타향의 감정이도다.

入夜風逾爽 近秋月更明

淸愁還不禁 萬里異鄕情

130_ 마융(馬融, 79~166). 중국 후한(後漢)의 유가(儒家)이며, 자는 계장(季長)이다. 안제(安帝) 및 환제(桓帝)에 사관(仕官)하여 태수가 되었다. 수경(數經)에 통달하여 노식(盧植), 정현(鄭玄) 등을 가르쳤다.

6월 23일 청강포에 도착하다

6월 23일, 오시(午時)에 보슬비가 내리더니 오후에 개었다. 청강포(淸江浦)에 도착해서 묵었다.

6월 24일 청하현에 도착하다

6월 24일, 가랑비가 내렸다. 황하를 건너는데 중류에서 파도가 크게 일어 겨우 육지에 올랐다. 청하현(淸河縣)에 도착하였으니 현은 왕자영(王子營)에 예속되어 있었다. 비로소 배에서 내렸다.

6월 25일 도원현에 도착하다

6월 25일 맑음. 도원현(桃源縣)의 중흥집(衆興集)에 도착하여 여기서 묵었다.

6월 26일 〈고려백지가〉를 지어주다

6월 26일 맑음. 오시(午時)에 태안현(泰安縣)의 어구(漁溝)를 지나자 태산(泰山)의 행궁(行宮)이 있었다. 날이 저물어서야 숙천현(宿遷縣)의 순하집(順河集)에 도착하였으니, 현은 서주부(徐州府)에 예속되어 있었다. 저녁밥을 먹자 어떤 사람이 고려지 두 장을 가지고 와서 글씨를 청하였다. 이것은 우리나라의 초백지(草白紙)였다. 〈고려백지가(高麗白紙歌)〉를 지어주었다.

우리 동방 토산에는 좋은 닥[楮] 생산되니
종이 빛 매우 희어 서리, 눈과 같이 희네.
지공(紙工)이 두들겨서 종이를 만드노니
두껍거나 얇거나 모두 다 이름 있네.
북으로는 중국 가고 동으로는 일본 가니
가격이 뛰어올라 천금도 싸다 하네.
조선 사람 천히 여겨 아낄 줄 모르니
하루에 문방(文房)에서 천 장이나 허비하네.
겨울이면 눈보라를 막으려고 창문을 보수하고
때로는 인쇄공에 부탁하여 경전 찍네.
올해에 표류하다 절강부에 이르니

분지(粉紙)와 화전(花牋)에 상다리가 휠 것 같네.

유인들은 종이 빌려 《승사록》을 베끼고

묵객들은 종이 구해 서호장(西湖章)을 썼도다.

시험 삼아 먹물을 듬뿍 묻혀 쓰려 하니

종이가 거칠고 뻣뻣하여 붓이 나가지 않네.

종이 펴고 붓 던지며 한 번 길게 탄식하니

그 품질 자못 달라 한양 것 아니어서네.

억지로 붓 대려도 손에 공이 없으니

염파가 조(趙)나라 군대 생각한 까닭이었네.[131]

오늘 아침에 비로소 고국의 낯 씻게 되니

하늘가 먼 곳에서 떠도는 서생 같네.

吾東土産産美楮 皮膚潔白霜雪明

紙工用之擣爲紙 厚者薄者皆有名

北出上國東日本 厥價翔踊千金輕

東人賤之不解惜 一日文房費千片

冬爲風雪補窓戶 時付剖劂翻經傳

今年漂到浙江府 粉紙花牋頹匡牀

遊人借謄乘槎錄 墨客乞書西湖章

試將墨瀝一揮灑 紙性粗硬筆不行

131_ 19, 20구는 중국 종이의 질이 나빠 글씨가 잘 써지지 않으므로 종이 질이 좋은 조선
종이를 생각하게 되는 것을 전국시대 조나라 장수인 염파 장군에 빗대어 비유한
말이다.

臨紙却筆一長嘆 厥品殊非漢陽城

強欲揮毫手無功 所以廉公思趙兵

今朝始拭故國面 天涯淪落同書生

앞의 시는 노정유(魯正儒)에게 준 것이다.

右贈魯正儒.

6월 27일 담성현에 도착하다

6월 27일 맑음. 담성현(郯城縣)의 홍화포(紅花舖)에 도착해서 묵었다. 위송관(委送官)이 나에게 지방관을 찾아가서 저녁밥을 요청하라고 하였다.

내가 말하였다.

"표류된 사람들의 배가 주리고 부른 것은 위관에게 달려 있으니 나그네가 어떻게 가는 데마다 먹을 것을 구할 수가 있겠소?"

이날은 일행이 모두 굶주려서 먹을 것을 생각하기에 내가 바다에서 겪었던 일로 너그럽게 비유하였다.[132]

132_ 바다에서 사경을 넘나드는 고생을 하였으니 이까짓 굶주림 정도는 아무것도 아니라는 뜻이다.

6월 28일 저녁밥을 또 거르다

　6월 28일 맑음. 아침밥을 챙겨먹지도 못하고 이른 새벽에 출발하였다. 오시(午時)에 담성현에 도착해서 점심밥을 먹었다. 길을 나서 성을 십 리쯤 떠나와서 묵었다. 저녁밥은 또 걸렀다.

6월 29일 현주에게 강하게 항의하다

6월 29일 맑음. 아침밥을 또 걸렀으니 모두 합쳐보면 이틀 동안 네 끼를 거른 셈이다. 그래도 사람들이 떠들지 않는 것은 타이르는 공이 많아서이다. 이에 나라를 떠나 만 리 길에 많은 사람이 자주 굶는 것을 생각하였다. 생각에 젖어 있을 때 여러 사람의 의논이 너도나도 본관에 가서 호소하기를 원하였다. 그러므로 할 수 없이 내가 성에 들어갔다. 현주를 보자고 하니 관청 사람들이 이런저런 이유를 대며 말하였다.

"현주께서는 천자를 뵈려고 도성에 들어갔습니다. 다만 (현주를) 대리하는 관리가 있기는 하지만 그 사람이 또 관청 안에 있지 않습니다."

내가 말하였다.

"대황제께서 먼 데서 온 사람들을 넉넉히 돌보아주신다 하였습니다. 현(縣)이 차례대로 먹을 것을 계속하여 대주고 관원을 차출하여 표류한 사람들을 호송해주게 되어 있으니, 높고 낮은 관리를 따질 것 없이 직무를 맡은 모든 사람은 진실로 상감의 덕스러운 생각을 베풀어야 할 것입니다. 그런데 관문이 지척에 있는데도 밖에서부터 단호히 거절하고 있으니, 이것이 어찌 주인과 손님 간에 서로 공경하는 도리이겠습니까? 그리고 (현주를) 대리하는 관원 역시 임명된 관리입니다. 그렇다면 일이 크고 작은 것을 따질 것 없이 직무는 마땅히 통괄(統括)하여야 할 것인데, 어떻게 그렇게 핑계를 대고 있습니까. 하물며 이 나라는 바로 공자의 조상이 살던 고장입니다. 그렇다면 세월이 오래 흐른 뒤에도 마땅히 남겨진 풍도와 운치가 있어서 멀리서 온 사람을 흥기시킬 수 있어야 할 것인데도 오늘날 여러 사람의 일처리가 이와 같습니다. 어쩌면 '먼 데서 온 사람들은 아는 것이 없으니 예모(禮貌)를 갖추어 영접할 것이 없다'고 말하는 것이 아니겠습니까."

이에 보고 있던 사람들이 비로소 눈을 휘둥그레 뜨고 서로 돌아보면서 현주에게 달려가 아뢰니, 현주가 처음으로 위의(威儀)를 갖추어 자리에서 일어나 나를 맞이하였다. 들어가 빈주(賓主)의 예를 행한 다음 붓과 종이를 주면서 말을 구하였다.

내가 말하였다.

"중국 조정의 대황제께서는 먼 데서 온 사람들을 슬프게 생각해서 내지(內地)에 있는 사람들과 마찬가지로 보고 계십니다. 현이 차례대로 먹을 것을 계속 대주고 굶주리는 자가 배부르게 되면 저희가[133] 죽으려다가 곧 감읍하여 목이 메어 울 겨를이 없었습니다. 그런데 우리는 홍화포에 도착하여 아침, 저녁을 두 끼나 거르고 있습니다. 어제 성에 들어섰을 때 침묵을 지키고 말하지 아니하였던 것은 감히 식사 문제 같은 사소한 일을 시끌벅적하게 열거할 것이

133_ 주유(侏儒): 조금 모자라는 사람, 또는 조금 부족한 사람을 말한다.

없어서였습니다. 이제 또 두 끼를 다함께 걸렀으니 더운 날씨에 사람들이 어떻게 병이 안 날 수 있겠습니까. 이제 여기에서 하소연하는 것은 비록 밥벌레[134]와 같으나 목숨과 관계된 바입니다. 오직 합하께서 헤아려주십시오."

현주가 다 보고 나서 위로하고 사과함을 지극히 하였다. 이에 역참으로 돌아오라고 요청하기에 돌아와 보니 아침밥이 이미 차려져 있었다. 이날은 본 역참에서 유숙하였다.

---

134 음식지인(飮食之人): 도덕이나 의리를 외면하고 먹고 마시는 일에만 마음을 쏟는 사람을 가리킨다.

6월 30일 오랑캐란 말에 성을 내다

6월 30일 맑음. 위송관 양월(梁鉞)은 일찍이 지현(知縣)을 지낸 자였다. 일찍이 홍화포에 있을 때 전송하는 시에 이르기를

열 길 되는 홍진에서 길을 끼고 달리다가
정자에 잠시 머무니 경내(境內)가 맑고 은미하였네.
날기에 지친 새가 돌아갈 줄 알듯이[135]
또다시 절에 가서 잠시 기심(機心)[136] 쉬려 하는 것이리.
十丈紅塵夾路馳 且停亭上境淸微
倦飛鳥有知還意 又向禪林暫息機

이날에 추답(追答)하여 이르기를

수레는 유수(流水) 같고 말은 날듯 달리는데
두 사신[137] 빨리 달려 자미성에 가깝도다.[138]

---

135 이 시구는 '날기에 지친 새가 둥지로 돌아갈 줄 안다'는 말로 벼슬살이에 싫증이 나서 은퇴하려 한다는 뜻으로 쓴다. 도연명(陶淵明)의 〈귀거래사(歸去來辭)〉에 "鳥 倦飛而知還"이라 하였다.
136 교묘하게 남을 속이고 실리(實利)를 챙기려는 마음을 이른다.

천자가 경제(經濟)하는 솜씨를 구했으니

그대는 한음의 기심[139]을 몰랐음 알겠노라.

車如流水馬如飛 二使星馳近紫微

天子方求經濟手 知公未識漢陰機

양공이 답장하였다. "대작(大作)이 유창하고 고상하여 감패(感佩)가 심하였습니다. 다만 칭찬이 너무 지나쳐서 부끄럽습니다. 위관이 전해준 글[140]에는 반드시 일컫기를 '난이(難夷)'[141]라 하였습니다."

내가 답장하였다. "춘추의 의리에 오랑캐이면서 중국에 나간다면 중국의 작은 나라가 되니 또한 소중화(小中華)입니다. 아마도 합하께서는 성인께서 경서를 저술한 뜻을 깊이 살피지 않은 듯합

137_ 이사(二使)에 대한 원주에서 "양공은 47명을 보호하고, 진항옥은 태평부에 표류한 8명을 호송하였다.[梁公護四十七人, 又有陳公恒鈺, 護送太平府漂流八人]"라고 하였다.

138_ 상감이 있던 서울과 가깝다는 뜻이다.

139_ 한음기(漢陰機): 한음(漢陰), 곧 중국 한수(漢水)의 남쪽을 말한다. 여기서는 한수의 남쪽에서 어떤 노인이 동이를 가지고 땅굴로 들어가 물을 퍼다 밭에 주는 것을 본 공자의 제자 자공(子貢)이 기계(機械)를 이용하면 노력은 적게 들어도 성과는 많다는 권고에 대하여 노인이 "기계를 사용하여 거기에 얽매이면 본질을 잃을 수 있다."고 자공을 비판한 일을 가리킨다. 《장자》〈천지(天地)〉에 나온다.

140_ 전유(傳諭): 임금의 명령을 의정(議政) 또는 유현(儒賢)에게 전하던 일을 말한다.

141_ 이족(夷族)으로서는 있기 어려운 글이라는 뜻으로 쓴 말이다. 그런데 다음 문장을 보면 저자인 최두찬은 이(夷)를 '오랑캐'라고 비칭하는 말로 여기고 불쾌하게 여기자 양공이 '이(夷)라는 글자는 중국에서 중국인이 아닌 민족을 일컫는 말일 뿐 비칭이 아니다'라고 해명하고 있다.

니다. 어찌 대놓고 이처럼 배척하십니까? 제 마음이 조금 언짢습니다."

양공이 답신에서 말하였다. "외이(外夷)라 한 것은 중국에 대해 상대적으로 말한 것이지 낮추어 본 것이 아닙니다."

난산현(蘭山縣)에 도착하였다. 현은 기주부(沂州府)에 예속되어 있었다. 남쪽에는 기수(沂水)가 있는데 시 한 수를 지었다.

증점(曾點)이 다행히도 공자에 기댐 얻었으니
느긋이 비파 타다 기수(沂水)에서 목욕할 뜻 밝혔도다.[142]
해지는 동산에는 봉황새가 날아가는데
시골 아이 짝 지어서 봄옷 먼지 털었네.
曾狂幸得聖師依 鏗瑟悠然志浴沂
日暮東山翔鳳去 村童作伴振春衣

142_《논어》 〈선진(先進)〉에 나온다. 공자가 제자인 증점에게 "혹시 알아주는 사람이 있다면 하고 싶은 일이 무엇인가?" 하고 묻자, 증점이 비파를 타다가 내려놓고 대답하기를 "늦은 봄에 봄옷이 이미 이루어지거든 관자(冠者) 대여섯 명, 동자(童子) 예닐곱 명과 더불어 기수(沂水)에 목욕하고 무우(舞雩)에 바람 쐬며 읊조리고 돌아오리다.[莫春者, 春服既成. 冠者五六人, 童子六七人, 浴乎沂, 風乎舞雩, 詠而歸]"라고 하니, 공자께서는 '아!' 하고 감탄하면서 "나는 증점의 뜻을 허여(許與)한다.[喟然, 歎曰, '吾與點也']"라고 하였다.

4장
1818년 7월
― 드디어 북경에 도착하다

7월 1일 반성집에 도착하다

7월 1일 맑음. 반성집(半城集)에 도착해서 유숙하였다. 이날 밤에 소나기가 내렸다.

7월 2일 기수현에 도착하다

7월 2일 맑음. 오시(午時)에 문수(汶水)를 건너서 청타사(清馳寺)에서 쉬었다. 날이 저물자 기수현(沂水縣)의 양장집(梁庄集)에 도착하였으니 옛날의 낭야현(琅邪縣)이다. 남쪽으로 사십 리를 가자 높은 산이 있었는데, 노(魯)나라의 구몽산(龜蒙山)[1]이었다. 산 아래를 따라서 길을 만들어 봉우리마다 거북이가 엎드린 모양과 같았으니, 산이 이름을 얻은 것이 이것 때문이 아니겠는가.

1_ 산 이름인데 전적(典籍)에 의하면 구산(龜山)과 몽산(蒙山) 두 산이라는 설과 구몽산(龜蒙山)이라는 말이 있는데, 저자인 최두찬은 하나의 산 이름으로 본 듯하다.

7월 3일 몽음현에 도착하다

7월 3일, 보슬비가 내려서 날씨가 오락가락하였다. 위관인 석천(石川) 양공(梁公, 梁鉞)이 시를 보냈으니 대략 말하면 경화(京華)에 사신으로 갔다가[2] 재차 양장(梁莊)에서 묵게 된 감회를 적은 것이었다.

"내가 지난 가을에 절강성에 갔다가 양장을 나오게 되었다. 지금은 나랏일로 서울에 가게 되어 다시 옛날 여관에서 머물게 되었는데, 세월이 물과 같아서 이미 일 년이 지났다. 나도 모르게 경치를 보니 감회가 생긴다. 이 시를 지어 최 선생 합하께 바치니 회답하는 문자를 주시오."

余于去秋, 赴浙路, 出梁莊, 今以公事, 之京華, 再住舊館. 光陰如水, 已一載矣. 不覺觸景感懷. 賦此, 呈崔先生閣下, 賜回字.

다시 여관 찾는 것이 또 일 년 지났는데
마름 풀과 여귀 풀은 아직도 여전하네.
창에서 뵈는 먼 멧부리는 푸른 눈썹 같고
난간 밖 시내는 파란빛 하늘에 어리비치네.

---

2 우역(于役): 다른 나라에 사자(使者)로 가는 것을 뜻한다.

어려움이 사람을 지치게 하니 야윈 모습 가엾고

오가는 기러기 발자국[3]은 또한 인연이었네.

가을밤에 또 잠자리의 냉기를 견디고서

순식간에 중양절 되면 둥근 달이 기쁘리.

旅館重經又一年 白蘋紅蓼尙依然

窓中遠岫靑如黛 檻外溪流碧映天

艱苦勞人憐憔悴 往來鴻爪亦因緣

秋宵且耐孤衾冷 轉眼重陽喜月圓

내가 응하여 이르기를

잠시 이별한 세월이 이미 일 년 되었으니

말에서 본 구수(龜岫)가 더욱더 푸르도다.

분조(分曹)[4]해서 잠시 강동부에 좌천되니

임금을 사랑해서 북두 하늘 자주 보네.

도사는 보리가 흔들리는 날에 거듭 돌아왔고

석가여래는 삼 일 되면 뽕나무에서 머문 인연 돌아봤네.[5]

---

3 홍조(鴻爪): 설니홍조(雪泥鴻爪)의 약어로, 녹기 시작한 눈 위에 남긴 기러기의 발자국
을 뜻한다. 인생이 이 세상에 나왔다가 아무 자취도 남기지 못하고 사라짐의 비유로
쓰는 말이나, 여기서는 《승사록》의 저자가 자신들과 만나게 된 비유로 쓴 것이다.
4 여기에서는 본조(本曹)의 조사(曹司:府署)를 나눈다는 뜻으로 쓰였다. 중앙정부에서
거리가 먼 지역에 중요한 일이 발생하였을 때 중앙의 조사를 나누어 현지에 설치하는
임시 기구를 이른다. 병조(兵曹)와 승정원을 분조하는 일이 더러 있었다.

이 사이에 다시 동쪽 가는 객이 있으니

서울에 가게 되면 달이 바로 둥글리라.

乍別光陰已一年 馬頭龜岫更蒼然

分曹暫屈江東府 戀闕頻瞻斗北天

道士重迴搖麥日 如來三顧宿桑緣

此間更有東歸客 行到京城月正圓

　　점심때 몽음현(蒙陰縣)에 도착하였으니 옛날의 구음(龜陰)이란
곳이다. 저녁밥을 짓지 못하여 좁쌀죽을 챙겨주었는데, 넉넉지 못
하여 먹지 못한 사람이 절반 남짓 되었다. 이 고을이 가난하기 때
문인 것 같았다.

5_《후한서》권 30, 〈양해열전(襄楷列傳)〉에 "승려가 뽕나무 아래라도 삼 일을 머물지 않
　는 것은 오래 있어 은애(恩愛)가 생기지 않게 하고자 함이니 정진의 지극함이다.[浮屠
　不三宿桑下, 不欲久生恩愛, 精之至也]"라고 하였다.

7월 4일 제노의 풍경과 풍습

7월 4일 맑음. 아침에 또 죽과 떡을 장만하였으나 그나마 사람들에게 전부 돌아가지 못하였다. 나의 위관이 준비한 것은 다음 날 점심때가 되어서야 밥을 먹게 되었으니 길가는 일행의 일이 매우 안쓰러웠다. 〈강남의 길 위에서 화미조(畫眉鳥)[6]를 짓다[江南道上, 賦畫眉鳥]〉라는 절구 한 수에 이르기를

가무(歌舞)하는 새들이 각자 때를 얻었으니

강남땅 곳곳마다 녹양의 가지일세.

다만 그저 여자아이 전생 일로 인연해서

짐짓 조롱을 닫아걸고 화미를 배우누나.

舞燕歌鶯各得時 江南到處綠楊枝

只緣兒女前生事 故閉雕籠學畫眉

이보다 앞서 내하를 따라서 길을 떠났다. 소주(蘇州)에서 담성(郯城)까지 천 리 사이를 통틀어 산이 하나도 없다가 제노(齊魯)에

6_꼬리치렛과의 새이다. 머리 위, 날개, 꽁지는 감람녹색이고, 머리는 붉은 갈색이며, 머리에서 목까지는 검은 점이 있고, 눈 가장자리에는 길고 흰 무늬가 있다. 대숲에서 사는데 우는 소리가 매우 곱다. 중국이 원산지이다.

도착하자 비로소 귀몽(龜蒙) 등 여러 봉우리가 있었는데, 길게 뻗어서 가로 걸쳐 있었다. 땅에는 돌도 많아서 수레가 갈 수 없을 정도였다. 저자와 촌락이 우리 조선과 매우 같았고, 오곡의 익는 시기도 비슷하였다. 옷과 신발은 수를 놓은 비단이 없었고, 탁자는 융단의 화려함이 없었다. 땅은 척박하고 백성들은 검소하였으니 어쩌면 혹 앞선 성인(聖人)의 유풍이 있어서이겠는가. 여자들은 신발을 만드는 것으로[7] 생업을 삼았고, 남자들은 농사를 근본으로 삼았다.

숭상하는 풍속이 오월(吳越)과 같지 않았으니 또한 두 공이 남긴 교화였다. 또 운문양(鄆汶陽) 구음(龜陰)[8] 땅이 제(齊)나라의 낭야(琅邪)와 경계(境界)가 이어져 있는데, 명산과 대천의 한계가 있지 않았다. 춘추 시대에 제나라, 노나라가 서로 다툰 것은 진실로 그 형세(지세) 때문이었다. 담몽(郯蒙)의 사이에는 혹 달린 사람이 많았으니 대개 풍토병[9]일 것이다. 여기에서 황성까지 종종 그런 사람이 눈에 띄었는데, 환자 중에는 여자가 많았다.

7_사리(絲屨): 명주실로 짠 신, 곧 호롭고 귀한 신발을 말한다.
8_《사기》〈공자세가(孔子世家)〉에 "乃歸所侵魯之鄆汶陽龜陰之田, 以謝過"라 하였다.
9_토질(土疾): 어떤 지방의 수질과 토질이 맞지 않아서 생기는 병을 말한다.

7월 5일 신태현에 도착하다

7월 5일 맑음. 오시(午時)에 신태현(新泰縣)에 도착하였다. 신태
현은 태안부에 예속되어 있었다. 이날 아침밥을 거르고 오후 늦게
야 밥을 먹어 사람들이 모두 고달파 했다. 적가장(翟家庄)에 도착
해서 기숙(寄宿)하였다.

7월 6일 최가장에 도착하다

7월 6일 맑음. 이십 리 지점에 이르러서 그제야 밥을 먹었다. 밥
이 모자라서 어떤 사람은 먹고, 또 어떤 사람은 먹지 못하였다. 내
가 또 바다 가운데에서 겪었던 일을 가지고 느긋하게 비유하자 사
람들이 모두 나에게 손가락질하기를 유약한 사람이라고 여겨서 눈
을 흘겨보았다. 이날 태안현(泰安縣)의 최가장(崔家庄)에 도착해서
기숙하였다.

7월 7일 양류참에 도착하다

7월 7일 맑음. 양류참(羊流站)에 도착해서 기숙하였다.

7월 8일 장성참에 도착하다

7월 8일 맑음. 장성참(長盛站)에 도착해서 기숙하였다.

7월 9일 제하현에 도착하다

7월 9일 맑음. 장청현(長淸縣)의 고산참(崮山站)에 도착하였다.
태산(泰山)에 올라 옥황묘(玉皇廟)에 배알하고, 절구 한 수를 썼다.

내 몸은 옥경의 신선임을 알겠으니

인간에 귀향 와서 사십 년이 되었구나.

상제께서 무양[10]을 오늘 밤에 내려보내

동쪽으로 높은 곳에 봉해서 앞선 인연 잇게 하리.

吾身認是玉京仙 謫下人間四十年

帝遣巫陽今夕降 東封高處續前緣

날이 저물자 제하현(濟河縣)에 도착해서 기숙하였다. 곧 한(漢)
나라 때 축아현(祝阿縣)이니 제나라의 서쪽 경계였다.

10_ 무양(巫陽)은 무산의 양지쪽이란 말이다. 초나라 양왕(襄王)이 고당(高唐)에서 노닐다
  가 만난 여인과 인연을 맺었는데, 그 여인이 나중에 "저는 무산의 양지쪽 높은 언덕
  에 삽니다. 매일 아침이면 구름이 되고 저녁에는 비가 됩니다."라고 하였다.

7월 10일 우성현에 도착하다

7월 10일 맑음. 아침밥을 먹고 출발하려 하자 관아에서 부리던 하인 하나가 와서 고하였다.

"왕상공(王相公)께서 내방하실 테니 공께서 잠시만 머물러주셔서 대화를 나눌 수 있도록 허락해주십시오."

어떤 사람[王德懋]이 붓으로 써서 물었다.

"공께서 효렴이십니까?"

내가 옥황묘(玉皇廟)의 시운을 보여주자 그것을 보고 왕덕무(王德懋)가 붓을 잡고 곧바로 쓰기를

뗏목 탔던 나그네는 한안선(漢案仙) 듣고 왔으니
멀리 기자 이은 것이 몇 천 년 이었던가.
가을바람이 이미 생황 음악 연주했으니
경사스러운 방은 이제 성대한 인연 이어짐을 만났네.
槎客聞來漢案仙 遙承箕聖幾千年
秋風已奏笙簧樂 慶榜今逢續盛緣

앞의 시는 축름생과 왕덕무가 배화(拜和)한 것이다.

右祝廩生 王德懋拜和.

이날 제남성(濟南省) 산동부(山東府)의 우성현(禹城縣)에 도착해
서 유숙하였다.

7월 11일 평원현에 도착하다

　7월 11일 맑음. 아침밥을 먹고 길을 떠났다. 평원현(平原縣)에 도착해서 점심밥을 먹었다. 곡록참(曲鹿站)에 다다라 잠시 쉬었는데, 석문(石門)에 "영천(潁川)에서 뗏목을 바꿔 탔다. 대명(大明) 만력(萬曆) 46년 무오년(戊午年)에 세우다."라고 쓰여 있었다. 거리참(去里站)에 도착해 유숙하였다. 토박이에게 문자 즉시 말하였다.

　"이곳은 조나라의 공자 평원군(平原君)의 채읍(采邑)입니다."

　절구 한 수를 썼다.

　　견백(堅白)[11]을 논쟁하는 특출한 이 한 가문에 모였으니

　　사는 이들 아직까지 조왕의 후손이라 말하누나.

　　이 땅에 부질없이 덩굴풀만 남았으니

　　석양에 말 몰고서 평원에 나왔노라.

　　堅白囊錐萃一門 居人尙說趙王孫

　　此地空餘蔓草在 夕陽驅馬出平原

11_견백동이(堅白同異)의 준말이다. 전국 시대 공손용(公孫龍)이 제창한 궤변(詭辯)으로 단단하고 흰 돌은 눈으로 보았을 때 그것이 흰 것을 알 수 있으나 단단할지는 모르며, 손으로 만져보았을 때 그것이 단단한 것인 줄은 알 수 있으나 빛깔이 흰지는 모른다는 변론이다. 곧 단단하고 흰 돌의 존재는 동시에 존재할 수 없다는 개념에서 시(是)와 비(非), 동(同)과 이(異)를 뒤바꾸어 억지로 설명하는 것을 이른다.

7월 12일 유지참에 도착하다

7월 12일 맑음. 덕주부(德州府)에 도착해서 점심밥을 먹었고, 유지참(留知站)에 도착해서 기숙하였다.

7월 13일 일행 중에 한 명이 중국인에게 매를 맞다

7월 13일 맑음. 경주(景州)에 도착하였다. 이곳은 옛날의 광천(廣川)으로 동중서(董仲舒)[12]의 고향이다. 경주는 직예성(直隷省)에 예속되어 있으니 옛날의 기주(冀州)이다. 일행 중에 고한(高汗)이 [밭에서] 신을 고쳐 신었다는 이유로 밭 주인에게 맞게 되었다. 윤제국(尹濟國)이란 사람이 화해를 도와주어 마침내 무마되었다. 그런데 노상에서 일이 자꾸 꼬이는 것이 한 번으로 충분치 않았으니 매우 안타까운 일이다. 이날 고명리(高明里)에 도착하여 유숙하였으니, 부성현(阜城縣)의 경계였다.

12_동중서(董仲舒). 전한(前漢) 무제(武帝) 때의 학자이다. 정승을 지내다 공손홍(公孫弘)의 미움을 받아 좌천되자 벼슬을 그만두고 저술에 힘쓰다가 생을 마쳤다. 특히 《춘추(春秋)》에 밝아 《춘추번로(春秋繁露)》를 지어 무제에게 올려 유교를 국교로 정하게 하였다.

7월 14일 청하현에 도착하다

7월 14일, 가랑비가 내렸다. 부장역(富庄驛)에 도착해서 아침밥
을 먹었다. 역은 바로 교하현(交河縣)이었는데, 현은 하간부(河間
府)의 관할에 예속되었고, 북쪽으로 한단(邯鄲)까지의 거리는 사백
여 리였다. 오후 내내 계속해서 비가 내렸다. 청하현(淸河縣) [일명
헌현(獻縣)이다]에 도착해서 묵었다.

7월 15일 하간부에 도착해서 묵다

7월 15일 맑음. 하간부(河間府)에 도착해서 묵었으니 한(漢)나라
헌왕(獻王)의 채읍(采邑)이었다.

7월 16일 풍부한 물산

7월 16일 맑음. 임구현(任丘縣)에 도착해서 묵었다. 제남성(濟南省) 이래로 천 리 사이에 산이 하나도 없었다. [평원이라 넓은 들이 끝없이 펼쳐져 있었다.] 땅에는 아직도 수수가 많았고, 또 기장과 피, 목면이 풍부하게 있었다. 다만 벼가 없고, 목장에는 양과 돼지의 종류가 많아 셀 수 없었다. 말을 많이 길러서 많은 무리를 이루고 있었으니 한유(韓愈)가 이른바 "기북(冀北)에는 말이 세상에서 가장 많다."라고 한 것이다.[13] 눈 깜짝할 사이라 비록 그 상세한 것을 보지는 못하였으나, 풍요로운 오곡을 보니 생활이 넉넉한 고장임을 알 수 있었고, 가축이 많은 것을 보니 목축을 하는 장소인 것도 알 수 있었다. 옛날 요(堯)나라의 도읍 평양(平陽), 순(舜)나라의 도읍 포판(蒲坂), 우(禹)나라의 도읍 양성(陽城)은 모두 기주의 안쪽에 속하였으니, 이것으로 선성왕(先聖王)이 나라를 세우고 도읍을 건설하는 데 그 지리의 아름다움으로 하지 않은 것이 없었음을 알 수 있었다. 물산(物産)의 성함이 만세의 무궁한 계책이 되고 있었다.

13_ 말이 세상에서 가장 많다[馬多於天下] : 한유의 〈송온처사부하양군서(送溫處士赴河陽軍序)〉에 "夫冀北馬多於天下"라 하였다.

7월 17일 웅현에 도착하다

7월 17일 맑음. 조북구(趙北口)에 도착하니 돌다리가 있었는데
배가 통과할 수 있었다. 마을의 즐비함과 강하(江河)의 뛰어난 경
치는 어딘지 모르게 강남의 경치가 있었다. 웅현(雄縣)에 도착해서
묵었다.

7월 18일 문천상을 애도하다

7월 18일 맑음. 이십 리를 가니 문산(文山)의 조고(弔古)하는 곳이 있었다. 수레에서 내려 경건히 참배하였다. 방에는 "송나라 승상 신국공 문 선생[14]의 신위[宋丞相信國公文先生神位]"라 적혀 있었다. 절구 한 수를 지었다.

몽고족 일천 병사 밤에 문을 열었으니
임안(臨安)땅이 다시는 송나라 땅 아니었네.
오직 한 조각의 연루(燕樓) 있는 땅만 남아
고신(孤臣)의 죽지 않은 혼령을 제사 지내네.[15]
鐵木千兵夜啓門 臨安非復宋乾坤
惟餘一片燕樓土 尸祝孤臣未死魂

이날 신성현(新城縣)에 도착해서 묵었다.

7월 19일 주자의 후손을 만나다

　7월 19일, 궂은비가 내렸다. 탁주(涿州)에 도착하였으니 옛날의 탁군(涿郡)으로 장비(張飛)가 살던 고향이었다. 사십 리를 가니 돌다리 하나가 있었는데, 길이가 오 리나 되었고 세 개의 문이 세워져 있었다. 방에 "만리제항(萬里梯航)"[16]이란 글자가 쓰여 있었다. 양향현(良鄕縣)에 도착해서 묵었다. 탁주에는 주자의 후손이 있었다. 황명학사(皇明學士) 지번(之蕃)의 후손인 조상(兆祥)이란 자가 찾아왔다. 나이가 열대여섯 살쯤 되어 보였고, 그의 아우는 나이가 다섯 살쯤 되어 보였는데, 능히 "주부자지후(朱夫子之後)"라는 다섯 글자가 "대현의 후손"이라는 뜻을 알고 있었으니 매우 기특한 일이었다.

　여기까지가 산동(山東)이다.

---

16 사다리를 타고 산에 오르고 배를 타고 물을 건넌다는 뜻으로, 산을 넘고 물을 건너 먼 곳에 가는 것을 이르는 말이다.

7월 21일 양향현에 머물다

7월 21일 맑음. 양향현에 머물렀다. 현에는 오래된 절이 있었고, 절에는 천수불이 있었으며, 그 옆에는 성모낭랑(聖母娘娘)[17]의 행궁이 있었다.

17_ 황태후, 황후 또는 여신(女神)의 이름인데, 여기서는 여신을 일컫는 듯하다.

7월 22일 표류한 다른 조선인을 만나다

22일 맑음. 노구교(蘆溝橋)를 지났다. 다리의 길이가 삼 리나 되는데, 양자강을 가로질러 있다. 태원부(太原府)로 들어갔으니 바로 그곳이 서울의 바깥 성[外城]이었다. 성안에는 다닥다닥 붙어 있는 무덤이 있었는데, 짤막한 묘갈을 세워서 누구의 무덤인지를 표시해놓았다. 혹은 오촉(吳蜀) 지역 사람들이 객지에 와서 벼슬을 하다가 객지인 서울에서 죽은 사람의 무덤이기도 하였다. 남문으로 도성에 들어왔는데 그 문을 정양문(正陽門)이라 한다.

문에는 세 개의 문이 있었다. 가운데 문은 닫아놓고 있었으니 황제가 출입하는 길이었고, 오직 동쪽과 서쪽의 협문만 여닫이를 하고 있었다. 그런데 동쪽 협문으로 들어가서 예부문(禮部門) 밖에 이르자 수레를 오랫동안 멈추었다. 검사를 시행하지 않고 그것을 역사(譯使)에게 위임하였다. 조선관(朝鮮館)에 묵게 하였으니 관에는 제주에서 고기 잡던 배가 표류하다 소주에 이르게 된 열두 명이 있어서 영접했다. 먼 곳에서 유랑하였으니 스스로 동병상련의 탄식이 나왔다. 그러한데 배 세 척이 표류하였다가 한 곳에서 만나게 되었으니 우습고 한탄할 만한 일이었다.

황도에 있는 주산의 이름을 경산(景山)[18]이라고 하였다. 구름 속에서 꿈틀꿈틀 동북쪽으로 달려가서 태원부에 이르러 국면을 열었

노구교

는데, 용이 날고 봉이 춤춘다 하여도 그 좋은 경치가 장엄한 데는
빗댈 수 없을 것이다. 그 남쪽에는 만수산(萬壽山)과 향산(香山),
옥천산(玉泉山)이 있었으며, 경성(京城)은 순천부(順天府)에 예속
되었다. 그 번화의 성대함과 성시의 웅장함은 장안고의[19]라는 한
편에 대략 말을 하였으니, 다시는 이 말을 꺼내서 말하지 않으려
한다.

18_ 북경에 있는 산 이름으로 자금성 북문을 나오면 경산으로 이어진다. 명(明)나라 말기
　　에 이자성(李自成)이 이끄는 반란군이 자금성을 포위하자 명나라 마지막 황제인 숭정
　　제(崇禎帝)는 황후 주씨를 자결하도록 하였고, 16세의 공주를 울면서 찔러 죽인 뒤 경
　　산에 올라 홰나무에 목을 매어 자결하였다. 지금은 경산공원이 되어 있다.
19_ 노조린(盧照隣)의 〈장안고의(長安古意)〉를 말하는 듯하다.

7월 24일 일행 하나가 학질 증세를 보이다

7월 24일 맑음. 먼저 간 사람들 중에 송씨 노인이 학질 증세로 약을 먹다가 독이 발생하였으나 얼마 후에 깨어났고, 병도 약간 차도가 있다 하니 다행스러움을 이루 다 말할 수 없었다.

7월 25일 궂은비가 내리다

7월 25일, 궂은비가 내렸다.

7월 26일 표류한 사람의 소식을 듣고 사람들이 모여들다

7월 26일 맑음. 도성(都城) 사람들이 표류한 사람들의 도착 소식
을 듣고 날마다 가득하였는데, 모두가 시정(市井)의 자제들이었다.
자질구레하여 대화를 나눌 만한 이가 없었다. 어쩌면 이 나라 사대
부들은 사신의 행차를 익히 보기 때문에 표류한 사람은 볼 것이 없
다고 여긴 것일까.

7월 27일 날씨가 맑다

7월 27일 맑음.

7월 28일 날씨가 맑다

7월 28일 맑음.

7월 29일 황제가 관동으로 순행을 가다

7월 29일, 갑자기 흐렸다 갑자기 맑아졌다. 이날 황제가 관동으로 순행을 갔다.

7월 30일 예부에 간절한 글을 올리다

7월 30일 흐림. 이때 관아(官衙)에서 여러 날을 머물렀다. 사람들이 모두 다 냉골에 있었기 때문에 설사와 학질 등의 증세가 번갈아 나타나 앓는 소리가 여기저기서 들렸으니 매우 우울하였다. 사정을 하소연하는 내용을 써서 예부에 고하여 고국에 돌아갈 수 있게 해주기를 바랐다.

그 말은 다음과 같다.

"엎드려 생각하옵건대 저희는 만 리 밖에서 표류해온 사람들입니다. 구사일생 끝에 살아난 목숨이 어렵고 험난한 고비를 겪을 즈음이니, 말마다 슬프고 신산하여 사람과 귀신의 구역을 출입하고 있어서 곳곳마다 몹시도 원통합니다. 이에 그 전말을 가지고 우러러서 깨끗한 감식안(鑑識眼)을 더럽힙니다.[20] 엎드려 원하옵건대 대인께서는 신경을 써서 헤아려주십시오. 저희는 반평생을 아무것도 모르고 살다가 불행한 고비를 만나서 한 척의 배로 풍랑을 당해 여러 사람은 간담이 서늘해졌습니다. 청풍강(青楓江)[21] 위에서는 초사(楚辭)의 초혼(招魂)에 목이 메었고, 화표의 성 근처에서는 요

20_ 승진(仰塵): 여기서는 자신의 보잘것없는 글을 보도록 하는 것은 보는 이의 눈에 티끌이 묻게 하는 것이라는 상대방에 대한 겸사(謙辭)로 쓰는 말이다.
21_ 호남성 장사부(長沙府)에 있는 강 이름이다.

동학[22]이 돌아오는 그림자가 끊어질 뻔하였습니다. 온 집안의 경색(景色)은 보지 않아도 도모할 수 있었으니, 서글프고 병들어서 상심하는 바에 무슨 일인들 자식을 생각하는 문[23]이 있지 않겠습니까. 늙은 자는 병들기 쉬우니 남편을 바라보는 아낙은 살아 있어도 반드시 죽을 지경일 것입니다. 진실로 이와 같으니 곧 저희는 비록 살아 있기는 하나 세상을 사는 무슨 경황이 있겠습니까. 저희는 비록 돌아가나 돌아간들 무슨 면목이 있겠습니까.

엎드려 생각하옵건대 중국의 큰 황제께서는 덕이 천지와 필적(匹敵)하여 은택이 세계에 널리 미치고 있습니다. 도균(陶勻)[24]이 있는 바에 한 명의 사내라도 제자리를 얻지 못하는 자가 없고, 우로(雨露)가 베푸는 바에 만물을 거두어서 동포로 여기십니다. 오직 이 동국의 소인은 미미하기가 초개와 같고, 가볍기가 기러기 털보다도 더합니다. 그러한데 천자의 마음이 매우 인자하시어 특별히

22　한나라 요동(遼東) 사람인 정령위(丁令威)는 영허산(靈虛山)에서 도를 배워 이후 신선이 되어갔는데, 천 년 뒤에 다시 학이 되어 옛날에 살던 곳으로 왔다는 고사에서 유래한 말이다.

23　자식을 생각하는 문[思子之門]: 이 문구는 중국 전국 시대 제나라 요치(淖齒)의 반란 때 민왕(湣王)을 섬기던 왕손가(王孫賈)가 혼란으로 민왕이 있는 곳을 잃고 집으로 돌아오니 그 모친이 돌아온 아들에게 말하기를 "네가 아침에 나가서 늦게 돌아오면 내가 문에 기대어 바라보았고, 네가 저물녘에 나가서 돌아오지 않으면 내가 마을 문에 기대어 바라보았다.[汝旦出而晚來, 則吾倚門而望, 汝暮出而不還, 則吾倚閭而望]"라고 한 데서 따온 말로, 여기서는 표류하는 사람들의 가문에는 아들을 생각하는 부모가 있다는 뜻으로 쓴 것이다.

24　도균(陶鈞)과 같은 말이다. 도자기를 만들 때 쓰는 돌림판을 이르는데, 여기서는 임금이 인재를 길러내는 일에 비유하는 말로 쓰였다.

불쌍히 여겨주셨습니다. 관원을 차출하여 호송해가는 길에 먹을 것을 계속 대주시며, 명당에서는 수레를 주는 은전이 있으셨습니다. 옥문에서는 고향으로 돌아가기를 생각하는 노래가 없게 되었으니,[25] 해외에 있는 많은 신하가 곧 상감의 덕의를 감사해서 외우고 있습니다. 다만 엎드려 생각하옵건대 세월이 자꾸 흘러가는데 갈 길이 멀기만 합니다. 저희가 떠난 지 오래되어 시간이 이미 두서너 달이 되어가는데, 고국은 아직도 멀어서 사오천 리나 넉넉하게 남아 있습니다. 지난날 제가 올 때에는 버드나무의 한들거림을 읊었으나, 이제 제가 돌아갈 때에는 나부끼는 바람이 세찬 것을 느끼게 되었습니다. 7월[26]이 되어서 겨울옷을 주는 일[27]이 머지않았으니 어떻게 하겠습니까. 절기가 백로(白露)에 임박하였으니 서리를 밟을 시기가 장차 이르게 된 것을 보게 되었습니다. 하물며 이 환란을 겪고 살아남은 이들 중에는 병에 걸린 사람이 많이 있습니다. 북방의 풍토(風土)가 빌미가 되어 삼추(석 달 가을)의 학질과 서로 싸우고 있으니, 병으로 죽게 될 날이 얼마 남지 않았습니다. 생각이 여기에 이르게 되었으니 어찌 마음이 비통하지 않겠습니까. 합

---

25 《사기》〈반초전(班超傳)〉에 "신은 감히 주천군(酒泉郡)까지 가기는 바랄 수 없지만, 살아서 옥문관에 들어오는 것이 소원입니다." 하였다. 반초(班超)가 서역을 모조리 평정한 뒤 중국으로 돌아가고 싶어 황제에게 상소한 말이다. 여기에서는 황제가 잘 보살펴주기 때문에 고향으로 갈 생각을 하는 사람이 없다는 뜻으로 보아야 할 것 같다.
26 유화(流火): 음력 7월의 다른 이름이다.
27 수의(授衣): 겨울옷을 준비하는 것, 또는 겨우살이를 준비하는 것을 말한다. 음력 9월을 달리 이르는 말이다.

하께서는 호송하라는 황제의 명령을 받드셨으니 먼 데서 온 사람이 떠도는 고통을 생각하셔서 춥기 전에 귀환의 길을 출발하여 거의 죽게 된 지경에서 보존하게 되기를 빕니다. 그러면 큰 은혜가 이르는 바에 미물들도 감사할 줄 알 것이니 살아서는 마땅히 목이 떨어질 때까지 할 것이고, 죽어서도 결초보은(結草報恩)을 할 것입니다. 이러한 격절한 정을 어디다 맡길 수 없어서 송구스러움이 지극합니다."

이날 공부주사(工部主事) 나납경선(那拉慶善)이 찾아와 물었다.

"여러분이 험한 길을 건너서 여기에 도착했습니다. 어리석은 몸이 녹봉에 매어 있어서 국법으로 감히 지주(地主)의 정을 약간도 베풀 수 없었으니 깊은 부끄러움이 있었습니다. 이제 친히 몸소 향해서 문안을 드리고 아울러서 당신 나라의 풍토를 듣겠습니다."

내가 그에게 대답하였다.

"한 조각의 영서(靈犀)가 중국과 조선임을 막지 않고 저희가 묵는 곳에 왕림하셔서 은혜로운 질문을 주시니[28] 적막한 물가에서 어떤 감회가 이와 같겠습니까. 그대의 관직과 성씨를 엎드려 물어서 구면(舊面)처럼 친한 회포를 풀고 싶습니다."

공이 말하였다.

"저의 성은 나납씨이고 이름은 경선이며, 관동(關東) 사람입니

28_곡사(曲賜) : 윗사람이 물건을 주거나 관심을 가져준 것을 높여 이르는 말이다.

다. 현재의 관직은 공부주사이고 일찍 한림(翰林)을 역임한 사람입니다."

그러고는 거듭 객관의 접대[29]가 변변찮음을 사과하니 양해[30]해주기를 빌었다.

내가 말하였다.

"표류한 사람은 이치가 아홉 번 죽어도 합당하거늘 그러한데 황제의 덕이 관대하여 옷이나 양식이 다함께 풍족한데도 공은 무엇 때문에 지나치게 겸손해하십니까."

29_ 공억(供億): 음식물을 준비하여 접대하는 것을 이른다.
30_ 원량(原諒): '양해(諒解)해달라'거나 '용서해달라'는 뜻으로, 편지에서 많이 쓰는 말이다.

5장
1818년 8월
—산해관을 지나다

8월 1일 날씨가 맑다

8월 1일 맑음.

8월 2일 시를 지어 중국 사람에게 주다

8월 2일, 새벽에 가랑비가 내리다 사시(巳時)가 되자 상쾌하게 개었다. 어떤 사람이 "葛袍今日又西風"으로 제목을 삼아 시를 청하기에 중국의 시체(試體)에 의거하여 5언시 12구를 지었다.

갈대 재[1]가 옥관에서 날더니
한밤중에 서풍이 불어대누나.[2]
바지를 벗은 것은 서리 전의 새이고

---

1 가회(葭灰): 갈청을 태운 재로, 옛날 중국에서 절기(節氣)의 이르고 늦음을 점치는 데
  썼다. 이를테면, 동지가 빠르면 동지 절기(節氣)를 맞추어 만든 대통 속의 가회가 날아
  움직인다고 한다.
2 서풍은 가을바람이니 때가 가을임을 알 수 있다.

베 짜기를 재촉하는 건 베틀 밑 귀뚜라미이네.

여름옷, 겨울옷은 제철 있으니

굵고 가는 베옷은 몸에 합당치 않네.

옷에는 주나라 여인의 길쌈이 다 되었고³

신발은 위나라 여자의 공이 차가웠네.⁴

종아리를 당겨서 갓 터진 옷 꿰맸고

팔꿈치를 잡으니 반은 구멍 뚫렸네.

처량한 한탄을 시로 지으니

하늘이 압록강의 동쪽에 높네.

葭灰飛玉管 中夜起西風

袴脫霜前鳥 織催機下蟲

葛裘斯有節 絺綌不宜躬

服盡周姬績 履寒魏女工

挽脛纔補綻 捉肘半穿空

賦得凄其歎 天高鴨水東

---

3 이 시구는《시경》〈빈풍〉 '칠월'에 "희성(姬姓)인 주나라의 여인들이 누에를 치고 길
쌈하여 겨울옷을 만드는 것"을 읊은 것에 의하여 이렇게 말한 것이다.

4 이 시구는《시경》〈위풍(魏風)〉 '갈구(葛屨)'의 위나라 여인이 시집을 가서 남편의 옷
을 짓는 것을 읊은 것인데, 그 시의 "糾糾葛屨, 可以履霜"이라는 데서 취한 말이다.

총론

정해에서 양주(楊州)까지는 기와집이 많으며 비단이 많고 절색 미인이 많았으나, 양주에서 제남까지는 지붕 잇기를 수숫대[秫莖] 로 잇기도 하고, 더러는 갈대와 대나무로 잇기도 하였다. 남녀의 의복은 모두 남루하여 삼베나 무명이 많았으며, 제남에서 신성까 지도 그러하였다. 그 사이에는 하간 등의 땅이 있는데, 옛날에는 번화하였다 하지만 지금은 볼 만한 것이 없었다. 어찌 땅에는 성쇠 가 있고 풍속에는 부침이 있음이 아니겠는가? 주택은 모두 흙집이 었다. 양향 이후에는 북경에 속한 땅이었으니 풍경들이 점점 볼 만 하였다. 말과 용모도 모두 같지 않았으니 이른바 "백 리를 가면 기 풍이 같지 않고, 천 리를 가면 풍속이 같지 않다."[5]는 것이리라.

5_《안자춘추(晏子春秋)》〈문상(問上)〉에 나온다.

8월 3일 역관의 요청으로 다시 글을 올리다

8월 3일 맑음. 예부에서 소속 관리를 보내 일행 중에 옷이 있고 없는 것을 다니면서 살펴보았으니, 30일자로 소장을 올렸기 때문이다. 역관이 또다시 그런 글을 올리기를 요구하였다.

그 글은 다음과 같다.

"엎드려 생각하옵건대 저희는 지푸라기같이 외로운 자취이고, 기러기 털과 같은 미미한 생명입니다. 어두운 데를 다니느라 더듬거리다가 하나의 잎새와 같이 작은 배로 바다 한가운데에서 표류하게 되었습니다. 생사의 갈림길에서 갖은 고생을 하며 실낱같은 목숨을 이 고을에 붙였습니다. 지나온 험하게 막힌 길을 생각건대 푸른 바다가 망망하였으며, 운명과 재수가 기구하여 푸른 하늘이 멀고 먼 것과 관계가 됩니다. 월상(越裳)[6]의 사자가 세 번 통역하는 데서[7] 돌아갈 길을 헤맸던 것과 같게 되었고, 종의(鍾儀) 같은 군자가 남관(南冠)[8]을 쓰고 만 리 밖에서 울었던 것과 같게 되었습니다.

6_교지(交趾) 남방에 있던 나라로, 오늘날의 베트남 남부를 가리킨다. 중국의 주공(周公)에게 백치(白雉)를 바쳤다.

7_중역(重譯): 말이 통하지 않아 여러 번 옮겨 통역하는 것을 이른다. 옛날 주나라 때 월상이라는 나라에서 백치가 나오자 서장(書狀)을 몇 번 번역하여 이를 바친 고사(故事)에 근거하여, 주로 번방국(藩邦國)에서 사대(事大)하는 나라에 조회(朝會)하거나 진공(進貢)하는 것을 가리킨다.

관문과 산은 넘기 어려웠으니 서글픕니다. 정해현에서 오십 명이 평수(萍水)같이 떠돌아다니다 만났으니 아득하기만 합니다. 태평부에서 일고여덟 명이 어찌 마름 풀이 비에 젖어 얼굴에 동풍을 맞을 줄 알게 되고, 마른 데 있던 물고기가 물을 얻어 서강의 물결을 맞이할 줄 알았겠습니까? 관인을 차출해 호송하여 먼 데 사람을 편안하게 하는 은전이 지극하였습니다.

　연도(沿途)에서 끼니를 이어가게 된 것은 작은 사람을 사랑하는 은택이 크셨기 때문입니다. 이것은 대개 우리 태황제께서 만방 사람들을 자식같이 보시고 하늘과 땅을 체득(體得)해서 널리 포용하여 온 천하에 군림하기를 서리와 이슬이 내리는 곳까지 하는 것을 만난 것입니다. 적이 생각하옵건대 저희는 동국의 소인으로 바다 모퉁이에 사는 서민이었습니다. 사람 사는 이치가 깊으나 땅 위에 있는 이름 없는 풀에 지나지 않습니다. 그러나 제왕의 덕이 너그럽게 인자하셔서 오히려 "천하에 생명을 가진 종류"라고 말씀하십니다. 동관의 시인으로서 음식을 주라는 송(頌)이 있게 되었으며, 이어서 태창에 있는 난쟁이들이 배불러서 죽게 될 염려가 있게 되었습니다.[9] 그러나 초나라의 관작으로 홀을 잡았으나 오히려

<hr>

8　포로(捕虜), 또는 고국을 생각하는 정이 두터운 수인(囚人)을 뜻한다. 초나라의 종의가 남관을 쓰고 포로가 되었던 옛일에서 온 말이다. 《좌씨전(左氏傳)》에 "晉侯見鍾儀問之日, '南冠而縶者誰也' 有司對日, '鄭人所獻楚囚也'"라 하였다.

9　이 문구는 주유속(侏儒粟)이란 문구를 인용한 말이다. 《한서(漢書)》〈동방삭전(東方朔傳)〉에 "侏儒長三尺餘, 奉一囊粟, 錢二百四十; 臣朔長九尺餘, 亦奉一囊粟, 錢二百四十; 侏儒飽欲死, 臣朔饑欲死"라 하였다.

남음(南音)을 잊지 못하는 것은 월나라 새가[10] (남쪽) 가지를 생각하는 것과 같습니다. 아! 사물의 성품이 바뀌기 어려워서 놀아도 반드시 일정한 장소에 하라는 어머니의 교훈이 오히려 귀에 있습니다.

어느 달에나 돌아가려나 하고 일찍이 그대와 함께 말을 하였으며, 화표주 옆에서 정령위가 돌아오지 않는 것과 같은 데 이르러서는 해가 지는 강가에서 굴원의 혼이 흩어진 것을 슬퍼하였습니다. 나의 아름다움을 불쌍하게 여기누나. 모난 베개[11]를 안고서 눈을 떨어뜨렸고, 아! 나의 막내여, 높은 멧부리에 올라가서 고개를 들고 생각할 것입니다. 태백산 앞에는 집집마다 자식을 생각하는 누대가 있고, 양화도 입구에는 거듭거듭 지아비를 생각하는 돌이 있을 것입니다. 하물며 세월이 흘러가고 길이 길고 멀음이겠습니까.

[나의 여행이 너무 오래되어서 이미 서너 달이 지났습니다. 나라를 떠나서 아직도 멀리 있으니, 사오천 리는 충분히 될 것 같고 손가락을 꼽아 날짜를 계산해보니 오는 달은 바로 옷을 주는 계절이었답니다. 한밤중에 추워서 손을 호호 불었으니 오늘 밤은 바로

---

10 월조(越鳥): 남방의 새이다. 〈행행중행행(行行重行行)〉에 "胡馬依北風, 越鳥巢南枝"
    라고 하였다. 후에 고향이나 고국을 생각하는 전고로 사용된다.
11 각침(角枕):《시경》〈당풍(唐風)〉 '갈생(葛生)'에 "각침이 찬란하며 비단 이불이 곱도
    다. 내 아름다운 분이 여기에 없으니, 누구와 더불어 밤을 샐까.[角枕粲兮, 錦衾爛
    兮. 予美亡此, 誰與獨旦]" 하였다. 이 시는 남편이 정역(征役)에 나가서 오랫동안 돌
    아오지 못하자 아내가 남편을 그리며 읊은 것이다.

백로가 되는 가을이었습니다. 엎드려 비노니 태상대인께서는 천자께서 호송해주라는 명령을 받으셨고, 먼 데 표류해온 우리의 고통을 생각하셔서 조속히 천자의 명령을 내려주어 일찌감치 본토로 돌아간다면 떨어진 나의 옷이라도 새 솜을 낀[12] 감회가 있게 될 것이고, 짧은 갈옷으로 서리를 밟는다는 탄식이 없게 될 것이니 살아서나 죽어서나 잊기 어려울 것입니다. 격절한 마음을 맡길 수 없으니 죄송함이 지극합니다.

　조선 사람의 증시(贈詩)를 덧붙입니다."[13]

12_협광(挾纊): 솜옷을 입는다는 뜻으로, 남에게 위로를 받으니 따뜻하게 느껴짐이 솜옷을 입은 것 같다는 비유로 쓰기도 한다.

13_조선 사람들의 시가 몇 편 부기되어 있으나, 여기서는 번역하지 않는다. 국립중앙도서관본 85쪽 참조.

8월 4일 큰 비가 오다

8월 4일, 큰 비가 왔다.

8월 5일 날씨가 맑다

8월 5일 맑음.

8월 6일 날씨가 맑다

8월 6일 맑음.

8월 7일 김광현에게 편지 두 통을 맡기다

8월 7일 흐림. 소주(蘇州)에 표류하였던 김광현(金光顯)이 이튿날 출발하게 되었다. 편지 두 통을 써서 한 통은 나주 감영에 부치고, 다른 한 통은 대정(大靜)에 부쳤다.

8월 8일 김광현 일행이 출발하다

8월 8일 맑음. 김광현 등 열두 명이 고국으로 떠나게 되었다. 아주 먼 이역(異域)에서 전송하게 되니 마음이 짠하여 문밖으로 나와 펑펑 우는 사람들도 있을 정도였다.

8월 9일 예부의 어떤 사람이 윗옷을 지급하라는 교명을 전하다

8월 9일 맑음. 예부의 어떤 사람이 윗옷을 지급하라는 교명을 전하였다.

8월 10일 궂은비가 내리다

8월 10일, 궂은비가 내렸다.

8월 11일 날씨가 맑다

8월 11일 맑음.

8월 12일 날씨가 맑다

8월 12일 맑음.

8월 13일 대인이 옷을 하사하다

8월 13일 맑음. 추운 곳에 있어서 감기를 앓게 되어 오래 고통을 받았다. 역관이 예부의 뜻을 전하였다.

"먼저 떠난 열두 명은 하사품을 내리는 예의가 있지 않았습니다. 대인께서 당신들은 대족(大族)에다가 글을 읽은 사람이라고 여겨서 자신의 봉급을 떼어 파격적으로 옷을 하사한 것입니다."

8월 14일 맑음. 황성에 도착했을 때부터 분주하여 좋은 것이 없었으며, 더욱이 몹시도 시를 쓸 거리가 없음이랴! 이날 밤에 달빛이 마전한 비단과 같아 은근하게 나라를 떠난 감회가 있기에 절구 한 수를 지었다.

오나라(소주)의 산과 초나라(항주)의 물에 길이 멀고 먼데
어렵게 황성 와서 다시금 머무르네.
밝은 달은 나그네 한일랑 모르고서
문득 근심 중인데 8월을 알리누나.
吳山楚水路悠悠 艱到皇城更淹留
明月不知行客恨 却從愁裏報中秋

8월 15일 날씨가 맑다

8월 15일 맑음.

8월 16일 통주부에 도착하다

8월 16일, 새벽에 큰 비가 내렸다. 오후가 되어서야 출발하여 한밤중에 통주부(通州府)에 도착하였다.

8월 17일 밤새 길을 떠나다

8월 17일 맑음. 오후에 출발하여 밤새 길을 떠났다.

8월 18일 삼하현에 도착하다

8월 18일 맑음. 새벽에 삼하현(三河縣)에 도착하였다. 밥을 먹은 뒤에 길을 나서 십여 리를 가다 큰 상점에 이르렀다. 하나의 높은 누각이 있었는데, 방에는 "남으로는 산해관(山海關)에 이르고, 북으로는 희봉구(喜峯口)에 이른다."라고 쓰여 있었다. 남쪽으로 난 길을 통해 소주현(蘇州縣)에 도착해서 묵었다.

8월 19일 황금대를 찾아보다

8월 19일 맑음. 계주(薊州)의 복순점(復順店)에 도착해서 아침밥을 먹었다. 양수재(楊秀才)라는 사람이 수레 앞에 와서 인사말을 나누었다.

내가 그에게 물었다.

"연산(燕山)과 계주(薊州) 사이에는 예로부터 절개 있는 협객(俠客)이 많다고 일컬어졌으니, 현재에도 그 저잣거리에는 옛날에 개 백정들이라 불리던 사람들이 있습니까?"

양수재가 말하였다.

"높은 노래를 부르고 술을 마음껏 마시고 높은 수레를 타고 빠른 말을 몰아서 연산과 계주 사이에서 달리는 자들이 이따금 있습니다. 그러나 기세등등하게[14] 혈기를 부리다가 남을 위해서 급하고 어려울 때 돕기를 옛날에 형가(荊軻)나 고점리(高漸離)와 같이 하는 사람들은 아마 많이 보지는 못할 것입니다."

내가 또 물었다.

"황금대(黃金臺)[15]가 아직도 있습니까?"

양수재가 답하였다.

14_호횡(豪橫): 자기의 기세를 믿고 남을 능멸하는 것을 뜻한다.

"저는 금시초문입니다."

이에 내가 〈감고(感古)〉라는 제목의 절구 한 수를 지었다.

　　큰 길의 풍진들이 눈 가득히 비쳐오는데

　　곳곳마다 황금으로 높은 누대 세웠도다.[16]

　　옛날에 매우 즐겁게 종유했던 곳에

　　다만 그저 오랑캐들 오가는 것만 보겠네.

　　九陌風塵滿目來 黃金到處起高臺

　　當時樂劇從游地 但見紅兜往復回

이날 옥전현(玉田縣)에 도착해서 묵었다.

15　옛날의 누대 이름이다. 연대(燕臺)라고도 한다. 전국 시대 연나라의 소왕(昭王)이 역
　　수(易水)가에 누대를 짓고, 그 위에 황금을 설치하여 천하의 현사(賢士)를 초청했던
　　데서 붙여진 이름이다. 조선 시대 사신 행차의 연행 과정에서 황금대는 늘 후예초현
　　(厚禮招賢)하는 어진 군주의 성사(盛事)를 추억하는 장소로 기려져 역대 제가들이 적
　　지 않은 관련 시문을 남긴 바 있다.
16　이 구절에는 시에 다음과 같은 원주가 달려 있다. "중국의 풍속이 비록 시정과 마을
　　이라도 황금으로 집을 장식하므로 이렇게 말한 것이다.[中國之俗, 雖市井閭落, 以黃
　　金飾之, 故云]"

8월 20일 풍윤현에 도착하다

8월 20일 맑음. 만합점(萬合店)에 도착해서 아침밥을 먹고 풍윤현(豐潤縣)에 도착해서 묵었다. 섬성(剡城) 이후부터는 고을이 쓸쓸하고 마을은 드문드문 있었다. 경성 북쪽으로부터는 점점 번화한 기상이 있었다.

8월 21일 사하일에 도착하다

8월 21일 흐림. 진자진(榛子鎭)에 도착해서 밥을 먹었다. 오후에는 날씨가 개어서 풍윤(豐潤)을 경유하여 칠십오 리를 가니 문 앞에 쓰여 있기를 "영지(令支)라는 옛 나라이다."라고 하였다. 이경(二更)이 되자 사하일(沙河馹)에 도착해서 묵었다.

8월 22일 이제묘를 찾아가다

8월 22일 맑음. 야계타(野鷄坨)에 도착하니 문방(門榜)에 "고죽국(孤竹國)에 부는 맑은 바람"이라 쓰여 있었다. 해가 저물어 난하(灤河)[17][일명 청룡하(青龍河)라 한다.]에 도착해서 이제묘(夷齊廟)[18]를 배알하였다. [사당 남쪽에 수양산(首陽山)이 있었는데, 높이가 개밋둑에 불과하였다.] 벽 위에 건륭황제의 어제시가 있었다. 이에 율시 한 수를 지었다.

공께서는 충성으로 이미 창자 적셨는데
무슨 일로 고사리 캐서 다시 치마 꽉 채웠나.
창희(蒼姬)씨[19] 천하에서 신복 노릇 안 했는데
고죽국(孤竹國)[20]의 가문에선 기꺼이 살았겠나.

17_ 영평성(永平城) 서쪽 오 리 지점에 있는 맑은 강물 이름으로, 난하에서 십 리쯤 떨어진 곳에 백이(伯夷) 숙제(叔齊)의 사당이 있다 한다. 연암(燕巖) 박지원(朴趾源)도 〈난하범주기(灤河泛舟記)〉를 지은 바 있다.

18_ 홍대용(洪大容)의 《담헌서(湛軒書)》 〈이제묘(夷齊廟)〉에 자세히 나온다. 이제묘는 난하 남쪽 고죽국(孤竹國) 옛터에 있다.

19_ 중국 주나라의 별칭이다. 주나라가 푸른색[蒼]을 숭상(崇尙)하고, 희씨(姬氏) 성이었기 때문에 생긴 별칭이다.

20_ 중국의 상(商)과 주(周) 시대에 요서(遼西) 지역에 위치했던 제후국으로, 기원전 664년 제나라 환공(桓公)에 의해 멸망되었다.

난하

조회에서 청명한 갑자를 반포했고[21]

강상은 진중하니 탕왕(湯王)[22]을 박대하랴.

그 누가 개밋둑이 커다랗게 되어

영원토록 수양산이 전할 줄 알았던가.

公把丹忠已潤腸 採薇何事更盈裳

蒼姬天下罔臣僕 孤竹家中肯室堂

朝會淸明頒甲子 綱常珍重薄成湯

誰知丘垤能成大 萬古長傳一首陽

삼경(三更)에 노룡현(盧龍縣)에서 묵었다.

---

21 주나라 천하가 된 사실을 말한다. 주나라 무왕(武王)이 은나라 주왕(紂王)을 쳐서 멸
　망시킨 날의 일진(日辰)이 갑자일(甲子日)이었다 한다.
22 탕왕(湯王). 은나라 왕조(王朝)의 건설자로, 본명은 이(履) 또는 천을(天乙)이다. 하(夏)
　나라의 걸왕(傑王)을 내쫓고 천자(天子)의 자리에 올랐으며 제도(制度), 전례(典禮)를
　잘 정돈하였다 한다. 재위(在位) 13년. 성탕(成湯).

8월 23일 장장춘의 집에서 중국 사람들과 필담을 나누다

8월 23일 맑음. 이날 본래 기주 사람인 거인 장장춘(張長春)이 업유(業儒)[23]인 조병형(趙秉衡), 수재인 두광감(竇光鑒)과 함께 나를 맞이하여 그의 집에 도착해서 함께 바다를 표류한 이유에 대해 골고루 물었다. 내가 "바다에서 바람을 맞다[海中被風]"라는 넉 자를 써서 보여주었다.

조병형이 말하였다.

"어르신께서는 이미 과거에 합격하여[24] 제가 아름다운 얼굴을 우러르게 하여서 금옥(金玉)을 섭섭지 않을 만큼 받게 하셨으니 진실로 삼생(三生)의 다행함입니다."

한밤중에 영흥점(永興店)에 도착해서 대충 잠을 청하였다.[25]

23_ 서자(庶子)로서 유학(儒學)을 닦는 사람을 말한다. 손자나 증손 대에 와서야 유학(儒學)이라 불린다.

24_ 일방(一榜): 과거에 합격한 모든 사람을 말한다.

25_ 가매(假寐): 잠자리를 제대로 보지 못하고 잠을 잤다는 뜻이다.

8월 24일 홍와포에 도착하다

8월 24일 맑음. 이른 새벽에 출발하였다. 오시(午時)에 무령현 (撫寧縣)에 도착해서 밥을 먹었다. 풍윤(豐潤)부터는 산천이 매우 빼어나고 성곽이 많았으니 진실로 천하에서 제일가는 요새라 할 만하였다. 이때 황제가 동순(東巡)하는데 행궁(行宮)과 장영(帳營) 이 매우 화려하였으며, 도로와 교량도 모두 평탄하여 수레바퀴가 빠지는 걱정이 없었고,[26] 말은 말발굽이 훼손되는[27] 근심이 없었으 니 다행스러웠다. 홍와포(紅瓦舖)에 도착해서 유숙하였다.

26_ 탈복(脫輹): 복토(伏兎)가 빠져 수레의 몸체와 굴대가 분리되는 것을 말한다. 후에 부 부가 불화하거나 이혼함을 이르는 말로 썼다. 《역경》〈소축(小畜)〉에 "九三, 輿說輹, 夫妻反目."이라 하였다.
27_ 궐제(蹶蹄): 짐승의 발굽이 훼손되는 것을 뜻한다.

8월 25일 산해관에 도착하다

　8월 25일 맑음. 오시(午時)에 산해관(山海關)에 도착하니 진실로 이른바 "한 사람이 막아서면 만 명도 열지 못한다."[28]라는 곳이었다. 남쪽으로는 푸른 바다가 있는데 굽이굽이마다 연대를 설치하였고, 북쪽으로는 교산(蛟山)이 있는데 봉우리마다 연대를 설치하였다. 안에는 삼중의 성을 설치했는데 안쪽 성문에는 "천하(天下) 제일관(第一關)"이라 쓰여 있고, 바깥쪽 성문에는 "산해관"이라 쓰여 있었으니 진실로 경북(京北)의 큰 도읍이었다. 이에 산해관을 나와 취화점(聚和店)에 도착해서 묵었다. 북쪽에는 흑산구(黑山口)가 있었는데, 산에는 장성(長城)이 있었으므로 이에 절구 한 수를 지었다.

　　곧장 뻗은 유관(楡關)[29]이 온갖 오랑캐 막았으니
　　남쪽으로 창해에 임했고, 북쪽으론 교산 있네.
　　알 수 없노라. 청조가 어디에서 들어왔던가[30]

28_ 이백(李白)의 〈촉도난(蜀道難)〉에 "劍閣崢嶸而崔嵬, 一夫當關, 萬夫莫開"라 하였다.

29_ 산해관의 옛 이름이다.

30_ 명나라 말기에 오삼계(吳三桂)가 반란자였던 이자성(李自成)을 막기 위해 청나라를 끌어들였던 일을 말한다.

산해관 전경

앞 거울이 영락과 만력 간에 환히 밝네.

一路楡關控百蠻 南臨滄海北蛟山

不知淸祖從何入 前鑑昭昭永歷間

8월 26일 만정점에 도착하다

8월 26일 맑음. 전소성(前所城)을 지나고 만정점(滿井店)에 도착해서 밥을 먹었다. 이에 율시 한 수를 지었다.

가을바람 쌩쌩 불어 장막이 날리는데

동쪽으로 만 리를 가려 하니 길이 머네.

사막 북쪽 푸른 산은 말갈의 나라이고

하늘가 흐르는 물은 여진의 고장이네.

말을 타고 가다가 장성굴[31]에 물 먹이니

관문의 관리 와서 옛 전장임을 전해주네.

어찌하면 용문의 12책[32]을 얻어서는

태평한 세상에서 밝은 군주 보좌할까.

秋風獵獵動帷裳 萬里東歸道路長

漠北靑山靺鞨國 天邊流水女眞鄕

---

31 《문선(文選)》에 〈음마장성굴행(飮馬長城窟行)〉이라는 제목의 시가 있다.
32 수(隋)나라의 학자 왕통(王通)이 올린 "태평십이책(太平十二策)"을 말한다. 왕통이 용문(龍門) 사람이라 용문의 12책이라 말한 것으로 보인다. 왕통은 자가 중엄(仲淹), 시호는 문중자(文中子), 하남(河南) 출생이다. 당나라 왕발(王勃)의 조부이다. 어려서부터 준민(俊敏)하여 시(詩), 서(書), 예(禮), 역(易)에 통달, 스스로 유자(儒者)임을 자부하고 강학(講學)에 힘을 쏟음으로써 문하에서 당의 명신 위징(魏徵), 방현령(房玄齡) 등을 배출하였다.

征驂去飲長城窟 關吏來傳古戰場

安得龍門十二策 太平斯世佐明王

8월 27일 섭홍기에 도착하다

8월 27일 맑음. 해가 뜨자 섭홍기(葉紅旂)에 도착하였다. 섭홍기는 봉천부(奉天府)에 예속되어 있었는데, 여기에서 유숙하였다. 사경(四更)이 되어 수레를 출발시켰다.

8월 28일 밤에 수레가 진흙탕에 빠지다

8월 28일 맑음. 개평현(蓋平縣)을 지나니 시정(市井)이 즐비하여 대략 강남의 여러 군과 같았다. 사시(巳時)에 부는 바람에 수레와 말이 지나가면 사람마다 얼굴에 먼지가 가득하였다. 해가 저물자 영원주(寧遠州)의 사하소(沙河所)에 도착해서 물을 얻어 얼굴을 씻으니 미목(眉目)이 비로소 구분되었다. 밤새도록 길을 갔는데 초저녁에 수레가 진흙탕에 빠져 오랫동안 지체되다가 비로소 웅덩이에서 빠져나오게 되었다. 삼경(三更)이 되어서야 삼의묘(三義廟)에 이르러서 머물러 묵었다.

8월 29일 맑음. 이른 새벽에 길을 떠나 금부(錦府)의 고교일(高橋馹)에 도착하였다. 고을의 이름이 지어진 것은 그곳에 금수(錦水)라는 강이 있기 때문이었다. 북쪽으로는 홍라산(紅羅山)이 있으니 아마 이 산은 끊임없이 펼쳐져 북경에서는 경산(景山)이 되고, 통주에서는 반산(盤山), 체평산(砌平山), 오명산(五名山)이 되고, 계주에서는 부군산(府君山)이 되고, 산해관에서는 교산(蛟山), 흑산(黑山)이 되고, 금부에서는 홍라산이 되었으니, 대체로 하나의 산인데 그 이름을 달리하였을 뿐이다. 날이 저물자 소릉하(小凌河)에 이르러서 수레를 바꾸어 타려 하였는데 수레가 준비되지 못하여 삼경(三更)이 되어서야 비로소 어도 옆을 경유하여 출발하게 되었다.

이때 천자가 막 환궁(還宮)을 하였다. 도로를 담당하는 관리가 통행을 금지하여 수레가 앞으로 갈 수 없었으므로 샛길을 따라 돌아갔다. 오 리쯤 가서 쌍양점(雙陽店)에 도착하자 이때 이미 한밤중이 되었다. 수레에서 내린 지 얼마 되지 않아 하늘에서 비가 퍼부었다.

6장
1818년 9, 10월
— 조선 땅을 목전에 두다

9월 1일 대릉하점에 도착하다

9월 1일, 해가 뜨자 이십 리를 가서 대릉하점(大凌河店)에 도착하였다. 점(店)의 이름은 능하(凌河)라는 강이 있기 때문에 지은 것이었다. 중국의 강물은 큰 바다를 제외하고 모두 황하수의 지류이다. 이러한 까닭으로 양자강 남쪽에는 삼강(三江)과 오호(五湖)가 있고, 강 북쪽에는 문수(汶水), 기수(沂水), 노구(蘆溝) 등의 호칭이 있는데, 그 원류는 모두 황하에서 나온 것이다. 그러므로 그 물은 혼탁하고 빛깔은 누랬다. 무릇 물을 말할 때 하해라고 하는 것은 진실로 이 때문이다.

그리고 진해(鎭海) 이북에서 진강(鎭江)까지는 육지 내에 있는 강이 천여 리나 뻗어 있는데, 하수의 두 언덕에 있는 모든 돌을 깎아 제방을 쌓았으니, 하수의 충성됨은 그 유래가 오래된 것이었다. 우공편에 황하수를 인도하였다는 노고가 있었고,[1] 은나라 사람은 일곱 번이나 옮기는 고통이 있었으며,[2] 한나라 무제는 호자가(瓠子歌)를 지었고,[3] 송나라 무인에는 회양(懷襄)이라는 설(說)이 있었으며,[4] 또한 소동파의 시에서 말하기를 "초나라 사람들이 모두 황

1_《상서(尙書)》〈우공(禹貢)〉에 "導河積石, 至於龍門."이라 하였다.
2_은나라 사람들은 황하의 수해 때문에 수도(首都)를 일곱 번이나 옮겼다는 뜻일 것이나, 구체적인 것은 알 수 없다.

하의 죽[饘]을 먹었다."라고 하였으니, 양자강 북쪽 땅의 아래가 편중되게 그 피해를 입은 것이다.

　이러한 까닭으로 하수를 따라 있는 여러 고을이 곳곳마다 동서로 흐르는 물줄기를 갈라서 물결의 세찬 기세를 줄였으며, 또 긴 둑을 쌓아 그 물이 넘치는 환란을 방지하였다. 그러하니 역대로 황하수에 힘을 썼다는 것을 알 만하다. 그러나 산해관 이북땅은 중국의 산천과는 길마다 높낮이가 같지 않으며, 건조하고 축축한 것이 달라서 곧 멀리 떨어진 지역일 것이니, 그렇다면 능하 일대는 어디서부터 왔는가. 매우 이상하다. 이날 황하수를 건넜는데 양쪽 가에 앞을 다투어 건너는 사람과 말들로 꽉 차 있었다. 이에 통사(通使)가 우리나라 사람을 시켜 보호해서 건너게 하여 앞을 다투어 뛰었으니 또 한바탕의 기이한 구경거리였다. 삼경이 되자 산서(山西)의 십삼산첨(十三山站)에 도착하였다.

3　호자가(瓠子歌): 한나라 무제(武帝)가 지은 노래 이름이다. 원봉(元封) 2년에 호자(瓠子)라는 지역에 있는 황하의 둑이 터지자 무제가 직접 둑을 막도록 독려하였으나 실패하였다. 이에 무제가 호자가를 짓자 마침내 둑을 막을 수 있게 되었다 한다.
4　회산양릉(懷山襄陵): 홍수가 범람하여 산을 에워싸고 구릉(丘陵)을 넘는다는 뜻이다. 《상서》〈요전(堯典)〉에 "湯湯洪水方割, 蕩蕩懷山襄陵, 浩浩浮天."이라 하였다.
5　소동파, 〈하부(河復)〉에 "楚人種麥滿河淤, 萬里沙回封禪罷."라 하였다.

대릉하점

9월 2일 날씨가 맑다

9월 2일 맑음.

9월 3일 광령현에 도착하다

9월 3일 맑음. 광령현(廣寧縣)의 순성점(純盛店)에 도착해서 묵었다. 이경(二更)에 큰 비가 내렸다.

9월 4일 의무려산에 오다

　9월 4일, 이른 아침이 되자 날씨가 개어서 오시(午時)에 처음 수레가 출발하여 십여 리를 가다 묵었다. 진산(鎭山)의 이름을 의무려(醫巫閭)라 하니 옛날 유주(幽州)의 경계이다.

의무려산

9월 5일 진흙탕 때문에 골탕을 먹다

9월 5일 맑음. 하삭(河朔, 황하의 이북)땅 사이는 땅에 진흙탕이 많아서 수레가 앞으로 나가지 못하였다. 소흑산(小黑山)에 도착해서 묵었다.

9월 6일 중국 사람과 시를 주고받다

9월 6일 맑음. 광령현의 호가와(胡家窩)에 도착하니 이미 점심 때가 되었다. 물이 불어 그곳에서 머물렀다. 심양(瀋陽)의 수재인 상운(祥雲)이란 사람이 찾아와 시를 구하였다. 내가 〈중추(中秋)〉 라는 시를 그에게 지어주었다. 상운이란 사람이 운자에 맞추어 화 답하였다.

황성의 일월은 본래 느긋한 것이니
여관에서 잠시 머묾 무에 그리 해로우랴.
광한(廣漢)에서 객의 뜻 아는 것 따지지 않고
강산의 만 리 길에 같은 가을임을 알리누나.
皇城日月本悠悠 逆旅何妨暫淹留
不料廣漢知客意 江山萬里報同秋

9월 7일 이도경자에 도착하다

9월 7일 흐림. 이도경자(二道境子)에 도착하자 하늘에서 또 비가 내려서 머물러 있었다.

9월 8일 비가 내리다

9월 8일, 비가 내렸다.

9월 9일 진흙탕 때문에 일정이 늦어지다

9월 9일. 비가 내렸다. 이때 날마다 줄기차게 굳은비가 내려서 진흙탕이 많았다. 사오일 사이에는 행역(行役)이 날마다 이삼십 리에 불과하였으니 매우 근심스러웠다. [이도경자에 그대로 머물렀다.] 이날 황제가 심경(瀋京)을 출발하여 나그네의 지나감을 허락하지 않았으므로 어가가 지나가기를 기다렸다 출발하였다. 바쁘다가 무료해져서 〈중양(重陽)〉 시를 지어 스스로 마음을 달랬다.

[1]

만 리의 관하에서 도로가 기다란데

하늘가에 좋은 때가 또 중양절이로다.

중원에서 객고(客苦) 겪어 머리에서 흰 털 나고

북녘땅의 가을빛에 국화가 누레지네.

즐거움도 더 슬퍼지니 피리는 울림 있고

취하여 고민 털기 위해 잔 가득 술 따랐네.

이듬해에는 용산(龍山) 모임을 가지려 하니⁶

어찌 늙을수록 더한 광기 방해되랴.

6_ 원주는 '나의 고향에는 용산이란 곳이 있다. [吾鄕有龍山]'라고 되어 있다.

萬里關河道路長 天涯令節又重陽

中原客苦頭生白 北地秋光菊貼黃

樂亦增悲笛有響 醉將撥悶酒盈觥

明年欲作龍山會 達士何妨老更狂

[2]

억지로 주점 향해 술 구해 마시노니

이 몸이 취한 곳이 중양절 때이로세.

근심 겨워 다시 높은 데 오르고 말려 하니

변방의 경치에 애가 쉬이 끊어질 듯.

强向墟頭索酒嘗 此身醉處是重陽

愁來更欲登高罷 塞上風烟易斷腸

9월 10일 이도경자에 머무르다

9월 10일 맑음. 이도경자에 머물렀다.

9월 12일 백기보에 도착하다

9월 12일 맑음. 비로소 수레가 출발하여 덕발점(德發店)에 도착해 말을 쉬게 하였고, 초저녁에 조그마한 시내를 건너다 수레가 한 길이나 되는 물에 빠져 몸에 지닌 보따리가 모두 물에 젖으니 매우 한탄스러웠다. 이경(二更)에 백기보(白旗堡)에 도착하였다.

소백기보 표석

9월 13일 거류하성에 도착하다

9월 13일 맑음. 부리는 종놈에게 옷을 말리게 하였으나 옷이 잘 안 말랐다. 무민둔(撫民屯)의 신민청(新民廳)에 도착해서 말을 쉬게 하였다. 해가 저물어서야 거류하성(巨流河城)에 도착하니 성에는 순찰하는 사람이 있었다.

9월 14일 날씨가 맑다

9월 14일 맑음.

9월 15일 황제의 행차 때문에 길을 나서지 못하다

9월 15일 맑음. 이때 하삭땅 아랫길에는 진창이 많기 때문에 이졸(吏卒)들을 동원하여 도로 정비를 시켰다. 도로 옆에는 나무 말뚝을 많이 박았고, 삼태기와 삽을 든 사람들이 천 리 길에 깔려 있었다. 지나는 교량마다 모두 붉은 칠을 한 난간과 굽은 난간을 설치하였다. 천자가 아직 지나가지 않아서 나그네가 범필(犯蹕, 임금이 행차하는 길을 범함)하는 것을 허락하지 않았다.

9월 16일 황제의 행렬을 목격하다

　9월 16일 맑음. 거류하(巨流河)에 머물게 되었다. 길림성(吉林省)에 사는 수재인 모순팔(牟純仈)이란 사람이 여행길에 찾아와서 한참 동안 필담을 하였는데, 과거를 보러 갔다가 고향으로 돌아가는 길이었다. 종장(終場)⁷의 시험 제목이 모두 세 조목이었다. 그 중 첫 번째 것은 "인후한 말은 인하다는 소문이 사람들에게 들어가기를 깊게 하는 것만 같지 못하다."라는 것이고,⁸ 두 번째 것은 내가 잊어버렸다. 시제(詩題)는 곧 나는 구름이 자극(紫極)에 임하였다는 것이고[압운은 구름 운 자였다.] 그 시에 대해서도 물어보았으나 아직 방을 발표하지 않았다고 사양하였다. 거자(擧子)의 어리석음⁹이 어찌나 그처럼 서로 비슷한가.

　이날 천자의 선도(先導)가 먼저 지나갔다. 사시(巳時)에 이르러 관인이 어가(御駕)가 이미 이도경자을 향해 출발하였다고 알려주었다. 높은 곳에 올라 바라보니 효기교(驍騎校)가 활과 화살을 메고 길을 따라서 말을 타고 가고 있었다. 백 리에 걸쳐 늘어섰는데

---

7 이틀이나 사흘로 나눌 때, 마지막 날 과거(科擧)를 보는 시험장(試驗場)을 가리킨다.
8 《맹자》〈진심상〉에 나온다. 인후한 말은 인하다는 소문이 사람들에게 들어가기를 깊게 하는 것만 못하다.[孟子曰, "仁言, 不如仁聲之入人深也"]
9 향암(鄕闇): 시골에서 지냈기 때문에 온갖 사리에 어둡고 어리석음, 또는 그런 사람을 가리킨다.

모두 붉은 투구에 푸른 도포를 입고 세 개 조를 별도로 만들어 떠났다. 중앙에는 황제가 다니는 길이고, 양옆은 모두 호위하는 사람들이 가는 길이었다. 또 큰 수레가 있는데, 줄줄이 이어져 이틀이 지나도록 끊이지 않았다.

순전히 백마(白馬)만을 쓰니 이것이 바로 《시경》에 이르는 "힘이 같은 (네 필의 같은 말이여)"[10] 것과 《예기》에 "가을에 정령을 시행한다"는 뜻이니, 이러한 것으로 중국이 큰 것과 사해가 부유한 것을 볼 수 있다. 그러나 수레와 복식의 제도는 상하의 구별이 없었으니 임금인지 목사(牧使)인지 알 수 없었다. 송나라, 명나라의 옛 제도는 모두 사라져버린 셈이다. 오후에 거류하를 건너자 곧 요동의 옛 경계였다. 십여 리를 더 가서 유숙하였다.

10_ 비물사려(比物四驪): 《시경》 〈소아〉 '유월(六月)'에 "힘이 같은 네 필의 검은 말이여, 길들어 법도에 맞도다.[比物四驪, 閑之有則]"라고 하였다.

9월 18일 고가자에 도착하다

9월 18일 맑음. 신민둔(新民屯)의 고가자(高家子)에 도착해서 유숙하였다.

9월 19일 심경에 도착하다

9월 19일 맑음. 심경에 도착하니 성곽이 웅장하고 궁실(宮室)이 아름다우며, 저자가 즐비하여 왕업을 일으킨 땅임을 볼 수 있었다. 그리고 성 밖에는 청나라 태조(太祖)의 생가(生家)가 있고, 또 왕공 이하는 모두 말에서 내리라는 빗돌이 있었다. 성 북쪽으로 오리쯤에 능침이 있었으니, 황제가 동쪽으로 순시할 때 성묘하러 행차하는 곳이었다.

9월 20일 조선에 표류했던 중국인을 만나다

9월 20일 맑음. 심경에 머무르자 강남 통주 사람들이 조선에서 돌아오고 있었으니 그들도 바다에 표류했던 일행이었다. 내가 시를 지었다.

그대들은 강남 가고 난 조선에 가노라니

먼 곳에 낙오된 감회가 같을 것이네.

기러기와 제비가 서로 맞고 보냄 같으니

만 리 길에 가는 배가 각기 순풍 맞기를.

君向江南我海東 天涯淪落所懷同

正如鴻燕相迎送 萬里歸帆各順風

9월 21일 심경에 머무르다

9월 21일 맑음. 심경에 머물렀다.

9월 22일 조선 사람과 중국 사람이 싸우다

9월 22일 맑음. 비로소 수레가 출발하여 곧 심양강[瀋江]을 건너려고 하는데, 제주 사람들과 심양 사람들이 건너는 것을 다투었다. 심양 사람들이 제주 사람들을 물속에 밀쳤다가 또 붙들어 끌어내서 코를 주먹으로 때렸다. 얼굴이 피범벅이 되었다. 우리 조선 사람들이 팔을 휘두르며 배에서 수십 명이 내려 그들을 밟으려고 계획하였다. 심양 사람들이 별의별 모습으로 고함을 지르면서 죽어도 후회가 없다는 듯하였으니, 북쪽 사람들이 억센 것을 여기에서 볼 수 있었다. 내가 통관(通官)[11]과 함께 우리 사람들을 다독여 배에 오르자 드디어 분란이 해결되었다. 날은 저물어 길을 잃었는데 하늘에서 비까지 내렸다. 조그마한 점포에 투숙하여 잤다.

| 11 사역원(司譯院)에서 번역과 통역을 맡아보던 사람을 말한다.

9월 23일 풍융점에 도착하다

   9월 23일 맑음. 풍융점(豐隆店)에 도착해서 밥을 먹었다. 홍보산 (紅寶山)은 심경에서 구불구불 동북쪽으로 뻗어나가 수백 리나 가로질러 있었으니 또한 관동의 큰 산이었다.

9월 24일 요양성에 도착하다

9월 24일 맑음. 상황기(廂黃旂)의 영수사(迎水寺)에 도착하였다. 물의 동쪽은 신성(新城)이고, 서쪽은 요양(遼陽)이었다. 뾰족한 산이 있었으니 또한 큰 산이었다. 태자하(太子河)를 건너 요양성(遼陽城)에 도착하였는데, 옛일에 감회가 있어서 시를 썼다.

> 요양의 성곽들이 아직도 그대론데
> 세상에선 정령위가 떠나서 신선을 배웠다 하네.
> 변방 가을 9월에 모래바람 자욱하니
> 당 태종이 수레를 멈췄던 해와 흡사하네.
> 遼陽城郭尙依然 世道令威去學仙
> 邊秋九月風沙暗 恰似唐宗駐蹕年

날이 저물어 양하언(陽河堰)에 도착해서 유숙하였다.

태자하

9월 25일 조선을 닮은 중국 산하를 보다

9월 25일 맑음. 해가 뜰 때 수레를 출발시키자 산길이 험한 것이 은근히 우리나라 경치와 닮아 있었다. 이에 5언절구 한 수를 지었다.

> 시내는 평평한데 모랫벌 희고
> 된서리 내리고서 잎새 붉구나.
> 갈 길이 험한 것은 한스럽지 않으니
> 강산 모습 조선과 같아서이네.
> 川平沙面白 霜重葉心紅
> 不恨行程險 江山似大東

이십 리를 가서 양갑산(亮甲山)에 도착하였다. 밥을 먹고 삼도령(三道嶺)을 넘었다. 또 5언절구 한 수를 지었다.

> 산 높아서 조도(鳥道)만이 통하였고
> 길은 험해 굽은 길로 들어섰도다.
> 여러분께 한 마디 말을 하노니
> 편안하게 살 때 위태로움 잊지 마라.

山高通鳥道 路險入羊腸

寄語二三子 安居危不忘

천수점(天水店)에 도착해서 투숙하였다.

9월 26일 대고령을 지나다

9월 26일 맑음. 대고령[일명 마천령이다.]을 지났다. 이때 날씨는 추웠고 계곡은 험하였다. 사람들이 모두 손을 호호 불었다. 이에 5언절구를 지었다.

계곡이 얼고 사람들 말이 없는데
찬바람에 나무는 소리내누나.
수레 탄 무리가[12] 달래주면서
동쪽으로 봉황성을 가리키누나.
谷沍人無語 風寒樹有聲
車徒相慰勉 東指鳳凰城

날이 저물자 연산관(連山關)에 도착해서 머물러 잤다.

---

12 거도(車徒): 중국 고대에 거전(車戰)이 있었으므로 거병(車兵)과 도병(徒兵)이 있었다.

9월 27일 통원보에 도착하다

9월 27일 맑음. 초하구(草河口)에 도착해서 밥을 먹었다. 날이 저물자 통원보(通遠堡)에 도착해서 머물러 잤다.

9월 28일 알리점에 도착하다

9월 28일 맑음. 금가하(金家河)에 도착해서 밥을 먹었다. 날이 저물자 알리점(屹里店)에 도착해서 머물러 잤다.

9월 29일 봉황성에 도착하다

9월 29일 맑음. 봉황성(鳳凰城)에 도착하였다. 성이 이름을 얻은 것은 거기에 봉황산(鳳凰山)이 있기 때문이었다. 이날 우리나라의 통사(通使)가 접가(接駕)하는[13] 사신을 대동하였다. [이때 청나라 인종이 심양을 순행할 때 우리나라에서 사신을 파견하여 영접하였다.] 국경을 나서 공문이 봉황성에 도착하자 수위(守尉)가 출발할 때 표류한 사람들이 왔다는 소식을 듣고 부랴부랴 와서 얼굴을 보고 이별을 고하였다.

13_ 황제를 영접하는 것을 말한다.

봉황산성

9월 30일 봉황성에 머무르다

9월 30일 맑음. 봉황성(鳳凰城)[14]에 머물렀다.

---

14 《계산기정(薊山紀程)》에 다음과 같은 상세한 설명이 나온다. 봉황산을 지나면 성이
   평지에 우뚝 솟아 있어 그 주위는 네모반듯하고 성의 문루가 까마득한데, 성장(城將)
   이 있어 주관한다. 《일통지(一統志)》에는 봉황성은 본래 예(濊)의 땅이었는데 발해(渤
   海) 때 들어와서 동경(東京)의 용원부(龍原府)가 되었고, 요(遼)에서는 개주진국군(開州
   鎭國軍)이라 하였는데, 원(元)에서는 동녕로(東寧路)에 예속시켰다. 거리가 반듯하고
   좌우의 물건 파는 가게들은 모두 화려하며 집들은 거대한데, 각기 주로 파는 상품의
   이름을 걸어놓고 있었다.

10월 1일 오후에 십오 리를 더 가다

10월 1일 맑음. 오후에 수레를 출발시켜 십오 리를 가다가 거기
서 머물러 잤다.

10월 2일 책문을 나서다

10월 2일 맑음. 책문(柵門)에 도착해서 말을 쉬게 하였다. 조금
쉬다 책문을 나서니 곧 사람이 없는 땅이었다. 의주(義州)와의 거
리가 백이십 리였다.

부록 1
강남땅에 대한 기록

1. 강남의 가옥室廬說

　조선의 가옥 제도는 상하의 구분이 있고 공사(公私)의 제한이 있으나 중국은 그렇지 않다. 그러나 일반 백성과 같은 보잘것없는 신분과 저잣거리에 사는 천한 자라 하더라도 재물의 여유가 있으면 건물과 담이 매우 크고 훌륭하여 담장의 높이가 몇 길이 되는데 모두 벽돌이고, 가옥에는 네 개의 문을 사방에 설치하되 온통 붉은 색이 칠해져 있다. 침실에는 곧 푸른 깁 휘장과 분홍 융단이요, 객실에는 상과 탁자가 몇 백 개의 좌석인지 알 수 없다. 강남 사람들이 더욱 사치하여 서로 뻐기어 층층으로 된 누대와 첩첩으로 된 정사(亭榭)가 곳곳마다 서로 바라보고 있으니, 가의(賈誼)가 이른바 "잘사는 사람들은 담장과 가옥에 비단을 입힌다."고 하였던 것이 빈말이 아니었다.

2. 강남의 의복衣服說

　조선의 의복 제도는 경대부(卿大夫)에서 사서인(士庶人)까지 등급이 분명하다. 의복의 종류와 이름이 다를 뿐 아니라 주단(紬緞)[1]이나 베와 비단의 종류라 하더라도 촘촘하고 거친 것을 따라 지위

---

1 명주와 비단 따위를 통틀어 이르는 말이다.

를 보고 분수에 맞게 옷을 입게 한다. (그러나) 중국 사람들은 그렇지 않아서 중의 무리와 같은 보잘것없는 사람이거나 수부(水夫), 화부(火夫)와 같은 천한 사람이라도 모두 비단옷을 입고 수놓은 신을 신어 온몸이 비단투성이어서 귀천의 구분이 있지 않았으니, 가의가 이른바 "광대와 천한 사람들이 왕후의 장식을 한다."고 하였던 것이 또 빈말이 아니었다.

3. 강남의 농사稼穡說

조선의 전답을 다스리는 제도는 무논을 제외하고는 조와 피 등의 종류를 함께 한곳에 심으며, 간혹 콩밭에 차조를 심기도 하고, 차조밭에 콩을 심기도 한다. 그런데 중국에서는 그렇지 않아서 차조밭에는 오로지 차조만 심고, 콩밭에는 오로지 콩만 심는다. 또 옥수수를 많이 심어 곳곳마다 보이니 조선에서 강남 차조라고 이르는 것이다. 비록 의약이라도 그러하여 침을 놓는 의원은 오로지 침만 쓰고, 약을 쓰는 의원은 오로지 약만 쓴다. [약을 쓰는 의원도 그렇다.] 진약(疹藥), 만응단(萬應丹), 태을단(太乙丹)과 같은 것은 스스로 한 유파를 이루고 있는 것이 이것이다. 이른바 기술과 직업을 전공함이 있는 것인가.

4. 강남의 무덤墳墓說

  조선에는 풍수가의 학설이 성행하여 부모를 장사 지내는 자들이 혹 다른 사람의 무덤가를 빼앗고, 더러는 남이 들어와서 장사 치르는 것을 금지하는데, 심한 자들은 이미 장사를 지냈다가도 여러 차례 옮기기도 한다. 그들의 말에 신체가 편안하지 못하다고 하는데, 그 뜻은 대개 자손의 화복이 된다는 것이다. 내가 오월(吳越)에서 관동(關東)까지 이르렀는데, 중국 사람들이 무덤을 쓰는 것이 밭이나 들에다 쓰기도 하고, 혹은 강이나 호숫가에 쓰기도 하여 산 위에다가 자리 잡지 않는다. 오나라와 월나라 사이에는 명산이 없는 것이 아니고, 연경 이북에는 뭇 봉우리가 없는 것이 아니다. 그러나 한 집의 무덤을 여러 대가 이어서 장사를 지내서 공동묘지를 이루고 있다. 그런데도 다른 사람의 무덤이 그 사이에 섞여 있는데, 그 묘갈을 보면 곧 사대부의 무덤이다.

  그리고 태원부(太原府)란 곳은 황도(皇都)의 외성이다. 관청이 가깝게 있는 곳과 개인의 가옥들이 지극히 가까운 곳에 나그네들이 들어가 장사를 치러도 원래 살던 사람들에게 재화(災禍)로 인한 실패의 단서와 자손이 단명(短命)하는 폐단이 있다는 것을 듣지 못하였으니, 이와 같이 산속 땅이 인가(人家)에 관계없다는 것이다. 그렇다면 자손들이 다만 그 여섯 가지 꺼리는 것을 삼가여 성묘를 삼갈 따름이었다.

5. 강남의 배와 수레 舟車說

강회(江淮)에는 배가 많고 제로(齊魯)에는 수레가 많았으니 그 지세(地勢)가 그렇게 만든 것이다. 어째서인가? 동남쪽 땅 아래에는 고인 물이 돌아가는 곳이어서 곳곳마다 도랑을 파고 집집마다 배를 두어 상인들은 이것을 가지고 재물을 불리고, 농부들은 농사를 짓는다. 관개(灌漑)하는 즈음에는 수차(水車)와 농기구를 실어 나르며, 수확하는 철에는 기장, 벼, 메조를 실어 나르고, 사대부들 중에 서로 종유(從遊)하는 사람들은 춤과 노래에 필요한 악기를 실어 나른다. 그 제도는 하판(下板)이 우리나라의 배와 같기는 하지만, 내부는 회칠을 하고 콩가루를 쌓아서 새는 근심을 막고, 바깥에는 기름을 발라 몇 개월 동안 햇볕에 쪼였으니 썩고 이지러지는 걱정을 대비한 것이다.

이러한 까닭으로 바다에 출몰하여도 오리처럼 한 국자의 물도 새지 않고, 한 방울의 물도 스며들지 않는다. 장식하는² 솜씨는 배 위에 누대를 세울 때, 창살을 달고 창호(牕戶)를 장식하는 것은 간혹 금벽(金碧)³으로 하고, 더러는 문수(紋繡)⁴로 하였다. 간혹은 비늘 모양의 석경(石鏡)으로 하였으니 진실로 청작선(靑雀船)과 황용

---

2 장점(粧點): 여기서는 장식이라는 뜻으로 쓰였다.
3 궁궐이나 사찰 등을 단청할 때 황금색과 푸른빛의 고운 색채로 칠한 것을 말한다.
4 화려한 수를 놓은 비단이나 의복으로, 여기서는 화려하게 꾸민 배[舟船]의 형용으로 쓴 것이다.

선(黃龍船)이라 이를 만하였다. 내하(內河)의 수천 리에 꼬리를 물고 나루가 연접(連接)되어 있었으니 오나라 사람들이 배를 말처럼 부린다는 것을 여기에서 볼 수 있었다. 강북은 곧 비옥한 들판이 천 리나 펼쳐져 있어서 모두 육로이니 수레를 쓰는 방법이 마치 강남에서 배를 쓰는 것과 같았다.

6. 추록追錄

제주 여자들의 노래에 "강남에서는 삼 년 만에 돌아올 수 있고, 일본에서는 석 달 만에 돌아올 수 있네."라고 하였다. 이때 이르러서는 여섯 달 만에 나라에 돌아왔는데, 제주 사람들이 말하기를 "표류한 배가 있은 이래 본국에 돌아온 것이 이와 같이 신속하였던 일행은 있지 않았다." 하였다. 대개 정해현에 있을 때 이손점, 김사규, 진복희와 같은 여러 현인이 나를 위해주었고, 절강성에 있을 때에는 심기잠, 여악, 손희원과 같은 여러 분이 각 아문에 말을 잘 해주었으며, 순무(巡撫)의 막빈인 조돈예(趙敦禮)가 중간에서 일을 처리해주었기 때문이다. 오호! 여러분의 은혜를 더욱 잊을 수 없도다.

부록 2
그 밖의 기록들

1. 이별할 때 양지회에게 주다 臨別贈梁知會說

《주역》에 이르기를 "두 사람이 마음을 함께하면 그 날카로움이 쇠라도 끊는다." 하였으니 여기에서 말하는 것은 동행들 중에 만약에 마음을 함께하는 사람이 있었다면, 곧 사귀는 도가 단단하게 결속되어 평소에 편안하게 거처할 때와 비할 바 아니라는 것이다.

무인년 여름에 나는 바다에서 표류한 액운이 있었다. 옹주를 경유하여 사명산에 도달하고, 절강을 건너서 산동을 두루 다녔으니 발자취가 거의 천하를 절반이나 다녔다. 그런데 함께 온 자들이 모두 긴 뱀이나 사나운 범처럼 두렵게 여겨 오직 아침저녁으로 죽을까봐 두려워하였다. 그러나 양장로(梁長老) 군화씨(君和氏)가 이익과 손해 때문에 굴하지 않고, 죽고 사는 것 때문에 슬퍼하지 않았으므로 처음부터 끝까지 양장로에게 의지하였음을 나는 여기에서 더욱 증험할 수 있다. 무릇 성인의 말씀이 전해지는 것은 그릇된 것이 없다. 아! 이 사람이 아니라면 내가 누구와 함께 돌아가리오.[1] 이것으로 지문(誌文)을 삼는다.

---

1 범중엄(范仲淹)의 〈악양루기(岳陽樓記)〉에 "微斯人, 吾誰與歸."라고 하였다.

2. 《승사록》 뒤에 삼가 쓰다 謹書乘槎錄後

《승사록》은 인산(仁山) 최 선생이 바다에서 바람을 맞아 표류하였을 때 지은 것이다. 내가 매번 한 번 보고 싶었는데, 만년에 다행스럽게도 그 문장을 읽고 그 시문을 외우게 되어 그가 바닷바람에 정처 없이 떠돌아다니던 상황을 상상할 수 있었다. 이러한 까닭으로 맹자께서 말씀하시기를 "하늘이 큰 임무를 세상에 내리려고 할 때에는 반드시 먼저 의지를 고통스럽게 하여 그 몸을 궁핍하게 한다."[2]라고 한 것이었으니 또 어찌 바람 때문에 표류함을 원망할 것이 있었겠는가. 하늘이 반드시 그 세상에서 드문 재주를 가지고 있으나 세상을 울리지 못한 것을 아깝게 여겨 바람으로 하여금 배를 빼앗아서 고래같이 큰 물결과 악어같이 사나운 풍파 가운데 뜨고 가라앉되, 살길로 지휘하여 평평한 육지를 얻어 내리게 하였으므로 비로소 시를 가지고 중국에서 울리게 하였던 것이니, 그렇지 않으면 무엇을 가지고 당세를 떠들썩하게 하여 후세에 빛나게 할 수 있었겠는가. 이것은 곧 공의 큰 임무였다. 그 의지를 고통스럽게 하고 그 몸을 곤궁하게 한 것은 이것으로 한 것이 아니겠는가. 옛날 한유가 맹동야를 전송하는 서문에서 이르기를 "초목이 소리가 없던 것을 바람이 흔들어서 울게 한다."라 하고, 왕발(王勃)[3]이 남

---

2 《맹자》〈고자장(告子章)〉에 "故天將降大任於是人也, 必先苦其心志, 勞其筋骨, 餓其體膚, 空乏其身, 行拂亂其所爲, 所以動心忍性, 曾益其所不能." 이라 나온다.

창(南昌)에 갈 적에 강의 신이 한자리에 부는 바람을 빌려서 그렇게 함으로써 염백서(閻伯嶼)의 잔치에서 울리게 하였으니, 공 또한 바람의 도움을 얻어 작은 나라에서 울리지 않고 큰 나라에서 울리게 하였던 것이다.[4] 사람들로 하여금 글을 읽을 때 어깨를 들썩이게 하여 기운이 상쾌해지고 어금니에서 향기가 나게 하여 정신이 맑아지게 한 것은 옛 문장의 장격(長格)을 얻어서였으니, 내가 몹시 부러워함을 마지않아서 기꺼이 글을 쓰노라. 하양(河陽) 허농(許礱)이 기록한다.

3. 유사遺事

돌아가신 증조부 통덕랑(通德郎) 부군(府君)은 성은 최(崔)이고 휘는 두찬(斗燦)이며, 자는 응칠(應七)이고, 호는 강해(江海)이다. 그 선대는 본래 전주(全州) 사람이다. 휘가 한(漢)에 이르러 고려 의종·명종 조에 벼슬을 하여 큰 공을 세워 연산(燃山)에 봉해졌는데, 지금의 영천(永川)이니 영천으로 본관을 삼았다. 연산군(燃山君)으로부터 비로소 고위 관리들이 계속 이어졌다. 4세에 이르러

3_왕발(王勃). 당나라의 시인으로 글이 기이하면서도 화려하여 초당사걸(初唐四傑)의 한 명으로 꼽힌다. 교지(交趾)로 가는 도중 남창에서 도독 염백서가 베푼 연회(宴會)에서 썼다는 〈등왕각서(滕王閣序)〉가 유명하다.
4_《명심보감(明心寶鑑)》에 "時來風送滕王閣"이라 나온다. 왕발의 고사에 관련된 글이다.

휘 윤기(允琪)는 호조참의(戶曹參議)였고, 5세인 윤(倫)은 호조참판(戶曹參判)이었다. 4세 뒤에 휘 사해(四海)는 내금위장(內禁衛將)이었는데, 사가(四佳) 서문충공(徐文忠公)의 조카사위였고, 4세 뒤는 문병(文炳)[5]이니 호(號)는 성재(省齋)였다. 그는 계동(溪東) 전경창(全慶昌)[6]의 생질로 선조 임진왜란에 화산군 권충의공[7]과 함께 창의하여 영천성(永川城)을 수복하였는데, 전투를 할 때마다 공이 있었으므로 한성부 우윤에 추증되었다. 숙종 때 도(道)의 장보(章甫)들이 사당을 세워 제향을 받드는데, 창설(蒼雪) 권두경(權斗經)이 봉안문을 지었으며, 번암(樊巖) 채제공(蔡濟恭)이 실기[8]를 썼다. 성재에게 아들이 있으니 휘는 경지(敬止)이다. 참봉(參奉)으로 정유년(丁酉年)에 망우당(忘憂堂) 곽재우(郭再祐)와 동맹하여 적을

<hr>

5 최문병(崔文炳, ?~1599). 본관은 영천(永川), 자는 일장(日章), 호는 성재(省齋)이다. 1592년 임진왜란이 일어나자 천장산에서 수천 명의 의병을 모아 대장이 되어 적의 침입을 격퇴하고, 청도의 의병장 박경전(朴慶傳)과 연합하여 두곡(杜谷), 선암(仙巖) 등지에서 전공을 세웠다. 또 권응수(權應銖)와 합세하여 영천에서 화공(火攻)으로 적을 섬멸하여 감목관(監牧官)이 되었다.

6 전경창(全慶昌, 1532~1585). 본관은 경산(慶山), 자는 계하(季賀), 호는 계동(溪東)·만오(晚悟)이다. 이황(李滉)의 학통을 이어받았으며 가야산에 들어가 학문 연구에 전심하였다. 종래 일반 사신이 겸했던 종계변무(宗系辨誣)에 관계된 일을 전임(專任) 사신으로 하여금 맡게 할 것을 상소, 선조 때부터 종계변무사를 파견하게 하였다. 문집으로 《계동집(溪東集)》을 남겼다.

7 권응수(權應銖, 1546~1608). 본관은 안동, 자는 중평(仲平), 호는 백운재(白雲齋), 시호는 충의(忠毅)이다. 1592년 임진왜란 당시 경상좌도 수군절도사 박홍(朴泓)의 휘하에 있다가 고향으로 돌아가 의병을 모집하여 영천성을 탈환하고 병마우후(兵馬虞侯)가 되었다. 1606년 경상도 방어사, 1608년 남영장(南營將)을 겸하였다. 좌찬성이 추증되었으며, 경덕사(敬德祠)에 배향되었다. 문집에 《백운재실기(白雲齋實記)》가 있다.

8 채제공(蔡濟恭), 《번암선생집(樊巖先生集)》 〈성재실기서(省齋實紀序)〉 참조.

토벌하였다. 참봉에게 아들이 있으니 휘가 헌(巘)으로 선무랑(宣務郎)이었고, 선무랑(宣務郎)에게 아들이 있으니 휘가 영기(永基)인데 부군에게 고조(高祖)가 된다.

증조부는 휘가 옥(鈺)[9]이고, 조부는 휘가 여각(汝慤)으로 호는 육이재(六二齋)인데, 대산 이 선생(이상정을 가리킴)을 따라서 종유하다가 학행이 있어 세상에서 높이 받들어 귀하게 여겨졌다. 아버지는 최휘(崔彙)이고, 어머니는 함평이씨(咸平李氏) 학생(學生) 우인(遇仁)의 따님이시다. 정묘(正廟) 기해년(1779) 6월 23일 미시(未時)에 자인현(慈仁縣) 상대리(上臺里) 집에서 부군이 태어났다. 어려서 영리하여 네다섯 살에 부모님을 섬기는 예의를 잘 알았으며, 날마다 문자를 기록하여 강식(講識)하는 바가 많았으므로 육이공(六二公)이 매우 기특하게 여겨 사랑하였다. 점차 자라자 부모를 효도로 봉양하여 비록 자신의 몸이 아파도 혼정신성(昏定晨省)의 예를 그만두지 않았으며, 정성으로 숙수(菽水)[10]를 받드는 것을 다하였다. 신해년(1791)에 어머니의 상을 당하자 손가락을 잘라 피를 흘려 넣어주니 몇 시간 동안 회복되었다가 돌아가시자 단괄(袒括)[11]하고 울며 가슴을 치는 것이 예제를 어김이 없어서 마을 사람

9_최옥(崔鈺): 자는 경부(敬夫)이다. 1762년 식년시(式年試)에 급제하였다.
10_콩과 물이라는 뜻으로 변변치 못한 음식을 이르는 말이니, 비록 변변치 못한 음식이라도 정성을 다해야 한다는 뜻이 있는 문구이다.
11_단문괄발(袒免括髮)의 준말로 시마(緦麻) 이하의 복(服)에서 윗옷의 오른쪽 소매를 드러내는 것을 단(袒)이라 하고, 관을 벗어 머리를 풀어헤치고 사각건을 쓰는 것을 문(免)이라 하는데, 이는 동고조(同高祖) 종형제(從兄弟) 이외의 친족은 복이 없으므로 단문을 하여 애의(哀意)를 표하는 상례(喪禮)였다.

들이 탄복하면서 모두 효동(孝童)이라 일컬었다.

　신미년(1811)에 선고(先考)의 상사를 당해서는 하늘을 우러러 부르짖고 땅을 두드리면서 끊임없이 소리내어 슬피 울었으며, 시묘할 때에는 범이 따라다니면서 보호해주는 일이 있었고, 삼 년 동안을 몹시 슬퍼하여[12] 일찍이 하루라도 게을리한 적이 없었다. 삼년상을 마치고서도[13] 아침저녁으로 사당에 배알을 하였고, 날마다 문중의 노인들에게 안부 받들기를 추위와 더위에 상관없이 그만두지 않았다. 성품이 본래 학문을 부지런히 하여 일찍이 문학을 성취하였고, 어버이의 명령으로 향시(鄕試)를 보았으며, 멀리까지 덕이 많은 사람과 종유하여서 학문하는 방법을 깊이 터득하였다. 단정히 앉아 책을 펴놓고 부지런히 힘쓰고 힘쓰다가 경서의 뜻을 해석하여야 할 곳을 알지 못하는 날이 있으면 장차 날이 저물고 밤이 갈리는 것도 잊었다.

　정축년(1817)에 부군의 장인 김공께서 제주 대정현의 현감이 되자 부군에게 함께 가기를 청하였다. 부군께서 몇 번이고 사양하였으나 받아들여지지 않았으므로 5월에 바다를 건너 두루 탐라 영주 삼을나의 유적을 보았다. 가을에는 남극노인성을 보게 되자 시를 지어 영구(靈區)의 세속을 뛰어넘는 상황을 말하여 절토(絶土)에서 고향을 그리는 수심을 부쳤다. 현에 머문 지 일 년이 되는 무인년(1818) 4월에 이르러서야 비로소 (귀향의) 밧줄을 풀었다. 중류에

12_ 애훼(哀毁): 몹시 야윌 만큼 부모의 죽음을 슬퍼하는 것을 뜻한다.
13_ 복결(服闋): 삼년상을 마치는 것을 뜻한다.

이르러 큰 비바람을 만났는데, 장기(瘴氣)가 낀 안개로 사방이 꽉 막혔으며, 산과 같은 파도가 배를 쳐서 선판(船板)이 모두 울어대니 배가 기운다고 알리는 사람이 여럿이었다. 형세가 매우 위급하여 도끼로 풍향계와 미치(尾鴟)를 찍어 제거하였다. 배에 실려 있는 공마(公馬)와 사마(私馬) 수십 필을 사람들이 모두 바다에 던지려고 하자 부군께서 혈기 있고 생명이 있는 동물로 여겨서 차마 죽게 하지 못하였다. 여러 차례 바람의 기세가 더욱 급박해지고, 성난 파도가 사방에서 일어나 배가 거의 뒤집혀 가라앉으려 하였다. "사람이 다쳤는가만 묻고 말에 대해서는 물어보지 않았던 뜻"으로서 바다에 던질 결정을 하였다. 배에는 유집(維楫 : 배를 매는 밧줄과 노)이 없어서 바가지 하나가 물에 뜬 것과 같았다.

하루 동안 마구잡이로 물결에 흘러가서 몇 천 리나 간 줄도 몰랐다. 성난 파도와 바닷바람에 동쪽으로 가고 서쪽으로 표류하여 향하는 곳을 몰랐다. 함께 건너던 오십 명이 아침저녁으로 목놓아 울다가 또 먹을 것이 떨어지자 누운 채로 굶주려 얼굴이 누렇게 떠서 죽으려 하였다. 부군이 혼자 병을 무릅쓰고 일어나 엄숙하게 정좌하고 글을 지어 하늘에 고하고 바다에 제사를 지냈다. 비록 굶주림이 심하여 힘이 빠졌으나 오히려 능히 스스로 굳세게 하여 행동거지를 잃지 않음이 마치 자기 집 방[14] 가운데에 있는 것과 같이 하였다. 언제나 사람을 위로하기를 죽고 사는 이치로서 하였다. 천행

14_ 방옥(房屋): 여기서는 내 집의 방 안이라는 뜻으로 쓰였다.

(天幸)으로 상선을 만나 두 보따리의 말린 식량을 얻어서 며칠 동
안 연명하였으며, 또 고기잡이배를 만나 살길로 인도하여 옮겨 실
어 절강성 영파부 정해현 보타산 관음사에 배를 대었다. 이달 26
일이 되어서야 비로소 육지에 내렸으니 바다에 표류한 지 무릇 16
일간이었다.

오월(吳越)을 경유하여 남경(南京)으로 이동하였다. 중국 사람
들이 한 번 보고는 조선의 훌륭한 사람임을 알았다. 문자를 가지고
서로 물어보고는 깊이 흠모하고 좋아하게 되어 모두 효렴 선생이
라 일컬었다. 시를 보고 이르기를 "격률에 성당(盛唐)의 풍미가 있
다."고 하였으며, 시를 써주고 전자(篆字)와 서화(書畫)로써 성의
를 표시하였다. 회계에 이르러서 우혈을 찾고 엄자릉의 사당을 배
알하였다.

칠리탄과 사안의 동산과 우군의 난정과 서자의 완사계를 보았
다. 산음에서 절강에 이르러서는 서호를 바라보았다. 자양 주자의
고향을 지나다가 고소대(姑蘇臺)에 올라서 한산사와 금산사를 둘
러보았다. 양주를 지나고 황하를 건너서 부자(夫子)의 고향을 이리
저리 다녔다. 기수와 문수를 건너서 구몽과 낭야를 거쳤다. 태산에
올라서 옥황묘를 알현하였다. 요(堯)·순(舜)·우(禹) 나라의 도읍
과 조나라 평원군(平原君)의 군읍과 한나라 동중서의 고향을 들렀
다. 조북(趙北)을 나와서 문승상(文丞相)의 묘를 알현하였다. 황성
(皇城)에서 연계(燕薊)로 나왔다. 난하(灤河)에 이르러 이제묘를
알현하고 수양산을 보았으며, 산해관을 넘어 심경에 들어가서는

청태조의 고택을 보았다.

　요양으로 나와 마천령을 지나서 봉황성에 머물렀다가 압록강을 건넌 것은 이해 10월 3일이었다. 의주와 평양을 거쳐 경사(京師)를 경유하고, 대구에 이르러 감사(監司) 김노경(金魯敬)을 보았다. 이해 그믐에 집으로 돌아와서 강남땅에 여러 칸의 집을 짓고 강남정(江南亭)이라 이름을 붙였으니 대개 항상 절강 남쪽을 주유했던 뜻을 생각해서였다. 수십 일 동안 바다에서 고생하여 어려움을 두루 겪어 장기(瘴氣)에 상한 것이 원인이 된 묵은 병으로 수년 동안 앓다가 신사년(1821) 9월 16일에 원당리(元堂里) 집에서 세상을 떠났다. 을축년(1865) 8월 29일에 현의 동쪽 능적동(能積洞)에 이장하였다. 성재공(省齋公)의 무덤은 앞산[15] 중복등(重福嶝) 신좌(辛坐)의 언덕이다. 배위는 김해김씨 현감(縣監) 인택(仁澤)의 따님이다. 갑신년 3월에 세상을 떠나 9월에 현의 동쪽 내촌(內村) 야곡(冶谷)의 선영 아래 묘좌원(卯坐原)에 장례(葬禮)를 모셨다.

　아들은 둘이니 보(堡)와 서(墅)이고, 딸은 하나이니 곽계환(郭啓煥)에게 시집을 갔다. 보는 아들이 둘이니 익민(釴玫), 석희(錫禧)이고, 딸이 둘이니 안장원(安璋遠), 권경기(權敬基)에게 시집을 갔다. 서는 아들이 하나이니 익중(釴重)이고, 딸이 둘이니 곽기곤(郭琦坤)과 박인수(朴仁壽)에게 시집을 갔다. 익민은 아들이 하나이니 해익(海翼)이고, 딸이 둘이니 정현표(鄭現杓)와 장두철(張斗轍)에

15_ 안산(案山): 풍수설(風水說)에서 집터나 묏자리의 맞은편에 있는 산이다. 여러 산이
　　거듭하여 있을 때에는 내안산과 외안산으로 구별한다.

게 시집을 갔다. 석희는 아들이 둘이니 지영(址永)과 식영(式永)이고, 딸이 하나이니 곽종형(郭鍾亨)에게 시집을 갔다. 익중은 아들이 셋이니 원구(源九), 원규(源圭), 원철(源徹)이고, 딸이 셋이니 허수(許穗)와 고재호(高在昊), 최정식(崔貞植)에게 시집을 갔다. 해익은 아들이 둘이니 윤희(允熙)와 일희(一熙)이다. 지영은 아들이 둘이니 준희(俊熙)와 남희(南熙)이고, 딸이 하나이니 권오영(權五榮)에게 시집을 갔다. 식영은 아들이 둘이니 선희(宣熙)와 경희(慶熙)이고, 딸이 하나이니 이희중(李熙重)에게 시집을 갔다. 원구, 원규, 원철은 모두 자녀가 있었으나 나머지는 다 적지 않는다.

아! 부군은 단아한 모습과 순후한 성품을 가지고 계셨으며 효도와 우애심이 천부(天賦)에서 나왔고, 인애(仁愛)가 양심에 근본을 두었다. 평소에 행하는 바는 정직함을 스스로 지켰으니 사물에 흔들려서 빼앗기는 바가 되지 않았다. 사람들이 모두 그분이 천하를 두루 다녀 중국의 여러 고을을 크게 보면서 여러 선비의 존경을 받고 벼슬아치들과 교유한 것을 장하게 여겼으나, 그분이 위급한 상황에서 죽고 사는 일을 겪으면서도 지키던 것을 바꾸지 않았던 것에 대해서는 알지 못하였다.

곧 그 배가 거의 뒤집히려고 할 때에도 정신을 더욱 차려서 조금도 바뀌는 것이 없었으며, 위태롭게 여기거나 두렵게 여기는 태도를 보이지 않았으니, 만약에 충신이 독경한 행실과 죽음에 임해서도 바꾸지 않는 지조가 다른 나라 사람들이 기뻐해서 감복하는 지기(志氣)가 엄정함이 아니라면 어떻게 이와 같이 할 수 있겠는가.

제주도에 있을 때 지은 시편을 대략 기록하고, 바람을 맞으면서 바다에 표류하는 어려운 상황과 육지에 내린 뒤에 길을 다니면서 보았던 여러 나라의 풍속과 산천 명승, 중국의 선비와 시장(詩章)을 서로 화답한 것, 필담으로 문답한 것과 가옥, 의복, 농사, 무덤, 배와 수레의 설을 날마다 기록하여 한 권의 책자를 만들고 《승사록》이란 이름을 붙여 먼지 낀 책상 안에 간직하고 있었다.

부군이 돌아가신 지 백 년이 가까워온다. 아름다운 말과 아름다운 행실이 점차 사라지게 되었으니 나와 같은 힘없는 자손이 아는 것은 적고 정성은 부족하여 당세의 문장가의 문하에 들어가서 숨어 있는 것을 드러내 퍼뜨리지는 못하였으나, 오직 오래갈수록 증거가 없어질까 두렵다. 대략 집안에서 전하여 듣는 말을 기록하여 삼가 유사를 서술하였으나, 말은 난삽하고 필력은 졸렬해서 만 분의 하나라도 기록할 수 없었다. 위대한 군자들께서는 은혜로운 한마디의 말씀을 내려주셔서 후손으로 하여금 슬퍼서 통곡하는 정을 조금이라도 펼 수 있게 되기를 너무나 바란다. 병오년(1906) 맹춘 임오에 불초 증손 지영은 감격에 북받쳐 울면서 삼가 쓰다.

4. 묘갈명墓碣銘 並序

내가 어렸을 때 들은 이야기이다. 남쪽 고을에 한 명의 선비가 멀리 제주도 객관에 노닐러 갔다가 태풍에 휩쓸려 만 리를 떠다니다 중국을 두루 보았는데 《승사록》이란 책을 남겼다는 것이다. 그렇지만 책을 한 번 얻어 보기를 즐겁게 할 수 없음이 한스럽게 여겨졌다. 그런데 하루는 최지영(崔址永)이 소매에 이 《승사록》을 넣어 가지고 와서 나에게 보여주면서 이렇게 말하였다. "이분이 저의 증조부이십니다. 원컨대 이 책을 보시고 그 묘에 명을 써주셨으면 합니다." 내가 책을 어루만지고 탄식하며 말하기를 "선비가 이 세상에 태어나서 바라던 뜻을 다 마치게 되었으니 어찌 명이 없을 수 있겠는가." 하였다.

공은 휘가 두찬이요, 자는 응칠이고, 호는 강해이며, 성은 최씨이니 그 선대는 전주 사람이다. 고려 때 휘가 한(漢)이란 분이 있었는데, 높은 공으로 연산군(燃山君)에 봉해졌으니 그 관향을 영천(永川)으로 옮긴 것은 이분으로부터 시작된 것이다. 중세에 휘가 문병(文炳)이란 분이 있었으니 호는 성재(省齋)였다. 임진년의 국란에 성을 회복한 공이 있어 한성 우윤에 증직이 되었고, 사림(士林)들이 그의 제사를 지내준다. 나의 증조부인 귀와 선생(龜窩先生)이 그의 행장(行狀)을 지었다. 증조는 옥(鈺)이라 하고 조부를 여각(汝慤)이라 하는데, 대산 선생(大山先生)을 따라서 유학하여 학행이 있었으며, 선고를 휘(彙)라 하고 비는 함평이씨이니 학생인 우인(遇仁)의 따님이었다.

건릉 기해년(1779) 6월 아무 날에 공이 태어났다. 어려서부터 매우 영리하여 겨우 네다섯 살 때에 자못 문자를 이해하였다. 점차 장성하자 더욱 애경(愛敬)하는 도리를 알아서 어버이 곁을 떠나지 않았으며, 어머니가 병을 앓아 위급해지자 손가락을 베어 구제하였고, 상을 당하게 되자 아침저녁으로 슬피 부르짖었으니 차마 들을 수 없는 것이 있어서 향리 사람들이 모두 아름답게 여겨 감탄하였다. 신미년(1811)에 또 부친의 상사를 당하자 몹시 슬퍼함이 제도보다 지나치게 하여 삼년상을 하루와 같이 하였으며, 저녁때마다 성묘를 하였는데, 더러는 어두울 때 성묘를 하게 되면 범이 따라와 그를 보호하였으니 대부분 일을 마치게 된 것이다.

또 성품이 배우는 데 부지런하여 온종일 책상을 마주 대해도 고달픈 기색이 없었다. 어른을 따라서 많이 놀았으니 듣는 것이 더욱 넓어서 무성하게 유능하다는 명성이 있었다. 정축년(1817)에 장인 김인택(金仁澤) 공의 제주도 임소에 따라가 한 해 남짓 머물렀는데, 삼을나의 남긴 자취를 찾았으며, 남극노인성의 별자리 도수를 살펴서 모두 시로 회포에 부쳤다.

그 이듬해인 무인년(1818)에 처음으로 육지로 돌아오기를 구하였는데, 바다 한가운데에 이르게 되자 미친 듯한 바람이 크게 일어나 바다의 물결이 하늘 끝까지 넘쳤으므로 죽고 사는 것이 다만 경각에 달려 있었다. 배 안에 있는 사람들이 하늘을 우러러 호곡을 하고 얼굴에는 핏기가 가셨으나, 공은 오히려 정신을 차려서 심부름하는 사람들을 시켜 배의 고물을 잘라버리고 옷 같은 물건을 모두 던졌으며 제문을 지어 해신에게 고하여 제사를 지냈으나, 바람의 기세가 더욱 노하여 고래 같은 물결이 더욱 험하였다.

동쪽으로 표류하고 서쪽으로 쫓기기를 무릇 십여 일이나 하였는데, 장사치의 후말(昫沫)[16]을 얻고 더러는 어선이 가리키는 길을 따라 비로소 절강의 정해에서 보타의 관음사에 정박하게 되었다. 드디어 육지에 올라서 오나라, 월나라 일대를 거치니 남경의 중국 사람들 중에 그를 본 사람들이 그가 조선의 문인인 것을 알고 번갈아 서로 수창하고 다투어 먹여주었으며, 진신(搢紳)인 여러 명사가 기꺼이 그와 함께 구면(舊面)처럼 대해주며 한결같은 말로 효렴 선생이라고 일컬었다 한다.

동쪽으로는 회계산으로 가서 엄자릉의 사당을 배알하고 왕우군(王右軍)의 난정을 들렀으며, 서자의 완사계에 이르고, 자양을 들러 주자의 고향을 배회하였으며, 황하를 건너 공자의 마을을 우러러보고, 요(堯)와 순(舜), 우(禹)의 고향을 들러 그 남은 풍속을 감상하였고, 평원군의 옛날 살던 고을을 들러 그 유풍을 상상하였으며, 북쪽으로는 문산에 이르러서 승상(丞相, 諸葛亮)의 사당을 알현하고, 서쪽으로는 수양산에 이르러서 백이숙제의 사당에 참배하였으며, 요양에서 마천령에 오르고, 봉황성에서 압록강을 건넜으니 노정을 계산하면 모두 만여 리나 되었고, 날짜가 70일이나 걸렸다.

집에 돌아와 강남땅에 자그마한 건물을 짓고 강남정이라 편액을 붙였으니, 대개 절강 사이에서 두루 다닌 자취를 잊지 못하였기 때문이다. 오랫동안 장기에 상하게 되어 병을 얻었는데, 오래 낫지 않다가 신사년(1821) 9월 아무 날에 마침내 일어나지 못하였으니

16_똑같이 어려운 처지에 놓여 있으면서도 상대방을 위해주는 의리를 말한다. 《장자》 〈대종사(大宗師)〉에 나온다.

향년 43세였다. 어떤 장소에 장사 지냈다가 후에 이 마을의 동쪽인 능적동 중복등의 신좌 을향원(乙向原)에 이장하였다. 배위는 김해김씨이니 인택(仁澤)의 따님이다.

아들 둘을 낳았으니 보와 서이고, 딸은 하나이니 곽계환에게 시집을 갔다. 보는 아들이 둘이니 익민, 석희이고, 딸이 둘이니 안장원, 권경기에게 시집을 갔다. 서는 아들 하나이니 익중이고, 딸은 둘이니 곽기곤과 박인수에게 시집을 갔다. 익민은 아들이 하나이니 해익이고, 딸이 둘이니 정현표와 장두철에게 시집을 갔다. 석희는 아들이 둘이니 지영과 식영이고, 딸이 하나이니 곽종형에게 시집을 갔다. 익중은 아들이 셋이니 원구, 원규, 원철이고, 딸이 셋이니 허수와 고재호, 최정식에게 시집을 갔다. 해익은 아들이 둘이니 윤희와 일희이다. 나머지는 다 적지 않는다.

아! 공은 인애(仁愛)한 성품을 가지고 계셨으며, 정도(正道)를 굳게 지키는 자질을 가지고 계셨다. 재주는 충분히 세상에 쓰일 만하였고, 문사는 나라를 울릴 만하였다. 시를 지으면 격률(格律)이 침감(沈酣)하였고, 의태(意態)가 청신(淸新)하여 중국 사람들이 한번 보자 칭찬하기를 "성당(盛唐)의 풍미가 있다."라고 하였으니 어찌 그저 한 말이겠는가. 바다에 표류한 하나의 일과 같은데 이르러서는 하늘이 공을 곤란하게 한 것이 마침내 문장의 기이한 기운을 발현함을 돕는 바가 되었다. 또 무엇을 한할 것이 있겠는가.

명에 이른다. 천성에 기인한 독실하였던 행실이었고, 세상을 일깨우는 맑은 시였도다. 너른 바다를 두루 다닌 자취를 남겼으니 이름이 성사(星槎)에 진동하였도다.[17] 문물이 번성한 중국에는 명사가 숲과 같이 많았도다. 한결같은 말로 공을 칭찬하여 그 뜻을 꼭 알아주는 지음(知音)이었도다. 썩지 않는 것이 여기에 있으니 돌로 새길 것이 무엇이 있으리오. 전 의금부 도사 문소(聞韶) 김도화(金道和)가 찬하다.

5. 발문

《승사록》 2권 1책은 나의 증조부인 강해 부군(府君)이 남쪽 바다로 표류하여 중국의 풍속을 관람하게 되어 지은 것이다. 《승사록》을 처음 쓰기 시작하였을 때 중국의 인사들이 다투어 서로 입으로 전해가며 외우면서 말하기를 "격률이 침감하여 성당의 풍미가 있으며, 문장의 기세가 창고(蒼古)하여 《좌전(左傳)》과 《사기》의 서사하는 문체를 깊이 터득하였다."라고 하였다. 또 말하기를 "출판에 재빨리 맡겨서 한때의 아름다운 말을 기록하는 것이 마땅하다."라고 하였으며, 또 말하기를 "백 년 뒤에도 절강 사람들이 모두 선생이 있었다는 것을 알게 될 것이다."라고 하였다.

아! 부군과 같이 행의(行義)가 독실하고 문장이 높음으로써 후세의 자운(子雲)을 기다리지 않고도 능히 당세의 종자기에게 알려

| 17 이름이 외국까지 알려졌다는 뜻이다.

질 수 있었던 것이다. 그러나 하늘이 한때 공을 곤궁하게 하였던 것은 장차 천하의 후세에 영원히 말이 있게 하려고 했음이었나?

다만 애석한 것은 강남정의 편액이 겨우 기둥 사이에 걸리자 꿈이 문득 재촉해서 수가 덕에 어울리지 않아 그 때문에 늘그막에 지업(志業)을 궁진하지 못하였으니, 이러한 것들은 오직 자손들의 통한일 뿐 아니라 남쪽 고장에 있는 인사들이 함께 일제히 탄식하는 것이었다. 아! 이제 부군이 세상을 떠난 지 97년이 되었다. 적이 엎드려 생각하건대 공이 평소에 흥을 풀어내는 시편과 세상 사람들과 수작한 작품이 적지 않으나, 그동안 흩어져 사라져서 아직도 편집하지 못하였고, 오직 《승사록》만이 책상자에 간직되어 있어서 좀이 슨 것을 면하지 못하게 되었다.

돌아보건대 이 쇠잔한 자손들은 정성과 힘이 약하여 제때에 간행함으로써 세상에 전하는 것을 오래하지 못하게 하였으니, 중국의 인사들에게 비교하건대 부끄럽고 두려워서 용납될 수 없다. 지영이 여기에서 당숙부인 익중씨와 일가 족질인 윤희에게 구하였다. 서로 밥을 줄이고 자금을 모아 인쇄공을 모집하여 판을 새기는데, 거기에 공의 유사와 묘지명을 덧붙여 집안에 전하고 세상에 공개하여 대강이나마 추모하는 하나의 단서를 펴는 바이다. 이에 일의 자초지종을 책 뒤에 쓰노라. 정사년(1917) 봄 3월 아무 날 증손 지영이 삼가 쓴다.

6. 승사록서乘槎錄序

　　내가 일찍이 석북(石北) 신광수(申光洙) 공의 《탐라록》을 읽고 적이 저 태풍이 세차지 못하여 표류를 멀리 못 하였음을 한하였다. 왜냐하면 석북은 근세(近世) 시가(詩家)의 호걸이기 때문이다. 만약 큰 태풍을 만나 바다 몇 만 리를 뛰어넘어 소주(蘇州), 항주(杭州), 민주(閩州), 광주(廣州) 일대에 정박하고 방향을 바꾸어 연사(燕社)로 들어가며 요하(遼河)를 건너 동쪽으로 왔다면, 자신이 본 괴이한 것을 반드시 시에 펼쳐내어 명성이 천하를 움직이기에 충분하였을 것이다. 바람은 그 배가 가는 쪽으로 불었는데도 도리어 그를 막아서 머물러 놀게 하였다. 감상하여 시로 짓는 것이 제주의 연운, 비바람, 초목, 충어(蟲魚) 따위에 그치는 데 불과하였으니 자못 사람으로 하여금 한탄하게 한다. 임신년(壬申年) 여름에 종숙부 인산(仁山) 사군(使君)이 《승사록》 1책을 보내주면서 말하기를 "이것은 최효렴 두찬이 표류하였던 일기이다. 아까운 것은 세상에 드문 기적(奇蹟)이 궁벽진 시골의 떨어진 책상자 안에 오래 간직되어 있었으니 한 마디의 서문을 아끼지 마라."고 하였다. 나는 진실로 글에는 솜씨가 없다. 그러나 종숙부가 깊이 묻힌 기이한 것을 밝히려는 것에 대해 생각해보니 그 또한 인정(仁政)의 일단이다. 어떻게 이러한 부탁을 외면할 수 있겠는가. 대개 효렴이란 사람은 장인을 따라 대정현의 임소에 이르렀다가 돌아올 때 바다 가운데에서 큰바람을 만나 열엿새 동안 표류하여 절강성의 영파부에 닻을 내리게 되었다.

　사명산을 거치고 임안에 다다라서 산수와 누대, 인물의 풍부하고 화려한 것을 보았고, 고소산(姑蘇山) 위에 있는 한산사에 이르고 황하에 떠서 문수와 사수를 건너 제나라와 노나라의 땅을 마음껏 보았으며, 제남을 경유하고 노하(蘆河)를 건너 황성으로 들어서 청나라 황제가 철기(鐵騎) 십만을 정돈하여 동순(東巡)을 인도하는 것을 보았고, 거듭 고죽(孤竹)이란 옛 나라를 들러 백이숙제의 사당을 배알하였으며, 방향을 바꾸어 봉황성에 이르러 책문(柵門)을 나왔으니 용만(龍灣)까지의 거리는 백이십 리였다. 이때는 가경 무인년이었다.

　아! 효렴이 중양(中洋)에서 바람을 만났을 때 자그마한 몸으로 교룡과 고래, 악어의 아가리 언저리를 드나들었으니, 그가 마침내 죽지 않았던 것은 천명이었다. 그 자취가 진실로 놀랍고 장엄하며, 또 그가 꺼내서 문장을 지은 것이 더욱 기이하고 또 괴이하였다. 이것이 바로 내가 석북공(石北公)이 표류를 멀리하지 못하였던 것을 탄식하는 까닭이다. 효렴은 절강 사람들과 수창(酬唱)을 많이 하였으니 주패란, 오요화와 같은 무리가 모두 최효렴이 시가 능하다고 칭찬하였으나, 관리들이 보호하여 행적이 자유롭지 못하였다. 서호를 지나갔으나 서호의 승경을 보지 못하였고, 신안에서는 주자의 옛 거처를 물어보지 못하였으며, 노나라에서는 공자의 유풍을 거슬러 올라가지 못하였다.

　그리고 또 가는 길의 잇수가 여도지지(輿圖地誌)에 준하면 더러는 어긋났으니 바로 길을 바삐 가서 그 기록이 사실과 어긋나기 쉬워 그렇게 된 것인가. 그러나 내가 타고난 작은 나라인 압록강 이동의 산수를 능히 끝까지 탐방하고 두루 관람할 수 없음이 있었거늘 효렴의 족적은 거의 천하를 절반이나 도는 데 가까웠으니 나는 이 기록이 동방삭(東方朔)[18]의 십주기(十洲記)와 서하객(徐霞客)[19]의 기행서(紀行書)와 함께 세상에서 기이한 관람거리가 되는 것을 알 수 있다. 종소문[20]의 와유도(臥遊圖)도 그만은 못할 것이다.[21]

---

18 동방삭(東方朔, BC 154~BC 93). 한나라 염차(厭次) 사람으로 자는 만천(曼倩)이다. 무제 때 벼슬이 태중대부(太中大夫)에 이르렀으며, 기이한 꾀와 재담으로 무제의 사랑을 받았다.

19 서하객(徐霞客, 1586~1641). 본명은 서굉조(徐宏祖)이다. 명나라 말기 사람으로, 지금의 강소성(江蘇省) 강음현(江陰縣)에서 태어났다. 여행지에서 보고 들은 것을 매우 자세히 기록하였는데, 그것이 지금 전하는 《서하객유기》이다.

20 종병(宗炳, 375~443). 중국 남북조 시대 송나라의 화가로 자는 소문(少文)이다. 일생 동안 벼슬하지 않고 형산(荊山), 무산(巫山), 형산(衡山) 등 각지의 명산을 돌아다녔다. 어진 이는 산수를 통하여 형(形)으로서 도(道)를 아름답게 한다고 하여 산수화론에서 명산명천(名山名川)의 생활화를 주장하였다. 즉 산속에 도가 있으니 산에 살고 산수화 속에 신(神)이 있어야 한다고 하였다. 노년에 병이 든 이후, 젊은 시절 돌아다녔던 산수를 벽에 그려놓고 즐긴 '와유(臥遊)'의 일화가 유명하다. 저서에 《화산수서(畫山水敍)》 등이 있다.

21 붕새가 남명(南冥)으로 갈 때 구만 리 상공에 이르면 바람이 이 아래에 있다.[九萬里則風斯在下]라 한 것을 말한다. 《장자》〈소요유(逍遙遊)〉 참조.

원문

* 원문의 각주 번호는 이 책 차례의 1, 2, 3,
   4, 5, 6장을 기준으로 하였습니다.

乘槎錄

江海乘槎錄序

昔博望之星槎, 窮河源, 海客之浮槎, 達牛渚, 而語同齊諧, 事涉荒唐, 君子不取也. 若司馬子長之游江淮, 王子安之風送南昌, 爲千古奇譚. 而一則天也, 一則由乎人也. 人有二子之才, 則得二子之時, 而時有遇不遇幸不幸, 皆天也.

我仁陵之世, 大嶺之南, 仁山縣, 江海崔公斗燦, 乘槎有錄, 蓋借子安之風, 學子長之游, 而托於博望海客之槎者也. 江海生忠孝之門, 襲詩禮之訓, 少有才名, 多藻思志闊大, 不拘小節.

年四十, 不擧孝廉, 嘗隨使君車, 南渡海, 留瀛洲館, 歲餘. 登漢挐, 臨天池, 望南溟, 照見南星, 訪仙靈, 探異蹟, 少寫胸海, 而奇氣猶未吐也. 及還渡, 值海運, 木道傾危. 颶風振海而不驚, 大浸稽天而不溺. 御旬有五日, 下陸定海間, 豈其天耶, 而人乎.

向在耽羅, 下津之際有詞云, "此去還尋王子路" 此近詩讖而機先動則天也. 舍達如斯, 其存乎人者, 亦可知也. 於是, 游觀定島, 泝回浙潮, 至會稽, 探禹穴, 過釣臺. 禮子陵祠, 歷叩彭澤蘭亭, 懷古敍情. 指點西湖有詩, 和者最多. 望紫陽山, 寓慕晦翁之鄉, 上姑蘇, 過楊州, 領略楚尾吳頭. 北渡淸河, 歷龜蒙, 登泰山, 經由沂汶, 瞻仰闕里, 而未遑講業也. 入冀州界, 討唐虞遺俗, 過謁文丞相祠堂, 有感吟, 留連北京, 觀盡大國之風, 揖燕趙士, 請觀於市, 抵灤河, 拜夷齊廟, 出山海關, 歷覽遼藩, 由鳳凰城, 渡鴨綠而歸, 壯哉游乎.

陸行餘萬里云. 凡所至, 中州文人達士, 坌集唱酬焉, 贈遺焉. 猶恐其後, 今於錄中可詳也. 余觀江海諸什, 韻格淸遠, 得詩家之上乘, 蘇子所謂發纖濃於簡古庶幾焉.

中華士, 稱以盛唐風味, 亦可謂海內知音也. 盖我東西海一隅, 而文章學古代, 有鳴者侔擬華夏. 然惟局於界而縛於制, 不相往來游衍. 雖有垂天之翼, 無以搏扶搖而南徙, 則猶斥鷃翶翔於蓬蒿間已也.

江海此行, 天借之風以逾. 圖南之志以發胸中之氣, 亦云奇哉. 猶以漂海羈踪, 行止拘絆, 不能恣意游賞, 以盡天下壯觀, 其亦處幸不幸遇不遇之間者歟. 雖然竊究其幸與遇者, 豈無所以也哉. 大傳曰, "天之所助者, 順也, 人之所助者, 信也"

夫易有望人用, 有君子用而爲道則一也, 公君子人也. 苟非履信思乎順, 詎獲天人之助, 如是乎哉. 噫! 今天下, 民散久矣. 漂泊東西, 恐淪胥以溺也. 愚特表公之信順, 爲第一義諦, 觀是錄者, 尙亦知. 夫乘江海之槎, 可以獲祐于天也. 彊圉大荒落上元節, 壽昌徐廷玉敍.

江海散人乘槎錄序

海內, 能文之士, 美不勝收. 必有驚人泣鬼, 事蹟可傳, 方垂不朽, 吾儒讀萬卷書, 當行萬里路而後, 見聞所及, 胸次悠然. 非若尋章摘句者, 不出戶庭, 徒類井底之蛙已也. 朝鮮擧人斗燦崔先生, 偕其同學, 泛海爲颶風吹, 泊之江. [浙水三折, 故名之江] 由四明, 而達錢塘, 官吏撫綏, 館于仙林寺.

寺距吾家數里, 得往觀焉. 見有握管吟哦者, 以筆代口, 詢知姓名, 卽出示乘槎錄, 記遇風驚險之狀, 彙成一集, 中如滄海波濤春後晏 · 蓬萊雲霧曉來淸等句, 格律沈酣, 不減盛唐風味. 又有懷西湖二絶. 囑余和章, 余依韻答詩云, 梯山航海到杭城, 景物怡人照眼明. 對面西湖成背面, 天涯

咫尺不勝情. 讀罷琳琅句有神, 果然俊逸更淸新. 相逢何必曾相識, 文字
因緣見便親. 和畢, 又請余記乘槎錄序.

凡漂泊海蠹, 怒濤險阻事, 集中詳載, 無待余言. 獨念人生遇合天假之緣,
路隔重洋, 因風謀面, 昔乘槎漢使, 誤入天宮. 今航海儒生, 觀光上國. 余
謂今日博陵之崔, 其卽昔日博望之張可也. 是爲序. 嘉慶二十三年歲在戊
寅六月朔朝之吉, 誥授文林郎, 直隷州州同, 杭州府, 仁和縣, 芝塘沈起
潛, 拜手.

余聞耽羅有漢挐. 一名瀛洲, 卽三神山之一也, 心常慕焉. 丁丑夏**1**, 婦翁
金令公, 以散官起家爲大靜縣. 縣在漢挐南, 亦仙郡也. 邀余偕往, 是年
五月.**2** 渡海, 遍覽三乙邪遺躅, 秋觀老人星. 翌年二月**3**, 下浦**4**, 再逾月**5**,
始解纜.

迺戊寅四月十日也**6**, 晡時遇大風雨. 漂流凡十六日**7**, 到浙江**8**寧波府之定
海縣, 蓋萬餘里也. 昔張騫使外國, 乘槎**9**窮河源犯牛斗, 作博物誌行于
世. 余於騫類也. [然騫十九年, 而余十六日矣, 不其疾乎!]**10** 因歷敍海中
艱險之狀. 裒集所到處與諸君子唱酬韻, 又記在濟時若干篇, 以備顚末**11**,

1_ 장서각 《승사록》에는 丁丑夏가 純廟丁丑四月로 되어 있다.
2_ 장서각 《승사록》에는 是年五月이 以本年五月로 되어 있다.
3_ 장서각 《승사록》에는 翌年二月이 粵明年二月로 되어 있다.
4_ 장서각 《승사록》에는 下浦가 下浦舟로 되어 있다.
5_ 장서각 《승사록》에는 再逾月이 逾月로 되어 있다.
6_ 장서각 《승사록》에는 迺戊寅四月十日也가 實戊寅四月初十日也로 되어 있다.
7_ 장서각 《승사록》에는 漂流凡十六日이 漂流十六日로 되어 있다.
8_ 장서각 《승사록》에는 浙江이 浙江省으로 되어 있다.
9_ 장서각 《승사록》에는 乘槎가 使乘槎로 되어 있다.
10_ 장서각 《승사록》에만 있는 부분이다.
11_ "因歷敍海中艱險之狀, 裒集所到處與諸君子唱酬韻, 又記在濟時若干篇, 以備顚末"
    까지의 부분은 장서각 《승사록》에는 빠져 있다. 대신 장서각 《승사록》에는 다음

名之曰, 乘槎錄云爾.

濟州觀德亭次板上韻, "亭名觀德不觀兵, 客子登臨萬古情. 滄海波濤春後晏, 蓬萊雲霧曉來淸. 居人皮服[12]島夷俗, 游女春歌古國聲. 防禦營中日無事, 狼煙夜夜報昇平"

別刀浦得高字, "三山浮在海中鰲, 仙分支離滯別刀. 馬料已靑城上草, 鄕愁欲白鬢邊毛. 滄溟[13]萬里從心闊, 漢岫千峯得意高. 枉把詩名南國動, 文章多愧大蘇豪"

挽夫使君 [名宗仁, 濟州人. 有文雅器局. 而曾爲慈仁縣監, 有政績. 又與余有契厚矣, 余入濟時, 使君已沒, 故挽而哭之], "崧高維漢挐, 往往降異人. 誕生三乙那, 開國南海濱. 姓名通羅代, 舟楫入耽津. 麗朝崇文德, 高氏觀國賓. 千里邈仕宦, 三世蘊經綸. 公昔香案吏, 騎龍下三神. 嬋媛古氏族, 才德世無倫. 章奏唐賢懇, 政績漢吏循. 如何南極宿, 不照內臺臣. 落日都門外, 送葬盡時賢. 江海引丹旐, 魚龍護靈輴. 蕭條三姓國, 春歌淚四鄰"[14]

臨別和金宇成李光濂[15], "年年[16]頗恨別離頻, 著處[17]文朋意轉親. 匹馬行裝今白面, 長亭詩賦最靑春. 高歌素乏陽春曲, 妙舞誰留玳瑁茵. 此去[18]還尋王子路, 明朝舟楫下耽津"

在島時, 所得詩藁, 帶來奚囊矣. 被風之日, 遂致漂失. 無乃漢挐山靈, 惡仙境之播露人間, 而付之識字魚龍歟. 今之存者, 只是聰明所及, 百不一二, 殊可歎惜也已.

과 같이 기록되어 있다. "名之曰, 乘查錄. 弁以在濟時, 若干篇, 以備顚末, 後之覽者, 必將有感於斯文."

12_ 장서각 《승사록》에는 皮服이 皮眼으로 되어 있다.

13_ 장서각 《승사록》에는 滄溟이 滄海로 되어 있다.

14_ 〈挽夫使君〉은 국립중앙도서관본에만 실려 있다.

15_ 장서각 《승사록》에는 제목이 〈臨別和接生金宇成李光濂韻〉이라고 되어 있다.

16_ 장서각 《승사록》에는 年年이 年來로 되어 있다.

17_ 장서각 《승사록》에는 著處가 着處로 되어 있다.

18_ 장서각 《승사록》에는 此去가 此行으로 되어 있다.

1장 1818년 4월—표류, 예기치 않은 운명의 기록

4월 8일 — 표류의 시작

戊寅四月八日[1], 乃余下浦時也. 防禦使趙公義鎭, 設文武白場, 島中三邑[2]守宰, 皆來會焉. 趙公[3]聞余留營下, 使吏通訊, 再三見招. 余赴飮, 已而[4]樂作極歡. 公命禮裨趙上舍星鎭, 爲余具其夕飱[5]. 其夜宴觀德亭.

明日次[6]別刀浦. 再明日巳時[7], 始解纜. 是日, 羅州士人梁知會, 靈巖士人金以振, 同載焉[8]. 時全羅右營討捕使張公翼, 余之從姊兄[9]也. 以書見邀, 故約日同向羅營矣.

晡時[10], 大風雨, 瘴霧四塞, 惡浪打船, 告傾者數矣[11]. 日且昏黑. 舟人懼[12], 計不知所出. 船主梢工[13], 皆聚首號哭. 男女並五十人, 齊聲痛哭[14]. 時出身河應龜在傍, 有膂力者也. 余連呼應龜, 斧檣[15]去烏, 斫尾去鷗. 舟人齊出汲水, 終夜有聲. 翌曉連雨, 從風漂泊. 狂濤怒浪, 四顧無際. 余以莫非命三字, 慰勉金君. [相與扶抱以竢變][16] 是時船中所載公私馬, 並五

1_ 장서각 《승사록》에는 八日이 初八日로 되어 있다.
2_ 장서각 《승사록》에는 島中三邑이 島三邑으로 되어 있다.
3_ 장서각 《승사록》에는 趙公이 防禦公으로 되어 있다.
4_ 장서각 《승사록》에는 已而가 而已로 되어 있다.
5_ 장서각 《승사록》에는 爲余具其夕飱이 爲其夕飱으로 되어 있다.
6_ 장서각 《승사록》에는 明日次가 明日又次로 되어 있다.
7_ 장서각 《승사록》에는 再明日巳時가 又明日巳時로 되어 있다.
8_ 장서각 《승사록》에는 同載焉이 皆同載焉으로 되어 있다.
9_ 장서각 《승사록》에는 從姊兄이 從妹丈으로 되어 있다.
10_ 장서각 《승사록》에는 晡時가 日晡時로 되어 있다.
11_ 장서각 《승사록》에는 告傾者數矣가 先驚者數矣로 되어 있다.
12_ 장서각 《승사록》에는 懼가 惧로 되어 있다.
13_ 장서각 《승사록》에는 梢工이 沙工으로 되어 있다.
14_ 장서각 《승사록》에는 痛哭이 慟哭으로 되어 있다.
15_ 장서각 《승사록》에는 斧檣이 斧檣로 되어 있다.
16_ 장서각 《승사록》에만 실려 있는 부분이다.

六十匹[17]. 船隻蕩漾, 左傾則左重, 右傾則右重. 舟人始有解馬投洋之議. 而私商愛其馬, 船主愛其船價, 頗有相持之意. 然余則以爲好生惡死之心, 物我所同, 故姑無可否矣. 至[18]風勢益急, 船幾覆沒. 余以傷人不問馬之義, 決意投洋, 船隻小[19]定.

4월 12일 – 외딴섬을 발견하다

十二日, 風雨如之, 中流有一孤島. 問舟人, 則或稱紅衣島, 或稱可佳島. 雖欲回泊, 而船無諸具, 無可下手處矣, 仍乘流而下.

4월 13일 – 동풍에 다시 떠내려가다

十三日, 風雨小霽[20]. 一孤島, 在舟左邊, 而風輒引去. 問舟人, 則曰, "曾聞西海中有一孤島[21], 在朝鮮中國[22]之境, 必此島也." 午後, 東風大作, 仍隨流而下.

4월 14일 – 동풍이 계속 불다

十四日, 東風連作. 計其水路, 則不知幾千里也.

4월 17일 – 양식을 조달할 방법이 끊기다

十七日, 西風作, 船向本國流. [是時舟行, 已七八日矣][23] 時糧道已絕[24]. 人皆以抵泊陂地[25]爲幸, 而天忽反風. 船人, 莫不失色.

17_ 장서각 《승사록》에는 五六十匹이 五六匹로 되어 있다.
18_ 장서각 《승사록》에는 至가 至是로 되어 있다.
19_ 장서각 《승사록》에는 小가 少로 되어 있다.
20_ 장서각 《승사록》에는 風雨小霽가 風雨少霽로 되어 있다.
21_ 장서각 《승사록》에는 一孤島가 有一島로 되어 있다.
22_ 장서각 《승사록》에는 中國이 大國으로 되어 있다.
23_ 장서각 《승사록》에만 실려 있다.
24_ 장서각 《승사록》에는 時糧道已絕이 糧道已絕로 되어 있다.
25_ 장서각 《승사록》에는 陂地가 彼地로 되어 있다.

4월 18일 – 글을 지어 바다를 진정시키다

十八日, 北風又作. 流往流來, 莫知所之. 先是[26]水缸已破, 無以煮粥. 人皆喫米而飢渴隨之. 於是, 始有煮海得水之議. 其法與燒酒同. 飮之甚淡. 仍出白米, 少許置之, 砂鉢[27]爛烹. 而食雖不療飢, 亦不餓死. 是時舟行已八九日矣. 人皆病臥, 余扶病而起. 爲文告于天.

其文曰, "維天生民, 民維天物. 民之多辟, 天所矜恤. 哀我舟人, 罔別蹇淑. 喪難[28]漂蕩, 同歸一轍. 半百其人, 何辜于天. 飢者以病, 病者垂盡. 孔仁者, 天高而聽[29], 卑敢謹告[30]"

又爲文, 告于海王船王之神, 其文曰, "天用以龍, 利在澤物. 軒造[31]其舟, 民不病涉. 今我舟人, 厥數半百. 漂蕩中洋, 幾於覆沒. 船何無助, 海何不恤. 至靈者神, 各有職責. 亟賜陰騭, 導我大陸[32]" 余非不知言之狂妄[33], 而無所控告, 作此疾痛之呼.

4월 19일 – 고깃배가 식량을 던져주고 가다

十九日, 風勢小[34]定, 海色澄淸. 見朝日, 自海底出. 欲上未上之際, 紅波白浪, 照耀萬里, 亦憂中之樂也. 仍吟赤壁賦一篇, 繼之以詩曰, "浮世彭殤不足悲, 人生定命有前期. 今朝小[35]得風濤歇, 病客閒吟赤壁詞[36]" 已

26_ 장서각 《승사록》에는 先是가 先時로 되어 있다.

27_ 장서각 《승사록》에는 砂鉢이 沙鉢로 되어 있다.

28_ 장서각 《승사록》에는 喪難이 喪亂으로 되어 있다.

29_ 장서각 《승사록》에는 天高而聽이 天高以聽으로 되어 있다.

30_ 국립중앙도서관본에는 제목이 〈舟中告天文〉[時舟行, 八九日. 人皆病臥, 故作文以告天, 冀得冥佑]이라고 되어 있다.

31_ 장서각 《승사록》에는 造가 制로 되어 있다.

32_ 국립중앙도서관본에는 제목이 〈告海王船王神文〉이라고 되어 있다.

33_ 장서각 《승사록》에는 狂妄이 狂忘이라 되어 있다.

34_ 장서각 《승사록》에는 小가 少로 되어 있다.

35_ 장서각 《승사록》에는 小가 少로 되어 있다.

36_ 국립중앙도서관본에는 제목이 〈舟中見日出海底, 仍吟赤壁賦, 繼之以詩[是時漂流已八九日矣]〉라고 되어 있다.

而[37]有漁採船過去. 船人, 皆擧頭求濟. 漁子以其人多, 故回棹遠去. 舟人, 一時痛[38]哭, 漁子, 盤桓久之, 似有矜憐之色. 以[39]二橐䭆[40]投之而去, 所謂人皆有惻隱之心者也[41]. 以爲數日延命之資.

4월 20일 – 중국 국경에 가까워지다

二十日, 風雨. 船向西北走. 問舟人, 則曰"此乃上國近境也"余曰, "上國乃吾國也, 抵泊, 則可以生矣"起視之, 船向日沒處去. 是夕, 又見月出, 亦壯觀也.

4월 21일 – 제비가 날아오다

二十一日, 有飛燕[42], 栖于船頭. 舟人相賀曰, "燕雀飛來, 人居似不遠矣" 余曰, "燕雀, 鳥之遠飛者也.[43] 海色澄清, 四顧無岸, 此間安有[44]人居耶?"

4월 22일 – 한 수저의 물로 버티다

二十二日, 無風. 浮往浮來, 船不得前[45]. 余微吟'此日中流自在行'之句, 舟人, 不知其意, 莫不笑之. 脣焦口渴, 從火丁求飮. 火丁, 以一匙水調之, 可笑亦可憐也.

37_ 장서각 《승사록》에는 已而가 而已로 되어 있다.
38_ 장서각 《승사록》에는 痛이 慟으로 되어 있다.
39_ 장서각 《승사록》에는 以가 俄以로 되어 있다.
40_ 장서각 《승사록》는 䭆가 糇로 되어 있다.
41_ 장서각 《승사록》에는 者也가 也로 되어 있다.
42_ 장서각 《승사록》에는 飛燕이 蠜廉이라 되어 있다.
43_ 장서각 《승사록》에는 鳥之遠飛者也가 乃鳥之遠飛者也로 되어 있다.
44_ 장서각 《승사록》에는 安有가 安得有로 되어 있다.
45_ 장서각 《승사록》에는 船不得前이 船不得前矣라 되어 있다.

4월 23일 – 풍랑에도 코를 골며 자다

二十三日, 大風雨[46], 終日不晴. 其夜惡浪大作, 船板皆鳴. 余仍憊臥成眠, 鼾鼻如雷. 金君以振, 蹴覺曰, "風色如此, 何暇穩眠" 余曰[47], "風色如此, 不寐何爲"

4월 24일 – 두 아이가 요절하다

二十四日, 曉, 船人來告曰, "此黃水海也. 漂人夫江采[48], 自言由黃水海, 達于上國, 必此海也, 此去[49]上國, 必不遠矣" 余起視之, 果土水也. [余因念, 此水如是, 黃河下流, 而禹貢之導河, 砥柱析城龍門, 皆梁州界也. 無乃近蜀地耶, 雍州有黃壤, 無乃秦之近境耶, 沈吟久之][50]

竹根木沛[51], 乘流而下, 喜其涯岸[52]之漸近矣. 其夜風勢大作, 船往如箭. 明朝視之, 海色又靑矣. 徜徉[53]者久之, 忽見靑舳白舫, 首尾相接, 自西邊來. 認是西邊有陸, 而南風甚緊, 船不得挽回矣. 聽其所之, 乍東乍西. 時舟中[54]無一日之食矣. 尹濟國之子, 林召史之女, 同日夭逝, "神乎鬼乎, 赤子之無知, 何辜于天" 一船之人, 頷顚欲死隨, 而人理倒喪[55], 上下之分, 老少之義[56], 全沒分數, 未死之前, 恒切危懔.

46_ 장서각 《승사록》에는 大風雨가 遇大風雨로 되어 있다.

47_ 장서각 《승사록》에는 余曰이 余答曰로 되어 있다.

48_ 장서각 《승사록》에는 夫江采가 夫江來로 되어 있다.

49_ 장서각 《승사록》에는 去가 距로 되어 있다.

50_ 장서각 《승사록》에만 실려 있다.

51_ 장서각 《승사록》에는 竹根木沛가 見竹根木梯로 되어 있다. 여기서는 木梯로 해석하는 것이 더 적합할 것 같다.

52_ 장서각 《승사록》에는 岸이 崖로 되어 있다.

53_ 장서각 《승사록》에는 徉이 絆로 되어 있다.

54_ 장서각 《승사록》에는 舟中이 舟人으로 되어 있다.

55_ 장서각 《승사록》에는 喪이 來로 되어 있다.

56_ 장서각 《승사록》에는 義가 誼로 되어 있다.

4월 25일 - 두 척의 어선을 만나다

二十五日. 舟人, 以無水之致, 輪番煮海, 而囊中, 只有半合米矣. 日晚, 不得飮. 以所餘米和蓁古 小許⁵⁷, 付河應龜. 方謀煮飮之際, 忽見兩隻漁船, 自西而來. 相距不遠, 舟中之人, 一時叫⁵⁸呼, 百般求哀. 漁子認得是漂流船, 油然有惻隱之意⁵⁹, 有牽去船隻之狀⁶⁰. 時海濤初漲, 風力甚高, 艫舳相迫⁶¹, 兩船交退⁶².

雖欲曲護, 勢不得行. 乃⁶³引船遠避, 別遣小船, 詞知舟中事情. 余以朝鮮人漂流之狀⁶⁴, 具書以告. 小船中人, 皆點頭, 有相向之意, 仍以回報船主, 樣棹舟⁶⁵而去. 金君以振, 急於求活, 投身小舟而去⁶⁶, 漁人⁶⁷亦無拒意. 俄而小舟更來, 金君在船前面, 察其眉睫, 大有沮喪之色. 余喚問曰, "今日事何如"答曰, "死外無他策"問其所以, 則曰, "人多故也"袖出餕飯⁶⁸, 以示衆⁶⁹, 於是, 衆知必死, 一時痛⁷⁰哭.

小頃, 漁子, 更遣一小船, 赫蹏⁷¹事也. 書曰, "爾是何國人, 搬向何處, 作何生理"多般辨問. 余仍書漂流之由以答之. 漁子, 復以書來曰, "此間有强盜, 撕殺人了, 全活極難"繼以書來曰, "能救爾性命, 不能救你船隻.

57_ 장서각 《승사록》에는 小許가 少許라고 되어 있다.
58_ 장서각 《승사록》에는 叫가 吓로 되어 있다.
59_ 장서각 《승사록》에는 意가 心으로 되어 있다.
60_ 장서각 《승사록》에는 狀이 象으로 되어있다.
61_ 장서각 《승사록》에는 迫이 泊으로 되어 있다.
62_ 장서각 《승사록》에는 交退가 交通으로 되어 있다.
63_ 장서각 《승사록》에는 乃가 今으로 되어 있다.
64_ 장서각 《승사록》에는 狀이 象으로 되어 있다.
65_ 장서각 《승사록》에는 舟가 船으로 되어 있다.
66_ 장서각 《승사록》에는 去가 빠져 있다.
67_ 장서각 《승사록》에는 漁人이 漁舟로 되어 있다.
68_ 장서각 《승사록》에는 餕飯이 饌飯으로 되어 있다.
69_ 장서각 《승사록》에는 示衆이 視象으로 되어 있다.
70_ 장서각 《승사록》에는 痛이 慟으로 되어 있다.
71_ 장서각 《승사록》에는 蹏가 號로 되어 있다.

船中, 若有好貨物, 帶來兩漁船, 團聚一處" 各遣小舟迎接, 於是飢者踊躍, 病者甦生.[72]

爭先投下, [舟中之指可掬][73] 盧益甫, 死於蒼黃之中, 慘矣慘矣. 先是封進雜種, 載在一船, 而漂失殆盡, 十存其一. 悉[74]爲移載, 而率皆[75]朽傷變色者也. 然以其所係之非輕, 封進[76]文牒, 如干物種, 分付該隷, 以爲憑考之地. 移載之際, 沒數見失, 事體, 尤可歎也. 及至漁船, 則急喚香茶一器, 茶盡[77], 繼之以粥.

粥盡, 繼之以飯, 飯時, 各具煮魴魚一器. 款接之狀, 收恤之意, 可與盧歌丈人, 千古匹美. 而但下船之初, 許多人衆, 封閉船中, 以强盜說, 種種脅持, 下陸之際, 如干什物[78], 藏置一庫, 推尋之人, 則以刀劍擬之. 公私物貨, 一倂[79]奪取, 眞所謂綠林豪客也. 余始下船, 而問强盜爲誰, 則曰, "建州白水人也"

有人[80]出外, 則指東指西, 謂之强盜船. 或作瞠若之色, 或作畏惻之狀. 必曰, "普陀山師主, 可以救汝" 余則以爲人多, 故爲是, 制人之話柄, 以防閑之, 謂之有權謀矣. 觀其畢竟[81]處置, 則其意可知也. 噫! 曩[82]使死於漂船之中, 則雖萬金, 皆爲水府之物也.

使我爲報恩之計, 則雖摩[83]頂放踵, 不足爲涓埃之酬. 如干什物[84], 何足顧

72_ 장서각 《승사록》에는 甦가 蘇로 되어 있다.
73_ 장서각 《승사록》에만 실려 있다.
74_ 장서각 《승사록》에는 悉이 急으로 되어 있다.
75_ 장서각 《승사록》에는 皆가 其로 되어 있다.
76_ 장서각 《승사록》에는 封進이 進으로 되어 있다.
77_ 장서각 《승사록》에는 香茶一器茶盡이 香茶盡一器로 되어 있다.
78_ 장서각 《승사록》에는 什物이 汁物로 되어 있다.
79_ 장서각 《승사록》에는 倂이 幷으로 되어 있다.
80_ 장서각 《승사록》에는 有人이 人有로 되어 있다.
81_ 장서각 《승사록》에는 竟이 境으로 되어 있다.
82_ 장서각 《승사록》에는 曩이 眼으로 되어 있다.
83_ 장서각 《승사록》에는 摩가 磨로 되어 있다.
84_ 장서각 《승사록》에는 什物이 汁物로 되어 있다.

念[85]. 所可恨者, 始之以義, 卒之以利, 豈不爲義丈夫瑕累耶? 然古人有言曰, "公子有德於人, 公子忘之, 人有德於公子, 公子勿忘" 漁舟子之德, 不可忘也.

4월 26일 — 관음사에 가다

二十六日, 以小舟二隻送之普陀山觀音寺, 卽浙東之寧波府之定海縣也. 余問漁人曰, "今夜行幾里"曰, "洋面三十里"余見海上有山, 問曰, "是何山?"曰, "普陀[86]"見山上有寺, 又問曰, "是何寺?"曰, "觀音寺""寺屬何縣?"曰, "屬定海縣" 蓋宋帝昺爲元兵所逐, 與張世傑, 避地處也. 在禹貢, 爲楊州, 在三國時, 爲瀚州, 在趙宋時, 隷福州. 青山似畫, 土海如金.

點點島嶼, 片片[87]漁舟, 眞東南名勝之地也. 扶病曳脚, 寸寸前進, 到觀音寺. 則佛像之蟠[88], 據名山, 儘非虛語也. 沙門五里餘[89] 皆以熱石布地, 地多紫竹林. 房舍之多, 至於三百六十四刹, 一房爲一刹. 康熙皇帝, 以銀百萬兩重修者也, 華人所謂, 天下第一道場也.

棟宇之制, 則金玉其瓦, 錦繡其飾. 回廊曲廡[90], 周牆[91]複壁. 或銅柱, 或石門. 入者不得其戶, 出者不知其路, 僧徒之衣服履舃, 皆以錦繡緣飾. 賈生所謂倡優之帝服, 牆屋[92]之紋繡, 豈或中國之遺風歟. 留寺中四日.

85_ 장서각 《승사록》에는 顧念이 顧矣로 되어 있다.
86_ 장서각 《승사록》에는 普陀가 普陀山으로 되어 있다.
87_ 장서각 《승사록》에는 片片이 岸岸으로 되어 있다.
88_ 장서각 《승사록》에는 蟠이 播로 되어 있다.
89_ 장서각 《승사록》에는 餘가 許로 되어 있다.
90_ 장서각 《승사록》에는 曲廡로 回廡로 되어 있다.
91_ 장서각 《승사록》에는 牆이 墻으로 되어 있다.
92_ 장서각 《승사록》에는 牆屋이 墻壁으로 되어 있다.

2장 1818년 5월 ─ 강남의 선비와 만 리의 정을 나누다

5월 1일 ─ 정해현에서 위관이 나오다

五月初一日, 自定海縣, 差船四隻, 領去人衆, 委官李華也.

5월 2일 ─ 정해현에 도착하다

二日[1], 黎明放船, 午時到縣. 縣在海島中, 地方三百里. 縣主沈公泰, 開
座[2], 陳威儀. 引三人問情. 余隨問隨答. 指[3]陳情, 槪是日行犒賞.
各種肉品甚盛[4], 飢隷皆飽, 始有生氣, 喜可知矣. 仍館於演武廳. 廳有古
碑[5], 乃順治年間所立也. 倭人陷定海, 至寧波府, 城市官舍, 蕩殘無餘.
碑蓋言重修事也. 在館, 留一日, 無以自適, 歷敍漂海之狀. 名之曰乘槎
錄, 取張騫窮河源之義也. 越中士大夫, 日相經過[6], 有抄錄以去者. 余以
覆醬瓿, 麾手止之. 辭不獲則輪覽, 甚可愧也.

5월 3일 ─ 주패란이 필담 종이를 찢다

三日[7], 士人朱佩蘭來訪. 余問曰, "公無乃子朱子之後耶?" 朱曰, "否,
我[8]明太祖之後也" 金以振曰, "公[9]無黍離之感耶?" 朱大不悅, 取金以振
筆談紙, 扯裂之. 金慚而退, 而朱私謂余曰[10], "彼誠妄人" 仍贈詩曰, "君

1_ 장서각 《승사록》에는 二日이 初二日로 되어 있다.
2_ 장서각 《승사록》에는 座가 坐로 되어 있다.
3_ 장서각 《승사록》에는 指가 빠져있다.
4_ 장서각 《승사록》에는 盛이 豐으로 되어 있다.
5_ 장서각 《승사록》에는 有가 빠져있다.
6_ 장서각 《승사록》에는 經過가 往過로 되어 있다.
7_ 장서각 《승사록》에는 三日이 빠져 있다.
8_ 장서각 《승사록》에는 我가 我乃로 되어 있다.
9_ 장서각 《승사록》에는 公이 公得으로 되어 있다.
10_ 장서각 《승사록》에는 金慚而退, 而朱私謂余曰이 金亦慚, 而朱私謂余曰로 되어
있다.

自乘槎八月天, 忽然風吹到江邊. 河淸海晏今爲定, 共慶天朝萬萬年[11]"

余應之曰, "碧海茫茫水接天, 中流自謂四無邊. 南來一識朱家長, 生老

昇平六十年." 有姚繩齋者, 讀書人也. 給事縣門, 隨處曲護, 其意可感也.

5월 4일 – 오신포가 사주풀이를 해주다

四日[12], 縣主沈公, 使姚爲紹介[13]. 邀與[14]相見, 作筆話. 余赴召, 至縣, 謂

姚曰, "今謁地主, 將拜何處. 昨則公饗流隷, 謁地主之禮也, 今則私覿,

士見大夫之禮[15]也. 必有異同之數, 敢問" 姚入[16]少頃, 以小紙來示曰,

"大夫不見士, 士行相見, 則長揖而已" 余曰, "此必有攸當之禮"

姚因前導, 就小齋. 公以公事出外. 使客杭州吳申浦主席, 行賓主禮. 因

作筆話曰, "請問貴國山川風俗?" 余仍說"山川, 則南北, 四千餘里[17], 東

西, 一千五百里, 風俗, 則小邦, 僻處海隅, 有東夷之稱. 而箕師東來八條,

是明君子知誠[18]正之方, 小人識忠敬之[19]道. 日用三綱, 常行五常[20]" 仍說

漂流以後事. 又問"山川禮敎. 已悉承敎. 而試文用何體?" 余仍言詩賦疑

義表策之制.

公卽[21]呼茶, 茶進, 必擧手揖. 余曰[22], "以貴下賤, 雖足下之盛事, 退士疏

賤[23], 不敢承當, 請除過恭之禮" 吳愈益遜. 俄而進飯, 肉品甚豐. 吳種種

11_ 국립중앙도서관본에는 제목이 〈答朱雅士, 名佩蘭, 明太祖之後〉라 되어 있다.

12_ 장서각 《승사록》에는 四日이 初四日로 되어 있다.

13_ 장서각 《승사록》에는 紹介가 紹价로 되어 있다.

14_ 장서각 《승사록》에는 與가 余로 되어 있다.

15_ 장서각 《승사록》에는 大夫之禮가 大夫禮로 되어 있다.

16_ 장서각 《승사록》에는 姚入이 姚人으로 되어 있다.

17_ 장서각 《승사록》에는 四千餘里가 約計四千餘里로 되어 있다.

18_ 장서각 《승사록》에는 知誠이 則知誠으로 되어 있다.

19_ 장서각 《승사록》에는 敬之가 敬으로 되어 있다.

20_ 장서각 《승사록》에는 常이 倫으로 되어 있다.

21_ 장서각 《승사록》에는 卽이 仍으로 되어 있다.

22_ 장서각 《승사록》에는 余曰이 余言으로 되어 있다.

23_ 장서각 《승사록》에는 退士疏賤이 而退士疏賊으로 되어 있다.

勸吃, 惟恐余之不飽, 其意甚可感.

公復[24]作筆話曰, "薄海內外, 疆域雖殊, 五行旺衰, 理數則一. 今因足下文優品篤, 係貴國畸士. 不才, 熟悉天理陰陽, 干支生克. 故請足下, 將生年月日時, 分明寫出以憑, 惟冀足下一生福祿, 而中國之筆墨, 亦可達于貴國焉" 余書四星以呈, 吳熟視良久曰, "詳觀此造, 生於己亥六月二十三日未時. 局內財資妙. 日支坐卯, 一生主信義, 宅心行事通達. 唯[25]嫌四十歲前一派[26]火土, 是使財氣逾旺, 來害正印, 遂致有鵬圖之志, 未能展舒其才也. 俟[27]四十五歲, 行換[28]卯木, 爲日干得祿, 可以大抒經緯文章二十年昌熾. 惟六十六七行丑字, 乃金之庫地, 乙木花菓, 未許利焉, 過此皆吉."

余曰, "早事科第, 命與仇謀. 行年强壯, 遂致漂泊, 雖有吉星, 做甚功名. 家有二兒, 敢問子宮之如何" 吳曰, "卯運一行, 不但子孫奮起家門[29], 卽本身, 更見利達, 以前淹滯不振者, 皆因土重來壞水印故也." 又曰, "印星爲用, 功名上達" 是日有[30]樂秉彝者, 來訪贈詩曰. "萬里烟波別故鄉, 關山難越孰悲傷. 知君不是凡閑客, 定有高人作主張." 余應之曰, "淮海惟楊[31]第一鄉, 客心何事獨悲傷. 此行東訪峋嶁石, 今世無知好古張.[32]"

5월 5일 – 중국 선비의 집을 처음으로 방문하다

五日[33]晴, 仍念在國時茶祀之禮. 從游之樂, 作述懷十五韻曰, 一身經過

24_ 장서각 《승사록》에는 公復가 公仍으로 되어 있다.
25_ 장서각 《승사록》에는 唯가 惟로 되어 있다.
26_ 장서각 《승사록》에는 派가 沠로 되어 있다.
27_ 장서각 《승사록》에는 俟가 竢로 되어 있다.
28_ 장서각 《승사록》에는 換이 喚으로 되어 있다.
29_ 장서각 《승사록》에는 家門이 家問으로 되어 있다.
30_ 장서각 《승사록》에는 是日有가 빠져 있다.
31_ 장서각 《승사록》에는 惟楊이 維揚으로 되어 있다.
32_ 국립중앙도서관본에는 제목이 〈答樂秉彝〉로 되어 있다.
33_ 장서각 《승사록》에는 五日이 初五日로 되어 있다.

三千劫[34], 天涯復見端午時. 記得吾鄕今日事, 茶果爭登祖禰祠. 南浦新瓜[35]甘如蜜, 銀刀削去靑靑皮. 北園櫻桃爛熳紅[36], 瓊露厭浥長長枝. 南隣有兄北隣弟, 隔牆[37]叫[38]喚催參齋. 齋筵日晩陳設畢, 廟門旣開香烟吹. 一巷同居三十人, 圓冠方領尾而隨. 升堂降神下參神, 時羞芬苾侑公尸. 還將餕餘燕昭穆, 敦牟不足[39]呼鴟夷. 金盤擎送長老宅, 綵餠招來隣里兒. 遂從醉裏作佳節, 碧莎絲[40]柳川南湄. 佳人對舞金縷曲, 墨客自製[41]鞦韆[42]詞. 酒後擊折[43]南平扇, 夏日猶短宵爲期. 豈知遠作江淮[44]客, 拜受公庭犒賞卮.[45]

是日[46], 本縣孝廉李巽占, 來訪, 邀與俱去[47]. 仍就竺秀才世藏家, 從容討話. 余見其第宅宏麗[48]問曰, "此[49]尊兄宅耶?" 曰, "否, 弊徒家也[50]"
問, "主人安在[51]?" 曰, "在外未還"俄而茶進, 茶數行, 酒進, 酒數行, 飯進. 極水陸之味[52]. 方食, 竺秀才, 自外而入, 孝廉指之曰, "此主人也"余

34_ 장서각 《승사록》에는 劫이 怯으로 되어 있다.
35_ 장서각 《승사록》에는 瓜가 苽로 되어 있다.
36_ 장서각 《승사록》에는 北園櫻桃爛熳紅이 北園櫻桃紅紅으로 되어 있다.
37_ 장서각 《승사록》에는 牆이 墻으로 되어 있다.
38_ 장서각 《승사록》에는 叫가 吼로 되어 있다.
39_ 장서각 《승사록》에는 足이 是로 되어 있다.
40_ 장서각 《승사록》에는 絲가 翠로 되어 있다.
41_ 장서각 《승사록》에는 製가 題로 되어 있다.
42_ 장서각 《승사록》에는 鞦韆이 秋千으로 되어 있다.
43_ 장서각 《승사록》에는 折이 節로 되어 있다.
44_ 장서각 《승사록》에는 江淮가 江湖로 되어 있다.
45_ 국립중앙도서관본에는 제목이 〈端午憶念在國時, 茶鷹之禮. 從游之樂, 作述懷十五韻〉이라 되어 있다.
46_ 장서각 《승사록》에는 是日이 빠져 있다.
47_ 장서각 《승사록》에는 來訪, 邀與俱去가 來訪, 與之筆談, 邀余俱去로 되어 있다.
48_ 장서각 《승사록》에는 其第宅宏麗가 其第宅之宏麗로 되어 있다.
49_ 장서각 《승사록》에는 此가 此乃로 되어 있다.
50_ 장서각 《승사록》에는 弊徒家也가 此乃弊徒家也로 되어 있다.
51_ 장서각 《승사록》에는 問主人이 余問主人으로 되어 있다.

索筆作話曰, "貴門[53]函丈[54], 相邀至此." 竺曰, "先生屈駕, 弊廬生色" 應
接, 極其歡洽. 余視其年貌, 可二十餘[55]. 問[56]秀才之號曰, "中國以入學
者, 謂之秀才"

余默識[57]其動靜[58], 師弟之間[59], 情誼之脗合[60], 隱然溢乎辭表, 眞可謂有
是師有是弟矣. 書之[61], 以示孝廉, 孝廉辭謝[62]. 余謂孝廉, "離次已久,
物議可畏, 請起去" 孝廉曰, "吾輩奉邀, 于事無碍[63]" 使一學者, 前導.
有秀才陳福熙者[64], 號艅仙. 謂余曰, "弟家有萬卷書, 願一往覽"

余曰, "小邦, 僻在海隅, 文獻不足, 心常爲恨. 不待借書之懇, 有此開蒙
之敎, 感荷則深. 而但遠人離次, 必駭物聽, 未敢承敎" 艅仙曰, "有官人
帶去, 則無碍[65]"

俄而學官金士奎, 號爽花者來, 邀與俱去[66]. 余曰, "帶去之敎, 是愛人之
意, 而若有物議, 非愛人之道"

爽花曰, "吾來時, 已稟縣主" 余隨之, 入城, 卽爽花家也. 高門有閱, 粉
牆[67]四圍. 升堂則多牀卓[68], 覆以紅氈毹. 場砌, 皆布以熟石, 無一點土,

52_ 장서각 《승사록》에는 味가 美로 되어 있다.
53_ 장서각 《승사록》에는 貴門이 貴問으로 되어 있다.
54_ 장서각 《승사록》에는 函丈이 函長으로 되어 있다.
55_ 장서각 《승사록》에는 可二十餘가 則可二十餘矣로 되어 있다.
56_ 장서각 《승사록》에는 問이 余問으로 되어 있다.
57_ 장서각 《승사록》에는 默識이 嘿識으로 되어 있다.
58_ 장서각 《승사록》에는 其動靜이 其動靜則으로 되어 있다.
59_ 장서각 《승사록》에는 師弟之間이 則師弟之間으로 되어 있다.
60_ 장서각 《승사록》에는 情誼之脗合이 情誼汤合으로 되어 있다.
61_ 장서각 《승사록》에는 書之가 余書之로 되어 있다.
62_ 장서각 《승사록》에는 孝廉辭謝가 孝廉辭作筆話少頃으로 되어 있다.
63_ 장서각 《승사록》에는 無碍가 無礙로 되어 있다.
64_ 장서각 《승사록》에는 有秀才陳福熙者가 秀才陳福熙로 되어 있다.
65_ 장서각 《승사록》에는 無碍가 無礙로 되어 있다.
66_ 장서각 《승사록》에는 邀與俱去가 邀余俱去로 되어있다.
67_ 장서각 《승사록》에는 粉牆이 粉墙으로 되어있다.
68_ 장서각 《승사록》에는 牀卓이 床卓으로 되어 있다.

乃知爲越中甲富矣[69]. 坐定, 爽花要余周覽屋宇. 周牆複壁[70], 駭人心目.
及至正寢, 則東西翼室, 羅列銀瓶, 不知[71]幾百坐. 錦繡綾羅之屬, 皆稱
此. 周覽畢, 出就外舍, 皆[72]吳下英俊之士也. 余作筆話曰[73], "三吳冠冕,
萃于一座, 左思所謂英雄之廬也. 仍賦一絶曰[74], 金谷繁華一夢中, 江南
難得富家翁. 看君第宅驚心目, 七尺珊瑚定幾叢[75]. 爽花應之曰, "我本浮
家澤國中, 江山[76]萬里遇詩翁. 自慚門第無多物, 新種窗前竹數叢"[77]
仍進茶, 茶罷, 煮餠, 餠甚佳. 又出火酒黃酒[78], 以餉之看核, 極水陸之
味[79]. 留吃夕飱[80]. 又出書冊以示之[81] 皆近代所鳩集, 我東[82]所未有也.
心[83]如貧兒暴富, 請一借覽, 爽花許諾[84]. 是日, 縣主賜流人衣一襲.

5월 6일 – 현주에게 문정을 받다

六日晴. 縣主, 又賜流人猪二顆, 手巾一角, 黍三箇, 使姚君傳諭. 余曰[85],
"縣主閣下, 哀念流人, 惠以衣件, 副以食物, 以賁飾端午故事, 我已報

69_ 장서각 《승사록》에는 乃知爲越中甲富가 余知其爲粵中甲富矣로 되어 있다.
70_ 장서각 《승사록》에는 周牆複壁이 周墻壁複으로 되어 있다.
71_ 장서각 《승사록》에는 不知가 而不知로 되어 있다.
72_ 장서각 《승사록》에는 皆가 則皆로 되어 있다.
73_ 장서각 《승사록》에는 余作筆話曰이 余索筆作話日로 되어 있다.
74_ 장서각 《승사록》에는 仍賦一絶이 仍題一絶로 되어 있다.
75_ 국립중앙도서관본에는 제목이 〈到陳秀才, 名福熙, 號鯑仙, 家見吳下英俊, 萃于一
    座, 題一節〉이라 되어 있다.
76_ 장서각 《승사록》에는 江山이 江南으로 되어 있다.
77_ 국립중앙도서관본에는 爽花依韻, 卽和가 실려 있으나, 여기에서는 번역하지 않는다.
78_ 장서각 《승사록》에는 黃酒가 黃肉으로 되어 있다.
79_ 장서각 《승사록》에는 味가 美로 되어 있다.
80_ 장서각 《승사록》에는 飱이 饌으로 되어 있다.
81_ 장서각 《승사록》에는 示之가 眎之로 되어 있다.
82_ 장서각 《승사록》에는 我東이 而我東으로 되어 있다.
83_ 장서각 《승사록》에는 心이 余心으로 되어 있다.
84_ 장서각 《승사록》에는 爽花許諾이 則爽花許諾으로 되어 있다.
85_ 장서각 《승사록》에는 余曰이 余手答之日로 되어 있다.

知[86]各人, 宣揚德意, 流隷輩, 莫不感泣. 煩君上達此意.

姚持縣主[87]問情文字來曰, "何日開船? 何處到泊? 逢漁船, 是何處? 棄原船, 是何處?" 余使姚代草, 姚援筆條對曰, "雖不知洋面名目. 而但見船內, 多存網具, 似是漁採船"

余續之曰, "逢漁船之處, 卽棄原船之處" 姚投筆謝曰, "非鄙人所能及" 姚問曰[88], "先生視我何品人?" 曰[89], "君似是掾史[90], 然亦掾史[91]之有才能者也" 曰[92], "然, 本是讀書人, 晚作村門客, 且[93]中國以吏目用人, 故士夫子弟, 不憚爲之" 余問吳人曰, "吳都賦云, '國稅再熟之稻, 鄕貢八蠶之繭' 信否?" 曰[94], "此土, 間年有之, 而甌東, 每年有之"

又問[95]"此去[96]甌東, 可幾里?" 曰, "四百里" "此去[97]會稽山幾里?" 曰. "六百里" "禹穴尙在否?" 曰, "有之" 余之流接此土[98], 已五六日矣. 南土士大夫, 日相經過, 邀與俱去. 風俗之淳厚, 情禮之備至, 尤可感也. 而但流隷蹤跡, 不可離次, 未遂掃門之願, 甚可歎也.

5월 7일 – 이사량, 진정록, 동육일 등이 찾아오다

七日晴. 士人李嗣良, 來訪曰, "聞[99]先生有佳作[100], 請敎" 余將辭謝, 而

86_ 장서각 《승사록》에는 我已報知가 我以報知로 되어 있다.
87_ 장서각 《승사록》에는 姚持縣主가 一日, 姚持縣主로 되어 있다.
88_ 장서각 《승사록》에는 姚問曰이 姚曰로 되어 있다.
89_ 장서각 《승사록》에는 曰이 余曰로 되어 있다.
90_ 장서각 《승사록》에는 掾史가 椽吏로 되어 있다.
91_ 장서각 《승사록》에는 掾史가 椽吏로 되어 있다.
92_ 장서각 《승사록》에는 曰이 姚曰로 되어있다.
93_ 장서각 《승사록》에는 且가 又曰로 되어 있다.
94_ 장서각 《승사록》에는 曰이 答曰로 되어 있다.
95_ 장서각 《승사록》에는 又問이 余問으로 되어있다.
96_ 장서각 《승사록》에는 此去가 此距로 되어 있다.
97_ 장서각 《승사록》에는 此去가 此距로 되어 있다.
98_ 장서각 《승사록》에는 此土가 빠져 있다.
99_ 장서각 《승사록》에는 聞이 問으로 되어 있다.

業已廣布矣. 仍出示之, 李曰, "小弟[101], 乃巽占氏之姪也[102]" 余曰, "令阮丈[103]孝廉足下, 日來安勝否? 今承清範, 逃空之餘, 當作登喜, 感慰沒量[104]"

李曰, "何日敢邀先生[105]屈駕過舍?" 余曰, "來汝[106]之敎, 誠極感荷.[107] 流隸蹤跡, 不得自由, 是可歎也. 日昨諸君子, 多般相邀而已[108]. 負蹇慢之罪, 深庸悵悚. 然盛意, 不可孤, 當竢暇[109]趨拜" 有一貴游來[110]問[111], "尊兄居國, 作何官職?" 曰[112], "鄙乃小邦, 所謂擧人也" 又問"姓名[113]爲誰?" 余具書以對.

又有一貴客來曰[114], "弟乃[115]右營游擊, 陳公之子也. 名廷麓, 字舜階. 居浙江衢州府西安縣. 大人作官在此, 故特來相訪" 余書感慰字以謝之. 是日, 金爽花陳餘仙, 與同學六七人來, 以馬史[116]兩浙輶軒錄, 見借. 余作筆話曰, "僉旆再屈, 弊館生色. 誰謂絕域[117]有此神交也"

100_ 장서각 《승사록》에는 佳作이 何佳作으로 되어있다.
101_ 장서각 《승사록》에는 小弟가 少弟로 되어 있다.
102_ 장서각 《승사록》에는 乃巽占氏之姪也가 乃巽占之侄也로 되어 있다.
103_ 장서각 《승사록》에는 丈이 長으로 되어 있다.
104_ 장서각 《승사록》에는 沒量이 汲量으로 되어 있다.
105_ 장서각 《승사록》에는 先生이 先으로 되어 있다.
106_ 장서각 《승사록》에는 汝가 余로 되어 있다.
107_ 장서각 《승사록》에는 誠極感荷가 誠極感荷而已로 되어 있다.
108_ 流隸蹤跡, 不得自由, 是可歎也. 日昨諸君子, 多般相邀而已까지의 부분은 장서각 《승사록》에는 누락된 부분이다.
109_ 장서각 《승사록》에는 暇가 駕로 되어 있다.
110_ 장서각 《승사록》에는 有一貴游來가 一貴游來로 되어 있다.
111_ 장서각 《승사록》에는 問이 訪問으로 되어 있다.
112_ 장서각 《승사록》에는 曰이 余曰로 되어 있다.
113_ 장서각 《승사록》에는 姓名이 尊兄姓名으로 되어 있다.
114_ 장서각 《승사록》에는 又有一貴客來曰이 客曰로 되어 있다.
115_ 장서각 《승사록》에는 弟乃가 余乃로 되어 있다.
116_ 장서각 《승사록》에는 以馬史가 訪以馬史로 되어 있다.
117_ 장서각 《승사록》에는 絕域이 絕域之外로 되어 있다.

仍問"同學, 共有幾人? 受業於何門[118]?" 曰, "同學, 共有六七十人[119]. 受業於李巽占先生" 蓋孝廉, 此土大儒也, 其門人, 皆雅飭之士. 故余書不問可知爲先生弟子字以美之.

是日[120], 有童六一者來[121], 自言叔爲司馬, 祖爲翰林, 亦秀才人也. 仍贈一絶曰[122], "天緣千里遇詩翁, 新種窓[123]前竹幾重. 始覺才人無惰[124]意, 頓令心地却慚[125]紅" 兼致粉紙一軸[126]. 余應之曰[127]. "滁亭四十始稱翁, 絶域忘年意幾重. 筆話細論心內事, 不知山外夕暉紅[128]"

更書[129]紙面以贈之曰, "童秀才, 眉目淸婉, 詞調敏速, 他日所就, 不可量矣. 勿以已得者[130]自多, 更願進步竿頭[131], 以副遠人艶仰之私.[132]

5월 8일 - 현의 수재 다섯 명이 찾아오다

八日雨. 縣中[133]胡高曹劉陳, 五人來[134]曰, "本應閉戶讀書, 緣貴客在此,

118_ 장서각 《승사록》에는 共有幾人, 受業於何門이 共作幾人, 受業何門으로 되어 있다.
119_ 장서각 《승사록》에는 六七十人이 六七人으로 되어 있다.
120_ 장서각 《승사록》에는 是日이 빠져 있다.
121_ 장서각 《승사록》에는 來가 來訪으로 되어 있다.
122_ 장서각 《승사록》에는 贈詩一絶이 仍贈一絶曰로 되어 있다. 여기서는 장서각 《승사록》을 따른다.
123_ 장서각 《승사록》에는 窓이 牕으로 되어 있다.
124_ 장서각 《승사록》에는 惰가 隋로 되어 있다.
125_ 장서각 《승사록》에는 慚이 頓으로 되어 있다.
126_ 장서각 《승사록》에는 兼致粉紙一軸이 仍致粉紙一軸으로 되어 있다.
127_ 장서각 《승사록》에는 余依韻答之가 余應之曰로 되어 있다. 여기서는 장서각 《승사록》을 따른다.
128_ 국립중앙도서관본에는 〈答童秀才 名六一〉로 되어 있다.
129_ 장서각 《승사록》에는 更書가 又書로 되어 있다.
130_ 장서각 《승사록》에는 者가 빠져 있다.
131_ 장서각 《승사록》에는 竿이 干으로 되어 있다.
132_ 장서각 《승사록》에는 仰之私가 仰之思也로 되어 있다.
133_ 장서각 《승사록》에는 縣中이 縣中秀才로 되어 있다.

特來拜侯[135] 余曰, "盛意可感" 其中一人, 乃陳舲仙之弟也. 要與促席
曰[136], "鄙與令伯氏, 契遇最厚, 古人所謂, 傾蓋如故者也. 今承淸範, 乃
故人稚弟耶[137]" 曹指陳謂曰, "伊相若何?" 答[138]曰, "溫恭雅飭, 誠儒
者[139]之好氣象[140], 而若[141]術家禍福之說, 非愚昧所敢知也" 諸秀才, 又言
"明日特備小酌, 先生懇光澤草舍"
余曰[142], "陽關一盃, 盛意[143]可感. 遠方之人[144], 不合離次. 置之已[145]飲之
科, 幸勿相邀[146]" 曹又曰, "倘嫌路遠于衢頭[147], 弊館一會否?" 余[148]曰,
"盛念[149]及此, 何敢膠守素戒? 明當進拜[150]耳"

5월 9일 — 중국 선비들이 《승사록》을 칭찬하다

九日晴. 曹秀才振絢, 使諸學子[151], 送招飲帖, 邀余及金君, 至則諸賢咸
集. 余仍賦詩一絶[152], "腰佩秋蓮三尺劍, 觀風上國古延陵. 諸君頗盡新

134_ 장서각 《승사록》에는 來가 來訪으로 되어 있다.
135_ 장서각 《승사록》에는 拜侯가 拜問으로 되어 있다.
136_ 장서각 《승사록》에는 要與促席曰이 余要與促席謂曰로 되어 있다.
137_ 장서각 《승사록》에는 耶가 也로 되어 있다.
138_ 장서각 《승사록》에는 答가 余答으로 되어 있다.
139_ 장서각 《승사록》에는 者가 子로 되어 있다.
140_ 장서각 《승사록》에는 象이 像으로 되어 있다.
141_ 장서각 《승사록》에는 若이 至若으로 되어 있다.
142_ 장서각 《승사록》에는 余曰이 余答曰로 되어 있다.
143_ 장서각 《승사록》에는 意가 言으로 되어 있다.
144_ 장서각 《승사록》에는 遠方之人이 而遠方之人으로 되어 있다.
145_ 장서각 《승사록》에는 已가 以로 되어 있다.
146_ 장서각 《승사록》에는 幸勿相邀가 幸勿相邀, 如何로 되어 있다.
147_ 장서각 《승사록》에는 衢頭가 街頭로 되어 있다.
148_ 장서각 《승사록》에는 余가 余答으로 되어 있다.
149_ 장서각 《승사록》에는 盛念이 盛意로 되어 있다.
150_ 장서각 《승사록》에는 進拜가 晋拜로 되어 있다.
151_ 장서각 《승사록》에는 使諸學子가 使諸學者로 되어 있다.
152_ 장서각 《승사록》에는 余仍賦詩一絶이 余吟一絶로 되어 있다.

知¹⁵³樂, 水陸登盤酒百朋¹⁵⁴" 相與盡歡¹⁵⁵而罷. 午後微雨, 縣居林良騏·林渭壯·程光輪來訪. 請借乘槎¹⁵⁶錄, 余出示之. 林覽畢, 作筆談曰, "先生乘槎¹⁵⁷之作, 筆致蒼古, 深得左史敍事之體, 詩調¹⁵⁸亦復不凡, 第鄙人學淺, 不能領略¹⁵⁹. 明日當再來承誨¹⁶⁰" 余書愧謝字, 以答之.

5월 10일 ─ 직녀에 대한 시를 짓다

十日晴. 午後雨. 時秀才鳳儀來訪. 以畵屛無睡待牽牛爲題, 作八絶句, 索和 [余問原題似是唐詩, 而未能記, 時答云, "非唐詩, 此題, 指婚家女房中宮而言, 蓋賦七夕圖也"]¹⁶¹ 詩曰, "紅豆拋殘憶少年, 畵屛倚徧¹⁶²倩誰憐. 星河有路橋塡鵲, 願作人間補恨天", "空庭獨坐懶¹⁶³鴛被, 多少紅樓夢未成. 寄語牽牛須夙駕, 一年一度話三生", "淡淡秋空洗玉塵, 橫船不渡只傳神. 贈言織女休怊悵, 郞豈人間負約人", "良宵寂寂轉生愁, 未識銀河竟渡不. 天若有情須早合, 不應¹⁶⁴踪¹⁶⁵跡遲牽牛", "西牕話別又經年, 何處相思不可憐. 斜倚畵屛無一語, 鵲橋星渡四更天", "空牀¹⁶⁶怕盖合歡被, 夜半徘徊夢不成. 擧首雲邊銀漢直, 定知異地亦寒生", "秋河今

153_ 장서각 《승사록》에는 知가 和로 되어 있다.
154_ 이 시의 제목이 〈曺秀才[名振絢], 使諸學子, 送招飮帖邀余及金君, 至則諸賢咸集. 賦贈一絶〉이라고 되어 있다.
155_ 장서각 《승사록》에는 歡이 懽으로 되어 있다.
156_ 장서각 《승사록》에는 槎가 査로 되어 있다.
157_ 장서각 《승사록》에는 乘槎가 乘査로 되어 있다.
158_ 장서각 《승사록》에는 詩調가 詩詞로 되어 있다.
159_ 장서각 《승사록》에는 不能領略이 不能領略耳로 되어 있다.
160_ 장서각 《승사록》에는 明日當再來承誨가 明日再來承敎로 되어 있다.
161_ '余問'이하의 문구(文句)는 국립중앙도서관본에만 있는 구절이다.
162_ 장서각 《승사록》에는 倚徧이 猗遍으로 되어 있다.
163_ 장서각 《승사록》에는 懶이 㩜으로 되어 있다.
164_ 장서각 《승사록》에는 應이 圖로 되어 있다.
165_ 장서각 《승사록》에는 踪이 踪으로 되어 있다.
166_ 장서각 《승사록》에는 牀이 怵로 되어 있다.

夕淨無塵, 望斷天涯倍悵神. 明月自圓風自緊[167], 累儂多作不眠人", "西風瑟瑟動離愁, 北地相思似妾不. 怎及天孫今夜好, 機邊拈線候牽牛" 余和之曰, "別後光陰已一年, 仙娥唱罷想夫憐. 橋邊鵲噪行人到, 簾上銀鉤月上天", "紗窓[168]更理支機石, 雲錦如烟織不成. 却恐西風今夜發, 秣牛河上碧波生", "玉臺金鏡淨無塵, 强理雲鬢却悵神. 別後相思顔面改, 今年羞對去年人", "北渚風多帝子愁, 郎今欲渡平安不. 金鷄叫[169]罷靈車發, 河水迢迢不辨牛[170]"

5월 12일 – 현주가 하사품을 내리다

十二日雨. 縣主, 賜猪頭二顆, 亦犒賞禮也. 是日, 余覽兩浙輶軒錄. 平湖人趙佃詩有崒谷歌[171], "東邊挿稻秧, 西邊收稻穀. 遮莫似郎心, 一年一回熟" 此亦再熟之驗也.

5월 13일 – 구수재의 문도들과 시를 짓다

十三日晴. 丘秀才[172], 聞余發行在明, 與其徒五人來訪曰, "李巽占先生, 聞尊駕明日啓行[173], 不勝悵悵[174]. 羞弟, 特來送行" 余答曰, "孝廉足下, 眷厚至此, 極庸感荷[175]. 尊兄之屈, 雖緣凾[176]敎, 而好意, 尤不可忘. 第欲一晉, 以道慕仰之私, 而行期甚忙, 不得展候煩兄, 回告丘[177]曰, "敬如

167_ 장서각 《승사록》에는 緊이 竪로 되어 있다.
168_ 장서각 《승사록》에는 紗窓이 何窓으로 되어 있다.
169_ 장서각 《승사록》에는 叫가 吼로 되어 있다.
170_ 국립중앙도서관본에는 제목이 〈時秀才名鳳儀, 以畫屛無睡待牽牛 [此題, 指婚家女房中畫屛而言, 蓋賦七夕圖也]爲題, 作八絶句, 請和, 依韻答之〉라고 되어 있다.
171_ 장서각 《승사록》에는 歌가 詩歌로 되어 있다.
172_ 장서각 《승사록》에는 丘秀才가 邱秀才로 되어 있다.
173_ 장서각 《승사록》에는 啓行이 發行으로 되어 있다.
174_ 장서각 《승사록》에는 悵悵이 愴愴으로 되어 있다.
175_ 장서각 《승사록》에는 感荷가 感賀로 되어 있다.
176_ 장서각 《승사록》에는 凾이 函으로 되어 있다.
177_ 장서각 《승사록》에는 丘가 邱라 되어 있다.

命” 何夢杜亦孝廉徒也.

贈詩曰, “諸仙託跡比蓬瀛, 今日布帆一羽輕. 窮海別離如杳夢, 到江風俗最關情. 星辰忽改他邦夜, 鷄犬偏疑故[178]國聲. 人事語言雖未悉, 君來處處有詩名”

是夕艅仙陳福熙·瘦峯周勳, 聞余就道有期, 聯袂來訪, 贈詩曰, “最多情是碧翁翁[179], 吹送詩人到越東. 海客乘槎[180]游亦壯, 江郎有筆話能通. 居然吟社添今雨[舊雨不來, 今雨來弊, 社號二雨], 難得藩疆尙古風. 萍水相逢纔幾日, 如何行色又恩恩” 右艅仙陳福熙.

“怒濤[181]不作海氛淸, 重譯年年見使臣. 忽報客從東國至, 我來郊館訪詩人”, “席地相逢有古風, 峩[182]冠博帶度雍容. 句麗累易人依舊, 不改當年箕子封”, “片帆吹送浙江濱[183], 客本楊花渡[朝鮮京城, 西江津名]口人[184]. 海外有才終莫秘, 一時雙璧出沈淪[185]”, “不讀周秦以後書, 恪遵古訓業三餘. 胸羅疇範襟期闊, 郤[186]子何勞左氏譽”, “衣冠想像漢官儀[187], 倚馬才高我幸知. 五月江城家萬里, 狼毫砸紙寫新詩[端午, 曾以憶鄕詩見示]”, “同登吟社[月之四日金爽花, 邀同社友, 飮[188]于二雨社吟]樂陶陶, 把盞論文逸興豪. 斗酒縱觀書萬卷, 不辭酩酊醉揮毫”, “異地于今擬識韓, 滿江霖雨不勝寒. 乘槎[189]有路都成錄, 九折黃河眼界寬[先生由內河作路]”, “記日風帆取次行, 袖籠新稿出江城. 贈言此去休怊悵, 萬里皇輿似砥平”

178_ 장서각 《승사록》에는 故가 古로 되어 있다.
179_ 장서각 《승사록》에는 最多情是碧翁翁이 最多情是碧碧으로 되어 있다.
180_ 장서각 《승사록》에는 槎가 査로 되어 있다.
181_ 장서각 《승사록》에는 怒濤가 怒浪으로 되어 있다.
182_ 장서각 《승사록》에는 峩가 雅로 되어 있다.
183_ 장서각 《승사록》에는 濱이 客으로 되어 있다.
184_ 장서각 《승사록》에는 客本楊花渡口人이 本楊花渡口人으로 되어 있다.
185_ 장서각 《승사록》에는 沈淪이 沈倫으로 되어 있다.
186_ 장서각 《승사록》에는 郤이 剣으로 되어 있다.
187_ 장서각 《승사록》에는 儀가 仅로 되어 있다.
188_ 장서각 《승사록》에는 飮이 同飮으로 되어 있다.
189_ 장서각 《승사록》에는 槎가 査로 되어 있다.

右叟峯周勳.

"一帆風送海東濱, 澤國來游遍地春. 客本無心天有意, 故敎風浪送詩人",
"相逢萬里各天涯, 小住[190]由來便作家. 寄語歸帆莫早返, 與君論遍小中
華" 右甯海溶.

5월 14일 - 정해현의 선비들과 단란하게 모이다

十四日晴. 將發, 日已暮矣. 余在江次, 縣主沈公, 使吏邀見, 至則吳申浦
在座, 手致粉紙一軸, 卽颺風圖也. 仍歷敍東土題詠, 大意[191]皆頌, 公勸
農之勤也. 要余唱酬, 時日已曛黑, 舟方觭待, 詩思甚忙[192], 索筆立就, 詩
曰, "我本三韓老措大, 篝燈早讀循吏篇. 河南吳公眞第一, 朱邑龔遂同
比肩. 今年漂到定海縣, 秧針出水綠[193]芊芊. 男聲欣欣女顔悅, 甘雨時降
公私田. 公堂有圖畵[194]耕織, 穆劉淳風千古傳. 明公治政自有本, 不比俗
吏徒嗜錢. 漢吏書中悃愊著, 周公詩上場圃連. 餘波又及漂流客, 日日公
館月俸捐[195]"

吳將詩置縣主前, 縣主曰[196], "先生, 文章高妙, 令人起敬. 第[197]當繕寫入
錄" 余言"受公厚恩, 不能無言, 故忘拙仰呈, 覽已乞付水火, 勿煩人耳目
也" 將別, 縣主下榻, 吳申浦下堂. 姚掾[198]出門而送, 袖[199]出小紙以示.
余曰, "縣主見公詩, 稱文章神速, 風格甚高, 仍有贈遺之敎. 白米五石,

190_ 장서각 《승사록》에는 住가 注로 되어 있다.
191_ 장서각 《승사록》에는 意가 喜로 되어 있다.
192_ 장서각 《승사록》에는 甚忙이 已收로 되어 있다.
193_ 장서각 《승사록》에는 綠이 草로 되어 있다.
194_ 장서각 《승사록》에는 畵가 書로 되어 있다.
195_ 국립중앙도서관본에는 제목이 〈吳申浦, 手致粉紙一軸颺風圖. 要余題詩, 仍賦一
篇 [時日已昏黑, 舟方觭待, 詩思甚忙收, 索筆立就〕라고 되어 있다.
196_ 장서각 《승사록》에는 縣主曰이 仍曰로 되어 있다.
197_ 장서각 《승사록》에는 第가 弟로 되어 있다.
198_ 장서각 《승사록》에는 掾이 椽으로 되어 있다.
199_ 장서각 《승사록》에는 袖가 袖間으로 되어 있다.

錢二萬五千文, 分給各人, 紙一軸, 墨一封, 筆一封, 扇一柄, 烟草[200]六十封, 奉遺先生"吳又至門外, 掾[201]署復以縣主言示余曰, "金士奎爽花, 聞先生在此, 遣人相邀. 此係歷路[202], 可一敍別." 是日, 爽花躬到客館. 邀與就飮. 而余以臨發[203]告別矣. 至是復有縣主敎, 故遂與差人, 向爽花所, 爽花之將命者, 又待門外矣. 時定之多士團聚爽花家, 聞余履聲, 倒屣[204]相迎者, 已十餘人矣. 坐席未定, 請告別, 爽花不應, 命家人, 大張燈燭, 置酒以饋之.

時夜已分矣, 請輟[205]飮. 且言閉門可怕. 爽花曰, "弟有分金之術, 兄可安心細酌"余笑曰, "布衣權至, 使地主留門, 此其家不貧"擧坐皆笑, 酒一行, 看輒至, 一下箸而退. 至飮罷, 率三十器. 蓋華俗飮酒, 賓主同案, 以大楪[206]子盛魚肉, 同器而食.

惟各設飯器, 蓋中鉢也. 食盡則又進一中鉢, 善食者, 或三四中鉢也. 又各設酒盃, 盃之大, 不及沙鍾[207]子三分之一, 而飮不盡巵, 唯[208]數數沾口[209], 至三四擧而卒酌. 不喜酒者, 亦可飮一盃矣. 每看進. 爽花問曰, "何肉?" 余曰, "鴨肉也, 鷄肉也"又問"何魚?"曰, "魴魚也, 鯉里也"於其不可知處. 則亦曰, "僕聞北溟有鯤, 南溟有鵬, 而東西二海, 未聞所有, 天下之物産, 不同一也. 且虎豹之鞟, 猶犬羊之鞟, 烹飪之後, 皮之不存, 不可以强解二也. 苟非張茂先之博物, 何以周知耶?"[210] 余仍微笑, 擧座大

200_ 장서각 《승사록》에는 烟草가 燃草로 되어 있다.

201_ 장서각 《승사록》에는 掾이 椽으로 되어 있다.

202_ 장서각 《승사록》에는 此係歷路가 此係逆歷路로 되어 있다.

203_ 장서각 《승사록》에는 臨發이 臨別로 되어 있다.

204_ 장서각 《승사록》에는 屣가 履로 되어 있다.

205_ 장서각 《승사록》에는 輟이 撥로 되어 있다.

206_ 장서각 《승사록》에는 楪이 貼로 되어 있다.

207_ 장서각 《승사록》에는 鍾이 種으로 되어 있다.

208_ 장서각 《승사록》에는 唯가 惟로 되어 있다.

209_ 장서각 《승사록》에는 沾口가 沾之口로 되어 있다.

210_ 장서각 《승사록》에는 爽花問曰, "何肉?" 余曰, "鴨肉也, 鷄肉也"又問何魚曰, "魴魚也, 鯉魚也"於其不可知處. 則亦曰, "僕聞北溟有鯤, 南溟有鵬, 而東西二海, 未

笑[211]. 臨別索題, 余以小牋答之曰, "此別甚悵, 天限華東, 地分涯角, 一別後[212], 形影無憑, 江文通所謂黯然銷魂[213]者也.

惟願僉兄早拾科第, 位至通顯, 則可於小邦命使, 便問本國有江海散人者, 以是慰勉焉." 在座者, 皆傳視悵然 [時陳艃仙, 中書[214]之子, 李嗣良, 孝廉之姪[215], 金爽花, 時在學官, 故云[216]]

答艃仙詩曰, "南來浪迹[217]號詩翁, 晉代淸流又浙東. 交道尙嫌言語淺, 寸心遙把紙毫通[218]. 管絃共作蘭亭會, 紵縞能忘季子風. 遠客臨歧[219]還惜別, 向來談笑劇恩恩"[220] 答何夢社詩曰, "功業遲登學士瀛, 西來一舸布衣輕. 江湖有約秋多夢, 家室無憑日係情. 巾服客來滄海色, 文章君擅[221]大家聲. 吳人早解成人美, 處處奚囊浪得名[222]"

金爽花, 致粉紙一軸, 扇一柄, 周瘦峯, 贈扇一柄, 陳艃仙贈小印曰, "此

聞所有, 天下之物産, 不同一也. 且虎豹之鞟, 猶犬羊之鞟, 烹飪之後, 皮之不存, 不可以强解二也. 苟非張茂先之博物, 則何以周知耶?'가 爽花先問金以振曰, "何肉?' 金輒曰, "不知" 次問余曰, "何肉?' 余曰, "鴨肉也, 鷄肉也" 又問金以振曰, "何魚?' 金又曰, "不知" 次問余曰, "何魚, 魴魚也, 鯉魚也" 爽花顧金以振曰, 此秀才不食肉底人也" 盖以振以異方衿犺之屬爲不可知不思而對故也. 余亦於其不可知處. 則曰, "僕聞北溟有鯤, 南溟有鵬, 而東西二海, 未聞有之, 天下之物産, 不同一也. 且虎豹之鞟, 猶犬羊之鞟, 烹飪之後, 皮之不存, 不可以强解二也. 苟非張茂先之博物, 則何以周知耶?'로 되어 있다.

211_ 장서각 《승사록》에는 擧座大笑가 빠져 있다.

212_ 장서각 《승사록》에는 一別後가 一別之後로 되어 있다.

213_ 장서각 《승사록》에는 銷魂이 消魂이라 되어 있다.

214_ 장서각 《승사록》에는 中書가 中著書로 되어 있다.

215_ 장서각 《승사록》에는 孝廉之姪이 李孝廉之任로 되어 있다.

216_ 장서각 《승사록》에는 故云이 故云耳로 되어 있다.

217_ 장서각 《승사록》에는 迹이 跡으로 되어 있다.

218_ 장서각 《승사록》에는 寸心遙把紙毫通이 寸心遙把低高毫通으로 되어 있다.

219_ 장서각 《승사록》에는 臨歧가 臨離로 되어 있다.

220_ 국립중앙도서관본에는 제목이 〈答陳艃仙〉으로 되어 있다.

221_ 장서각 《승사록》에는 擅이 拰으로 되어 있다.

222_ 국립중앙도서관본에는 제목이 〈答何夢社[李巽占門人]〉으로 되어 있다.

篆江海散人[223], 特爲奉呈[224]江海散人"金爽花, 又贈爽花錄一卷, 乃其幼
時, 與蘭珍女史, 相贈答詩也.

夫定海[225], 乃中國之一下邑, 而金銀錦繡之富, 甲於南國. 是以高樓傑閣,
在在相望, 無一茆竹[226]之舍. 居人, 非錦繡則不著[227], 非魚肉則不食[228].
觀音寺, 又定海之一小島也. 而沙門外, 設市井[229], 與我東各營等. 是
日[230], 吳申浦, 又贈扇一柄. 姚繩齋曰, "定海, 東接朝鮮, 東南接日本.
南通閩粵[231], 西通浙江, 北京爲二月程云"是夜, 還次江口.[232]

5월 15일 – 육지길을 거절당하다

十五日雨. 曉頭解纜. 所過海中諸山, 如合襟形, 唐人所謂靑山孤舟也[233].
極目所到處[234], 唯[235]鹽幕重重. 午時, 過鎭海縣, 亦島邑也. 日暮, 到寧波
府, 府在鄞縣. 余聞由寧波走北京, 有陸有水, 呈文請從陸. 其略曰, "病
雁傷弓[236], 虛弦自落. 老牛畏日, 見月猶喘"[237] 府大人, 見其文[238]三復, 仍

223_ 장서각 《승사록》에는 此篆江海散人이 此篆江海散人也로 되어 있다.
224_ 장서각 《승사록》에는 特爲奉呈이 特奉으로 되어 있다.
225_ 장서각 《승사록》에는 夫定海가 定海로 되어 있다.
226_ 장서각 《승사록》에는 茆竹이 節竹으로 되어 있다.
227_ 장서각 《승사록》에는 非錦繡則不著가 非錦繡則不着焉으로 되어 있다.
228_ 장서각 《승사록》에는 非魚肉則不食이 非魚肉則不食焉으로 되어 있다.
229_ 장서각 《승사록》에는 設市井이 又設市井으로 되어 있다.
230_ 장서각 《승사록》에는 是日이 빠져있다.
231_ 장서각 《승사록》에는 閩粵이 閩越로 되어 있다.
232_ 장서각 《승사록》에는 吳申浦, 又贈扇一柄. 姚繩齋曰, "定海, 東接朝鮮, 東南接日
本. 南通閩粵, 西通浙江, 北京爲二月程云"是夜, 還次江口가 姚繩齋曰, "定海, 東
接朝鮮, 東南接日本. 南通閩越, 西通浙江, 北京爲二月程云"吳申浦, 又贈扇一柄.
是夜, 還次江口로 되어 있다.
233_ 장서각 《승사록》에는 靑山孤舟也가 靑山萬里一孤舟也로 되어 있다.
234_ 장서각 《승사록》에는 所到處가 所覩處로 되어 있다.
235_ 장서각 《승사록》에는 唯가 惟로 되어 있다.
236_ 장서각 《승사록》에는 弓이 矢로 되어 있다.
237_ 국립중앙도서관본에는 제목이 〈請從陸文 [自寧波府, 去北京, 有陸有水, 故呈于

加溫諭曰, "此去北京, 只是內河, 不過一線溪流, 非江河之比也. 兩廣官長, 皆由此路行, 兩浙從宦者, 亦[239]皆由此路行. 保無艱險[240]之虞."

於是衆人, 猶號[241]泣, 請從[242]陸. 鄞縣縣主謂余曰, "你[243]是性命, 我非性命耶?" 其意則蓋曰, "吾亦護送官云爾." 言甚無文, 故余微哂之. 府大人, 會其意, 謂余曰, "此官言, 雖質直, 理則然矣" 余曰, "唯[244]公處分" 卽拜退[245], 府大人亦拜, 仍有犒賞之敎. 乃雨傘糧饌等物也. 從內河發船.

5월 17일 - 자계현에 도착하다

十七日雨. 至慈谿縣, 沿河村落, 率皆粉牆石門, 極其宏麗. 或士夫游觀之所, 或商賈販鬻之場也. 樹竹之饒, 蘆荻[246]之勝, 誠水[247]國之物色也. 又有梓風橋吉慶[248]橋, 所謂二十四橋也. 皆夾河起梁, 築石爲橋. 瞥眼之頃[249], 雖不悉其名目, 如是者, 不知幾許所矣. 每橋傍有高樓傑閣, 陸機所謂飛閣跨通波者也. 又以冶容長袂, 當壚賣酒, 唐人所謂二八大堤女[250], 開壚依江渚者也[251]. 午後發程.

府大人)으로 되어 있다.

238_ 장서각 《승사록》에는 府大人見其文이 府大人讀之로 되어 있다.

239_ 장서각 《승사록》에는 亦이 빠져 있다.

240_ 장서각 《승사록》에는 艱險이 難險으로 되어 있다.

241_ 장서각 《승사록》에는 號가 呼로 되어 있다.

242_ 장서각 《승사록》에는 從가 就로 되어 있다.

243_ 장서각 《승사록》에는 你가 爾로 되어 있다.

244_ 장서각 《승사록》에는 唯가 惟로 되어 있다.

245_ 장서각 《승사록》에는 卽拜退가 仍辭退로 되어 있다.

246_ 장서각 《승사록》에는 蘆荻이 蘆花로 되어 있다.

247_ 장서각 《승사록》에는 水가 小로 되어 있다.

248_ 장서각 《승사록》에는 慶이 慶으로 되어 있다.

249_ 장서각 《승사록》에는 頃이 境으로 되어 있다.

250_ 장서각 《승사록》에는 二八大堤女가 二八嬋娟大堤女로 되어 있다.

251_ 장서각 《승사록》에는 開壚依江渚者也가 開壚相對依江渚者也로 되어 있다.

5월 18일 – 여요현에 도착하다

十八日雨. 至餘姚縣, 城下有一片石, 題曰, 漢高士嚴子陵之故里也[252].
仍賦詩一絶[253], "老石崢嶸傍古城, 蒼苔不掩漢先生. 吳人但指[254]懸弧宅,
今夜無緣見客星."[255]

5월 19일 – 상우현에 도착하다

十九日晴. 到上虞縣, 漢時[256]虞詡所典邑也. 食朝飯[257], 發程, 行二十里.
各具[258]竹兜輿, 行十餘里, 到曹娥江[一名楊[259]子江]. 時南土小[260]旱, 土
人作假龍. 以黃金飾其頭角, 使童子著錦繡衣[261], 入龍腹中, 作蜿蜒[262]之
狀, 鼓舞船上, 甚壯觀也.
復乘舟而下, 江之兩岸, 皆富商大賈家也. 瓦屋粉牆[263], 橫亘十餘里. 高
樓傑閣, 壓臨江頭, 雜以佛宮梵宇間在閭閣. 河之兩邊[264], 皆斲石堤防[265]
之, 脩竹蘆花. 夾江而生. 眞淮海[266]之勝地也. 行十餘里, 又有一大店,
第宅之宏麗. 如曹娥江, 而戶數倍之. 平原廣野, 一望無際[267], 皆以水

252_ 장서각 《승사록》에는 故里也가 古里로 되어 있다.

253_ 장서각 《승사록》에는 仍賦詩一絶이 仍吟一絶曰로 되어 있다.

254_ 장서각 《승사록》에는 指가 知로 되어 있다.

255_ 국립중앙도서관본에는 제목이 〈餘姚, 城下見石碑有題 [題曰, 漢高士嚴子陵之故
里, 賦一絶]〉로 되어 있다.

256_ 장서각 《승사록》에는 漢時가 卽虞漢時로 되어 있다.

257_ 장서각 《승사록》에는 飯이 飡으로 되어 있다.

258_ 장서각 《승사록》에는 各具가 具로 되어 있다.

259_ 장서각 《승사록》에는 楊이 揚으로 되어 있다.

260_ 장서각 《승사록》에는 小가 少로 되어 있다.

261_ 장서각 《승사록》에는 使童子著錦繡衣가 使童子着錦繡로 되어 있다.

262_ 장서각 《승사록》에는 蜿蜒이 蜒蜿으로 되어 있다.

263_ 장서각 《승사록》에는 粉牆이 粉墻으로 되어 있다.

264_ 장서각 《승사록》에는 兩邊이 兩岸으로 되어 있다.

265_ 장서각 《승사록》에는 堤防이 隄防으로 되어 있다.

266_ 장서각 《승사록》에는 淮海가 淮西로 되어 있다.

267_ 장서각 《승사록》에는 無際가 際際로 되어 있다.

車[268]灌溉. 又於廣野之中, 高門大宅, 一字成行, 殆五十里之遠. 而門外
引水, 繫以青雀黃龍之舳[269]. 蓋吳人以水利資生, 故雖士夫家, 亦不免置
船興販[270]之事. 地亦沃土也, 蹲鴟[271]冬瓜[272] 壺匏瓜[273]果之屬, 連阡接陌.
禾稼, 則五月已如發穗時矣. [隨流而下][274] 所經山川, 迎接不暇. 其土地
之豐衍, 物產之美好, 村落之繁華, 筆所不能記, 畫所不能摸.[275]

5월 20일 – 회계현에 도착하다

二十日晴. 到會稽縣. 縣隷紹興府. 引舟入城, 城之周廻[276], 殆二十餘里.
中有城隍廟. 千門萬戶[277], 家家藏[278]貨, 戶戶興販[279]. 舟楫, 連尾於城市,
士女, 摩[280]肩於街路. 山川之形勝, 城池之雄麗, 非寧波府諸府之比也.
東門外有會稽山, 山下有禹穴. 西門外有嚴子陵[281]之祠, 意其爲[282]七里灘
也. 府中有柱書曰, "松菊今彭澤, 山川古會稽" 然則彭澤亦會稽地也.
夫以[283]一縣之地, 想像千古往蹟. 禹穴無底[284], 卽玄圭告功之遺躅[285]也.

268_ 장서각 《승사록》에는 水車가 小車로 되어 있다.
269_ 장서각 《승사록》에는 舳이 軸으로 되어 있다.
270_ 장서각 《승사록》에는 販이 敗로 되어 있다.
271_ 장서각 《승사록》에는 鴟가 鴂로 되어 있다.
272_ 장서각 《승사록》에는 瓜가 芽로 되어 있다.
273_ 장서각 《승사록》에는 瓜가 苽로 되어 있다.
274_ 장서각 《승사록》에만 실려 있다.
275_ 장서각 《승사록》에는 摸가 模로 되어 있다.
276_ 장서각 《승사록》에는 城之周廻가 城周回로 되어 있다.
277_ 장서각 《승사록》에는 萬戶가 百万戶로 되어 있다.
278_ 장서각 《승사록》에는 藏이 莊으로 되어 있다.
279_ 장서각 《승사록》에는 販이 敗로 되어 있다.
280_ 장서각 《승사록》에는 摩가 磨로 되어 있다.
281_ 장서각 《승사록》에는 嚴子陵이 漢高士嚴子陵으로 되어 있다.
282_ 장서각 《승사록》에는 意其爲가 意其謂로 되어 있다.
283_ 장서각 《승사록》에는 以가 빠져 있다.
284_ 장서각 《승사록》에는 禹穴無底가 則禹穴無底로 되어 있다.
285_ 장서각 《승사록》에는 遺躅이 往跡으로 되어 있다.

越兵栖山, 乃句踐[286]嘗膽之古地也. 謝安之東山, 右軍之蘭亭, 西子之
浣紗溪, 皆係此山之下, 則過客懷古之情, 庸有旣乎. 是夕, 過山陰之[287]
太平橋, 橋長可十餘里. 傍有沃野, 仍感謝安賭墅古事[288], 賦詩一絶[289],
秦師百萬[290]枉投鞭, 不識南朝太傅賢. 此地惟餘前賭墅[291], 令人却憶小兒
玄.[292]

5월 21일 — 소산현에 도착하다

二十一日晴. 到蕭山縣, 吃朝飯. 行[293]二十里, 下陸, 乘竹兜輿. 至浙江,
江之廣[294], 可十餘里. 時吳下小旱, 波流稍殺. 然當春水方生之時, 則秦
鞭百萬, 未可斷流, 魏騎千群, 無所用之矣. 昔孫伯符以一州之地, 虎視
天下, 非徒智勇[295]之過人, 亦地利使之然也. 余到[296]省城, 周覽山川, 則
蘇長公, 所謂龍飛鳳舞, 萃于臨安者也.

城池之雄, 官府之壯, 市井之羅列, 士女之游戲[297], 誠天下名藩也. 意者,
浙江一帶爲歷代帝王之都, 故雖列爲屏翰, 而其物色, 則殊異乎五方歟.
高門大宅, 連牆[298]接甍, 朱樓曲檻, 臨街塡衢.

吳都賦[299]所謂非顧非陸, 疇能宅此者也, [西望而蒼蒼者夏口歟, 東望而

286_ 장서각 《승사록》에는 踐이 践으로 되어 있다.
287_ 장서각 《승사록》에는 之가 빠져 있다.
288_ 장서각 《승사록》에는 仍感謝安賭墅古事가 仍感謝安賭墅之事로 되어 있다.
289_ 장서각 《승사록》에는 賦詩一絶이 繼之以詩曰로 되어 있다.
290_ 장서각 《승사록》에는 百萬이 萬里로 되어 있다.
291_ 장서각 《승사록》에는 此地惟餘前賭墅가 此土猶傳賭墅로 되어 있다.
292_ 국립중앙도서관본에는 제목이 〈過山陰縣太平橋, 感謝安賭墅事, 賦一絶〉이라고
되어 있다.
293_ 장서각 《승사록》에는 行이 빠져 있다.
294_ 장서각 《승사록》에는 江之廣이 江廣으로 되어 있다.
295_ 장서각 《승사록》에는 智勇이 勇智로 되어 있다.
296_ 장서각 《승사록》에는 余到가 仍到로 되어 있다.
297_ 장서각 《승사록》에는 戲가 嬉라 되어 있다.
298_ 장서각 《승사록》에는 牆이 墻으로 되어 있다.

鬱鬱者武昌歟]³⁰⁰ 自北起龍, 千里走馬者, 似是蔣山也.

5월 22일 – 태평부에서 제주 표류인 여덟 명을 만나다

二十二日晴. 濟州居八人, 以去年八月漂到太平府, 是日來會. 雖不識面
目³⁰¹, 隱然有同, 是天涯淪落之歎³⁰²矣. 有一官員 [文林郎周元璉], 來見
乘槎錄謂曰³⁰³, "患難之際, 得與諸名流唱和, 亦屬三生有幸. 急宜付之
棗梨³⁰⁴, 以誌一時佳話" 又曰, "行色忽忽, 不獲抄錄, 以置案頭, 殊爲可
惜" 又曰, "尙有數日, 耽延擬製³⁰⁵一詩, 以附驥尾" 見七夕詩, 歎曰, "名
作也" 仍賦一絶以和之.³⁰⁶ 小苑淸幽³⁰⁷玉露浮, 齊擎果³⁰⁸瓜上樓頭. 銀河
夜夜橫淸淺, 兒女偏增此夕愁.

5월 23일 – 주원관에게 소서를 받다

二十三日晴. 周元璉, 又書大字一聯, 兼作小序以贈之. [又送小序來曰,
斗燦孝廉朝鮮宿學也. 放洋遭風. 漂泊於定海. 得全身命之省. 與余相遇
於仙林古刹. 出其乘査錄, 見示江海風景. 瞭如指掌. 而唱酬諸作, 藻采
繽紛. 惜重洋瞑隔, 不獲時親風雅. 爰題一聯相贈, 以誌三生有幸云. 其
聯曰, "文從滄海聲中闊³⁰⁹, 字向神龍變處奇³¹⁰" 中國文林郎, 周元璉, 幷

299_ 장서각 《승사록》에는 吳都賦가 吳都로 되어 있다.
300_ 장서각 《승사록》에만 실려 있다.
301_ 장서각 《승사록》에는 雖不識面目이 雖不相識으로 되어 있다.
302_ 장서각 《승사록》에는 歎이 人歎으로 되어 있다.
303_ 장서각 《승사록》에는 有一官員 [文林郎周元璉], 來見乘槎錄謂曰이 一官員, 見乘
     槎錄謂曰로 되어 있다.
304_ 장서각 《승사록》에는 梨가 栗로 되어 있다.
305_ 장서각 《승사록》에는 製가 題로 되어 있다.
306_ 장서각 《승사록》에는 仍賦一絶以和之가 仍和之曰이라고 되어 있다.
307_ 장서각 《승사록》에는 幽가 流로 되어 있다.
308_ 장서각 《승사록》에는 果가 異로 되어 있다.
309_ 장서각 《승사록》에는 闊이 闊로 되어 있다.
310_ 국립중앙도서관본에는 제목이 〈附贈聯[各書大字, 以贈之]〉라고 되어 있다.

序]³¹¹

5월 24일 – 서호에 관한 시를 짓다

二十四日雨. 余聞西門外有西湖, 問于土人, 則曰, "三秋桂子, 十里荷花,
依舊無恙, 而但未知憲府肯許一覽矣" 余賦詩³¹²二絶, 以寓濟³¹³勝之懷.
詩曰, "籃³¹⁴輿晩到浙江城, 西望長湖眼忽明. 誰³¹⁵把烟霞都管領, 却敎
荷桂未忘情. 越中山水盡精神, 最愛西湖景物新. 恰³¹⁶似東家賢處子, 隔
牆³¹⁷相望不相親³¹⁸" 周郞批之曰, "未免多情, 誰能遣此?"

5월 25일 – 양균이 방문하여 시를 주다

二十五日雨. [晩後始止, 秀才楊勻者, 來訪贈之以詩曰, "薄海頒正朔,
朝鮮亦一家. 長江浮鴨綠, 古渡問楊花. 遇合同萍水, 登臨紀³¹⁹物華. 快
帆知有助, 旅次莫興嗟³²⁰"]³²¹ 浙城周回, 四十里, 十二門. 有巡撫, 正二
品也, 有布政司, 從二品也. 杭州府, 正三品也, 仁和³²²錢塘縣, 同在一
城. 正七品也, 分縣丞³²³, 從八品也. 城之南, 有紫陽山, 卽朱夫子之鄕
也. [一名富春山, 嚴子陵, 耕釣處也]³²⁴

311_ 대련을 제외한 나머지 부분은 장서각 《승사록》에만 실려 있다.
312_ 장서각 《승사록》에는 賦詩가 吟으로 되어 있다.
313_ 장서각 《승사록》에는 濟가 躋로 되어 있다.
314_ 장서각 《승사록》에는 籃이 藍으로 되어 있다.
315_ 장서각 《승사록》에는 誰가 許로 되어 있다.
316_ 장서각 《승사록》에는 恰이 洽으로 되어 있다.
317_ 장서각 《승사록》에는 牆이 墙으로 되어 있다.
318_ 국립중앙도서관본에는 제목이 〈至浙江城, 欲見西湖, 而不可得, 賦二絶, 以寓濟
勝之懷〉라고 되어 있다.
319_ 장서각 《승사록》에는 紀가 記로 되어 있다.
320_ 국립중앙도서관본에는 제목이 〈附原韻〉이라 되어 있다.
321_ 장서각 《승사록》에만 있는 부분이다.
322_ 장서각 《승사록》에는 和가 知로 되어 있다.
323_ 장서각 《승사록》에는 丞이 承으로 되어 있다.

5월 26일 – 시를 자꾸 요청하여 결국 들어주다

二十六日晴. 土人送紙筆, 索句, 余辭以[325]九死之餘, 精神昏憒, 猶强之
不已, 作述懷十六韻, 以贈之[326]. "飄颻三韓客, 五月西南征. 巾服人皆怪,
形容鬼還生. 却憶洋中事, 猶得夢魂驚. 滄溟忽風雨, 船板日夜鳴. 海闊
鵬初徙, 檣高鳥或傾. 篙[327]師猶無色, 老弱盡失聲. 譬如焚林鳥, 巢危共
嚶嚶. 天地茫無涯, 風水易迷程. 吳山似故人, 一面雲際晴. 支離普陀寺,
漂泊浙江城. 拊[328]念三旬事, 怳[329]惚千劫[330]經. 性命只空殼, 心神已喪精.
頭蓬足不襪, 未老衰已形. 單衫足汗臭, 兩眼蠅營營. 有時形弔影, 君非
舊典刑. 吳人猶索句, 乘槎[331]浪得名"

5월 27일 – 방문한 사람들이 시를 주고받다

二十七日晴. 高秀才瀾, 號荻浦者, 與其內兄馮智, 字一枝, 妹長, 陳應
槐, 號米山, 三弟高師鼎, 號漱泉, 高師頤, 字[332]養和, 高師震, 字[333]春霆,
來訪, 次西湖韻以贈[334]. "十里西湖只隔城, 艶[335]陽時節是淸明. 桃花
已老黃鸎[336]謝, 莫怪東風不世情. 羨君落筆意通神, 吟到西湖句倍新. 山

324_ 장서각 《승사록》에는 有紫陽山, 卽朱夫子之鄕也 [一名富春山, 嚴子陵, 耕釣處也]
　　　가 有富山, 卽嚴子陵耕釣之處也, 一名紫陽山, 亦朱夫子修莊之所也로 되어 있다.
325_ 장서각 《승사록》에는 辭以가 以辭로 되어 있다.
326_ 장서각 《승사록》에는 十六韻, 以贈之가 故述懷, 以贈之日로 되어 있다.
327_ 장서각 《승사록》에는 篙가 蒿로 되어 있다.
328_ 장서각 《승사록》에는 拊가 撫로 되어 있다.
329_ 장서각 《승사록》에는 怳이 恍으로 되어 있다.
330_ 장서각 《승사록》에는 劫이 㤼으로 되어 있다.
331_ 장서각 《승사록》에는 槎가 查로 되어 있다.
332_ 장서각 《승사록》에는 字가 빠져 있다.
333_ 장서각 《승사록》에는 字가 빠져 있다.
334_ 장서각 《승사록》에는 次西湖韻以贈之가 없고 [且曰, 讀公有懷西湖之作, 敬次原
　　　韻二絶]부분이 들어가 있다.
335_ 장서각 《승사록》에는 艶이 豓으로 되어 있다.
336_ 장서각 《승사록》에는 鸎이 鴬으로 되어 있다.

水天然圖畫在, 何須身陟始情親"

[草草錄, 供噴飯, 并希改之]³³⁷ 又作小序, 以贈之曰³³⁸ "惜字錄一卷, 攜以奉錦還時, 祈爲廣勸此讀書人, 第一要旨也" 將別矣, 小詩奉別, 詩曰³³⁹ "一面成知己, 君眞磊落人. 緣懷湖海志, 來認錦江春" 余和之曰, "漂流稍自慰, 吳下有詩人. 見月遙相憶, 華東同一春" 荻浦又序得和詩後, 重次一絶, 以記良遇.

"言語誠難達, 聊爲唱和人. 筆談成絶調, 已荷十分春³⁴⁰" 余應之曰, "問君詩上意, 看我作何人. 願把伯牙琴,³⁴¹ 共游淮海春" 荻浦又序, 前詩失檢, 和章見投, 更次一絶, 并爲誌別. "雅謔原無意, 聊酬寂寞人. 乘槎³⁴² 歸去後, 可憶武林春" 盖余之詩意, 則以荻浦致款也³⁴³. 故有看我作何人之語, 頷聯則以其易別也. 故³⁴⁴有難把伯牙曲等語, 而荻浦不知詩意³⁴⁵, 自以爲失檢. 故余改之曰, "願把伯牙琴³⁴⁶, 共游淮海春" 荻浦見之喜甚³⁴⁷. 余仍援筆作話曰, "新婦易老, 海濤不渴. 且作閒話, 以償詩債"

余到浙之三日, 一長老³⁴⁸[錢塘老人程榮]³⁴⁹, 來訪. 鬚眉皓白, 氣味淳古. 坐語移時, 慰誨³⁵⁰備至. 余感其意, 奉贈曰³⁵¹, "白首蒼顏一老翁, 慇懃相

337_ 장서각 《승사록》에만 실려 있다.

338_ 장서각 《승사록》에는 又作小序, 以贈之曰이 又贈小詩, 并作小序曰로 되어 있다.

339_ 장서각 《승사록》에는 將別矣, 小詩奉別, 詩曰로 되어 있다. 여기서는 이것을 따른다. 국립중앙도서관본에는 將別, 又贈小詩로 되어 있다.

340_ 국립중앙도서관본에는 제목이 〈荻浦得和詩後, 重次一絶, 以記良遇〉라고 되어 있다.

341_ 장서각 《승사록》에는 願把伯牙琴이 難把伯牙曲으로 되어 있다.

342_ 장서각 《승사록》에는 槎가 査로 되어 있다.

343_ 장서각 《승사록》에는 以荻浦致款也가 荻以浦致款也로 되어 있다.

344_ 장서각 《승사록》에는 故가 빠져 있다.

345_ 장서각 《승사록》에는 詩意가 빠져 있다.

346_ 장서각 《승사록》에는 琴이 曲으로 되어 있다.

347_ 장서각 《승사록》에는 荻浦見之喜甚이 荻浦喜甚으로 되어 있다.

348_ 장서각 《승사록》에는 一長老에서 一이 빠져 있다.

349_ 장서각 《승사록》에는 [錢塘老人程榮] 부분이 빠져 있다.

350_ 장서각 《승사록》에는 誨가 海로 되어 있다.

訪古人風. 靈犀不以³⁵²華東阻, 天目山前夕照紅"³⁵³ 後二日, 公又來訪, 贈眞墨四丁, 兼致四律一詩曰, "海宇無垠覆載同, 萍交底事判西³⁵⁴東. 乘槎³⁵⁵飛渡風雲會, 走筆傾談意氣³⁵⁶通. 古寺隨緣成邂逅, 歸途利涉莫憂忡³⁵⁷. 此情推放原皆準, 明德還期努力崇", "陶公採菊見南山, 領取眞意忘言辭. 君今暫借古寺棲, 望見西湖神爲馳. 正惟可望不可卽, 彌覺悠然有餘思. 西湖勝境數不盡, 卽耽游覽豈無遺. 智水仁山具性體, 胸中丘壑常自隨. 長房縮地術何用, 太白夢遊情亦怡. 我今不能伴游展, 聊爲泚筆贈此詩³⁵⁸"

嘉慶戊寅夏五, 偶過仙林寺, 得遇朝鮮崔老先生僉七, 辱眎謠章, 率此奉和, 卽請海正. 錢塘秉燭老人程榮, 拜稿.

公之姪³⁵⁹潤寶³⁶⁰來訪, 亦秀才人也. 中國用人之法, 有秀才·廩生·膳³⁶¹生·貢生·捐生·增廣生. 秀才, 戴銀頂帽, 藍衣衫. 未有品. 廩生·膳³⁶²生, 卽學師³⁶³, 貢生, 可做八品敎官. 增廣生, 可做七品知縣, 中進士, 可做七品知縣, 或七品中書. 中殿試, 可作³⁶⁴鼎甲³⁶⁵翰林. 又有監生與進

351_ 국립중앙도서관본에는 奉贈曰이 賦詩一絶, 以贈으로 되어 있다. 여기서는 장서각 《승사록》을 따른다.

352_ 장서각 《승사록》에는 以가 相으로 되어 있다.

353_ 국립중앙도서관 본에는 제목이 다음과 같이 되어 있다 〈到浙三日, 一長老[錢塘老人程榮, 年七十二], 鬚眉皓白, 氣味淳古. 坐語移時, 慰誨備至, 至感其意, 賦贈一絶〉

354_ 장서각 《승사록》에는 西가 齒로 되어 있다.

355_ 장서각 《승사록》에는 槎가 查로 되어 있다.

356_ 장서각 《승사록》에는 氣가 빠져 있다.

357_ 장서각 《승사록》에는 忡이 冲으로 되어 있다.

358_ 두 번째 시는 국립중앙도서관 본에만 실려 있다.

359_ 장서각 《승사록》에는 公之姪이 程公之佺이라 되어 있다.

360_ 장서각 《승사록》에는 寶이 寔으로 되어 있다.

361_ 장서각 《승사록》에는 膳이 膽으로 되어 있다.

362_ 장서각 《승사록》에는 膳이 膽으로 되어 있다.

363_ 장서각 《승사록》에는 師가 土로 되어 있다.

364_ 장서각 《승사록》에는 作이 几으로 되어 있다.

365_ 장서각 《승사록》에는 甲이 卑로 되어 있다.

士同品. 有余公鍔[366], 學士集之姪[367]. 曾經[368]平湖敎諭者也. 見乘槎[369]錄,
謂曰, "讀大作, 可敬可敬, 乞書西湖兩絶, 以爲奉賀[370]之資." 余書謬獎字
以謝之 [又書元韻, 以奉之][371]

5월 28일 – 주거선이 편지를 보내오다

二十八日晴. 秀才楊勻, 來訪贈詩, 余依韻答之[372]. "西湖非勝槪, 東國是
吾家. 炎徹地蒸霧, 雙林天雨花. 乘槎[373]同漢使, 博物異張華. 幸有新知
樂, 自無大釂[374]嗟"[375] 有[376]士人王春・葉潮・舒林・朱瑛, 皆來訪. 是
日, 周蘀仙[文林郎元璀子][377] 遣官隷致書曰, "日昨[378]恩恩一晤[379], 適有
事西湖, 未得暢聆淸譚[380], 曷勝悵悵. 承賜佳章, 因友人見愛被取去[381].
敢祈別錄一紙見贈. 僕當藏諸舊篋, 永作奇珍[382]. 再前[383]讀大集, 中有七

366_ 장서각 《승사록》에는 有余公鍔이 余公鍔으로 되어 있다.
367_ 장서각 《승사록》에는 姪이 經으로 되어 있다.
368_ 장서각 《승사록》에는 曾經이 曾徑으로 되어 있다.
369_ 장서각 《승사록》에는 槎가 査로 되어 있다.
370_ 장서각 《승사록》에는 賀가 和로 되어 있다.
371_ 장서각 《승사록》에만 있는 부분이다.
372_ 장서각 《승사록》에는 秀才楊勻, 來訪贈詩, 余依韻答之가 答陽秀才句詩曰로 되
     어 있다.
373_ 장서각 《승사록》에는 槎가 査로 되어 있다.
374_ 장서각 《승사록》에는 大釂이 大老至로 되어 있다.
375_ 국립중앙도서관 본에는 제목이 〈答楊勻〉으로 되어 있다.
376_ 장서각 《승사록》에는 有가 빠져 있다.
377_ 장서각 《승사록》에는 周蘀仙[文林郎元璀子]이 朱蘀仙, 又林郎元璀之子也로 되어
     있다.
378_ 장서각 《승사록》에는 昨이 作으로 되어 있다.
379_ 장서각 《승사록》에는 晤가 唔로 되어 있다.
380_ 장서각 《승사록》에는 暢聆淸譚이 暢敢請譚으로 되어 있다.
381_ 장서각 《승사록》에는 被取去가 已被取去로 되어 있다.
382_ 장서각 《승사록》에는 永作奇珍이 永作奇珍耳로 되어 있다.
383_ 장서각 《승사록》에는 再前이 前으로 되어 있다.

夕諸詞, 幷乞抄賜. 一讀爲幸 本擬趨晤[384], 緣賤[385]軀偶感風寒, 未得乘輿一訪戴也"

5월 29일 – 여악 등 명사들과 서호시를 짓다

二十九日晴. 錢塘主簿[386]汪煥其[387], 號石門. 與余作筆談論文. 仍及應擧時事, 問尊駕中鄕試幾榜, 余曰, "庚午[388]試擧人也"公笑曰, "兄可謂早達矣, 弟以戊辰擧人, 出仕"仍贈和西湖詩曰, "此地山川盡有神, 西湖風物更加新. 自慚未得齊蘇白, 三載游船少與親"時公年已六十餘矣. 雖老少不敵, 猶論文字, 亹亹不厭.

是夕, 余敎官鍔與諸名士, 聯袂[389]來訪. 各和西湖韻[390]以贈之. 又攜桃實以饋之. 余作筆話曰, "詩云, ʻ投之以木瓜[391], 報之以瓊琚ʼ今瓊琚木桃[392], 一時見投, 顧此遠人[393], 何以仰答[394], 只切感悚 [戊寅仲夏, 江海散人, 被風至浙, 寓仙林寺. 僧樓出西湖二詩, 見詩依韻, 奉答, 卽請斧正][395].
三面環山一面城, 湖心亭子映[396]波明. 移舟若傍西泠[397]住, 楊柳千條繫[398]客情. 暫客殊鄕莫悵神, 却敎眼界[399]一時新. 明朝風便乘槎去, 應憶

384_ 장서각 《승사록》에는 晤가 唔로 되어 있다.
385_ 장서각 《승사록》에는 賤이 職으로 되어 있다.
386_ 장서각 《승사록》에는 主簿가 主人簿로 되어 있다.
387_ 장서각 《승사록》에는 汪煥其가 汪渙其로 되어 있다.
388_ 장서각 《승사록》에는 庚午가 庚子로 되어 있다.
389_ 장서각 《승사록》에는 聯袂가 連袂로 되어 있다.
390_ 장서각 《승사록》에는 西湖韻이 原韻으로 되어 있다.
391_ 장서각 《승사록》에는 木瓜가 木果로 되어 있다.
392_ 장서각 《승사록》에는 今瓊琚木桃가 木桃로 되어 있다.
393_ 장서각 《승사록》에는 遠人이 流人으로 되어 있다.
394_ 장서각 《승사록》에는 何以仰答이 何以仰答也로 되어 있다.
395_ 장서각 《승사록》에만 실려 있다.
396_ 장서각 《승사록》에는 映이 暎으로 되어 있다.
397_ 장서각 《승사록》에는 泠이 隣으로 되어 있다.
398_ 장서각 《승사록》에는 繫가 係로 되어 있다.

僧樓笑語親. [右余鍔, 號慈柏, 官平湖敎諭, 居仁和.]

化澤覃敷箕子城, 九疇演⁴⁰⁰易著文明. 高賢不獨通經義, 弄月吹風亦有情. 海外文章筆有神, 凌雲詩賦更淸新. 姓名敢望流傳遠, 幸接丰容倍覺親. [右孫傳曾, 官內閣中書]

阻風漫⁴⁰¹憶故鄕城, 遙看湖光一鑑明. 行篋攜將圖畫去, 西泠⁴⁰²佳處最關情. 詩篇書法妙通神, 偶合萍蹤結契新. 我欲乘槎⁴⁰³觀日⁴⁰⁴出, 海鷗何日重⁴⁰⁵相親. [嘉慶戊寅夏, 五月, 江海散人, 阻風留浙, 出示懷西湖二絶句, 依韻奉贈, 卽請大雅之敎. 右章黼, 號次白, 官訓導, 居杭.]

嵐影湖光淡隔城, 翻敎客裏眼愈明. 也如識得廬山面, 倚徧⁴⁰⁶僧樓亦有情. 湖海相逢謾愴⁴⁰⁷神, 多君佳句劇淸新. 柳絲未老荷初放, 幾箇閒鷗暫可親. [奉次西湖韻, 幷求江海散人大敎, 右李堂, 號西齋, 居古杭.]

好句渾如唱渭城, 彩牋傳寫眼逾⁴⁰⁸明. 湖山異日添佳話, 不獨乘槎⁴⁰⁹繫⁴¹⁰旅情. 雲海蓬萊定爽神, 西來鴨水綠波新. 土風八道憑君問, 古佛龕前⁴¹¹笑語親.[奉和江海散人元韻卽正, 右孫熙元, 號邵庵⁴¹², 官國子監博士, 居仁和.]

才名占斷古遼城. 快讀新詩眼倍明. 也把西湖比西子, 知君落筆已多情.

399_ 장서각 《승사록》에는 界가 界로 되어 있다.
400_ 장서각 《승사록》에는 演이 濘으로 되어 있다.
401_ 장서각 《승사록》에는 漫이 謾으로 되어 있다.
402_ 장서각 《승사록》에는 泠이 隣으로 되어 있다.
403_ 장서각 《승사록》에는 槎가 査로 되어 있다.
404_ 장서각 《승사록》에는 觀日이 看月로 되어 있다.
405_ 장서각 《승사록》에는 重이 更으로 되어 있다.
406_ 장서각 《승사록》에는 徧이 遍으로 되어 있다.
407_ 장서각 《승사록》에는 愴이 悵으로 되어 있다.
408_ 장서각 《승사록》에는 逾가 猶로 되어 있다.
409_ 장서각 《승사록》에는 槎가 査로 되어 있다.
410_ 장서각 《승사록》에는 繫가 係로 되어 있다.
411_ 장서각 《승사록》에는 前이 澄으로 되어 있다.
412_ 장서각 《승사록》에는 邵庵이 西菴으로 되어 있다.

[公[413]詩有東家處子之喩] 萬里乘風定駁神, 南來吟賞物華新. 相逢莫訴[414]羈棲苦, 不日還鄉笑語親. [江海散人, 出示西湖二絶句, 卽次元韻奉呈, 以博一粲. 右孫顯元, 號花海, 茂才, 居仁和.]

湖山遠眺隔重城, 波影嵐光照几[415]明. 漫[416]說僧樓蕭索甚, 六橋烟柳也牽情. 長風吹下謫仙神, 身歷滄溟句倍新. 浮世萍逢原[417]不偶, 天敎萬里一相親. [戊寅五月, 過仙佛寺, 奉晤江海散人, 讀西湖佳作, 次韻奉贈, 右羅承烈, 號耕石, 上舍, 居古越.]

面面嵐[418]光繞郡城, 梵宮高[419]處望分明. 先生似踞[420]蓬山上, 領略全湖倍愜情. 丰姿高古望如神, 況復詩篇字字新. 信是三生緣不淺, 夜堂佛火暫相親. [敬疊元韻, 并淸江海散人斤正. 右邵綸[421], 號子香, 茂才居虎林.]

是日, 芝塘沈起潛[422], 來訪. [嘉慶五年][423] 敎匪, 反於漢中, 公以掌書記, 從大司馬, 征討有功. 超敍直隷州, 州同[刺史]者[424]也. 和西湖韻, 以贈之. 幷攜芝塘集見惠.

413_ 장서각 《승사록》에는 公이 時公으로 되어 있다.
414_ 장서각 《승사록》에는 訴가 訢으로 되어 있다.
415_ 장서각 《승사록》에는 几가 作으로 되어 있다.
416_ 장서각 《승사록》에는 漫이 謾으로 되어 있다.
417_ 장서각 《승사록》에는 原이 元으로 되어 있다.
418_ 장서각 《승사록》에는 嵐이 風으로 되어 있다.
419_ 장서각 《승사록》에는 高가 古로 되어 있다.
420_ 장서각 《승사록》에는 踞가 居로 되어 있다.
421_ 장서각 《승사록》에는 綸이 倫으로 되어 있다.
422_ 장서각 《승사록》에는 沈起潛이 沈公起潛으로 되어 있다.
423_ 장서각 《승사록》에만 실려 있다.
424_ 장서각 《승사록》에 [刺史]者가 刺者로 되어 있다.

3장 1818년 6월 – 귀환길에서 고초를 겪다

6월 1일 – 중국 사람들과 시를 주고 받다

六月初一日晴. 沈芝塘[1], 早朝來訪, 並索前稿改正, [拜讀大作, 恭和原韻][2] "梯山航海到杭城, 景物怡人照眼明. 對面西湖成背面, 天涯咫尺不勝情." "讀罷琳琅句有神, 果[3]然俊逸更清新. 相逢何必曾相識, 文字因緣見便親."[右沈起潛, 號芝塘, 官直隷州州同, 居仁和]

有[4]一士人 [姓陳, 名雲橋][5], 來訪贈詩, 姿相端雅, 可愛人也. 且與余同年生也. [讀乘槎[6]錄, 兼以贈行.][7] "先生學富豈貧儒, 天縱奇游分外腴[8]. 莫道寶山空手入, 乘槎[9]集好語如珠." "如今上客駕將還, 想到重逢亦黯然. 我未成名君已返, 不知天使會何年."[錄呈斧正, 竝求和章. 右陳雲橋, 居仁和.][10]

時南中士大夫, 日相經過, 詩章筆談, 更進迭退. 余疲於酬應, 不得奉和原韻, 則[11]書西湖韻以贈之[12]. 且[13]曰, "陳雲橋, 乃余同庚友也, 以懷西湖之心懷人, 則其不忘也, 必矣"

陳又繼一絶曰[14], "青衿[15]廿載漸心灰, 連月書齋戶懶開. 只有仙林禪室裏,

1_ 장서각 《승사록》에는 沈芝塘이 芝塘沈公으로 되어 있다.
2_ 장서각 《승사록》에만 실려 있다.
3_ 장서각 《승사록》에는 果가 菓로 되어 있다.
4_ 장서각 《승사록》에는 有가 빠져 있다.
5_ 장서각 《승사록》에는 이 부분이 빠져 있다.
6_ 장서각 《승사록》에는 槎가 査로 되어 있다.
7_ 장서각 《승사록》에만 실려 있다.
8_ 장서각 《승사록》에는 腴가 腹로 되어 있다.
9_ 장서각 《승사록》에는 槎가 査로 되어 있다.
10_ 장서각 《승사록》에만 실려 있다.
11_ 장서각 《승사록》에는 則이 빠져 있다.
12_ 장서각 《승사록》에는 西湖韻以贈之가 西湖詩以贈之로 되어 있다.
13_ 장서각 《승사록》에는 且가 빠져 있다.
14_ 국립중앙도서관본에는 繼一絶曰이 贈詩二絶로 되어 있다. 여기서는 장서각 《승

早涼兩度覓君來." [承詢功名, 詩以贈之, 務求和章.][16] 余感其意, 奉和一絶曰[17], "羇懷咄咄坐書灰, 長日禪牕半面開. 五月庚炎襟[18]袍冷, 清風還與故人來"[19]

主簿汪公煥其致書曰, "頃有兩廣總督少君來, 專欲與尊駕會晤[20]. 是以仰致, 可下樓, 至方丈內, 一敍"[此上崔斗燦先生台電][21] 余朝湌[22]纔罷, 汗浹遍身, 待[23]少頃, 將進晤[24], 則官隷報少君已還矣.

是日[25], 余敎諭[26], 與諸名士來訪. 各贈詩, 以致繾綣之意. 嘉慶戊寅夏五月, 余慈伯敎諭, 携示朝鮮崔孝廉, 僧樓望西湖二絶句, 依韻奉酬[卽正].
一帆風送到江城, 坐向僧樓夕照明. 湖上山光靑繞郭, 望中聊慰旅人情.
盈盈西子美丰神, 朝夕陰晴變態新. 未泛扁舟君莫悵, 相思情景勝相親.
[右徐秋雪, 居古杭.]

長風漂泊到江城, 小住僧樓放[27]眼明. 畢竟繁華歌舞地, 不逢西子也移情.
羨君別具好精神, 歷盡風波詩思新. 不日乘槎[28]歸古國, 懽然重與室家親.
奉和江海散人原韻, 卽請敎正. [右沈學善, 號遵生, 居仁杭.]

行旌[29]晚到古杭城, 遠眺西湖帶月明. 莫道烟霞[30]都管領, 却敎館舍自安

사록》을 따른다.
15_ 장서각 《승사록》에는 衿이 襟으로 되어 있다.
16_ 장서각 《승사록》에만 실려 있다.
17_ 국립중앙도서관에는 奉和一絶曰이 依韻答之로 되어 있다. 여기서는 장서각 《승사록》을 따른다.
18_ 장서각 《승사록》에는 襟이 衿으로 되어 있다.
19_ 국립중앙도서관본에는 제목이 〈和陳雲橋 [居仁和]〉라고 되어 있다.
20_ 장서각 《승사록》에는 晤가 唔로 되어 있다.
21_ 장서각 《승사록》에만 실려 있다.
22_ 장서각 《승사록》에는 湌이 飱으로 되어 있다.
23_ 장서각 《승사록》에는 待가 빠져 있다.
24_ 장서각 《승사록》에는 晤가 唔로 되어 있다.
25_ 장서각 《승사록》에는 是日이 余是日로 되어 있다.
26_ 장서각 《승사록》에는 余敎諭가 敎諭로 되어 있다.
27_ 장서각 《승사록》에는 放이 雙으로 되어 있다.
28_ 장서각 《승사록》에는 槎가 査로 되어 있다.

情.[公詩有誰把烟霞都管領之句, 故云]³¹

虎林山水妙如神, 待得春來分外新. 原把西湖比西子, 芳姿難望更難親.
[右朱瑛, 居仁和.]

6월 2일 – 심운손이 편지를 보내오다

二日³²晴. 沈芝³³塘, 來訪³⁴. 作乘槎錄序³⁵以贈之. 尋雲孫輔元致書曰,
"日昨承惠書詩幅. 竊有晉唐風味³⁶, 欣感之至. 惜余不能詩, 不敢奉和,
而於書畫有獨嗜³⁷, 拜觀法書, 不覺伎癢³⁸. 特寫對聯請政, 並奉詩牋³⁹二
匣, 以爲臨池之須也. 乞一哂⁴⁰, 而留之"[尋雲孫輔元拜白, 聯曰怡情愛
寫王摩詰, 逸興眞追晉永和.]⁴¹ 兼贈大字一聯.⁴²

6월 3일 – 손앙증이 방문하다

三日⁴³晴. 誥授中議大夫孫公仰曾來訪. 時年七十五矣. 手書大字一聯,
以贈之⁴⁴, 兼致畫筐一柄曰, "此畫何如?" 答曰, "絕妙⁴⁵" 公曰, "此乃外

29_ 장서각 《승사록》에는 旃이 旅로 되어 있다.

30_ 장서각 《승사록》에는 霞가 花로 되어 있다.

31_[ ] 부분은 국립중앙도서관본에만 있다.

32_ 장서각 《승사록》에는 二日이 初二日로 되어 있다.

33_ 장서각 《승사록》에는 芝가 池로 되어 있다.

34_ 장서각 《승사록》에는 來訪이 早朝來訪으로 되어 있다.

35_ 장서각 《승사록》에는 序가 빠져 있다.

36_ 장서각 《승사록》에는 晉唐風味가 晉唐風味之로 되어 있다.

37_ 장서각 《승사록》에는 嗜가 技로 되어 있다.

38_ 장서각 《승사록》에는 癢이 懥으로 되어 있다.

39_ 장서각 《승사록》에는 牋이 箋으로 되어 있다.

40_ 장서각 《승사록》에는 哂이 笑로 되어 있다.

41_ 장서각 《승사록》에만 실려 있다.

42_ 국립중앙도서관본에만 있다.

43_ 장서각 《승사록》에는 三日이 初三日로 되어 있다.

44_ 장서각 《승사록》에는 手書大字一聯, 以贈之가 贈手書聯句로 되어 있다.

45_ 장서각 《승사록》에는 絕妙가 妙絕로 되어 있다.

甥生女沅蘭女史手法也"又曰, "尋雲輔元 是吾家兒"又曰[46], "見[47]七夕詩, 甚佳"余曰, "聖壽加二, 又有賢胤, 慶賀萬萬, 寢食若何?" 公曰, "姑無損節"俄而別去. 前後擁扶者, 甚衆, 似皆公之子若孫也. [聯曰, "不起妄心思世事, 只將閒意養天和." 噫! 公之所以致壽者也.][48]

6월 4일 – 명사들이 방문하여 시를 주다

四日[49]晴. 諸名士, 聯袂來訪, 各贈詩.[50] "佛鍾淸夜吼鯨鼇, 萬里歸心寄大刀. 頻向竿烏候風色, 絶如櫪驥動拳毛. 榻留信[51]宿緣非淺, 笛寫離情調轉高. 東國果然騷[52]雅盛, 諸君應不愧詩豪." [用乘槎[53]錄中別刀浦[54]韻, 再贈江海散人, 卽請大敎.] 右西齋李堂.

"航海曾經跨六鼇, 隨身有筆似幷刀. 偶從勝地留鴻爪, 幸識仙[55]才是[56]鳳毛. 州里湖光憑客攬[57], 一時紙價爲君高[索公詩者, 甚多]. 風恬浪靜歸鄉國, 歷數游蹤[58]氣自豪." 用別刀韻, 奉孝廉崔先生斧正[59], 右耕石, 羅承烈.

46_ 장서각 《승사록》에는 又曰이 빠져 있다.

47_ 장서각 《승사록》에는 見이 得見으로 되어 있다.

48_ [聯曰, "不起妄心思世事, 只將閒意養天和" 噫, 公之所以致壽者也]는 대련 부분을 제외하고는 장서각 《승사록》에만 실려 있다.

49_ 장서각 《승사록》에는 四日이 初四日로 되어 있다.

50_ 장서각 《승사록》에는 各贈詩가 빠져 있다.

51_ 장서각 《승사록》에는 信이 侯로 되어 있다.

52_ 장서각 《승사록》에는 騷가 文으로 되어 있다.

53_ 장서각 《승사록》에는 槎가 査로 되어 있다.

54_ 장서각 《승사록》에는 浦가 빠져 있다.

55_ 장서각 《승사록》에는 仙이 賢으로 되어 있다.

56_ 장서각 《승사록》에는 是가 有로 되어 있다.

57_ 장서각 《승사록》에는 攬이 覽으로 되어 있다.

58_ 장서각 《승사록》에는 蹤이 踪으로 되어 있다.

59_ 장서각 《승사록》에는 〈用別刀韻, 奉孝廉崔先生斧正〉이 〈小詩贈乘査錄中別刀浦原韻, 奉孝廉崔先生斧正〉으로 되어 있다.

"欲把虹竿[60]釣巨鰲, 海天浩淼不容刀. 雲時蓬卷驚沙礫, 萬里鴻飛惜羽毛. 綠鴨東歸秋水遠, 金牛西望暮雲高. 他年奉使乘查至, 名勝重游興更豪." 和別刀浦韻, 奉贈朝鮮國孝廉崔先生政,[61] 右錢塘, 章黼.

梵王宮殿高廠[62]深, 林裏傑閣出重霄. 儘先生襟[63]懷遠寄, 憑窓試望强半見. 西湖界重城靑一道隱若, 烟光際吟詩作畫. 景色都堪擬淡抹[64], 閒[65]濃糚[66]似[67]西施. 春眠乍起, 珠簾十二偸覘. 未分明眞箇是繁華地, 歸去應重思[68]. 右調蘇幕遮題, 奉崔孝廉先生斧正, 右邵綸.

6월 5일 – 자백시 병서를 써주다

五日[69]晴 余敎諭, 以慈柏詩屬題. 余辭以手拙. 且曰, "此間有崔志雄者, 粗解點畫, 使之代書, 如何?" 慈柏曰, "雖拙, 强要尊書. [拙亦不妨][70]" 余感其意, 作慈柏詩并序以贈之.[71] 余敎諭慈柏, 吳下大老也. 余之浙之三日, 來訪於仙林寺之僧樓, 問其號, 則慈柏也. 余竊謂先生之自號慈柏者, 無乃取義於歲寒後凋[72]之旨耶? 然則多一慈字矣, 不然則世之標號者, 或以山名, 或以水名. 未會慈柏, 是山耶水耶柏耶? 先生之號, 則不可知. 余將以慈柏之義, 質之慈柏矣. 一日慈柏先生, 持慈柏詩, 來示余,

---

60_ 장서각 《승사록》에는 竿이 筆로 되어 있다.
61_ 장서각 《승사록》에는〈和別刀浦韻, 奉贈朝鮮國孝廉崔先生政〉이〈和乘查錄中別刀浦原韻, 奉贈朝鮮國孝廉崔先生政〉으로 되어 있다.
62_ 장서각 《승사록》에는 廠이 敞로 되어 있다.
63_ 장서각 《승사록》에는 襟이 衿으로 되어 있다.
64_ 장서각 《승사록》에는 抹이 沫로 되어 있다.
65_ 장서각 《승사록》에는 閒이 間作으로 되어 있다.
66_ 장서각 《승사록》에는 糚으로 되어 있다.
67_ 장서각 《승사록》에는 似가 以로 되어 있다.
68_ 장서각 《승사록》에는 思가 憧으로 되어 있다.
69_ 장서각 《승사록》에는 五日이 初五日로 되어 있다.
70_ 장서각 《승사록》에만 실려 있다.
71_ 장서각 《승사록》에는 以贈之가 빠져 있다.
72_ 장서각 《승사록》에는 凋가 彫로 되어 있다.

要余奉題. 詩曰, "柏是慈母植, 惟留枯樹枝. 披圖情鬱結, 如讀蓼莪詩"
余於是, 戚然而動, 怳然而悟曰, "先生所以自號慈柏者, 其孺[73]慕之義
乎? 孔子曰, '大孝終身慕' 公年已六十, 而抃柏悲號, 則非孝而能如是乎
余亦夙抱風樹之慟者也. 於慈柏詩, 不能無感, 作[74]慈柏說, 廣慈柏詩以
歸之. 慈柏之門人小子, 必有廢蓼莪者矣[75], 是爲序.[76]
余年十二三, 已抱風樹悲. 聲呑手中澤, 淚落身上絲. 子子[77]無所依, 倚
父如母慈. 慈情念小子, 爲是無母兒. 伊來稍長成[78], 歲月倏忽馳. 頗知
少艾慕, 亦爲妻子衰[79]. 嬉戲及言笑, 自同例人隨. 渾忘跬步地, 不念鞠
養時. 今朝涕如雨, 三復慈柏詩. 慈柏[80]披圖語, 阿母手植[81]之. 葉隨堂萱
苗, 影伴庭槐垂. 一自終天後, 風霜三十朞. 兒年已白首, 況是親之枝.
人物固一理, 榮枯互相追. 悽[82]然反之身, 皆自襁褓離. 所以君子風, 能
令頑夫移.
慈柏批之曰, "妙在然則不然" 則[序曰, 先生之自號慈柏者, 無乃取義於
歲寒後凋之旨耶, 然則多一慈字矣, 不然則世之標號者, 或以山名, 或以
水名, 未會慈柏是山耶? 水耶? 故云]又曰, "大作典而雅, 雅而典, 可
敬可敬" 然余[83]何德以堪之.
李西齋堂曰, "江南人物, 以學士余集馬药翰林屠倬, 謂之三家" 又曰,
"余學士, 徙居吳門, 世謂之吳門學士. 以文章德業, 知名海內. 慈柏, 其

<hr>

73_ 장서각 《승사록》에는 孺가 號로 되어 있다.
74_ 장서각 《승사록》에는 作이 빠져 있다.
75_ 장서각 《승사록》에는 矣가 빠져 있다.
76_ 장서각 《승사록》에는 是爲序가 빠져 있다.
77_ 장서각 《승사록》에는 子子이 乎乎로 되어 있다.
78_ 장서각 《승사록》에는 稍長成이 初長盛으로 되어 있다.
79_ 장서각 《승사록》에는 衰가 哀로 되어 있다.
80_ 장서각 《승사록》에는 慈柏이 빠져 있다.
81_ 장서각 《승사록》에는 植이 損으로 되어 있다.
82_ 장서각 《승사록》에는 悽가 凄로 되어 있다.
83_ 장서각 《승사록》에는 余가 予로 되어 있다.

小阮也, 功名, 雖不及其父, 而詩書畫, 並稱三絶, 亦吾浙第一名流也"

一日, 余教諭謂余曰, "庚炎甚熱, 先生有麻衣件[84]乎?" 余曰, "只是隨身之物而已" 慈柏曰, "心之憂矣, 之子無衣. 在家之人, 五日更衣, 猶苦汗臭"

余答曰, "皇上寬仁, 凡係衣廩, 俱有恩例. 遠人無衣, 非寡婦之憂也" 慈柏, 揮毫久之, 擧手而謝. 有[85]女史五六人, 送小紙來曰, "聞孝廉君子有乘槎[86]之作. 伏乞一覽以破閨房之陋" 余嘉女子之能識字, 擧全部以[87]示之. 二人讀之, 四人飮烟草[88]. 環坐聽之, 聲喁喁可聞[89]. 余仍賦詩一絶[90], "江海散人不讀書, 南來贏得盛名虛. 吳姬傳誦乘槎[91]錄, 客宿何宵犯斗墟[92]" 湖山瞻麗景, 江浙重詩才. 海國衣冠古, 乘槎[93]一暫來. 此亦天緣遇, 何時得再陪. 聖朝恩意大, 萬里送君回. 右王乃斌[94], 號春雪[95], 居仁和.[96] 天風浩浩浪花飃[97], 海舶飄零到此都. 近日定知鄕夢遠, 湖山休認作蓬壺. 奉贈崔先生敎正, 右李寅聖, 居錢塘.

84_ 장서각 《승사록》에는 件이 傑로 되어 있다.

85_ 장서각 《승사록》에는 有가 빠져 있다.

86_ 장서각 《승사록》에는 槎가 査로 되어 있다.

87_ 장서각 《승사록》에는 以가 빠져 있다.

88_ 장서각 《승사록》에는 烟草가 燃草로 되어 있다.

89_ 장서각 《승사록》에는 聞이 聽으로 되어 있다.

90_ 장서각 《승사록》에는 余仍賦詩一絶이 余仍吟一絶로 되어 있다.

91_ 장서각 《승사록》에는 槎가 査로 되어 있다.

92_ 국립중앙도서관본에는 제목이 〈女史五六人, 送小紙, 請覽乘槎錄, 嘉其女子之能識字, 擧全部以示之, 仍賦一絶〉이라고 되어 있다.

93_ 장서각 《승사록》에는 槎가 査로 되어 있다.

94_ 장서각 《승사록》에는 斌이 賦로 되어 있다.

95_ 장서각 《승사록》에는 春雪이 香雪으로 되어 있다.

96_ 장서각 《승사록》에는 "湖山瞻麗景, 江浙重詩才. 海國衣冠古, 乘槎一暫來."가 "海國衣冠古, 乘査一暫來. 湖山瞻麗景, 江浙重詩才."로 되어 있다.

97_ 장서각 《승사록》에는 飃가 麗로 되어 있다.

6월 6일 – 《승사록》을 읽고 지어준 시를 받다

六日⁹⁸晴. 天遣飄零劇可憐, 如君已是再生年. 萍蓬不偶因風合, 言語難通藉筆傳. 半榻鍾聲驚客夢, 一牕山影入詩篇. 歸裝攜得乘槎⁹⁹錄, 擧室相看定憫然. 右余鍔¹⁰⁰.

黑風吹送到山城, 遙望西湖眼忽明. 兩首新詞同白雪, 荷花桂子獨含情. [西湖有三秋桂子十里荷花]¹⁰¹ 暫移¹⁰²鄕井¹⁰³莫傷神, 正値江南景物新. 況沐¹⁰⁴天朝恩浩蕩, 車書一統共和親. 卽用西湖原韻, 奉贈江海散人, 右方學啓, 號小隱山人.

余敎諭致書曰, "屠翰林琴塢[名倬], 在京時, 曾晤¹⁰⁵庚午貢使金名魯敬李名永純, 未知二公近狀何如, 伏乞示知, 以慰離緖, 並望致懷" 余答曰, "金公魯敬¹⁰⁶, 方在慶尙監司之任, 距鄙家, 五十里¹⁰⁷, 知起居平安. 而李公永純, 現在內署, 都鄙迢迢¹⁰⁸, 無由承聞, 伏乞轉告"

乘槎¹⁰⁹篇, 爲朝鮮崔明經, 作書以請政. "天琅琅海蒼蒼, 之罘¹¹⁰谿谷眞倘佯. 天有盡處¹¹¹海無盡, 是以汚納而垢藏¹¹². 我聞鴻蒙造草昧, 海與天連十萬歲. 截鰲作柱奠不周, 三山應有神人戴. 海天一綫¹¹³分元黃, 輕淸

98_ 장서각 《승사록》에는 六日이 初六日로 되어 있다.

99_ 장서각 《승사록》에는 槎가 査로 되어 있다.

100_ 국립중앙도서관본에는 제목이 〈慈柏賦四律一首以誌別〉이라 되어 있다.

101_ [ ]안의 내용은 국립중앙도서관본에만 실려 있는 것이다.

102_ 장서각 《승사록》에는 移가 倚로 되어 있다.

103_ 장서각 《승사록》에는 鄕井이 井鄕으로 되어 있다.

104_ 장서각 《승사록》에는 沐가 休로 되어 있다.

105_ 장서각 《승사록》에는 晤가 唔로 되어 있다.

106_ 장서각 《승사록》에는 金公魯敬이 書金公魯敬으로 되어 있다.

107_ 장서각 《승사록》에는 距鄙家, 五十里가 鄙家所住, 距營五十里로 되어 있다.

108_ 장서각 《승사록》에는 迢迢가 超超로 되어 있다.

109_ 장서각 《승사록》에는 槎가 査로 되어 있다.

110_ 장서각 《승사록》에는 罘가 畏로 되어 있다.

111_ 장서각 《승사록》에는 處가 빠져 있다.

112_ 장서각 《승사록》에는 藏이 莊으로 되어 있다.

浮時重濁載. 九州萬國共此天, 王者由來本無外. 朝鮮古國吾[114]東隅, 正朔相承二百餘. 久道化成醴澤厚, 薄海率[115]俾同車書. 明經崔子偶泛海[116], 颶風忽起舟紆徐. 鯨鯢長嘯弄水母, 嶠壺怒激飛爰居. 是時颿舵施[117]無術, 榜師呼籲[118]相赴趍[119]. 半百其人奈若何, 榮光所照不揚波. 已飢已溺[120]聖胞與, 況復一體如新羅. 叩問[121]控訴我諸吏, 道途祖帳爲君計. 定海委蛇到浙城, 浙城人物著文明. 手書口誦傳君什, 洛陽紙貴曹倉更. 直將甄賦陳思筆, 幻作青蓮舌上生. 我適倦遊逗遛[122]此, 乘槎[123]一篇出相示. 文瀾似海滾滾來, 敍事簡峭逼腐史. 大氣浩蕩勢排奡, 貫珠九曲[124]黃河水. 名以乘槎[125]洵不虛, 望洋而歎應觀止. 吁嗟漢武窮河源, 博望乘槎[126]三改元. 歷經月支身毒國, 涓涓支派[127]控朝暾. 至元大德再遣使, 曾傳牛斗若奔豚. 我朝疆[128]域普大千, 梯航[129]直接崑崙頭[130]. 火敦[131]腦兒[華言星宿海也]隷圖版, 窮荒遐壤都依連. 聲教洋溢葭以加, 聽者眙

113_ 장서각 《승사록》에는 綾이 紙로 되어 있다.
114_ 장서각 《승사록》에는 吾가 我로 되어 있다.
115_ 장서각 《승사록》에는 率이 卒로 되어 있다.
116_ 장서각 《승사록》에는 泛海가 泛泛으로 되어 있다.
117_ 장서각 《승사록》에는 施가 施施로 되어 있다.
118_ 장서각 《승사록》에는 籲가 顧로 되어 있다.
119_ 장서각 《승사록》에는 趍가 杏且로 되어 있다.
120_ 장서각 《승사록》에는 溺이 渴로 되어 있다.
121_ 장서각 《승사록》에는 問이 關으로 되어 있다.
122_ 장서각 《승사록》에는 遛가 留로 되어 있다.
123_ 장서각 《승사록》에는 槎가 佺로 되어 있다.
124_ 장서각 《승사록》에는 曲이 典으로 되어 있다.
125_ 장서각 《승사록》에는 槎가 查로 되어 있다.
126_ 장서각 《승사록》에는 槎가 查로 되어 있다.
127_ 장서각 《승사록》에는 派가 波로 되어 있다.
128_ 장서각 《승사록》에는 疆이 壃으로 되어 있다.
129_ 장서각 《승사록》에는 航이 杭으로 되어 있다.
130_ 장서각 《승사록》에는 頭가 巓으로 되어 있다.
131_ 장서각 《승사록》에는 敦이 敢으로 되어 있다.

睯¹³²且憫然. 我今爲君咏¹³³長古, 羨君星宿羅胸前." 右劉承緒, [國子隷業生, 居武進]

竈燈孤絶處, 萬里客思家. 牕竹風搖翠, 池荷曉著¹³⁴花. 奇游才愈壯, 浪跡鬢都華. 萍合元非易, 當杯莫謾¹³⁵嗟. 右李堂.

一編游¹³⁶跡紀乘槎¹³⁷, 妙筆群推老作家. 吟遍名山早歸去, 此身不負到中華. 吾杭名勝數西湖, 樹影嵐光入畫圖. 可惜遠人游未得, 綠楊疎處露紅芙. 右孫錫磨, 居古吳, 號雲墅, [奉題乘槎錄郎塵孝廉崔先生晒正]¹³⁸

當時箕子主朝鮮, 訪範陳疇事宛然. 何幸遺風今得見, 與君恰似有前緣. 莫是乘槎¹³⁹犯斗牛, 故敎小謫至杭州. 須知此地佳山水, 天遣諸君作勝游. 湖邊消夏最淸凉, 雖寓他鄉勝故鄉. 況¹⁴⁰是崔家詩句好, 一題黃鶴一鴛鴦.[崔顥題黃鶴樓, 崔玨詠鴛鴦詩. 皆擅名于世]¹⁴¹

閒身隨處卽生涯, 借得禪牀¹⁴²便是家. 鎭日倚樓無個¹⁴³事, 只將笑傲¹⁴⁴付烟霞. [公詩有誰把烟霞都管領之句, 故尾及之]¹⁴⁵ 奉贈七絶四首卽請崔詞長敎正並祈賜和¹⁴⁶, 右李世楷¹⁴⁷, 號白華.

是日, 劉承緒與李世楷, 各贈詩¹⁴⁸. 先是劉承緒與世楷¹⁴⁹, 不相識. 余

132_ 장서각 《승사록》에는 眙睯이 怡愕으로 되어 있다.

133_ 장서각 《승사록》에는 咏이 詠으로 되어 있다.

134_ 장서각 《승사록》에는 著가 着으로 되어 있다.

135_ 장서각 《승사록》에는 謾이 漫으로 되어 있다.

136_ 장서각 《승사록》에는 游가 遺로 되어 있다.

137_ 장서각 《승사록》에는 槎가 査로 되어 있다.

138_ [ ] 부분은 국립중앙도서관본에만 있는 것이다.

139_ 장서각 《승사록》에는 槎가 査로 되어 있다.

140_ 장서각 《승사록》에는 況이 况으로 되어 있다.

141_ [ ] 부분은 국립중앙도서관본에만 있는 것이다.

142_ 장서각 《승사록》에는 牀이 床으로 되어 있다.

143_ 장서각 《승사록》에는 個가 箇로 되어 있다.

144_ 장서각 《승사록》에는 傲가 語로 되어 있다.

145_ [ ] 부분은 국립중앙도서관본에만 있는 것이다.

146_ 장서각 《승사록》에는 제목이 〈奉贈崔詞長正幷祈賜和〉로 되어 있다.

147_ 장서각 《승사록》에는 楷가 稽로 되어 있다.

以李之一題黃鶴一鳶鶖之句示劉, 仍指李謂曰, "此李白華[李世楷號]也"
劉便欣然就揖, 相得甚歡. 余[150]曰, "劉李結交, 槐柳成行. 僕雖無能, 願
忝[151]爲三友" 劉曰, "不敢請, 固所願也"
鴨綠江澄雨洗兵, 長風吹送遠游情. 中途引去神山近, 彼岸登來佛海淸.
君向天邊寬眼界, 人從浪裏聽軒聲.[軒聲字, 卽用尊記中語]]][152] 歸舟續
著[153]乘槎[154]錄, 萬里揚帆一水平. [用觀德亭韻, 奉贈江海散人崔孝廉敎
正]][155] 右李泉, 號古山.
一統車書達九州, 梯航[156]萬里恣遨游[157]. 人經橐筆浮江海[先生自號江海
散人][158], 事紀[159]乘槎[160]接斗牛. 蕊[161]榜開時曾奪錦[先生庚午孝廉][162], 萍
蹤合處偶登樓. 方言不解凭文識[163], 歌咏昇平聽越謳. 右孫奎, [俚言, 奉
贈江海散人崔孝廉, 卽呈諸君子並政.][164]
好風吹客到山城, 航[165]海東來達四明. 聞說西湖天下小[166], 紅塵近隔惱人

148_ 장서각 《승사록》에는 是日, 劉承緖與李世楷, 各贈詩라는 부분이 빠져 있다.
149_ 장서각 《승사록》에는 楷가 稭로 되어 있다.
150_ 장서각 《승사록》에는 余가 余謂로 되어 있다.
151_ 국립중앙도서관본에는 忝으로 되어 있으나 添의 오자로 보인다. 여기서는 添으로 번역한다.
152_[ ]부분은 국립중앙도서관본에만 실려 있는 것이다.
153_ 장서각 《승사록》에는 著가 書로 되어 있다.
154_ 장서각 《승사록》에는 槎가 査로 되어 있다.
155_ 제목이 국립중앙도서관에만 실려 있는 것이다.
156_ 장서각 《승사록》에는 航이 杭으로 되어 있다.
157_ 장서각 《승사록》에는 遨游가 傲遊로 되어 있다.
158_[ ]부분은 국립중앙도서관본에만 실려 있는 것이다.
159_ 장서각 《승사록》에는 紀가 記로 되어 있다.
160_ 장서각 《승사록》에는 槎가 査로 되어 있다.
161_ 장서각 《승사록》에는 蕊가 藥로 되어 있다.
162_[ ]부분은 국립중앙도서관본에만 실려 있는 것이다.
163_ 장서각 《승사록》에는 方言不解凭文識이 方解凭文識으로 되어 있다.
164_[ ]부분은 국립중앙도서관본에만 실려 있는 것이다. 제목이다.
165_ 장서각 《승사록》에는 航이 杭으로 되어 있다.

情. 何須于[167]寶記搜神, 往事乘槎[168]翻出新. 引得異鄉人入勝, 却教相近不相親. 右沈福春. [號介庭, 芝塘之子.]

沿堤楊柳接山城, 月印深潭一鏡明. 曉起露珠香十里, 臨波吹動異鄉情. 助我帆風謝水神, 重關覽徧[169]物華新. 人間天上西湖是, 近地相思分外親. 右沈喬年. [號峙松, 芝塘之子.]

介庭沈福春, 峙松沈喬年, 芝塘之子也. 各和西湖韻以贈之[170]. 余曰, "吾與春府, 契遇甚厚, 古人所謂傾蓋如故[171]者也" 二沈曰, "大人, 與先生結契, 先生, 又眷愛吾輩, 可謂世交" 各致別章而去.

乘槎[172]海客到江城, 僧舍[173]登臨眼界明. 一抹山光靑送闥, 助君此日賦詩情. 湖光山色盡精神, 十二橋邊綠樹[174]新. 却笑短垣攔不住, 倚樓相望等相親. 右楊山樵 [居錢塘.]

十里西湖悵隔城, 嵐光塔[175]影對牕明. 倚樓坐處如圖[176]畫, 烟外垂楊係[177]客情. 詩格翩翩妙入神, 乘槎[178]吟眺景皆新. 舊遊曾到法雲寺, [法雲寺, 在西湖之赤山. 宋元豊間, 高麗王子, 學道於此.][179] 海客風流今又親, 右楊勻.

166_ 장서각 《승사록》에는 小가 少로 되어 있다.
167_ 장서각 《승사록》에는 于가 干으로 되어 있다. 여기서는 于는 干의 오자이니 干을 취한다.
168_ 장서각 《승사록》에는 槎가 査로 되어 있다.
169_ 장서각 《승사록》에는 徧이 遍으로 되어 있다.
170_ "介庭沈福春, 峙松沈喬年, 芝塘之子也. 各和西湖韻以贈之" 부분이 장서각 《승사록》에는 "二沈, 池塘之子也"로 되어 있다.
171_ 장서각 《승사록》에는 故가 古로 되어 있다.
172_ 장서각 《승사록》에는 槎가 査로 되어 있다.
173_ 장서각 《승사록》에는 舍가 寺로 되어 있다.
174_ 장서각 《승사록》에는 樹가 柳로 되어 있다.
175_ 장서각 《승사록》에는 塔이 榻으로 되어 있다.
176_ 장서각 《승사록》에는 圖가 圓으로 되어 있다.
177_ 장서각 《승사록》에는 係가 繫로 되어 있다.
178_ 장서각 《승사록》에는 槎가 査로 되어 있다.
179_ [ ] 부분은 국립중앙도서관본에만 실려 있다.

者番客夢到山城, 倚遍僧樓夕照明. 西望西湖湖不見, 一枝塔影惹閒情.
敲詩風雅現全神, 別有鴛鴦[180]絶唱新. 我若夢游黃海外, 與君重爲筆才
親. 右楊竹香.

片帆風送抵江城, 回首鄉關月共明. 幸有湖山供眺望, 君家聊慰客中情.
樓頭吟罷筆如神, 遠岫當牕陟[181]覺新. 領略嵐[182]光兼塔影, 歸鞍說與故鄉
親. 右程詩, [號蘭谷.][183]

時在浙, 旣久. 所與從游者, 皆南士[184]之有功名者也. 或以筆話酬酢[185],
或以詩文唱和. 官隷市井, 不得與焉. 以次[186]傳書. 自僧樓, 至于諸方丈,
操觚[187]弄墨者, 不可勝數. 牆砌[188]間, 時見寸紙遺落者, 則皆余與華人交
話也. 李堂曰, "百歲之後 江浙[189]之人, 知先生過此" 其言似戲[190], 而亦
實際話也.

先是同人[191], 所戴冠. 在漂船中, 皆膠解, 不堪著[192]. 只有一笠, 故余借
著[193]之. 自定至于浙. 一夜行[194]中人, 竊去壞[195]之, 無可著[196]. 乃於商簏
中, 得宕巾, 華人愛之曰, "冠亦明制, 巾亦明制[197], 衣亦明制, 先生一身,

180_ 장서각 《승사록》에는 鴛鴦이 元央으로 되어 있다.
181_ 장서각 《승사록》에는 陟이 徒로 되어 있다.
182_ 장서각 《승사록》에는 嵐이 風으로 되어 있다.
183_ [ ]부분은 국립중앙도서관본에만 실려 있다.
184_ 장서각 《승사록》에는 南士가 南土로 되어 있다.
185_ 장서각 《승사록》에는 酢가 酌으로 되어 있다.
186_ 장서각 《승사록》에는 次가 此로 되어 있다.
187_ 장서각 《승사록》에는 觚가 瓠로 되어 있다.
188_ 장서각 《승사록》에는 牆砌가 場坳로 되어 있다.
189_ 장서각 《승사록》에는 江浙이 浙江으로 되어 있다.
190_ 장서각 《승사록》에는 戲가 虛로 되어 있다.
191_ 장서각 《승사록》에는 同人이 同舟人으로 되어 있다.
192_ 장서각 《승사록》에는 著가 着으로 되어 있다.
193_ 장서각 《승사록》에는 著가 着으로 되어 있다.
194_ 장서각 《승사록》에는 行가 舟로 되어 있다.
195_ 장서각 《승사록》에는 壞가 瑰로 되어 있다.
196_ 장서각 《승사록》에는 著가 着으로 되어 있다.

渾是明制"

一日, 孫顥[198]元謂余曰, "先生冠是何冠?" 余曰, "東國所謂宕巾也" 孫乞暫借[199], 余許之. 孫仍著[200]之, 顧影徘徊, 似有喜色. 已而[201]在座者, 皆以次輪著[202]. 余鍔獨不肯[203]. 余手指紅兜, 作華語[204]問曰, "什麼?" 孫以書對曰, "紅帽" 余以筆句帽字, 其傍特書兜字曰, "非耶?" 孫曰, "是" 余又[205]以手循其髮. 孫曰, "已喩[206]" 余於屏處作筆話以示曰[207], "今日不無新亭之感[208]" 孫藏之袖, 左右皆曰, "什麼?" 孫仍貼[209]手中, 左視邵綸, 右視孫傳曾[210]仍曰, "此係時諱, 愼勿出口"

余見諸人詩意, 則西湖不可見矣. 余問曰, "西湖不可見耶?" 曰, "不可見" 余曰, "何故?" 左右皆無言. 余笑曰, "有立馬之慮耶" 一座, 皆大笑. 華人問曰, "貴國王, 姓誰名誰? 開國幾年, 以征伐得之歟? 以禪受得之歟?" 余[211]曰, "國姓李, 諱非臣子所敢言, 歷年未至[212]成周者. [四百年, 麗季政亂, 天與人歸, 三代以來, 得國之正, 未有如我聖祖者][213] 亦東方之堯舜也" 其人拜謝.

197_ 장서각 《승사록》에는 巾亦明制가 빠져 있다.
198_ 장서각 《승사록》에는 顥가 顯으로 되어 있다.
199_ 장서각 《승사록》에는 借가 借으로 되어 있다.
200_ 장서각 《승사록》에는 著가 着으로 되어 있다.
201_ 장서각 《승사록》에는 已而가 而已로 되어 있다.
202_ 장서각 《승사록》에는 皆以次輪著가 皆以此輪著으로 되어 있다.
203_ 장서각 《승사록》에는 不肯이 不肯着으로 되어 있다.
204_ 장서각 《승사록》에는 作華語가 作筆語로 되어 있다.
205_ 장서각 《승사록》에는 又가 빠져 있다.
206_ 장서각 《승사록》에는 喩가 諭로 되어 있다.
207_ 장서각 《승사록》에는 曰이 孫曰로 되어 있다.
208_ 장서각 《승사록》에는 今日不無新亭之感이 今日別無新亭之感耶로 되어 있다.
209_ 장서각 《승사록》에는 仍貼이 帖으로 되어 있다.
210_ 장서각 《승사록》에는 曾이 빠져 있다.
211_ 장서각 《승사록》에는 余가 余答으로 되어 있다.
212_ 장서각 《승사록》에는 至가 之으로 되어 있다.
213_[ ]부분은 국립중앙도서관본에만 있다.

6월 8일 - 보내온 선물과 시를 받다

八日[214]晴. 余教諭謂余曰[215], "屠琴塢, 見大集, 欲作詩文奉遺[216]" 余曰, "屠公, 中國之鉅公[217], 鄙人之詩, 何得見賞耶? 此必老爺過獎之耳" 是日余教諭致書曰, "屠翰林, 頃抱病, 不及作詩文. 是程堂初集, 係其未入詞館時所刻. 特奉上, 乞檢[218]入行旌. 恩迫未及造譚[219], 殊深繾綣. 上孝廉崔先生, 杭州余鍔, 拜手"

先是余懇于諸公, 冀得回國[220]. 諸公皆曰, "撫台事也"初六日, 余慈柏, 與所嘗往來者[221]十餘人來訪[222]曰, "回國在明明天, 可賀"余曰, "知荷盛念"慈柏曰, "珍重愼行李"孫碩菴曰, "努力加餐飯"又曰, "有土疾, 鞋底泥和百沸湯[223], 飮之最妙"

仍分袂而出, 僧舍蕭然. 余問于錢塘辦差吏曰, 俄聞本省大人, 以明明天, 送我云, 你們亦免辦役矣"吏曰, "未有聞"及初七日[224]早朝, 又問之[225], 吏曰, "無有[226]" 余心甚落.

莫倚樓者久之, 俄而辦差吏[227]來曰, "信矣[228], 蓋諸公已知, 而吏人未及知也"[229] 明日遂起程[230].

214_ 장서각 《승사록》에는 八日이 初八日로 되어 있다.

215_ 장서각 《승사록》에는 余教諭謂余曰로 先是余教諭謂余曰로 되어 있다.

216_ 장서각 《승사록》에는 欲作詩文奉遺가 歎作詩文奉遺로 되어 있다.

217_ 장서각 《승사록》에는 中國之鉅公이 是中國之鉅公으로 되어 있다.

218_ 장서각 《승사록》에는 檢이 撿으로 되어 있다.

219_ 장서각 《승사록》에는 譚이 談으로 되어 있다.

220_ 장서각 《승사록》에는 冀得回國이 冀回國으로 되어 있다.

221_ 장서각 《승사록》에는 者가 빠져 있다.

222_ 장서각 《승사록》에는 來訪이 訪으로 되어 있다.

223_ 장서각 《승사록》에는 百沸湯이 百佛湯으로 되어 있다.

224_ 장서각 《승사록》에는 及初七日이 初七日로 되어 있다.

225_ 장서각 《승사록》에는 又問之가 問之로 되어 있다.

226_ 장서각 《승사록》에는 無有가 無有無有로 되어 있다.

227_ 장서각 《승사록》에는 辦差吏가 辦吏로 되어 있다.

228_ 장서각 《승사록》에는 信矣가 信矣信矣로 되어 있다.

孫碩菴者, 浙之名醫[231]也. 名樹果, 一名守正. 以萬應靈丹, 擅名于世. 一日, 余以手撫腹, 見腹皮厚, 心疑之曰, "此癉濕也, 達夜未寐, 朝飧[232]旣罷, 滯證又發[233]" 是日, 余公鍔來, 見余神色[234], 問曰, "先生有甚疾恙乎?" 余具告以祟[235]. 慈柏, 以手診視, 錯愕久之. 送孫顥元, 邀醫來. 乃碩菴也. 碩菴診脈良久. 次視[236]舌, 終不見腹. 以華語語慈柏, 碩菴笑, 慈柏亦笑. 且曰[237], "盃弩爲祟, 不足爲慮" 仍命藥三貼, 材不過五六種也. 終日筆談而罷[238].

是日孫碩庵致書曰, "粗紙三張, 乞書佳什. 微物數件, 伏望哂存. 外付五包, 祈分致是荷. 孝廉先生足下求書之件, 乞交仙林寺房丈. 以便明午走領, 碩庵孫樹果頓.[239]

孫碩菴贈萬應靈丹十錠[240], 瓷石一匣, 金墨二丁, 紫金丹五錠. 石門汪煥其贈磬石, 及貢箋一柄[241]. 余慈柏贈畫箋[242]一面, 乃慈柏畫梅圖[243]一面, 乃沈學善書也. 孫顥元贈詩集三卷, 一卷[244], 乃其從姪女碧梧詩, 二卷[245],

---

229_ 장서각 《승사록》에는 蓋諸公已知, 而吏人未及知也가 明日起程, 蓋諸公已知, 而吏隸未及知也로 되어 있다.

230_ 장서각 《승사록》에는 明日遂起程이 빠져 있다.

231_ 장서각 《승사록》에는 名醫가 明醫로 되어 있다.

232_ 장서각 《승사록》에는 飧이 飱으로 되어 있다.

233_ 장서각 《승사록》에는 滯證又發이 滯症又發矣로 되어 있다.

234_ 장서각 《승사록》에는 余公鍔來, 見余神色이 余公鍔來訪, 見余神色으로 되어 있다.

235_ 장서각 《승사록》에는 祟가 出示로 되어 있다.

236_ 장서각 《승사록》에는 視가 見으로 되어 있다.

237_ 장서각 《승사록》에는 且曰이 仍曰로 되어 있다.

238_ 장서각 《승사록》에는 終日筆談而罷가 仍終日筆談而罷로 되어 있다.

239_ 孝廉先生足下求書之件, 乞交仙林寺房丈. 以便明午走領, 碩庵孫樹果頓. 이 부분은 국립중앙도서관본에는 빠져있다.

240_ 장서각 《승사록》에는 錠이 綻으로 되어 있다.

241_ 장서각 《승사록》에는 一柄이 빠져 있다.

242_ 장서각 《승사록》에는 箋이 扇으로 되어 있다.

243_ 장서각 《승사록》에는 圖가 畫로 되어 있다.

244_ 장서각 《승사록》에는 一卷, 乃其從姪女碧梧詩가 빠져 있다.

乃其從姪女秀芬詩也.

其警句云, "日暮水流急, 亂山相向愁" 袁勳贈扇一柄[246], [乃其手筆也][247]. 沈學善贈五硏齋集, 及冬花庵燼餘集. 李泉贈竺山集. 士友以紙筆饋遺者[248], 甚衆. 西江葉潮, 贈八字聯曰, [文章華國, 詩禮傳家][249]. 武林孫序, 贈長夏讀書圖. 見三間茅屋處於湖山[250]之間, 而一書生, 端坐讀書, 蕭灑可愛.

初來客欲迷桃塢, 久住君堪比石淙. 繡谷好風鸚[251]歷歷, 綠陰微雨燕雙雙. 一軍[252]騷雅樽前壘, 四壁溪山畫裏牕. 芝草芳名吾久識, 不緣入座始心降.

山堂昨日枉華緘, 且緩歸程半日帆. 開徑[253]自來元屬蔣, 入林從此又交咸. 來如獨鴈貪隨[254]侶, 飮[255]似長鯨笑立監. 記取逃觴多謬誤, 淋漓酒汁在靑衫. 右查初白, 號午橋坊.[256]

6월 9일 − 시호십경시를 받다

九日[257]晴, 將發, 有二士人遮路曰, "久仰尊名. 特奉數詩, 以致景慕之懷[258]"

245_ 장서각 《승사록》에는 二卷이 빠져 있다.
246_ 장서각 《승사록》에는 柄이 面으로 되어 있다.
247_ 장서각 《승사록》에만 실려 있다.
248_ 장서각 《승사록》에는 士友以紙筆饋遺者가 士友之以紙筆饋遺者로 되어 있다.
249_ 장서각 《승사록》에만 실려 있다.
250_ 장서각 《승사록》에는 湖山이 江湖로 되어 있다.
251_ 장서각 《승사록》에는 鸚이 鶯으로 되어 있다.
252_ 장서각 《승사록》에는 軍이 群으로 되어 있다.
253_ 장서각 《승사록》에는 徑이 經으로 되어 있다.
254_ 장서각 《승사록》에는 隨가 追로 되어 있다.
255_ 장서각 《승사록》에는 飮이 飯으로 되어 있다.
256_ 국립도서관본에는 제목이 〈四律二首奉贈江海散人崔孝廉〉이라 되어 있다.
257_ 장서각 《승사록》에는 九日이 初九日로 되어 있다.
258_ 장서각 《승사록》에는 懷가 意懷로 되어 있다.

天敎閱歷到中華, 習險遙乘貫月槎²⁵⁹. 東望驪洋歸夢遠, 北朝鳳闕去途²⁶⁰
賒. [聞大吏卽日, 將送至京]²⁶¹ 十洲破²⁶²浪原堪駭, 萬里題名洵足誇²⁶³.
萍客莫增漂泊感, 聖恩行錫指南車. 右吳瑤華, 居仁和.²⁶⁴

本是句麗客, 萍蹤²⁶⁵萬里遙. 乘槎²⁶⁶參佛界, 破浪到天朝. 士習遵三德,
家聲著八條. 柵城歸路近, 指顧聖恩邀. 右脩梅居士.²⁶⁷

西湖十景詩, 奉贈朝鮮江海散人²⁶⁸

勝蹟傳蘇子, 明湖對白堤. 惜春人獨立, 破曉鳥初啼. 睡足憐花倦, 眠餘
認柳低. 曙鍾三竺後, 殘月六橋西. 波鏡粧纔啓, 山眉畫未齊. 試窺西子
面, 猶似宿醒迷. 右蘇堤春曉.

曾比湖爲月, 今看月照湖. 水平湖面闊, 秋淨月輪孤. 鑄出波心鏡, 流還
浦口珠. 菱花天上豔, 金粟浪中鋪. 世果窺銀界, 人眞在玉壺. 廣寒宮不
遠, 亭內是仙都. 右平湖秋月.

渾訝湖光瀉, 還疑菱浪平. 凝眸方見柳, 側耳忽聞鶯. 歌送枝頭滑, 簧調
葉底淸. 颺開絲萬縷, 傳出曲千聲. 不是金梭織, 安能翠帶成. 可能攜斗
酒, 繫馬愜吟情. 右柳浪聞鶯.

小港匝三徑, 繁花點滿渠. 臨淵渾忘我, 倚檻且觀魚. 剪錦銀刀疾, 裁羅
玉尺徐. 萍星翻翠後, 桃浪嗅香餘. 一道開紅雨, 雙跳出素書. 天機眞活
潑, 此樂樂何如. 右花港觀魚.

何處蒲牢吼, 悠然駐馬聽. 蒼茫迷晩寺, 指點出南屛. 響度巖雲白, 音纏

259_ 장서각 《승사록》에는 槎가 查로 되어 있다.
260_ 장서각 《승사록》에는 途가 路로 되어 있다.
261_ 국립도서관본에만 실려 있다.
262_ 장서각 《승사록》에는 破가 波로 되어 있다.
263_ 장서각 《승사록》에는 誇가 跨로 되어 있다.
264_ 국립도서관본에는 제목이 〈四律一首 奉贈江海散人崔先生〉이라 되어 있다.
265_ 장서각 《승사록》에는 蹤이 踪으로 되어 있다.
266_ 장서각 《승사록》에는 槎가 查로 되어 있다.
267_ 국립도서관본에는 제목이 〈五言四律 奉贈朝鮮江海散人〉이라 되어 있다.
268_ 장서각 《승사록》는 서호십경시(西湖十景詩) 전체가 빠져 있다.

嶺樹靑. 一聲傳鏜鎝, 萬窺透玲瓏. 驚散枝頭鳥, 和將殿角鈴. 管絃歸去
盡, 塵夢此時醒. 右南屛晚鍾.

一曲采蓮歌, 蘭舟打槳過. 當年曾曲院, 此日臕風荷. 色借湘娥豔, 香分
小女多. 留仙裙在手, 微步襪凌波. 闌外花爲壁, 簾前水疊羅. 碧筒成雅
會, 莫惜醉顔酡. 右曲院風荷.

並蔕碧芙蓉, 層雲亘古封. 誰將湖上壁, 揷作日邊峰. 翠聳三千仞, 霄凌
第一重. 烟中屛對峙, 天外劒雙衝. 峽岹奇難勝, 氤氳秀獨鍾. 兩鬢垂倒
影, 鏡裏佛頭濃. 右雙峯揷雲.

霄漢升明月, 光輝浸碧潭. 在天原是一, 映水忽成三. 彩壁雙雙合, 銀鉤
乙乙探. 界從金粟悟, 禪向木樨參. 幻影何時墮, 前身到處諳. 放生池半
畝, 太極此中含. 右三潭映月.

地豈傳雷姓, 山偏倩晚容. 南屛輝瑪瑠, 西日映芙蓉. 金碧亭臺耀, 丹靑
草樹濃. 霞標光萬丈, 雲炫色千重. 火是黃妃塔, 人游赤壁峯. 一鞭殘照
裏, 歸輿未敎慵. 右雷峯夕照.

十里銀沙印, 殘英尙未消. 欣看梁苑雪, 移入段家橋. 樹落花千片, 堤鋪
玉兩條. 梅應迷粉額, 草不露裙腰. 水月牽淸夢, 湖山付白描. 爲尋和靖
墓, 驢背掛詩瓢. 右斷橋殘雪.

是日[269], 憲府差錢塘貳尹梁鉞, 送定海漂人四十七人, 仁和貳尹陳恒鈺,
送太平漂人八人, 每人給銀二兩. 右浙江

九日[270]放船, 出淸波門[浙江西門名][271], 午後過新安縣, 朱夫子之鄕也.

6월 10일 – 윤득철이 호송관에게 곤장을 맞다

十日[272]晴. 至石門縣, 停船. 杖尹得哲以其獲[273]罪於護送官也.

269_ 장서각 《승사록》에는 是日이 빠져있다.
270_ 장서각 《승사록》에는 九日이 初十日晴으로 되어 있다.
271_ 장서각 《승사록》에는 浙江西門名이 浙江西汀名으로 되어 있다.
272_ 장서각 《승사록》에는 十日이 初十日로 되어 있다.
273_ 장서각 《승사록》에는 獲이 護로 되어 있다.

6월 11일 – 사람들이 표류선을 구경하러 나오다

十一日晴. 至秀水縣. 縣隷嘉興府. 吃夕飱, 放船, 沿河兩岸, 皆層樓飛閣. 城下士女, 聞漂船至, 爭先眺望, 甚壯觀也[274]. 仍賦一絶曰, "沿河十里盡樓臺, 珠箔紗牕次第開. 兩兩佳人嬌笑語, 客從何國遇風來"[275] 是夜, 初昏微雨[276].

6월 12일 – 날씨가 맑다

十二日晴[277]

6월 13일 – 강소성에 도착하다

十三日晴. 到江蘇省, 卽姑蘇城也. 物色與浙江等. 城外十里, 有寒山寺. 作感古一絶詩曰, "姑蘇城外水東流, 白苧歌殘伯氣收. 昔日吳王宮裏月, 夜深來照過江舟[278]" 仍寄宿城外, 眞所謂江楓漁火對愁眠也.

6월 14일 – 장주현에 도착하다

十四日晴. 午時, 到長洲縣. 枚乘所謂長洲海陵也.

6월 15일 – 무석현에 도착하다

十五日晴. 到無錫縣, 留宿. 江南諸郡, 雖有大小[279], 而其繁華一也.

274_ 장서각 《승사록》에는 也가 빠져있다.
275_ 국립도서관본에는 제목이 〈至秀水縣, 見城下士女, 聞漂船, 至爭先眺望, 甚壯觀也, 仍賦一絶〉이라고 되어 있다.
276_ 장서각 《승사록》에는 是夜, 初昏微雨가 빠져 있다.
277_ 장서각 《승사록》에만 실려 있다.
278_ 국립도서관본에는 제목이 〈到姑蘇城, 聞城外十里有寒山寺, 作感古一絶〉이라고 되어 있다.
279_ 장서각 《승사록》에는 小가 少로 되어 있다.

6월 16일 - 무진현에 도착하다

十六日晴. 遇順風, 至武進縣. 縣隷常州府. 吃夕飱, 夜半放船.

6월 17일 - 단양현에 도착하다

十七日, 午後微雨. 日暮晴. 至丹陽縣, 古所謂吳頭楚尾也.

6월 18일 - 단도현에 도착하다

十八日, 鷄鳴放船. 平明微雨, 巳時晴. 午時, 到丹徒縣. 縣隷鎭江府. 江以南, 江以北[280], 物色之繁華, 第宅之櫛比, 稍不及所經列邑矣.

6월 19일 - 금산사에 도착하다

十九日晴. 吃朝飱[281], 放船. 至京口浦, 晉人所謂酒可飮兵可用之地也. 自寧波以西[282]內河, 數千里, 發源於此, 寔爲五湖之合流處[283]. 而孔範, 所謂長江天塹限隔南北者也[284]. [卽此水也][285] 波流之廣, 可四十里, 而中流有金山寺[286], 乃韓世忠破兀朮處也.[287] 一名昭關伍員逢[288]漁丈人處也. 其上有姜太公之釣臺云. 漁船商舶, 橫亘數百里. 鶴[289]汀鳧渚, 縈回東南, 隅誠天下之勝地也. 挽船, 入瓜州[鎭名]城. 城中, 始有茅屋草舍, 而良田

280_ 장서각 《승사록》에는 江以南, 江以北이 江以南, 謂之江南, 江以北, 謂之江北으로 되어 있다.
281_ 장서각 《승사록》에는 飱이 飧으로 되어 있다.
282_ 장서각 《승사록》에는 自寧波以西가 自寧波波府以西로 되어 있다.
283_ 장서각 《승사록》에는 爲五湖之合流處가 爲五湖之合流處也로 되어 있다.
284_ 장서각 《승사록》에는 也가 빠져 있다.
285_ 장서각 《승사록》에만 실려 있다.
286_ 장서각 《승사록》에는 可四十里, 而中流有金山寺가 可四十里矣, 中流有金山寺로 되어 있다.
287_ 장서각 《승사록》에는 乃韓世忠破兀朮處也가 韓世忠破兀朮處也로 되어 있다.
288_ 장서각 《승사록》에는 逢이 遇로 되어 있다.
289_ 장서각 《승사록》에는 鶴이 寫로 되어 있다.

沃土, 連畦接畛[290]. 汙濕宜稻, 高燥宜秫, 亦衣食之鄕也. 午時, 到平山塘, 塘上有七層臺.

金碧之照耀, 錦繡之華靡, 誠樓觀之第一指也. 是夕, 到江都縣, 縣隷楊州府. 卽漢時易王所封也[291]. 小杜詩[292]所謂醉過楊州橘滿車者[293]也. 兒女之游嬉者, 腰肢柔脆, 體態輕盈, 有[294]唐時物色矣.

6월 20일 – 강도에 머물다

二十日晴. 留江都. 吃夕飧[295], 夜二鼓開船.

6월 21일 – 고우주에 도착하다

二十一日晴. 到高郵州, 吃夕飧[296], 仍開船. 船中睡起, 時[297]殘月初生. 舷[298]歌齊發, 荻花蘆葉, 極目蕭然, 去國萬里, 心緒不佳[299]. 賦四韻一首[300]以自遣. 詩曰, 汎[301]彼河邊舟, 晝宵行不休. 乘槎[302]訪識女, 騎鶴過楊州. 殘月涼如水, 汀花颯欲秋. 栖栖[303]萬里客, 幾日到靑丘[304 / 305].

290_ 장서각 《승사록》에는 連畦接畛이 連畛接畦로 되어 있다.
291_ 장서각 《승사록》에는 卽漢時易王所封也가 縣卽漢時易王所封也로 되어 있다.
292_ 장서각 《승사록》에는 小杜詩가 府卽小杜詩로 되어 있다.
293_ 장서각 《승사록》에는 者가 빠져 있다.
294_ 장서각 《승사록》에는 有가 猶有로 되어 있다.
295_ 장서각 《승사록》에는 飧이 飡으로 되어 있다.
296_ 장서각 《승사록》에는 飧이 飡으로 되어 있다.
297_ 장서각 《승사록》에는 時가 빠져 있다.
298_ 장서각 《승사록》에는 舷이 絃으로 되어 있다.
299_ 장서각 《승사록》에는 不佳가 不安佳로 되어 있다.
300_ 장서각 《승사록》에는 一首가 빠져 있다.
301_ 장서각 《승사록》에는 汎이 泛으로 되어 있다.
302_ 장서각 《승사록》에는 槎가 査로 되어 있다.
303_ 장서각 《승사록》에는 栖栖가 凄凄로 되어 있다.
304_ 장서각 《승사록》에는 丘가 邱로 되어 있다.
305_ 국립중앙도서관본에는 제목이 〈高郵州, 船中睡起, 見殘月初生, 舷歌齊發, 荻花蘆葉, 極目蕭然, 不勝去國之懷, 賦四韻以自遣〉이라 되어 있다.

6월 22일 — 마음의 고향에 오다

二十二日晴. 到寶應縣, 吃朝湌[306]. 午時雨, 晡時晴. 夜四鼓[307], 到山陽縣, 卽馬融之鄕也. 賦小詩一絶[308]以自遣, 詩曰. 入夜風逾爽[309], 近秋月更明. 淸愁還不禁, 萬里異鄕情.[310]

6월 23일 — 청강포에 도착하다

二十三日[311], 午時微雨, 午後晴. 到淸江浦, 止宿.

6월 24일 — 청하현에 도착하다

二十四日, 微雨. 渡黃河, 中流波濤大作. 僅得上岸, 到淸河縣, 縣隷王子營. 始下陸乘車.

6월 25일 — 도원현에 도착하다

二十五日晴. 到桃源縣之衆興集, 止宿[312].

6월 26일 — 〈고려백지가〉를 지어주다

二十六日[313]晴. 午時, 過泰[314]安縣之漁溝, 有泰山行宮. 日暮, 到宿遷縣之順河集. 縣隷徐州府. [吃夕湌][315], 有人, 持高麗紙二片, 請書. 乃吾東

306_ 장서각 《승사록》에는 湌이 飧으로 되어 있다.
307_ 장서각 《승사록》에는 四鼓가 鼓로 되어 있다.
308_ 장서각 《승사록》에는 一絶이 빠져 있다.
309_ 장서각 《승사록》에는 爽이 冷으로 되어 있다.
310_ 국립중앙도서관본에는 제목이 〈夜到山陽縣 [古馬融之鄕], 賦小詩, 以自遣〉이라 되어 있다.
311_ 국립중앙도서관본에는 二十三日이 二十二日로 되어 있다. 여기서는 장서각 《승사록》을 따른다.
312_ 장서각 《승사록》에는 빠져 있다.
313_ 장서각 《승사록》에는 二十六日이 二十五日로 되어 있다.
314_ 장서각 《승사록》에는 泰가 太로 되어 있다.

草白紙也. 作³¹⁶高麗白紙歌, 以贈之.

詩曰, 吾東土産産美楮, 皮膚潔白霜雪明. 紙工用之擣³¹⁷爲紙, 厚者薄者皆有名. 北出上國東日本, 厥價翔踊千金輕. 東人賤之不解惜, 一日文房費千片. 冬爲風雪補窓戶, 時付剖³¹⁸劂翻經傳. 今年漂到浙江府, 粉紙³¹⁹花牋頻匡牀³²⁰. 遊人借³²¹謄乘槎³²²錄, 墨客乞書西湖章. 試將墨瀝一揮³²³灑, 紙性粗硬筆不行. 臨紙却筆一長嘆, 厥品殊非漢陽城. 强欲揮毫手無功, 所以廉公思趙兵. 今朝始³²⁴拭故國面³²⁵, 天涯淪落同書生. 右贈魯正儒³²⁶.

6월 27일 − 담성현에 도착하다

二十七日晴. 到郯³²⁷城縣之紅花舖, 止宿. 委送官, 要余走地方官³²⁸, 請夕飱. 余曰, "流人飢飽, 事係委官³²⁹ 客人何可³³⁰處處討食也?" 是日, 從者皆飢, 思食³³¹, 余以海中事, 寬譬之.

315_ 장서각 《승사록》에만 실려 있다.

316_ 장서각 《승사록》에는 作이 余作으로 되어 있다.

317_ 장서각 《승사록》에는 擣가 搗로 되어 있다.

318_ 장서각 《승사록》에는 剖가 剖로 되어 있다.

319_ 장서각 《승사록》에는 紙가 빠져 있다.

320_ 장서각 《승사록》에는 牀이 床으로 되어 있다.

321_ 장서각 《승사록》에는 借가 惜으로 되어 있다.

322_ 장서각 《승사록》에는 槎가 査로 되어 있다.

323_ 장서각 《승사록》에는 揮가 渾으로 되어 있다.

324_ 장서각 《승사록》에는 始가 試로 되어 있다.

325_ 장서각 《승사록》에는 面이 빠져 있다.

326_ 국립중앙도서관에는 제목이 〈到宿遷縣, 有魯正儒者, 持高麗紙二片, 請書, 作白紙歌, 以贈之〉라 되어 있다.

327_ 장서각 《승사록》에는 郯이 剡으로 되어 있다.

328_ 장서각 《승사록》에는 地方官의 地가 빠져 있다.

329_ 장서각 《승사록》에는 事係委官이 係是委官事로 되어 있다.

330_ 장서각 《승사록》에는 可가 敢으로 되어 있다.

331_ 장서각 《승사록》에는 思食이 衆皆思食으로 되어 있다.

6월 28일 – 저녁밥을 또 거르다

二十八日晴. 朝湌[332]不辦[333], 凌晨治發. 午時, 到郟[334]城縣, 吃午湌[335].
仍起程離城十里而宿. 夕湌[336]又闕.

6월 29일 – 현주에게 강하게 항의하다

二十九日晴. 朝湌又闕, 總[337]之兩日闕四湌. 而衆不喧[338]譁者, 開喩之功,
居多.[339] 仍[340]念去國萬里人衆數飢, 商量之際, 衆議齊發, 請赴愬[341]本官.
故余不得已入城. 要見縣主, 則官人沮遏多端曰, "縣主, 引見入都, 只有
代理之官, 而又不在署中[342]"

余曰, "大皇帝, 優恤遠人[343], 縣次續食, 差官護送, 則勿論大小吏, 凡係
職事者, 固當宣上德意. 而官門咫尺, 自外牢拒, 此豈主客相敬之道
耶[344]? 且代理之官, 亦是命吏, 則事無巨細, 職當管攝, 而何其退託[345]也.
況[346]此邦, 乃吾夫子桑梓[347]之鄉, 則百世之下, 宜有遺風餘韻, 可以興起
遠人者, 而今日諸君, 處事若此, 豈不曰, '遠人無知, 不足以禮貌相接

332_ 장서각 《승사록》에는 湌이 飡으로 되어 있다.
333_ 장서각 《승사록》에는 辦이 辨으로 되어 있다.
334_ 장서각 《승사록》에는 郟이 剡으로 되어 있다.
335_ 장서각 《승사록》에는 湌이 飧으로 되어 있다.
336_ 장서각 《승사록》에는 湌이 飧으로 되어 있다.
337_ 장서각 《승사록》에는 總이 摠으로 되어 있다.
338_ 장서각 《승사록》에는 喧이 誼으로 되어 있다.
339_ 장서각 《승사록》에는 開喩之功, 居多가 開論功, 居多로 되어 있다.
340_ 장서각 《승사록》에는 仍이 余仍으로 되어 있다.
341_ 장서각 《승사록》에는 愬가 訴로 되어 있다.
342_ 장서각 《승사록》에는 不在署中이 不在署中矣로 되어 있다.
343_ 장서각 《승사록》에는 人이 入으로 되어 있다.
344_ 장서각 《승사록》에는 道耶가 意也로 되어 있다.
345_ 장서각 《승사록》에는 託이 托으로 되어 있다.
346_ 장서각 《승사록》에는 況이 况으로 되어 있다.
347_ 장서각 《승사록》에는 梓가 柘로 되어 있다.

耶?"

於是, 見者始矍然相顧, 走白縣主, 縣主始具[348]威儀, 開座邀余. 入見行
賓主禮. 給筆札討話. 余曰, "天朝大皇帝, 哀念遠人, 視同內服. 縣次續
食, 飢者以飽, 侏儒欲死, 方感泣不暇. 而鄙等, 到紅花舖, 朝夕兩闕. 昨
於入城之時, 泯默不言者, 不敢以乾餱細故曉曉臚列矣. 今又兩湌[349]俱
闕, 炎天人事, 幾何不生病也? 今此控訴[350], 雖似飮食之人, 而亦軀命所
關也, 惟閤下諒之" 縣主覽畢, 慰謝備至. 仍請回站. 歸則朝湌[351]已具矣,
[是日][352], 仍留宿本站.

6월 30일 – 오랑캐란 말에 성을 내다

三十日晴. 委送官梁公鉞, 曾經知縣者也, 曾在紅花舖, 送詩曰, "十丈紅
塵夾路馳, 且停亭上境淸微. 倦飛鳥有知還意, 又向禪林暫息機"[353] 是
日, 余追答[354]曰, "車如流[355]水馬如飛, 二使[梁公護四十七人, 又有陳公
恒鈺護送太平府漂流八人]星馳近紫微. 天子方求經濟手, 知公未識[356]漢
陰機[357]" 梁公覆[358]書曰, "大作流利淸空佩甚. 但過獎抱媿[359]." 委官傳諭
文字, 必稱難夷 余答曰, "春秋之義, 夷而進於中國, 則中國之小邦, 亦

348_ 장서각 《승사록》에는 始具가 且로 되어 있다.
349_ 장서각 《승사록》에는 湌이 飡으로 되어 있다.
350_ 장서각 《승사록》에는 訴가 訴로 되어 있다.
351_ 장서각 《승사록》에는 湌이 飡으로 되어 있다.
352_ 장서각 《승사록》에만 실려 있다.
353_ 국립중앙도서관본에는 제목이 〈附原韻, 于役京華, 再宿梁庄, 光陰如水, 已一年
       矣, 觸景感懷, 賦此呈之〉라고 되어 있다.
354_ 장서각 《승사록》에는 余追答이 奉答으로 되어 있다.
355_ 장서각 《승사록》에는 流가 빠져 있다.
356_ 장서각 《승사록》에는 識이 息으로 되어 있다.
357_ 국립중앙도서관본에는 제목이 〈答梁鉞 [委送官]韻〉으로 되어 있다.
358_ 장서각 《승사록》에는 覆이 復으로 되어 있다.
359_ 장서각 《승사록》에는 媿가 愧로 되어 있다.

小中華也. 恐閣下不深原聖人著經之旨, 而何其面斥[360]如是也? 鄙意甚
未妥" 梁公答書曰, "外夷者, 對中國而言, 非卑之也" 到蘭山縣. 縣隷沂
州府. 南有沂水. 賦詩[361]一絶曰, "曾狂幸得聖師依, 鏗瑟悠然志浴沂. 日
暮東山翔鳳去, 村童作伴振春衣[362]"

360_ 장서각 《승사록》에는 何其面斥이 面斥으로 되어 있다.
361_ 장서각 《승사록》에는 詩가 得으로 되어 있다.
362_ 국립중앙도서관본에는 제목이 〈到沂州府蘭山縣南有沂水有感〉으로 되어 있다.

4장 1818년 7월 - 드디어 북경에 도착하다

7월 1일 - 반성집에 도착하다

七月初一日晴. 到半城集, 留宿. 其夜驟雨.

7월 2일 - 기수현에 도착하다

二日[1]晴. 午時, 渡汶水, 憩淸馳寺. 日暮, 到沂水縣之梁庄集, 古之琅琊縣也. 南去四十里, 有高山, 魯龜蒙也[2]. 由山下作路, 峰峰[3]若龜伏形, 山之得名. 無乃以是歟.

7월 3일 - 몽음현에 도착하다

三日[4]微雨, 陰晴無常. 委官石川梁公送詩略曰, 于役京華, 再宿梁莊志感[5]. 旅館重經又一年, 白蘋紅蓼尙依然. 窗中遠岫靑如黛, 檻外溪流碧映天. 艱苦勞人憐憔悴, 往來鴻爪亦因緣. 秋宵且耐孤衾冷, 轉眼重陽喜月圓. [余于去秋, 赴浙路, 出梁莊[6], 今以公事, 之京華, 再住舊館, 光陰如水, 已一載矣. 不覺觸景感懷. 賦此, 呈崔先生閣下, 賜回字][7]

余應之曰, 乍別光陰已一年, 馬頭龜岫更蒼然. 分曹[8]暫屈江東府, 戀闕頻瞻北斗天. 道士重迴[9]搖麥日, 如來三顧宿桑緣. 此間更有東歸客, 行到京城月正圓.

1_ 장서각 《승사록》에는 二日이 初二日로 되어 있다.
2_ 장서각 《승사록》에는 魯龜蒙也가 魯之龜蒙也로 되어 있다.
3_ 장서각 《승사록》에는 峰峰이 峯峯으로 되어 있다.
4_ 장서각 《승사록》에는 三日이 初三日로 되어 있다.
5_ 국립중앙도서관 본에는 제목이 〈附原韻, 于役京華, 再宿梁庄, 光陰如水, 已一年矣, 觸景感懷, 賦此로之〉라고 되어 있다.
6_ 장서각 《승사록》에는 莊이 庄으로 되어 있다.
7_ 장서각 《승사록》에만 실려 있다.
8_ 장서각 《승사록》에는 分曹가 빠져 있다.
9_ 장서각 《승사록》에는 迴가 回로 되어 있다.

午時, 到蒙陰縣, 古之龜陰也. 夕飡[10]未辦, 具小米粥, 而以不給之. 故不
得食者, 居半, 似是邑殘之致也.

7월 4일 - 제노의 풍경과 풍습

四日[11]晴. 朝又具粥與餠, 而不能遍及, 余之委官所辦, 詰到[12]日中, 始吃
飯. 行中事甚可憫[13]也. 江南道上, 賦畫眉鳥, 一絶詩曰, 舞燕歌鶯各得
時, 江南到處綠楊枝. 只緣兒女前生事, 故閉雕籠學畫眉[14]. 先是由內河
起程. 自蘇州至郯城[15], 千里並無一山. 到齊魯[16], 始有龜蒙諸峯, 連延橫
亘. 地又多石, 車不得行. 市井村落, 甚似吾東, 五穀之早晩[17], 亦如之.
衣履, 無錦繡之飾, 牀[18]卓, 無髹鎪之華. 其地瘠, 其民儉, 豈或前聖之遺
風歟. 女子以絲履爲業, 男子以稼穡爲本.
俗尙與吳越不同, 亦二公之遺化也. 且郢汶陽, 龜陰之地, 與齊之琅琊,
連疆接界, 無有名山大川之限. 春秋時, 齊魯之交爭者, 固其勢也[19]. 郯蒙
之間, 多癭[20], 蓋土疾也. 自此, 至皇城, 種種有之, 而女子居多.

7월 5일 - 신태현에 도착하다

五日[21]晴. 午時, 到新泰縣. 縣隷泰安府. 是日, 朝飡[22]闕, 午晩[23]吃飯, 人

10_ 장서각 《승사록》에는 飡이 飧으로 되어 있다.
11_ 장서각 《승사록》에는 四日이 初四日로 되어 있다.
12_ 장서각 《승사록》에는 詰到가 詰朝到로 되어 있다.
13_ 장서각 《승사록》에는 憫이 悶으로 되어 있다.
14_ 국립중앙도서관 본에는 제목이 〈江南道上, 賦畫眉鳥(追錄)〉라고 되어 있다.
15_ 장서각 《승사록》에는 郯城이 郯城界로 되어 있다.
16_ 장서각 《승사록》에는 齊魯가 齊魯交로 되어 있다.
17_ 장서각 《승사록》에는 晩이 勉으로 되어 있다.
18_ 장서각 《승사록》에는 牀이 床으로 되어 있다.
19_ 장서각 《승사록》에는 也가 빠져 있다.
20_ 장서각 《승사록》에는 癭이 癯로 되어 있다.
21_ 장서각 《승사록》에는 五日이 初五日로 되어 있다.
22_ 장서각 《승사록》에는 飡이 飧으로 되어 있다.

皆困憊. 至翟家庄, 寄宿.

7월 6일 - 최가장에 도착하다

六日[24]晴. 至二十里, 始吃飯. 飯不足, 或食或不食, 余又以洋中事, 寬譬之, 衆皆指余爲弱人, 側目視之. 是日, 至泰安縣之崔家庄, 寄宿.

7월 7일 - 양류참에 도착하다

七日[25]晴. 到羊流站, 寄宿.

7월 8일 - 장성참에 도착하다

八日[26]晴. 到長盛站, 寄宿.

7월 9일 - 제하현에 도착하다

九日[27]晴. 到長淸縣之崗山站. 上泰山, 謁玉皇廟. 賦詩[28]一絶曰, "吾身認是玉京仙, 謫下人間四十年. 帝遣巫陽今夕降, 東封高處續前緣[29]" 日暮, 到濟河縣, 寄宿. 卽漢時祝阿縣, 齊之西界也.

7월 10일 - 우성현에 도착하다

十日[30]晴. 吃朝湌[31], 將發, 有一官隷, 來告曰, "王相公來訪, 公可少留交話" 有人[王德懋] 作筆話[32]曰, "公是孝廉耶?" 余以玉皇廟韻, 示之, 王

23_ 장서각 《승사록》에는 午晩이 晩午로 되어 있다.
24_ 장서각 《승사록》에는 六日이 初六日로 되어 있다.
25_ 장서각 《승사록》에는 七日이 初七日로 되어 있다.
26_ 장서각 《승사록》에는 八日이 初八日로 되어 있다.
27_ 장서각 《승사록》에는 九日이 初九日로 되어 있다.
28_ 장서각 《승사록》에는 詩가 得으로 되어 있다.
29_ 국립중앙도서관 본에는 제목이 〈上泰山, 謁玉皇廟, 賦一絶〉로 되어 있다.
30_ 장서각 《승사록》에는 十日이 初十日로 되어 있다.
31_ 장서각 《승사록》에는 湌이 飱으로 되어 있다.

仍操筆立就曰, "槎[33]客聞來漢案仙, 遙承箕聖幾千年. 秋風已奏笙簧樂,
慶榜今逢續盛緣[34]" 右祝廩生, 王德懋拜和. 是日, 到濟南省之山東府之
禹城縣, 留宿.

7월 11일 - 평원현에 도착하다

十一日晴. 吃朝飱[35]起程. 到平原縣, 吃午飱[36]. 到曲鹿站, 小[37]憩, 有石
門題曰, "潁川[38]代筏, 大明萬曆, 四十六年[39]戊午立也" 到去里站, 留宿.
問土人, 則曰, "此趙公子平原君之采邑也" 賦詩[40]一絶曰, "堅白囊錐萃
一門, 居人尙說趙王孫. 此地空餘蔓草在, 夕陽驅[41]馬出平原[42]"

7월 12일 - 유지참에 도착하다

十二日晴[43]. 到德[44]州府, 吃午飱[45]. 到留知站, 寄宿.

7월 13일 - 일행 중에 한 사람이 중국인에게 매를 맞다

十三日晴. 到景州, 古之廣川[46], 董仲舒之鄕也. 州屬直隷省, 古冀州也.

32_ 장서각 《승사록》에는 筆話가 筆로 되어 있다.
33_ 장서각 《승사록》에는 槎가 査로 되어 있다.
34_ 국립중앙도서관 본에는 제목이 〈附大韻 [王德懋, 祝廩生]〉으로 되어 있다.
35_ 장서각 《승사록》에는 飱이 飯으로 되어 있다.
36_ 장서각 《승사록》에는 飱이 飯으로 되어 있다.
37_ 장서각 《승사록》에는 小가 少로 되어 있다.
38_ 장서각 《승사록》에는 川이 以로 되어 있다.
39_ 장서각 《승사록》에는 四十六年이 四十年으로 되어 있다.
40_ 장서각 《승사록》에는 詩가 得으로 되어 있다.
41_ 장서각 《승사록》에는 驅가 歸로 되어 있다.
42_ 국립중앙도서관 본에는 제목이 〈到平原縣 [趙平原君之采邑], 賦一絶〉로 되어 있다.
43_ 장서각 《승사록》에는 晴이 빠져 있다.
44_ 장서각 《승사록》에는 德이 海로 되어 있다.
45_ 장서각 《승사록》에는 飱이 飯으로 되어 있다.
46_ 장서각 《승사록》에는 川이 州로 되어 있다.

行中人, 高汗以納履之. 故被田主毆打. 賴尹濟國救解, 卒至無事. 而沿
途, 滋事不一而足, 甚可憫然也. 是日, 到高明里, 留宿, 乃阜城縣界也.

7월 14일 — 청하현에 도착하다

十四日微雨[47] 到富庄驛, 吃朝飯[48]. 驛乃交河縣[49], 縣隸河間府管轄, 北
去邯鄲, 四百餘里. 午後連雨. 到清河縣[一名獻縣], 止宿.

7월 15일 — 하간부에 도착해서 묵다

十五日晴. 到河間府, 止宿, 乃漢獻王采邑也.

7월 16일 — 풍부한 물산

十六日晴. 到任丘[50]縣, 止宿. 自濟南省以來, 千里無山. [平原廣野, 一
望無際][51] 土尙多秫,[52] 又有黍稷木綿之饒. 但無秔稻, 且多牧場羊猪之
屬, 不可勝數. 而馬畜蕃息, 成群阡陌. 韓文公所謂冀北馬多於天下者也.
轉眼之暇[53], 雖不得其詳, 而觀於五穀之饒[54], 則知其爲衣食之鄉也[55]. 觀
於六畜之盛, 則知其爲畜牧之場也. 昔堯都平陽, 舜都蒲坂, 禹都陽城,
而皆屬冀州之內, 則是知先聖王之建邦設都者, 莫不因其地理之美. 物産
之盛, 爲萬世無窮之計也.

47_ 장서각 《승사록》에는 微雨가 晴으로 되어 있다.
48_ 장서각 《승사록》에는 飯이 飡으로 되어 있다.
49_ 장서각 《승사록》에는 交河縣이 交河縣也로 되어 있다.
50_ 장서각 《승사록》에는 丘가 邱로 되어 있다.
51_ 장서각 《승사록》에만 실려 있다.
52_ 장서각 《승사록》에는 土尙多秫이 土尙秫로 되어 있다.
53_ 장서각 《승사록》에는 暇가 間으로 되어 있다.
54_ 장서각 《승사록》에는 而觀於五穀之饒가 而觀其五穀之饒로 되어 있다.
55_ 장서각 《승사록》에는 也가 빠져 있다.

7월 17일 ─ 웅현에 도착하다

十七日晴. 到趙北口, 有石橋, 可以通舟. 盧落之櫛比, 江河之淸勝, 隱然有江南物色矣. 是日, 抵雄縣, 止宿.

7월 18일 ─ 문천상을 애도하다

十八日晴, 行二十里, 有文山弔古處. 下車祇謁[56]. 榜曰, "宋丞相信國公, 文先生神位" 賦詩[57]一絶曰, "鐵木千兵夜啓門, 臨安非復宋乾坤. 惟餘一片燕樓土, 尸祝孤臣未死魂[58]" 是日, 到新城縣, 止宿.

7월 19일 ─ 주자의 후손을 만나다

十九日陰雨. 到涿州, 古之涿郡, 張飛所居之鄕也. 行四十里, 有一石橋, 長五里, 立三門. 榜曰, 萬里梯航. 到良鄕縣, 止宿. 涿州有朱子之後. 皇明學士之蕃之裔, 名兆祥者, 來訪. 年可十五六, 其弟[59]年五歲, 能知朱夫子之後五字大賢之後, 甚可異也.

| 右山東 |

7월 21일 ─ 양향현에 머물다

二十一日晴. 因留良鄕縣. 縣有古寺, 寺有千手佛, 其傍有[60]聖母娘娘行宮.

56_ 장서각 《승사록》에는 祇謁이 祇褐로 되어 있다.
57_ 장서각 《승사록》에는 詩가 得으로 되어 있다.
58_ 국립중앙도서관 본에는 제목이 〈到文山, 弔古處, 謁宋丞相, 文先生神位有感〉으로 되어 있다.
59_ 장서각 《승사록》에는 其弟가 時弟로 되어 있다.
60_ 장서각 《승사록》에는 有가 빠져 있다.

7월 22일 – 표류한 다른 조선인을 만나다

二十二日晴. 過蘆溝橋, 橋長三里. 橫駕長江, 入太原府, 卽京都外城也. 城內有叢塚, 立短碣以表之. 或吳蜀人旅宦客死, 都下者之墓也.[61] 從南門, 入都城, 名曰正陽門. 門有三門. 正門封閉, 卽皇上出入之路也. 惟東西兩夾開閉, 而自東夾入, 至禮部門外, 停車久之, 不行查點. 委之譯[62]使, 館於朝鮮館. 館中有濟州漁採船, 漂到蘇州者, 十二人, 先接矣. 天涯淪落, 自是同病之歎. 而三船漂流, 一場相逢, 尤可笑歎[63]也. 皇都主山名曰景山, 自雲中逶迤東北走, 至太原府開局, 龍飛鳳舞, 未足以喩[64]其形勝[65]之壯也. 其南有萬壽山香山玉泉山. 京城隷順天府, 其繁華之盛, 城市之雄, 長安古意一篇, 略言之[66], 更不提說也.

7월 24일 – 일행 하나가 학질 증세를 보이다

二十四日晴. 先行中宋老以瘧證[67]. 服藥毒發, 已而蘇生. 病亦差降, 幸不可言.

7월 25일 – 궂은비가 내리다

二十五日陰雨[68].

7월 26일 – 표류한 사람의 소식을 듣고 사람들이 모여들다

二十六日晴. 都人聞漂客來到, 逐日彌滿. 而率皆市井子弟, 卒卒無可話.

61_ 장서각 《승사록》에는 吳蜀人旅宦客死, 都下者之墓也가 吳楚旅宦人客死, 都下之墓也로 되어 있다.
62_ 장서각 《승사록》에는 譯이 驛으로 되어 있다.
63_ 장서각 《승사록》에는 歎이 嘆으로 되어 있다.
64_ 장서각 《승사록》에는 喩가 諭로 되어 있다.
65_ 장서각 《승사록》에는 勝이 勢로 되어 있다.
66_ 장서각 《승사록》에는 之가 빠져 있다.
67_ 장서각 《승사록》에는 證이 症으로 되어 있다.
68_ 장서각 《승사록》에만 실려 있다.

豈此邦士大夫, 慣見使臣之行, 謂漂人無足觀耶.

7월 27일 - 날씨가 맑다

二十七日晴[69].

7월 28일 - 날씨가 맑다

二十八日晴[70]

7월 29일 - 황제가 관동으로 순행을 가다

二十九日, 乍陰乍晴. 是日皇帝, 巡于關東.

7월 30일 - 예부에 간절한 글을 올리다

三十日陰. 是時館留多日. 人皆[71]冷處, 泄痢瘧癘等證[72]交作, 痛聲相聞, 甚可悶也. 作原情, 控[73]于禮部, 冀得回國. 其辭曰

伏以矣等萬里漂蹤. 九死餘生, 經歷艱險之際, 言言悲酸. 出沒人鬼之域, 節節痛恨. 茲將顚末, 仰塵淸鑑. 伏乞太常大人留神垂察焉. 矣等, 冥行半世, 遭離厄會, 一舸被風, 百口喪膽. 靑楓江上, 聲咽楚些之招, 華表城邊, 影斷遼鶴[74]之返. 擧家景色, 不見是圖. 悲疚所傷, 何事不有思子之門. 老者易病, 望夫之闈, 生者必化矣. 苟如是, 則矣等, 雖生生何世況, 矣等, 雖還還何面目.

伏惟天朝大皇帝, 德配天地, 澤普[75]寰宇. 陶勻所在, 無一夫之不獲, 雨露

69_ 장서각 《승사록》에만 실려 있다.
70_ 장서각 《승사록》에만 실려 있다.
71_ 장서각 《승사록》에는 皆가 빠져 있다.
72_ 장서각 《승사록》에는 證이 症으로 되어 있다.
73_ 장서각 《승사록》에는 控이 拱으로 되어 있다.
74_ 장서각 《승사록》에는 鶴이 寫로 되어 있다.
75_ 장서각 《승사록》에는 普가 善으로 되어 있다.

所施, 囿萬物而同胞[76]. 惟茲東國小人, 微如草芥, 輕甚鴻毛. 而天心孔
仁, 特垂矜憐, 差官護送, 沿途[77]饋食, 明堂, 有錫斞[78]之典, 玉門, 無思
歸之歌[79], 海外臣庶, 方感頌德意. 第伏念日月流邁, 道途脩夐. 我行永
久, 已經二[80]三四月, 故國尙遠, 洽有四五千里. 昔我來思, 賦楊柳之依
依, 今我歸思, 感飄風之律律. 月屆[81]流火, 奈授衣之不遠, 節臨白露, 見
履霜之將至. 矧茲患難餘生, 疾病居多. 北方之水土爲祟, 三秋之瘡瘯相
戰, 夫疾病之於[82]死亡, 相去無幾矣. 言念及此, 寧不痛心. 伏乞閣下[83]
承皇上護送之命, 念遠人流離之苦, 發還於未寒之前, 保全於幾死之境.
則洪恩所造, 微物知感, 生當殞[84]首, 死當結草. 無任激切, 屛營之至.
是日, 工部主事那拉慶善來訪, 問諸公涉險到此. 愚身係官廩, 國法, 不
敢稍施地主之情, 殊深抱媿[85]. 今親身向候, 並聆尊國風土. 余答之曰,
"一片靈犀, 不以華東阻隔. 辱臨弊館, 曲賜寵問, 寂寞之濱, 何感如之.
伏問尊駕官爵姓氏, 以攄傾蓋之懷" 公曰, "賤姓那拉氏, 名慶善, 關東人
也. 現官工部主事, 曾經翰林者也" 仍謝客館供億[86]之薄, 祈原諒. 余曰,
"漂流之人, 理合九死, 而帝德寬大, 衣廩俱豐, 公何過謙耶?"

76_ 장서각 《승사록》에는 胞가 包로 되어 있다.
77_ 장서각 《승사록》에는 途가 道로 되어 있다.
78_ 장서각 《승사록》에는 斞이 䬪으로 되어 있다.
79_ 장서각 《승사록》에는 歌가 謠로 되어 있다.
80_ 장서각 《승사록》에는 二가 빠져 있다.
81_ 장서각 《승사록》에는 屆가 居로 되어 있다.
82_ 장서각 《승사록》에는 於가 빠져 있다.
83_ 장서각 《승사록》에는 閣下가 太常閣下로 되어 있다.
84_ 장서각 《승사록》에는 殞이 隕으로 되어 있다.
85_ 장서각 《승사록》에는 媿가 愧로 되어 있다.
86_ 장서각 《승사록》에는 億이 臆으로 되어 있다.

5장 1818년 8월 ─ 산해관을 지나다

8월 1일 ─ 날씨가 맑다

八月初一日晴[1]

8월 2일 ─ 시를 지어 중국 사람에게 주다

初二日曉微雨, 巳時快晴. 有人以葛袍今日又西風爲題, 請[2]詩, 依中國試
體, 作五言六韻[3]. 詩曰, "葭灰飛玉管, 中夜起西風. 袴脫霜前鳥, 織催機
下蟲. 葛裘斯有節, 絺綌不宜躬. 服盡周姬績, 履寒魏女工. 挽脛[4]纔補綻,
捉肘半穿空. 賦得凄其歎[5], 天高鴨水東[6]."

| 總論 |

自定海, 至楊州, 多瓦屋, 且多錦繡, 多絶色. 自楊州, 至濟南, 覆屋者[7],
或以秫莖, 或以蘆竹, 男女衣裳, 皆襤褸, 率多麻綿. 自濟南, 至新[8]城, 亦
如之. 其間, 雖有河間等地, 古稱繁華, 而今不足觀. 豈地有盛衰, 俗有
汙[9]隆歟? 所居第宅, 皆土屋也. 良鄕以後, 是附京之地, 故物色稍稍可觀
矣. 言語容貌, 亦皆不同, 所謂百里不同風, 千里不同俗者也.

1_ 장서각 《승사록》에만 있다.
2_ 장서각 《승사록》에는 請이 要로 되어 있다.
3_ 국립중앙도서관 본에는 제목이 〈有人以葛袍今日又西風爲題, 請詩, 依中國試體, 作
　五言六韻, 以贈之〉라 되어 있다.
4_ 장서각 《승사록》에는 脛이 腔으로 되어 있다.
5_ 장서각 《승사록》에는 歎이 嘆으로 되어 있다.
6_ 8월 2일의 기록은 장서각 《승사록》에만 있다.
7_ 장서각 《승사록》에는 者가 빠져 있다.
8_ 장서각 《승사록》에는 新이 斯로 되어 있다.
9_ 장서각 《승사록》에는 汙가 汚로 되어 있다.

8월 3일 – 역관의 요청으로 다시 글을 올리다

八月三日[10]晴. 禮部遣部吏, 巡視行中有衣無衣, 以三十[11]日呈狀故也.[12]
譯官, 又要更呈其辭曰[13].

伏念矣等, 草芥寒蹤, 鴻毛微命. 冥[14]行摘[15]埴, 飄一葉於中洋. 死生契
闊[16], 寄殘縷於下邑. 言[17]念經歷之[18]險阻碧海[19]茫茫, 關係[20]命途之崎嶇
蒼天悠悠, 越裳使者, 迷歸路於三譯, 鍾儀君子, 泣南冠於萬里. 關山難
越, 哀哉. 定海之半百人, 萍水相逢, 逖矣, 太平之[21]七八名, 那意枯草
沾[22]雨. 識東風之顔面, 涸魚得水, 迎西江之波流, 差官護送, 綏遠之典,
至矣.

沿途[23]饋食, 字小之澤大哉. 玆蓋伏遇我大皇帝子視萬方[24], 體天地廣包,
君臨八荒, 極霜露之所隆. 竊念矣等, 東國小人, 海隅蒼生. 人理到底, 不
過地上, 無名之草, 帝德寬仁, 猶曰, "天下有生之類" 假以東館詩人.
有[25]授餐之頌, 繼以太倉侏儒, 抱飽死之慮. 然楚爵執珪, 尙南音之未忘
越鳥思枝. 噫! 物性之難化, 遊必有方, 尙毋訓之在耳.

10_ 장서각 《승사록》에는 八月三日이 初三日로 되어 있다.
11_ 장서각 《승사록》에는 三十이 十三으로 되어 있다.
12_ 장서각 《승사록》에는 也가 빠져 있다.
13_ 譯官, 又要更呈其辭曰이란 말은 장서각 《승사록》에만 실려 있다. 국립중앙도서관
    본에는 又爲文呈于禮部라고만 되어 있다. 여기서는 장서각 《승사록》을 따른다.
14_ 장서각 《승사록》에는 冥이 宜로 되어 있다.
15_ 장서각 《승사록》에는 摘이 埔으로 되어 있다.
16_ 장서각 《승사록》에는 闊이 活로 되어 있다.
17_ 장서각 《승사록》에는 言이 言言으로 되어 있다.
18_ 장서각 《승사록》에는 之가 빠져 있다.
19_ 장서각 《승사록》에는 碧海가 빠져 있다.
20_ 장서각 《승사록》에는 係가 繫로 되어 있다.
21_ 장서각 《승사록》에는 太平之가 빠져 있다.
22_ 장서각 《승사록》에는 沾이 霑으로 되어 있다.
23_ 장서각 《승사록》에는 沿途가 治道로 되어 있다.
24_ 장서각 《승사록》에는 方이 里로 되어 있다.
25_ 장서각 《승사록》에는 有가 詠으로 되어 있다.

曷月旋歸, 曾與子而成說, 至若華表柱邊怨丁令之不返, 落日江頭, 痛屈
原之魂. 散憐予美兮![26] 抱角枕而零涕, 嗟我季兮[27], 陟高岡[28]而翹思. 太
白山前, 家家思子之臺, 楊花渡口, 重重望夫之石. 矧茲日月流邁, 道途
脩夐.

[我行已久, 已經二三四月, 去國尙遠, 洽猶四五千里][29] 屈指計日, 來月
是授衣之節, 中宵呵寒, 今夕乃[30]白露之秋. 伏乞太常大人, 承皇上護送
之命, 念遠人流離之苦, 亟發兪音, 早還本土, 則弊袍有挾纊之感, 短褐
無履霜之歎, 洪恩所造, 生死難忘, 無任激切, 屛營之至.[31]
附東人贈詩

8월 4일 – 큰 비가 오다

初四日大雨[32]

8월 5일 – 날씨가 맑다

初五日晴[33]

8월 6일 – 날씨가 맑다

初六日晴

26_ 장서각 《승사록》에는 散憐予美兮가 散余美亡此로 되어 있다.
27_ 장서각 《승사록》에는 兮가 首로 되어 있다.
28_ 장서각 《승사록》에는 岡이 崗으로 되어 있다.
29_ 장서각 《승사록》에만 있는 구절임.
30_ 장서각 《승사록》에는 乃가 是로 되어 있다.
31_ 국립중앙도서관에는 제목이 〈又呈禮部文 [是日禮部, 遣部吏, 巡視行中, 有衣無衣,
　　以前日呈文故也]라 되어 있다.
32_ 장서각 《승사록》에만 실려 있다.
33_ 장서각 《승사록》에만 실려 있다.

8월 7일 – 김광현에게 편지 두 통을 맡기다

七日[34]陰. 蘇州漂流人, 金光顯以明日起程. 故裁書兩度, 一付羅營, 一付大靜.

8월 8일 – 김광현 일행이 출발하다

八日[35]晴. 金光顯等十二人, 起程回國. 絶域[36]相送, 懷緒不佳[37], 至有出門[38]失聲者.

8월 9일 – 예부의 어떤 사람이 윗도리를 지급하는 교명을 전하다

九日[39]晴, 禮部有人, 給上衣之敎.

8월 10일 – 궂은비가 내리다

初十日陰雨[40].

8월 11일 – 날씨가 맑다

十一日晴[41]

8월 12일 – 날씨가 맑다

十二日晴[42]

34_ 장서각 《승사록》에는 七日이 初七日로 되어 있다.
35_ 장서각 《승사록》에는 八日이 初八日로 되어 있다.
36_ 장서각 《승사록》에는 域이 城으로 되어 있다.
37_ 장서각 《승사록》에는 不佳가 甚不佳로 되어 있다.
38_ 장서각 《승사록》에는 門이 關으로 되어 있다.
39_ 장서각 《승사록》에는 九日이 初九日로 되어 있다.
40_ 장서각 《승사록》에만 실려 있다.
41_ 장서각 《승사록》에만 실려 있다.
42_ 장서각 《승사록》에만 실려 있다.

8월 13일 − 대인이 옷을 하사하다

十三日晴. 因冷處病感, 苦痛者久之, 通使傳禮部意曰, "先行十二人, 未有犒賞之禮. 大人以你們有大族兼讀書人, 故自己捐捧, 破格賜衣"

8월 14일 − 고향 생각에 시를 짓다

十四日晴. 自到皇城, 卒卒無好, 況苦無詩料. 是夕月色如練. 隱然有去國之懷. 賦得一絶曰,⁴³ "吳山楚水路悠悠, 艱到皇城更淹留. 明月不知行客恨, 却從愁裏報中秋"⁴⁴

8월 15일 − 날씨가 맑다

十五日晴⁴⁵

8월 16일 − 통주부에 도착하다

十六日曉大雨. 至午後起程, 夜半, 到通州府.

8월 17일 − 밤새 길을 떠나다

十七日晴. 午後起程, 連夜就道.

8월 18일 − 삼하현에 도착하다

十八日晴. 曉⁴⁶到三河縣. 食後起程, 行十餘里, 到一大⁴⁷店, 有一⁴⁸高閣

43_ 장서각 《승사록》에는 仍賦詩一絶이 賦得一絶曰로 되어 있다. 여기에서는 장서각 《승사록》을 따른다.

44_ 국립중앙도서관 본에는 제목이 〈留皇城, 月色如練, 隱然有去國之懷, 賦一絶〉로 되어 있다.

45_ 장서각 《승사록》에만 실려 있다.

46_ 장서각 《승사록》에는 曉가 빠져 있다.

47_ 장서각 《승사록》에는 大가 太로 되어 있다.

48_ 장서각 《승사록》에는 一이 빠져 있다.

榜曰, "南至山海關, 北至喜峯口" 由南作路, 到蘇州縣, 止宿.

8월 19일 − 황금대를 찾아보다

十九日晴. 到薊之復順店, 吃朝飯. 有楊秀才者, 到車前, 敍寒暄. 余問
曰, "燕薊之間, 古稱多節俠, 今其市中有昔時所謂屠狗[49]者乎?" 楊曰,
"高歌放酒, 乘高車, 馭[50]快馬, 馳騁於燕薊之間者, 種種有之. 而豪橫使
氣, 爲人赴急難, 如昔日荊高之類, 恐未多得也" 余又問[51]曰, "黃金臺,
尚在否?" 楊答曰, "未有聞也" 余仍賦感古一絶詩, "九陌風塵滿目來,
黃金到處起高臺 [中國之俗, 雖市井閭落以黃金飾之故云]. 當時樂劇從
游地, 但見紅兜往復回[52][53]" 是日, 到玉田縣, 止宿.

8월 20일 − 풍윤현에 도착하다

二十日晴. 到萬合店, 吃朝飯. 到豐潤縣, 止宿. 自剡城以來, 邑里蕭條,
閭落零星[54]. 自京以北, 稍稍有繁華氣象矣.[55]

8월 21일 − 사하일에 도착하다

二十一日陰. 到榛子鎭, 吃飯. 午後晴. 由豐潤, 行七十五里, 有門榜曰,
令支古國. 夜二鼓, 到沙河馹, 止宿.[56]

49_ 장서각 《승사록》에는 屠狗가 狗屠로 되어 있다.
50_ 장서각 《승사록》에는 馭가 駁으로 되어 있다.
51_ 장서각 《승사록》에는 問이 빠져 있다.
52_ 장서각 《승사록》에는 回가 來로 되어 있다.
53_ 국립중앙도서관에는 제목이 〈到薊之復順店, 感古〉로 되어 있다.
54_ 장서각 《승사록》에는 閭落零星이 閭里零星으로 되어 있다.
55_ 장서각 《승사록》에는 矣가 빠져 있다.
56_ 장서각 《승사록》에는 到沙河馹, 止宿이 到沙河驛으로 되어 있다.

8월 22일 – 이제묘를 찾아가다

二十二日晴. 到野鷄坨, 有門榜曰, 孤竹淸風. 日暮, 到灤河, [一名靑龍河].[57] 謁夷齊廟, [廟南有首陽山, 高不過蟻封][58] 壁上有乾隆皇帝御製詩. 仍賦詩四韻. "公把丹忠已潤腸, 採薇何事更盈裳. 蒼姬天下罔臣僕, 孤竹家中肯室堂. 朝會淸明頒甲子, 綱常珍重薄成湯. 誰知丘垤能成大, 萬古長傳一首陽."[59] 夜三鼓, 到盧龍縣, 止宿.[60]

8월 23일 – 장장춘의 집에서 중국 사람들과 필담을 나누다

二十三日晴. 是日擧人[61]張長春本旅人 · 業儒趙秉衡 · 茂才寶光鑒, 邀余至張第, 具問漂洋之由. 余以海中被風, 四字示之.[62] 趙曰, "尊臺旣係一榜之職, 使愚共得仰芝顏, 彼[63]蒙不吝金玉, 眞三生之幸也" 夜半, 到永興店, 假寐.[64]

8월 24일 – 홍와포에 도착하다

二十四日晴[65]. 凌晨治發. 午時[66], 到撫寧縣, 吃飯[67]. 自豐潤以下, 山川秀異[68], 城郭殷富, 誠天下第一關防也. 時皇帝東巡, 行宮帳營[69], 極其華

57_ "有門榜曰, 孤竹淸風, 日暮, 到灤河 [一名靑龍河]" 부분이 장서각 《승사록》에는 빠져 있다.

58_ 장서각 《승사록》에는 廟南有首陽山, 高不過蟻封이 廟南有首陽山矣로 되어 있다.

59_ 장서각 《승사록》에는 다음과 같은 구절이 전부 빠져 있다. 壁上有乾隆皇帝御製詩. 仍賦詩四韻. "公把丹忠已潤腸, 採薇何事更盈裳. 蒼姬天下罔臣僕, 孤竹家中肯室堂. 朝會淸明頒甲子, 綱常珍重薄成湯. 誰知丘垤能成大, 萬古長傳一首陽."

60_ 장서각 《승사록》에는 夜三鼓, 到盧龍縣, 止宿이 是夜, 到盧龍縣으로 되어 있다.

61_ 장서각 《승사록》에는 是日擧人이 빠져 있다.

62_ 장서각 《승사록》에는 四字示之가 四字答之으로 되어 있다.

63_ 장서각 《승사록》에는 彼가 復으로 되어 있다.

64_ 장서각 《승사록》에는 假寐가 빠져 있다.

65_ 장서각 《승사록》에는 晴이 빠져 있다.

66_ 장서각 《승사록》에는 凌晨治發, 午時가 빠져 있다.

67_ 장서각 《승사록》에는 吃飯이 빠져 있다.

麗, 道路橋梁, 並皆平坦, 車無脫輨之患, 馬無蹶蹄之慮, 亦可幸也. 到紅瓦舖, 止宿.[70]

8월 25일 – 산해관에 도착하다

二十五日晴. 午時[71], 到山海關, 眞所謂"一夫當關, 萬夫莫開"之地也.[72] 南有滄海, 曲曲置烟臺, 北有蛟[73]山, 峯峯置烟[74]臺. 內設三重城, 內城門 曰, 天下第一關, 外城門曰, 山海關, 誠京北之雄都也.[75] 仍出關, 到聚和 店, 止宿. 北有黑山口, 山有長城, 仍賦詩一絶[76], "一路榆關控百蠻, 南 臨滄海北蛟山. 不知淸祖從何入, 前鑑昭昭永歷間"[77]

8월 26일 – 만정점에 도착하다

二十六日晴. 過前所城, 到滿井店, 吃飯, 仍賦詩四韻.[78] "秋風獵獵動帷 裳, 萬里東歸道路長. 漠北靑山靺鞨國, 天邊流水女眞鄕. 征驂去飮長城 窟, 關吏來傳古戰場. 安得龍門十二策, 太平斯世佐明王"[79]

68_ 장서각 《승사록》에는 異가 奇로 되어 있다.

69_ 장서각 《승사록》에는 營이 帷로 되어 있다.

70_ 장서각 《승사록》에는 車無脫輨之患, 馬無蹶蹄之慮, 亦可幸也. 到紅瓦舖, 止宿이
    是日, 到平花舖, 止宿으로 되어 있다.

71_ 장서각 《승사록》에는 午時가 빠져 있다.

72_ 장서각 《승사록》에는 眞所謂"一夫當關, 萬夫莫開"之地也가 빠져 있다.

73_ 장서각 《승사록》에는 蛟가 蚊으로 되어 있다.

74_ 장서각 《승사록》에는 烟이 烽으로 되어 있다.

75_ 장서각 《승사록》에는 誠京北之雄都也가 빠져 있다.

76_ 장서각 《승사록》에는 止宿, 北有黑山口, 山有長城, 仍賦詩一絶이 店北有黑山口로
    되어 있다.

77_ 국립중앙도서관본에는 제목이 〈到山海關賦一絶〉로 되어 있다. 이 시는 장서각 《승
    사록》에는 빠져 있다.

78_ 장서각 《승사록》에는 吃飯, 仍賦詩四韻이 빠져 있다.

79_ 국립중앙도서관 본에는 〈到滿井店, 賦四韻〉으로 되어 있다. 장서각 《승사록》에는
    이 시가 빠져 있다.

8월 27일 – 섭홍기에 도착하다

二十七日晴. 到葉紅旂. 旅⁸⁰隸奉天府, 止宿. 夜四鼓, 開車.⁸¹

8월 28일 – 밤에 수레가 진흙탕에 빠지다

二十八日晴. 平朝⁸²過蓋平縣, 市井之⁸³櫛比, 略與江南諸郡等矣. 已時風, 車馬所過, 人人滿面風塵. 日暮, 到寧遠州之沙河所, 取水, 澡洗眉目. 始分矣, 連夜進道. 初昏, 車陷泥濘, 遲滯者, 久之. 始得出坎, 夜三鼓, 抵三義廟, 止宿.⁸⁴

8월 29일 – 도로를 맡은 관리에게 핀잔을 듣다

二十九日晴. 淸晨起程⁸⁵, 到錦府之高橋馹⁸⁶. 府之得名, 以其有錦水也. 北有紅羅山, 蓋此山連延橫亘, 在京爲景山, 在通州爲盤山·砏平山·五名山, 在薊州爲府君山, 在山海關爲蛟山·黑山, 在錦府爲紅羅山, 大抵一山而異其名也⁸⁷. 日暮, 到小凌河⁸⁸, 遞車, 車不具⁸⁹. 夜三鼓, 始辦由

80_ 장서각 《승사록》에는 旅가 빠져 있다.
81_ 장서각 《승사록》에는 旅隸奉天府, 止宿, 夜四鼓, 開車가 隸奉天府로 되어 있다.
82_ 장서각 《승사록》에는 平朝가 빠져 있다.
83_ 장서각 《승사록》에는 之가 빠져 있다.
84_ 장서각 《승사록》에는 略與江南諸郡等矣. 已時風, 車馬所過, 人人滿面風塵, 日暮, 到寧遠州之沙河所, 取水, 澡洗眉目始分矣, 連夜進道, 初昏, 車陷泥濘, 遲滯者, 久之, 始得出坎, 夜三鼓, 抵三義廟, 止宿이 略與江南, 同日暮, 到寧遠州, 半夜, 到三義廟로 되어 있다.
85_ 장서각 《승사록》에는 淸晨起程이 빠져 있다.
86_ 장서각 《승사록》에는 高橋馹이 高橋로 되어 있다.
87_ 장서각 《승사록》에는 府之得名, 以其有錦水也. 北有紅羅山, 蓋此山連延橫亘, 在京爲景山, 在通州爲盤山, 砏平山, 五名山, 在薊州, 爲府君山, 在山海關, 爲蛟山黑山, 在錦府爲紅羅山, 大抵一山而異其名也가 빠져 있다.
88_ 장서각 《승사록》에는 小凌河가 小凌山으로 되어 있다.
89_ 장서각 《승사록》에는 遞車, 車不具가 빠져 있다.

御道傍, 起程[90].

時天子方回鑾, 治道吏詰之[91], 車[92]不得前, 由小路迤進. 行五里[93], 抵雙陽店, 時夜已分矣. 下車未久, 天雨如注[94].

90_ 장서각《승사록》에는 始辦由御道傍, 起程이 發程으로 되어 있다.

91_ 장서각《승사록》에는 時天子方回鑾, 治道吏詰之가 時皇上方回鑾, 治道吏詰之로 되어 있다.

92_ 장서각《승사록》에는 車가 빠져 있다.

93_ 장서각《승사록》에는 由小路迤進. 行五里가 由小路라 되어 있다.

94_ 장서각《승사록》에는 時夜已分矣, 下車未久, 天雨如注가 빠져 있다.

6장 1818년 9, 10월 — 조선 땅을 목전에 두다

9월 1일 — 대릉하점에 도착하다

九月初一日, 平明, 行二十里, 到大凌河店[1]. 店之名以其有凌河也. 大抵中國之水, 除大海外, 皆是河流也. 是以江南有三江五湖, 江北有汶水沂水蘆溝等號, 而其源, 皆出於黃河. 故其性濁, 其色黃. 凡言水者, 並稱河海, 良以此也.

且自鎭海以北, 至鎭江, 內河千餘里, 而河之兩岸, 皆斲石隄防之, 蓋河之爲忠, 其來久矣. 禹貢有導河之勞, 殷人有七遷之苦, 漢武有瓠子之歌, 宋之武人有懷襄之說, 坡詩亦曰, 楚人盡食黃河鱓, 則江北地下偏被其害矣. 是以沿河列郡處處東西分流, 以殺其湍激之勢. 又築長堤, 以防其汎濫之患, 然則歷代之用力於河水者, 可知矣. 然山海關以北, 與中國山川, 各走高下之不同, 燥濕之不齊, 便是絶域, 而凌河一帶, 自何而來哉. 甚可異也. 是日渡河, 兩邊人馬, 彌滿爭渡, 通使仍令我國人護渡, 蹈躍爭先, 亦一場奇觀也. 夜三鼓, 到山西之十三山站.

9월 2일 — 날씨가 맑다

初二日晴[2]

9월 3일 — 광령현에 도착하다

三日晴. 到廣寧縣之純盛店, 止宿. 二更大雨[3]

9월 4일 — 의무려산에 오다

四日, 平朝始晴, 午時始開車, 行十餘里, 止宿. 鎭山名曰, 醫巫閭, 古之

1_ 장서각 《승사록》에는 九月初一日晴, 到大凌河라고만 적혀 있다.
2_ 장서각 《승사록》에만 실려 있다.
3_ 장서각 《승사록》에는 初三日晴, 到廣寧縣純城店이라고만 적혀 있다.

幽州界也.[4]

9월 5일 – 진흙탕 때문에 골탕을 먹다

五日晴. 河朔之間, 土多泥濘, 車不得前. 至小黑山, 止宿.[5]

9월 6일 – 중국 사람과 시를 주고받다

六日[6]晴. 到廣寧縣之[7]胡家窩, 日已亭午矣. 以水漲之, 故仍爲止宿[8]. 瀋陽茂才祥雲, 來訪索詩[9]. 余以中秋詩應之. 祥依韻答之.[10] "皇城[11]日月本悠悠, 逆旅何妨暫淹留. 不料廣漢知客意, 江山萬里報同秋"[12]

9월 7일 – 이도경자에 도착하다

七日陰. 到二道境子, 天又雨, 仍滯留.[13]

9월 8일 – 비가 내리다

八日雨.[14]

4_ 장서각 《승사록》에는 初四日晴, 到醫巫閭라고만 적혀 있다.
5_ 장서각 《승사록》에는 初五日晴, 至小黑山라고만 적혀 있다.
6_ 장서각 《승사록》에는 六日이 初六日로 되어 있다.
7_ 장서각 《승사록》에는 之가 빠져 있다.
8_ 장서각 《승사록》에는 日已亭午矣, 以水漲之, 故仍爲止宿이 止宿으로 되어 있다.
9_ 장서각 《승사록》에는 來訪索詩가 來索詩로 되어 있다.
10_ 장서각 《승사록》에는 余以中秋詩應之, 祥依韻答之가 余吟一関曰로 되어 있다.
11_ 장서각 《승사록》에는 城이 家로 되어 있다.
12_ 국립중앙도서관본에는 제목이 〈附次韻, 祥雲茂才, 居瀋陽〉으로 되어 있다.
13_ 장서각 《승사록》에는 七日陰. 到二道境子, 天又雨, 仍滯留가 初七日陰, 到二道境으로 되어 있다.
14_ 장서각 《승사록》에만 실려 있다.

9월 9일 ─ 진흙탕 때문에 일정이 늦어지다

九日雨. 時連日陰雨, 地多泥濘. 四五日之間, 行役, 日不過二三十里, 甚
可憫也. [仍留二道境] 是日[15], 皇帝發瀋京, 不許客人過去. 俟駕過, 起
程. 卒卒無聊, 賦重陽詩以自遣.[16] "萬里關河道路長, 天涯令節又重陽.
中原客苦頭生白, 北地秋光菊貼黃. 樂亦增悲笳有響, 醉將撥悶[17]酒盈觥.
明年欲作龍山會 [吾鄉有龍山],[18] 達士何妨老更狂. 强向[19]壚頭索酒嘗,
此身醉處是重陽. 愁來更欲登高罷, 塞上風烟易斷腸[20]"

9월 10일 ─ 이도경자에 머무르다

十日晴. 留二道境子.[21]

9월 12일 ─ 백기보에 도착하다

十二日晴. 始開車, 至德發店, 歇馬, 初昏, 涉小川, 車陷丈水, 隨身行李,
一切沾濕, 甚可歎也. 夜二鼓, 到白旗堡.[22]

9월 13일 ─ 거류하성에 도착하다

十三日晴. 令下隷, 燎衣不成模樣. 至撫民屯之新民廳歇馬, 日暮至巨流
河城, 城有巡檢.[23]

15_ 장서각 《승사록》에는 日이 時로 되어 있다.
16_ 장서각 《승사록》에는 다음과 같이 나온다. 九日雨. 仍留二道境 是時, 發皇上駕帝
　　瀋京, 人不許客人過去. 俟駕過, 後發程. 卒卒無聊, 賦重陽詩, 以自遣日.
17_ 장서각 《승사록》에는 撥悶이 發憫으로 되어 있다.
18_ 장서각 《승사록》에는 빠져 있다.
19_ 장서각 《승사록》에는 向이 間으로 되어 있다.
20_ 국립중앙도서관본에는 제목이 〈重陽日, 留二道境子, 時皇帝發瀋京, 俟駕過, 爲發
　　程計, 故賦詩二首, 以自遣〉으로 되어 있다.
21_ 장서각 《승사록》에는 十日晴. 留二道境子가 初十日晴으로 되어 있다.
22_ 장서각 《승사록》에는 十二日晴, 至德店, 乘昏, 到白旗店만 실려 있다.
23_ 장서각 《승사록》에는 十三日晴, 到巨流河만 실려 있다.

9월 14일 - 날씨가 맑다

十四日晴.[24]

9월 15일 - 황제의 행차 때문에 길을 나서지 못하다

十五日晴. 是時河朔地下路, 多泥濘, 發吏卒治道. 道傍多植木桶, 執畚鍤者, 千里相望. 所過橋梁, 皆以朱欄曲檻爲之. 天子尙未起程, 令客人, 不得犯蹕.[25]

9월 16일 - 황제의 행렬을 목격하다

十六日晴. 仍留巨流河. 吉林省, 居秀才牟純仉者, 逆旅相訪, 筆話移時, 蓋赴擧歸鄕之行也. 終場試題, 並三條, 而其一則仁言不如仁聲之入人深, 其二則余忘之矣. 詩題則飛雲臨紫極[押雲]. 問其詩, 則以未發榜爲辭. 擧子鄕闈, 何其相似也.

是日, 天子先驅過去. 至巳時, 官人報乘輿已發向二道境矣. 登高視之, 則驍騎校, 持弓矢, 挾道而馳者. 橫亘百餘里, 皆紅兜綠袍, 別爲三條而去. 中央是黃道, 兩旁皆扈從也. 又有大車, 首尾相接, 過兩日不絶. 純用白馬, 亦詩所謂比物 而禮所謂行秋令之意也. 可見中國之大, 四海之富. 而但車服之制, 無上下之別, 君乎牧乎? 宋明舊制, 掃地盡矣. 午後, 渡巨流河, 卽遼東舊界也, 行十餘里, 止宿.[26]

24_ 장서각 《승사록》에만 실려 있다.
25_ 장서각 《승사록》에는 十五日晴만 실려 있다.
26_ 9월 16일자 기록이 장서각 《승사록》에는 다음과 같이 나와 있다. 十六日晴. 仍留巨流河. 天子先驅過去. 官人報乘輿已發. 登高視之, 則驍騎校尉, 持弓矢, 挾道而馳者. 橫亘百餘里, 皆紅兜綠袍, 別爲三條而去. 中央是黃道, 兩傍皆扈從也. 又有大車, 首尾相接, 過兩日不絶. 純用白馬, 亦詩所謂比物 而禮所謂行秋令之意也. 可見中國之大, 四海之富. 而但車服之制, 無上下之別, 君乎牧乎? 漢唐威儀, 掃地都盡也. 午後, 到巨流河, 卽遼東舊界也.

9월 18일 − 고가자에 도착하다

十八日晴. 至新民屯之高家子[27], 止宿.

9월 19일 − 심경에 도착하다

十九日晴. 至瀋京, 城郭之雄, 宮室[28]之美[29], 市井之櫛比, 可見興王之地. 而城外有淸太祖生時故宅, 又有王公以下, 皆下馬之碑.[30] 城北五里許[31], 有陵寢, 皇帝之東巡[32], 卽展謁之行也.

9월 20일 − 조선에 표류했던 중국인을 만나다

二十日晴. 留瀋京, 江南通州人, 自我國歸, 亦漂洋之行也. 余贈詩曰, "君向江南我海東, 天涯淪落所懷同. 正如鴻燕[33]相迎送, 萬里歸帆各順風"[34]

9월 21일 − 심경에 머무르다

二十一日晴. 留瀋京[35]

9월 22일 − 조선 사람과 중국 사람이 싸우다

二十二日晴. 始開車[36], 渡瀋江[37]. 濟人與瀋人, 爭渡. 瀋人擠之水中, 又

27_ 장서각 《승사록》에는 至新民屯之高家子가 至新民屯으로 되어 있다.

28_ 장서각 《승사록》에는 室이 闕로 되어 있다.

29_ 장서각 《승사록》에는 美가 盛으로 되어 있다.

30_ 장서각 《승사록》에는 又有王公以下, 皆下馬之碑가 立下馬碑曰, 諸王以下, 皆下馬로 되어 있다.

31_ 장서각 《승사록》에는 城北五里許가 城北으로 되어 있다.

32_ 장서각 《승사록》에는 皇帝之東巡이 皇上東巡으로 되어 있다.

33_ 장서각 《승사록》에는 燕이 雁으로 되어 있다.

34_ 국립중앙도서관본에는 제목이 〈江南通州人, 自我國歸, 亦漂洋之行也. 賦贈一絶〉로 되어 있다.

35_ 장서각 《승사록》에만 실려 있다.

爲扶曳, 拳毆其鼻. 流血滿面. 我人攘臂下船[38]者, 數十人, 將爲蹴踏之
計, 潘人咆哮萬狀, 有死而無悔之意,[39] 北人之强獷[40] 於此可見矣. 余與
通官, 勅我人, 登船, 遂得解紛.[41] 日暮失路, 天又雨. 投一小店, 寄宿.[42]

9월 23일 - 풍융점에 도착하다

二十三日晴. 至豐隆店, 吃飯. 紅寶山, 自潘京, 逶迤東北走, 橫亘數百
里, 亦關東巨山也.[43]

9월 24일 - 요양성에 도착하다

二十四日晴. 至廂黃旂之迎水寺. 水東是新城, 水西是遼陽. 有尖山, 亦
巨山也. 渡太子河, 抵遼陽城[44], 感古作詩曰[45] "遼陽城郭尙依然, 世道
令威去學仙. 邊秋九月風沙暗, 恰似唐宗[46]駐蹕年[47]" 日暮, 至陽河堰, 留
宿.[48]

36_ 장서각 《승사록》에만 始開車가 빠져 있다.
37_ 장서각 《승사록》에는 渡潘江이 方渡潘江으로 되어 있다.
38_ 장서각 《승사록》에는 船이 般으로 되어 있다.
39_ 장서각 《승사록》에는 而無悔之意가 無悔心으로 되어 있다.
40_ 장서각 《승사록》에는 强獷이 强猂者로 되어 있다.
41_ 장서각 《승사록》에는 遂得解紛이 遂得解而來로 되어 있다.
42_ 장서각 《승사록》에는 暮失路, 天又雨投一小店, 寄宿이 빠져 있다.
43_ 장서각 《승사록》에는 二十三日晴, 至豐隆店만 실려 있다.
44_ 장서각 《승사록》에는 抵遼陽城이 빠져 있다.
45_ 장서각 《승사록》에는 感古作詩曰라 되어 있고 국립중앙도서관에는 賦感古一絶詩
라 되어 있다. 여기서는 장서각 《승사록》을 따른다.
46_ 장서각 《승사록》에는 唐宗이 當年으로 되어 있다.
47_ 국립중앙도서관 본에는 제목이 〈抵遼陽城, 感古〉라 되어 있다.
48_ 장서각 《승사록》에는 留宿이 빠져 있다.

9월 25일 – 조선을 닮은 중국 산하를 보다

二十五日晴. 平明開車, 山蹊[49]之險, 隱然有我國物色[50]. 仍賦五言一絶[51], "川平沙面白, 霜重葉心紅. 不恨行程險, 江山似大東[52/53]" 行二十里, 至亮甲山. 吃飯, 過三道嶺. 又賦五言一絶[54]. "山高通鳥道, 路險[55]入羊腸. 寄語二三子, 安居危不忘[56]" 到天水店, 投宿.

9월 26일 – 대고령을 지나다

二十六日晴, 過大高嶺[一名摩天嶺]. 時天寒谷深, 人皆呵手. 仍賦五言一絶[57] "谷洈人無語, 風寒樹有聲. 車徒相慰勉, 東指鳳凰城[58]" 日暮, 至連山關, 止宿.

9월 27일 – 통원보에 도착하다

二十七日晴, 到草河口吃飯. 日暮, 到通遠堡, 止宿.

9월 28일 – 알리점에 도착하다

二十八日晴. 到金家河吃飯. 日暮, 到薛里店[59], 止宿.

49_ 장서각 《승사록》에는 蹊가 溪로 되어 있다.

50_ 장서각 《승사록》에는 隱然有我國物色이 隱然如我國으로 되어 있다.

51_ 장서각 《승사록》에는 仍賦五言一絶이 仍吟詩曰로 되어 있다.

52_ 장서각 《승사록》에는 大東이 太東으로 되어 있다.

53_ 국립중앙도서관본에는 제목이 〈至陽河堰, 山蹊之險, 隱然有我國物色, 賦詩以遣懷〉로 되어 있다.

54_ 장서각 《승사록》에는 又賦五言一絶이 賦詩曰로 되어 있다.

55_ 장서각 《승사록》에는 險이 轉으로 되어 있다.

56_ 국립중앙도서관본에는 제목이 〈過三道嶺〉으로 되어 있다.

57_ 장서각 《승사록》에는 仍賦五言一絶이 賦詩曰로 되어 있다.

58_ 국립중앙도서관본에는 제목이 〈過大高嶺[一名摩天嶺]〉이라 되어 있다.

59_ 장서각 《승사록》에는 薛里店이 薜里店으로 되어 있다.

9월 29일 - 봉황성에 도착하다

二十九日晴. 到鳳凰城. 城之得名, 以其有鳳凰山也. 是日, 有我國通使[60], 帶接駕使 [時嘉慶, 巡瀋陽, 我國遣使迎接], 出境, 公文付鳳凰城, 守尉臨發, 聞漂人來, 到霎, 面告別.

9월 30일 - 봉황성에 머무르다

三十日晴, 留鳳凰城.

10월 1일 - 오후에 십오 리를 더 가다

十月初一日晴, 午後開車, 行十五里[61], 止宿

10월 2일 - 책문을 나서다

二日[62]晴, 到柵門歇馬. 少頃出柵, 乃無人之地也. 距義州, 一百二十里云.

60_ 장서각 《승사록》에는 有我國通使가 我有國通事로 되어 있다.
61_ 장서각 《승사록》에는 十五里가 十五日로 되어 있다.
62_ 장서각 《승사록》에는 二日이 初二日로 되어 있다.

부록 1 강남땅에 대한 기록

| 室盧說 |

我東[1]室盧之制, 有上下之分, 有公私之限, 而中國則不然. 雖士庶之微, 市井之賤, 苟財有餘, 則棟宇也, 牆[2]垣也, 極其宏傑, 牆[3]高數仞, 而皆是熟石也, 屋設四門, 而[4]皆是丹漆也. 其寢室, 則靑紗帳·紅氍毹, 客室, 則狀[5]卓不知幾百坐. 江南之人, 尤以奢侈相高, 層臺疊榭, 處處相望, 賈生所謂富人牆[6]屋被紋綉[7]者, 非虛語矣[8].

| 衣服說 |

我東[9]衣服之制, 自卿大夫至士庶人, 等級分明. 非但衣件色目之異, 雖紬緞[10]布帛之屬, 隨其精麁[11], 視其地位, 隨分服著[12]. 而華人則不然, 僧徒之微, 水火夫之賤, 皆衣錦履綉[13], 遍身綺羅, 無有貴賤之分, 賈生所謂倡優下賤得爲后飾者, 亦非虛語矣.

1_ 장서각 《승사록》에는 東이 國으로 되어 있다.
2_ 장서각 《승사록》에는 牆이 墙으로 되어 있다.
3_ 장서각 《승사록》에는 牆이 墙으로 되어 있다.
4_ 장서각 《승사록》에는 而가 빠져 있다.
5_ 장서각 《승사록》에는 狀이 床으로 되어 있다.
6_ 장서각 《승사록》에는 牆이 墙으로 되어 있다.
7_ 장서각 《승사록》에는 綉가 繡로 되어 있다.
8_ 장서각 《승사록》에는 矣가 也로 되어 있다.
9_ 장서각 《승사록》에는 東이 國으로 되어 있다.
10_ 장서각 《승사록》에는 紬緞이 細段으로 되어 있다.
11_ 장서각 《승사록》에는 麁가 粗로 되어 있다.
12_ 장서각 《승사록》에는 服著이 着服으로 되어 있다.
13_ 장서각 《승사록》에는 綉가 繡로 되어 있다.

| 稼穡說 |

我東¹⁴治田之制, 除水田外, 黍稷之屬, 並栽一處, 或豆田種¹⁵秫, 秫田種
豆. 而中國則不然, 秫田專種秫, 豆田專種豆, 又多種玉秫, 處處相望, 我
東所謂江南秫也. 雖醫藥亦然, 鍼醫專用鍼, 藥醫專用藥. [雖藥醫亦然]¹⁶
如痎¹⁷藥・萬應丹・太乙丹, 自成一家之流是也. 所謂術業有專攻者歟.

| 墳墓說 |

我東堪輿之說盛行, 葬其親者, 或奪人之塚傍, 或禁人之入葬, 甚者, 或
已葬而累遷. 其言曰, 體魄不寧, 而其意蓋爲子孫之禍福也. 余自吳越至
關東, 則華人之起墳者, 或於田野之中, 或於江湖之邊, 而不於山上占
之¹⁸. 吳越之間, 非無名山¹⁹, 燕京以北, 非無衆峯²⁰, 或一家之塚²¹, 累代
繼葬, 而²²遂成北邙, 他人之塚²³, 雜錯其間, 觀其墓碣, 則亦士大夫之²⁴
墳墓也.
且太原府, 皇都之外城也. 公廨密邇之處, 私舍²⁵至近之地, 客人入葬, 未
聞居人有禍敗之端, 子孫有凶折之弊, 若是乎, 山地之無關於人家歟. 然
則爲子孫者²⁶, 但當愼其六忌, 謹其瞻掃而已也.

14_ 장서각 《승사록》에는 東이 國으로 되어 있다.
15_ 장서각 《승사록》에는 種이 빠져 있다.
16_ 장서각 《승사록》에만 실려 있다.
17_ 장서각 《승사록》에는 痎이 疢로 되어 있다.
18_ 장서각 《승사록》에는 不於山上占之, 吳越之間이 初不於山上點山, 吳越之間으로
　되어 있다.
19_ 장서각 《승사록》에는 非無名山이 非無名山也로 되어 있다.
20_ 장서각 《승사록》에는 非無衆峯이 非無衆峯也로 되어 있다.
21_ 장서각 《승사록》에는 一家之塚이 一塚之傍으로 되어 있다.
22_ 장서각 《승사록》에는 而가 빠져 있다.
23_ 장서각 《승사록》에는 他人之塚이 而他人之塚으로 되어 있다.
24_ 장서각 《승사록》에는 之가 빠져 있다.
25_ 장서각 《승사록》에는 舍가 室로 되어 있다.

| 舟車說 |

江淮多舟, 齊魯多車, 其地勢使之然也. 何者? 東南地下, 積水之所歸也,
是以處處鑿渠, 家家置舟, 商人以是而興利焉, 農夫[27]以是而之田焉. 灌
漑之際, 則載水車田器焉, 收穫之節, 則載黍稷稻粱焉. 士大夫之相從游
者, 載歌舞絲竹焉. 其制則下板, 如我國之船, 而內加灰積豆[28]末, 以防其
滲漏之患, 外加脂油累月曝陽, 以備其朽傷之慮. 是故出沒於江淮之間,
如鳧如鴨, 勺水不漏焉, 點水不漬焉. 粧點之巧, 則船上起樓, 房櫳之制,
窓戶之飾, 或以金碧, 或以文紋[29]繡, 或以魚鱗石鏡. 眞所謂靑雀黃龍之
舳也. 內河數千[30]里, 連尾接津, 吳人使船如使馬者, 於此亦可見矣. 江北
則沃野千里, 都是陸路, 故其用車之道, 如江南用舟也.

| 追錄 |

濟有兒女歌曰, "江南三歲歸, 日本三月歸" 至是六月而回國, 濟人亦曰,
"自有漂船[31]以來, 回國之神速, 未有如此行也" 蓋在定時李[32]巽占金士奎
陳福熙諸賢, 爲之先後, 在浙時, 沈起潛余鍔孫熙元諸公, 游說各衙門,
巡撫幕賓趙敦禮居中用事故也, 嗚呼! 諸公之恩, 尤不可忘也.

26_ 장서각 《승사록》에는 者가 빠져 있다.
27_ 장서각 《승사록》에는 夫가 人으로 되어 있다.
28_ 장서각 《승사록》에는 豆가 荳로 되어 있다.
29_ 장서각 《승사록》에는 紋이 文으로 되어 있다.
30_ 장서각 《승사록》에는 千이 十으로 되어 있다.
31_ 장서각 《승사록》에는 船이 빠져 있다.
32_ 장서각 《승사록》에는 李가 빠져 있다.

부록 2 그 밖의 기록들

| 臨別贈梁知會說 |

易曰, "二人同心 其利斷金" 此言同行之中, 苟有同心之人, 則其交道之
固結, 非若尋常[33]燕安者比也. 戊寅夏, 余有漂海之厄. 由瀚州, 達四明,
渡浙江, 遍山東, 足跡[34]殆將半天下. 而所與來者, 率皆長蛇猛虎惴惴焉.
惟恐朝夕之不保. 而梁長老君和氏, 不爲利害詘[35], 不爲死生慨[36]. 終始倚
杖, 余於是益驗. 夫聖人之言, 傳之無謬矣. 噫! 微斯人, 吾誰與歸. 是爲
誌.

| 謹書乘槎錄後 |

乘槎錄者, 仁山崔先生, 海上漂風而作也. 余每欲一覽矣, 暮年幸得, 讀
其文誦其詩. 可想其海風漂泊之象也. 是故, 孟子曰, "天之降大任於世,
必先苦其志, 窮乏其身" 亦何恨乎風漂也. 天必惜其抱不世之才, 而不鳴
於世, 使風泊掠舟, 周流浮沈於鯨濤鼉波之中, 而指揮生路, 得平陸而下.
始以詩鳴於中國也, 不然何以鳴於當世, 而耀於後世也哉. 此則公之大任
也. 苦其志, 窮其身者, 不以是也耶. 昔韓文公送孟東野序曰, "草木之無
聲, 風搖之鳴" 王勃之於南昌, 江神借一席之風, 以鳴於都督之宴, 公亦
得風之助, 不鳴於小國, 而使鳴於大國. 令人肩聳, 而氣爽, 牙香而神淸,
得古文章長格. 余健羨不已, 喜爲之書. 河陽許瓚識.

| 遺事 |

曾祖考通德郎府君, 姓崔, 諱斗燦, 字應七, 號江海. 其先本全州人. 至諱

漢, 仕高麗毅明朝, 有魄勳, 封燃山, 今永川. 以永爲貫. 自燃山君, 始簪組相承. 至四世, 諱允琪戶曹參議, 五世諱倫戶曹參判. 後四世, 諱四海內禁衛將, 四佳徐文忠公姪婿, 後四世, 諱文炳號省齋. 溪東全先生甥姪, 宣廟壬辰, 公與花山君權忠毅公, 倡義, 復永川城, 戰輒有功, 贈漢城府右尹. 肅廟朝, 道之章甫, 立祠享之, 蒼雪權公, 作奉安文. 樊巖蔡文肅公, 敍實紀. 省齋有子, 諱敬止參奉, 丁巳公與忘憂堂郭忠翼公, 同盟討賊. 參奉有子, 諱巚, 宣務郎. 宣務有子, 諱永基, 於府君爲高祖. 曾祖諱鈺, 祖諱汝愨, 號六二齋, 從大山李先生游, 有學行, 爲世推重. 考諱彙, 妣咸平李氏學生遇仁女. 正廟己亥六月二十三日未時, 生府君於慈仁上臺里第. 幼而聰悟. 四五歲, 能知事親之禮, 日記文字, 多所講識, 六二公, 甚奇愛焉. 稍長, 孝養二親, 雖病不廢晨昏, 殫誠菽水. 辛亥丁母夫人憂, 斷指注血, 得數時回春而卒. 祖括哭擗, 不違禮制, 鄕里歎服, 咸稱孝童.

辛未丁先考憂, 呼天叩地, 不絶哭泣. 侍墓有虎從之護, 三年哀毀, 未嘗一日惰, 服闋, 朝夕拜廟, 每日承候門老, 不以寒暑廢. 性本勤學, 夙就文章, 以親命, 觀光鄕解, 遠從長德游, 深得爲學之方. 端坐開卷, 俛焉孳孳, 至經義要解處, 不知日將暮, 夜將分.

丁丑, 府君外舅金公, 監濟州大靜縣, 要與府君偕往. 府君累辭不獲. 五月, 渡海, 周覽耽羅瀛洲三乙那遺躅, 秋觀老人星. 作詩, 以道靈區超俗之狀, 寄絶土懷鄕之愁. 留縣一年, 至戊寅四月, 始解纜. 到中流, 遇大風雨, 瘴霧四塞. 海浪如山, 船板皆鳴, 幾傾者數. 勢甚危急, 斧去檣烏尾鷗. 所載公私馬數十匹, 人咸欲投洋, 府君以爲血氣有生之物, 不忍棄死. 數時風勢益急, 狂濤四起, 船幾覆沒. 以傷人不問馬之義, 決意投海. 船無維楫, 如一匏子浮水.

一日橫流, 不知幾千里. 激浪驅風, 東走西漂, 莫知所向. 同濟五十人, 晝宵號哭, 又食盡僵臥, 頷頤欲死. 府君獨扶病而起, 儼然正坐, 作文, 告天祭海. 雖飢甚力乏, 猶能自强, 擧錯不失, 如在房屋中. 常慰人以死生之理, 在天幸, 逢商船, 得二櫜餱, 數日延命. 又逢漁採船, 導生路移載, 泊浙江省寧波府定海縣普陁山觀音寺. 是月二十六日, 始下陸, 海中漂流,凡十六日.

由吳越, 轉到南京. 華人一見, 知爲東國偉人. 以文字相叩, 深加慕悅, 咸稱孝廉先生. 見詩云, "格律有盛唐風味" 贈之以詩, 篆書畫以表誠. 至會稽, 探禹穴, 謁嚴子陵祠.

見七里灘, 謝安東山, 右軍蘭亭, 西子浣紗溪. 自山陰, 至浙江, 望西湖. 過紫陽朱子鄉, 上姑蘇, 觀寒山寺金山寺. 過楊州, 渡黃河, 彷徨夫子之鄉. 渡沂水汶水, 歷龜蒙瑯琊. 登泰山, 謁玉皇廟. 過堯舜禹都, 趙平原君邑, 漢董仲舒鄉. 出趙北, 謁文丞相祠. 自皇城, 出燕薊. 到灤河, 謁夷齊廟 見首陽山・越山海關. 入瀋京, 觀淸太祖古宅.

出遼陽, 過摩天嶺, 留鳳凰城, 渡鴨綠江, 是歲十月之三日也. 歷義州平壤, 由京師. 而到大邱, 見監司金魯敬. 是月之晦, 歸家, 構數間屋於江南坪, 號曰, 江南亭, 蓋常想周游浙江南之意也. 累旬苦海, 備經艱險, 瘴氣所傷, 因是沈疾數年, 辛巳九月十六日, 考終于元堂里第. 乙丑八月二十九日, 移葬于縣東能積洞. 省齋公兆案山重福嶝, 辛坐之原. 配金海金氏, 縣監仁澤之女. 甲辰三月棄世, 九月奉窆于縣東內村冶谷先塋下卯坐原. 生二男堡墅, 一女郭啓煥. 堡男釱錫禧, 女安璋遠權敬基. 墅男釱重, 女郭琦坤朴仁壽. 釱玟男海翼, 女鄭現杓張斗轍, 錫禧男址永式永, 女郭鍾亨, 釱重男源九源圭源徹, 女許穗高在昊崔貞植. 海翼男允熙一熙. 址永男俊熙南熙, 女權五榮, 式永男宣熙慶熙, 女李熙重, 源九源圭源徹, 皆有子女, 餘不盡錄.

嗚呼! 府君有端雅之姿, 純厚之性, 孝友出於天賦, 仁愛本乎良心. 平生所行, 正直自守, 不爲事物所搖奪. 人皆壯其周行天下, 大觀諸夏, 多士之推敬, 搢紳之交游, 而莫知其臨危急當死生, 而不變所守.

方其船幾蕩覆之際, 神精益厲, 少無變動, 不作危惶之擧, 苟非忠信篤敬之行, 臨死不易之操, 他邦悅服志氣嚴正, 豈能如是也. 略記在濟島時詩篇, 又敍被風日記漂海艱苦之狀, 與下陸後, 歷路所見, 列國風俗, 山川名勝, 中華士人, 相和詩章, 問答筆話, 及室廬・衣服・稼穡・墳墓・舟車之說, 以成一冊子, 而名之曰, 乘槎錄, 藏在塵篚中.

府君之下世, 近百年. 徵言懿行, 漸就湮沒, 不肖屠孫, 識淺誠薄, 未能登當世秉筆之門, 闡揚幽潛, 而惟恐愈久無徵. 略誌家間傳聞之語, 謹述遺事, 語澀筆拙, 不能記其萬一. 伏乞大君子庶, 垂一言之惠, 使後孫, 少伸痛泣之情千萬, 歲丙午孟春壬午, 不肖曾孫址永, 感泣謹書.

| 墓碣銘 並序 |

余少也. 聞南州一斯文遠游, 瀛洲之館, 爲颶風所蕩, 浮游萬里, 歷觀中州, 有乘槎錄云. 而恨未得一寓目而愉快也, 日崔生址永袖是錄示余曰, "此生之曾大父也, 願藉此而銘其墓" 余拊卷而歎曰, "士生斯世, 志願畢矣, 安得無銘乎"

公諱斗燦, 字應七, 號江海. 姓崔氏, 其先全州人也. 麗時, 有諱漢, 以魄勳封燃山君, 其移貫永川, 自此始. 中世有諱文炳, 號省齋, 執徐之難, 復城有功, 贈漢城右尹, 士林尸祝之, 我曾王考龜窩先生, 敍其狀, 曾祖曰鈺, 祖曰汝憼, 從大山先生, 遊有學行, 考曰彙, 妣咸平李氏學生遇仁之女也.

健陵己亥六月某日, 公生. 幼而穎悟, 甫四五歲, 頗解文字, 稍長, 益知愛敬之道, 不離親側, 母夫人患疾沈劇, 割指以救, 及遭故, 晨夕哀號, 有不忍聞者, 鄕里皆艶歎. 辛未, 又遭先公喪, 哀毁過制, 三年如一日, 每夕省墓, 或犯昏, 則有虎從而護之, 蓋畢事也.

性又勤學, 終日對案, 無疲倦意. 多從長者遊, 所聞益博, 蔚然有能聲. 丁丑, 隨外舅金公仁澤于耽羅任所, 留歲餘, 尋三乙那遺躅, 候老人星躔度, 皆以詩寓懷. 翌年戊寅, 始討還, 及到中洋, 狂風大作, 海浪滔天, 死生直呼吸間耳. 舟中人, 仰天號哭, 面無人色, 公猶能自屬神精, 使從者, 斫去船尾, 悉投服物, 爲文告海神而祭之, 風勢益怒, 鯨濤益險.

東漂西逐, 凡十餘日, 或得賈人之呴沫, 或藉漁船之指路, 始自浙江之定海, 泊於普陀之觀音寺. 遂登大陸, 歷吳越上, 南京華人, 見之者, 知其爲東國文人, 迭相酬唱, 爭自饋遺, 搢紳諸名士, 樂與之傾蓋, 一辭稱之爲孝廉先生云.

東迤會稽山, 謁子陵祠, 過王右軍蘭亭, 至西子浣紗溪, 過紫陽, 彷徨於朱子之鄉, 渡黃河, 瞻仰於孔子之閭, 過堯舜禹故都, 玩其遺俗, 過平原君故邑, 想其遺風, 北至文山, 謁丞相祠, 西至首陽, 拜夷齊廟, 自遼陽, 登摩天嶺, 自鳳凰城, 渡鴨綠江, 計程凡萬餘里, 得日凡七易朔矣.

旣歸, 因縛茅於江南之坪, 扁之曰, 江南亭, 蓋以不忘江浙間周流之跡也. 久爲瘴氣所傷, 得疾彌留, 至辛巳九月某日, 竟不起, 享年四十三. 葬于某處, 後移葬于縣東能積洞重福嶝辛乙之原. 配金海金氏, 父曰仁澤是也. 二男堡墅, 一女郭啓煥, 堡二男鈗玟・錫禧, 二女安璋遠・權敬基, 墅一男鈗重, 二女郭琦坤朴仁壽. 鈗玟, 一男海翼, 二女鄭現杓張斗轍. 錫禧, 二男址永式永, 一女郭鍾亨. 鈗重, 三男源九・源圭・源徹, 三女許穗・高在昊・崔貞植. 海翼二男允熙・一熙, 餘不盡錄.

嗚呼! 公有仁愛之性, 有貞固之姿. 才足以需於世, 詞足以鳴於國. 其爲詩也, 格律沈酣, 意態淸新, 華人一見, 稱之曰, "盛唐風味" 豈無以哉. 至如漂海一事, 天之所以厄公者, 適所以助發文章之奇氣耳. 又何恨焉.

銘曰, 因天篤行, 警俗淸詩. 跡遍滄瀛, 名動星槎. 文物中州, 名士如林. 一辭稱歎, 山水知音. 不朽在玆, 焉用石鑱. 前行義禁府都事, 聞韶金道和撰.

| 跋文 |

右乘槎錄二卷一册, 吾曾王考江海府君, 漂舟南溟, 觀風上國而作也. 錄之始屬筆也. 中州人士, 爭相傳誦有曰, "格律沈酣, 有盛唐風味, 筆勢蒼古, 深得左史敘事之體" 又曰, "亟宜付之棗梨, 以誌一時佳話" 又曰, "百歲後, 江浙之人, 咸知有先生" 嗚乎! 以府君行義之篤, 文章之高, 不待後世之子雲, 而能遇知於當世之子期也. 抑天之所以厄公於一時者, 其將永有辭於天下後世耶?

獨惜乎江南之亭扁, 纔揭楹間之冪, 夢奄催, 壽不稱德. 以究其晚暮之志業, 此不惟子孫之痛恨, 亦南鄕人士之所共寶嘆者也. 於乎! 今距府君之歿, 已九十有七年矣. 竊伏念, 公平日遣興之什, 酬世之作, 不爲不多, 而間經散逸, 姑未編摩, 惟乘槎一錄, 藏在巾笥, 幾不免爲蟫魚之所吻矣.

顧茲孱孫, 誠力淺薄, 未克及時繡棗以壽其傳, 視諸中州人士, 愧懼靡容. 址永於是, 諗于堂叔父釴重氏, 曁宗從姪允熙. 相與縮食而鳩資, 募工而鋟板, 附之以遺事墓銘, 聊以爲傳諸家而公諸世, 粗伸追慕之一端. 玆書顚趾于左方. 歲丁巳春, 三月日, 曾孫址永謹識.

| 乘槎錄序 |

余嘗讀石北申公耽羅錄, 竊恨其颶不猛而漂不遠何也, 石北近世詩家之傑也. 若借大颶, 踔重溟 幾萬里, 泊于蘇杭閩廣之間, 轉入燕社, 渡遼河, 而東之, 則遐怪所矚, 必皆發之于詩, 名聲, 足以動天下. 風旣發其便, 而旋閼之流連, 賦賞, 不過瀛洲之煙雲雨風艸木蟲魚而止, 殊令人咄咄. 壬申夏, 從叔仁山使君, 寄示乘槎錄一冊曰, "此崔孝廉斗燦漂海日記也, 惜乎其曠世奇蹟, 沈藏於窮鄕敗簏之中, 願毋靳一語於弁簡" 余固拙於辭. 然念從叔之闡發幽奇, 其亦仁政之一端也. 何可孤是託哉. 蓋孝廉, 隨其婦翁, 到大靜任所, 及歸, 遇大風於中洋, 漂流十六日, 下碇于浙江之寧波府.

由四明, 抵臨安, 覩山水樓臺人物之富麗, 至姑蘇上寒山寺, 泛黃河, 涉汶泗, 縱目齊魯之境, 經濟南, 渡蘆河, 入皇城, 觀清帝敕鐵騎十萬, 啓東巡, 仍過孤竹古國, 謁夷齊祠, 轉到鳳凰城, 出柵門, 距龍灣, 一百二十里, 時嘉慶戊寅也.

噫! 孝廉之遇風中洋也, 以七尺軀, 出沒於蛟龍鯨鱷之吻, 其終不死者天也. 其跡誠駭且奘矣, 其發爲文者益奇且瑰矣. 此余所以致嘅於石北公之漂不遠也. 孝廉多與江浙間人唱酬, 如朱佩蘭吳瑤華之徒, 皆稱孝廉之能於詩, 然第緣官吏護, 行跡不自由. 過西湖, 不見西湖之勝, 於新安, 不得問紫陽舊居, 於魯, 不得溯夫子遺風.

且其沿行道里, 準諸輿圖地志, 或左焉, 無乃忙程走錄易爽其實而然歟. 然吾生生長褊邦, 鴨以東山水, 有不能窮探遍觀, 孝廉足跡, 幾乎半天下, 吾知斯錄, 與東方生之十洲記, 徐霞客之紀行書, 爲世間奇觀. 而如宗少文之臥遊圖, 風斯在下矣.

승사록, 조선 선비의 중국 강남 표류기

최두찬 지음
박동욱 옮김 | 조남권 감수

1판 1쇄 발행일 2011년 5월 23일
1판 2쇄 발행일 2012년 7월 9일

발행인 | 김학원
경영인 | 이상용
편집주간 | 위원석
편집장 | 정미영 최세정 황서현
기획 | 문성환 나희영 임은선 박민영 박상경 이현정 최윤영 조은화 전두현 정다이
디자인 | 김태형 유주현 구현석
마케팅 | 이한주 하석진 김창규 이선희
저자 · 독자 서비스 | 조다영 함주미(humanist@humanistbooks.com)
스캔 · 출력 | 이희수 com.
조판 | 홍영사
용지 | 화인페이퍼
인쇄 | 청아문화사
제본 | 정민문화사

발행처 | (주)휴머니스트 출판그룹
출판등록 | 제313-2007-000007호(2007년 1월 5일)
주소 | (121-869) 서울시 마포구 연남동 564-40
전화 | 02-335-4422 팩스 | 02-334-3427
홈페이지 | www.humanistbooks.com

ⓒ 박동욱 2011

ISBN 978-89-5862-386-1 93900

만든 사람들

기획 | 선완규 김서연
편집 | 박민영
디자인 | 유주현
문의 | 정다이(jdy2001@humanistbooks.com)